BREVE INTRODUÇÃO
A ALGUMAS IDEIAS DE BION

Blucher

BREVE INTRODUÇÃO A ALGUMAS IDEIAS DE BION

Isaias Kirschbaum

Organização
Loide Migliorini

Breve introdução a algumas ideias de Bion
© 2017 Isaias Kirschbaum
Loide Migliorini (organizadora)
1ª reimpressão – 2018
Editora Edgard Blücher Ltda.

Blucher

Rua Pedroso Alvarenga, 1245, 4º andar
04531-934 – São Paulo – SP – Brasil
Tel.: 55 11 3078-5366
contato@blucher.com.br
www.blucher.com.br

Segundo o Novo Acordo Ortográfico, conforme 5. ed. do *Vocabulário Ortográfico da Língua Portuguesa*, Academia Brasileira de Letras, março de 2009.

É proibida a reprodução total ou parcial por quaisquer meios sem autorização escrita da editora.

Todos os direitos reservados pela Editora Edgard Blücher Ltda.

Dados Internacionais de Catalogação na Publicação (CIP)
Angélica Ilacqua CRB-8/7057

Kirschbaum, Isaias
  Breve introdução a algumas ideias de Bion / Isaias Kirschbaum ; organização Loide Migliorini. – São Paulo : Blucher, 2017.
  494 p.

  ISBN 978-85-212-1160-0

  1. Psicanálise 2. Bion, Wilfred R. (Wilfred Ruprecht), 1897-1979 - Crítica, interpretação, etc. 3. Interpretação psicanalítica I. Título. II. Migliorini, Loide.

17-0050   CDD 150.195

Índice para catálogo sistemático:
1. Psicanálise

Para meus netos, Maia, Allan e Felipe.

Agradecimentos

Agradeço à Loide Migliorini por sua iniciativa, empenho e capacidade de organizar e editar as aulas, bem como compor as notas deste livro.

Sou profundamente grato ao Saul Kirschbaum por suas sugestões e contribuições quanto aos fundamentos científicos e de coerência interna dos trabalhos.

À Luciana K. Jungman, minha imensa gratidão pela ajuda na correção e edição dos textos e pela sua paixão na discussão deste trabalho.

Quero expressar também minha gratidão aos meus alunos da Universidade de São Paulo (USP) que colaboraram com suas perguntas, opiniões e comentários, o que foi fundamental para a evolução das conversas sobre os temas tratados.

Sou grato aos meus analisandos, por ter aprendido com a experiência decorrente do trabalho com eles.

Finalmente, minha gratidão à Marlene, minha esposa, pelo amor, parceria e dedicação, desde sempre, e especial tolerância nestes últimos anos.

Isaias Kirschbaum

Conteúdo

Apresentação	13
Prefácio	17
A in-digestão mental	21
Ler é preciso, entender não é preciso	39
É estranho? Observe, observe e observe	63
A misteriosa função alfa	87
Transformação em K × Transformação em "O"	115
Fantasia e realidade	133
Fantasia e elemento onírico	151
Formas de apresentação de hostilidade edípica	177
Continuidade e diferenças do eixo Freud → Klein → Bion	195
Memória e experiência não processada	213
Expressões e manifestações de transtornos de pensamento	231
Preconcepção e pensamento	241
O pensamento inconsciente	289

Ser ou não ser bioniano (eis a questão) 305
Memória ≠ lembrança (evolução) 325
Sobre a com-fusão 349
Notas à margem do trabalho clínico 375
Bion, da prática às teorias possíveis:
a complementaridade 421
Bion: a teoria psicanalítica como um sumário
da experiência 441
O sentimento de culpa na cultura atual 469
Onde estamos? Para onde vamos? 489

*Supervisão A13**

A: O senhor poderia nos explicar, se possível, por que o senhor é mais claro quando fala do que quando escreve?

BION: ... ao falar do que ao escrever? Parcialmente, porque o tipo de disciplina necessária para escrever não é necessária para falar. Ao falar, você pode ir adiante repetindo frases, você pode ir adiante observando, você pode dizer algo em meia dúzia de formas, você consegue ver, até certo ponto, se o que foi dito foi compreendido ou não. No livro, você não consegue. No livro, você tem de escrever o mais precisamente possível e, se o significado não surge, ele simplesmente não chega ao leitor...

Bion (1973-1974), recorte da supervisão A13. Coletânea de supervisões transcritas da fita gravada em Inglês por José Américo Junqueira de Mattos, Analista Didata da Sociedade Brasileira de Psicanálise de Ribeirão Preto e da Sociedade Brasileira de Psicanálise de São Paulo, e pela Prof.ª Paola Thompson. A tradução para o português foi feita pelo Prof. Amauri Faria de Oliveira Filho e por José Américo Junqueira de Mattos.

Apresentação

> *Eu sou é eu mesmo. Divêrjo de todo o mundo... Eu quase que nada não sei. Mas desconfio de muita coisa.*
>
> Guimarães Rosa, Grande Sertão: Veredas

A inspiração para este livro surgiu de uma grande fortuna.

Em 2012, eu cursava o primeiro ano da Especialização em Psicoterapia Psicanalítica na Universidade de São Paulo (USP). Era uma sexta-feira e o paciente que eu atendia na clínica do Instituto de Psicologia da USP (IPUSP) havia faltado. Os colegas geralmente costumavam se reunir para um café antes das aulas, e, naquela manhã de outubro, juntei-me a eles. Do café para a sala de aula foi um pulo, afinal eu já estava lá mesmo, e a minha curiosidade não precisaria esperar dois anos – Isaias era professor da disciplina Teoria e Técnica Psicanalítica de Wilfred Bion para o terceiro ano.

Peguei o bonde andando: a classe estava adiantada na leitura do *Aprendendo com a experiência* (livro que eu já havia tentado ler duas vezes), em inglês e em espanhol... A leitura solitária da obra de Bion chega a ser desconcertante para quem está no início – a tentativa isolada de apreender conceitos e "querer entender" traz um *quantum* de frustração difícil de engolir, amargo mesmo.

Imagino que alguns dos leitores talvez tenham passado por uma experiência parecida: "a primeira leitura de Bion a gente nunca esquece". Não esquece porque não entende nada. Nada, boia, submerge... (é preciso levar em conta que a recomendação "não é para entender" começa a fazer sentido só depois de alguns bons anos de análise).

Impacto, espanto, maravilhamento – é difícil escolher a palavra que dê nome à experiência. Eu ia escutando e não sabia se prestava atenção na aula, se anotava ou se o quê qualquer coisa. Era como se as peças de um quebra-cabeça que se vem tentando montar há tempos começassem a se organizar primeiro pelas bordas, criando um contorno.

Isaias nos levava para além da teoria: generosamente ia "transformando" o Bion indecifrável em algo possível de ser "digerido". Ao contrário do que diz Salomão, havia algo de novo debaixo do sol. Isso era uma novidade! Muito diferente do que se ouvia, até mesmo de alguns professores (que "Bion é complexo, é muito difícil..."). Voltei na aula seguinte, e também na outra; em cima da mesa estavam alguns celulares e um gravador – é isso! (pensei).

Era final de novembro quando ouvi pela primeira vez a gravação. Ouvi de novo, ouvi outra vez e mais outra. O material era precioso! Esse "ouvir" muitas vezes me fez lembrar de um trecho da biografia de Masud Khan[1] – que conta que quando chegou em Londres foi ao teatro assistir a *King Lear* 27 vezes. Algumas coisas nos tomam por vias que nem sabemos descrever; naquele momento, ficou claro que para poder apreender o conteúdo da aula, seria preciso transcrevê-la.

Enquanto transcrevia, "realizei" que talvez outras pessoas pudessem se beneficiar da experiência. Uma ideia aconteceu: um livro! E, como ocorre quando nos dispomos radicalmente a um intento, não seria mais possível não fazê-lo.

Reuni 26 páginas com a transcrição da aula que tem como título "Ser ou não ser bioniano, eis a questão". Mandei encadernar com outras 224 páginas em branco. O "livro" tinha também uma dedicatória, *à la* Magritte: *Ceci n'est pas un livre (encore)*. Na verdade, um convite (ou provocação) para uma aventura literária.

"O pior que pode acontecer é dar certo." Quem convive com Isaias (em particular, seus analisandos) não vai ter dificuldade em re-conhecer nessa resposta a sua marca – sem memória e sem desejo – no ofício e prática da vida.

Desse livro-sonho nasceu *Breve introdução a algumas ideias de Bion*.

A edição é fiel aos diálogos ocorridos em sala de aula entre Isaias e seus alunos. Contempla as discussões e comentários sobre alguns dos principais conceitos teóricos de Bion. Por meio de leitura conjunta e de casos clínicos apresentados pelos alunos, são também discutidos alguns conceitos teóricos de Freud, Klein e Winnicott. Isaias expande a psicanálise, percorrendo temas da mitologia, antropologia, filosofia, arte, ciência e literatura, e conta sobre o início, a difusão e repercussão das ideias psicanalíticas de Bion no Brasil.

Seguem-se notas que abrangem a pesquisa dos assuntos relacionados, separados por aula. Por último, uma coletânea de artigos do autor apresentados em congressos nacionais e internacionais de psicanálise, publicados anteriormente em livros e revistas especializadas.

O livro-sonho, ou pré-livro, exemplar único do qual falo no início, antes mesmo de existir, já pertencia a quem sempre foi seu dono por direito, o autor, Isaias Kirschbaum, a quem sou profundamente grata por ter acolhido a ideia e aceitado a minha companhia durante a jornada.

Loide Migliorini

Psicóloga pelas Faculdades Metropolitanas Unidas de São Paulo (FMUSP), especialista em Psicoterapia Psicanalítica pelo Instituto de Psicologia da Universidade de São Paulo (IPUSP) e membro filiado da Sociedade Brasileira de Psicanálise de São Paulo (SBPSP).

Prefácio

> *A pessoa pode ir para a África, pode ir para a China, mas não precisa sair da sua casa. A casa de uma pessoa é a mente dela. Somos como o caramujo, a tartaruga; para onde vamos levamos o nosso mundo mental – estamos sempre dentro da nossa casa interna. A não ser que a pessoa não sinta que tem uma casa interna. Aí, é claro, vai ter pânico. Porque se não tem uma casa interna, vai precisar de alguém que a acolha.*
>
> Isaias Kirschbaum

O trecho destacado acima de aulas sobre textos de Bion oferece bem a dimensão da profunda captação de Isaias Kirschbaum sobre a condição humana e sobre a natureza de nossa mente. Trata-se de uma belíssima descrição poética que fala de modo tão singelo e, ao mesmo tempo, tão contundente do que nos é essencial. Isso é o que será encontrado neste livro, que traz a experiência viva do contato com Isaias, começando por suas aulas e, depois, passando por refinados artigos de sua autoria apresentados em encontros científicos.

"E o que eu vou falar aqui para vocês também não é Bion. É a minha leitura de Bion, como eu li, como eu realizei. Porque uma coisa é entender, e outra coisa é realizar. Realizar é uma experiência emocional" (p. 22). Como ele alerta desde o início, o que encontraremos aqui é a sua leitura de Bion, pois ele sabe que ninguém pode dizer o que está escrito nos livros de Bion. Cada um vai poder dizer qual é a sua leitura a cada vez que a leitura for feita, já que "O", a realidade última, na nomenclatura de Bion é incognoscível, apesar de podermos fazer as nossas "transformações", ou seja, as nossas apreensões, aquilo que enxergamos, aquilo que entendemos, o que realizamos do que estaria impresso que, em última instância, é inalcançável (salvo no "pensamento" psicótico, em que o que é percebido ou apreendido é equacionado – na terminologia de Hannah Segal – com aquilo que a coisa é). Essa postura revela a natureza da personalidade de Isaias, que não se pretende um profeta de Bion, mas um profissional com longuíssima experiência na prática da psicanálise (ele se refere aos primeiros contatos com ela ainda em sua nativa Porto Alegre) e que traz o seu olhar desenvolvido ao longo dos anos sobre essa atividade tão complexa. Isaias é aquele com quem vamos nos deparar e conviver; é com ele que vamos aprender durante a leitura, com sua relevante contribuição ao trabalho clínico e a elaborações a partir dele.

Posso dizer que essa é uma experiência pela qual vale a pena passar, porque tenho convivido com Isaias há quase trinta anos! Primeiro como aluno de seus seminários na Sociedade Brasileira de Psicanálise de São Paulo (SBPSP), onde obtive minha formação e, posteriormente, tornei-me analista didata. Depois, como colega e amigo. Temos nos reunido para estudar com um pequeno grupo de colegas há mais de vinte anos. E essa tem sido uma vivência sempre muito enriquecedora; a experiência de Isaias sempre traz percepções novas e diferentes que ampliam as perspectivas de todos. Tive, e tenho, a grande sorte de tê-lo conhecido e de continuar usufruindo de suas capacitações, de sua generosidade, de seu incentivo e de sua amizade muito valiosa durante todo esse tempo. Tenho certeza de que aqueles que se juntarem a ele nessa caminhada por meio desta publicação se sentirão muitíssimo recompensados durante todo o trajeto.

Boa leitura na excelente companhia de Isaias Kirschbaum.

Claudio Castelo Filho

Psicólogo pela Universidade de São Paulo (USP), membro efetivo docente e analista didata da Sociedade Brasileira de Psicanálise de São Paulo (SBPSP), mestre em Psicologia Clínica pela Pontifícia Universidade Católica de São Paulo (PUC-SP), doutor em Psicologia Social e professor livre-docente em Psicologia Clínica pela USP.

As falas dos alunos estão em itálico e as de Isaias Kirschbaum, em texto normal. A fim de preservar o anonimato dos pacientes, foram efetuadas distorções nas informações dos casos clínicos apresentados pelos alunos.

A in-digestão mental

Isaias Kirschbaum: Em um curso de psicanálise ou de psicoterapia psicanalítica, inicialmente, os alunos são apresentados a Freud. Geralmente é por Freud que se começa, e é importante que seja. Não demora muito e todos já estão familiarizados com uma linguagem que, a princípio, parecia estranha e difícil. Um dos motivos para isso é que se trata de uma leitura muito agradável. Freud, além de cientista e pesquisador, escreve muito bem.

Depois de Freud, normalmente os alunos são apresentados à autora Melanie Klein, que também usa uma terminologia muito peculiar: relação de objeto, objeto parcial, identificação projetiva etc. Passado mais um tempo, logo se familiarizam com a linguagem e a teoria de Klein. É mais ou menos assim que também ocorre com a linguagem e a teoria de Winnicott.

Neste curso, estou encarregado de apresentar Bion para vocês. E o que fazemos quando somos apresentados a alguém? Observamos, colhemos impressões; não é preciso entender as primeiras impressões. E vocês, o que já ouviram sobre Bion?

Participei de um grupo de estudos de Antonino Ferro. Foi assim que tive contato com as teorias de Bion.

É preciso ter certo cuidado. Um grupo de Antonino é um grupo de Antonino a respeito da obra de Bion. Ele tem a leitura dele, que é interessante, muito boa; mas não é Bion. E o que vou falar aqui para vocês também não é Bion. É a minha leitura de Bion, como eu li, como eu realizei. Porque uma coisa é entender, e outra coisa é realizar. Realizar é uma experiência emocional.

Durante a faculdade, ouvi um único professor falar sobre Bion, mas parece que hoje se fala muito em Bion. É impressão ou isso está mesmo acontecendo?

Em 1970, quando vim para São Paulo, pouco se falava em Bion. Muitos não tinham ideia de quem ele era. Frank Phillips[1] falou em Bion no I Congresso Brasileiro de Psicanálise, em 1969, em Caxias do Sul; foi o primeiro congresso de psicanálise no Brasil. Concomitantemente, em Porto Alegre, acontecia o Congresso Brasileiro de Psiquiatria. Era muito engraçado, porque de manhã os psiquiatras eram psicanalistas lá em Caxias e à tarde eram psiquiatras em Porto Alegre. Não lembro se eu era sextanista de medicina ou se já estava no primeiro ano de residência na psiquiatria, mas estava curioso e perguntava: "Como é o congresso de psicanálise?" "Só tem louco lá! E tem um que é o louco-mor!" "Quem é o louco-mor?" "É um que fala que é para trabalhar sem memória e sem desejo.[2] Inclusive sem desejo de compreender! É completamente louco o sujeito; um inglês."

---

[1] Frank Phillips (1906-2004). Psicanalista britânico e uma das figuras centrais da psicanálise brasileira. Participou do início da Sociedade Brasileira de Psicanálise em São Paulo (SBPSP).

[2] Referência ao trabalho apresentado por Frank Phillips em maio de 1969 no I Congresso Brasileiro de Psicanálise.

E eu vim para São Paulo atrás do "mor", obviamente. Imaginem vocês, naquela época, alguém falar em trabalhar "sem memória"; portanto, sem prontuário, sem entrevistas, sem anamnese.

Em 1972, Philips convidou Bion para vir ao Brasil, e ele aceitou. Philips era analisando dele e o convidou para dar umas palestras. Na Sociedade,[3] naquela época, era de praxe que, dois meses antes, eles se reunissem para conversar, para discutir a obra. Candidato não podia abrir a boca, por isso eu ficava lá atrás com outro colega e o que a gente ouvia era o seguinte: "Isso não é psicanálise. Para o lixo com isso aqui!".

Eu não sentia o menor constrangimento, pegava os livros do lixo. Era uma maravilha aquilo! (*Aprender com a experiência, Elementos de psicanálise...*) Demorou muito até que surgisse algum interesse na obra de Bion. Demorou, mas de uns anos para cá começou um movimento muito grande. Acho isso curioso e até um certo modismo. Por isso digo que estudem Freud e Klein, é fundamental. Bion é para depois, se sentirem que Freud e Klein não atendem mais ao trabalho de vocês. Aí, podem procurar outras formas de examinar o que está acontecendo.

Estive em algumas jornadas de Bion na Sociedade, e, quando ouvi "sem memória e sem desejo", pude dar sentido ao meu trabalho. No hospital, quando vou atender os pacientes, não quero saber nada sobre eles.

Não quer saber nada sobre eles na ausência deles.

É isso. Eu não leio o prontuário. Chego e pergunto: "O que aconteceu com o senhor/com a senhora?". Eles começam a falar deles, e não do diabetes ou da pressão alta. A relação fica mais rica, mais

---

3 Sociedade Brasileira de Psicanálise de São Paulo.

profunda. E isso não acontece só no atendimento do hospital: no consultório também é assim.

Mas não é para todo mundo, é? Trabalhar sem memória, sem desejo de ajudar o paciente, de querer curá-lo.

Sem memória, tudo bem, mas sem desejo de ajudar, acho difícil. Como é possível atender alguém sem o desejo de querer ajudar? Não estudei muito Bion, mas às vezes fico com desejo de que, talvez, aquilo que ele chama de "desejo" seja outra coisa. Acho difícil ver uma pessoa que está sofrendo e não ter desejo.

Boa percepção essa.

Estou pensando se "sem desejo" não tem a ver com a expressão "no silêncio de si". No silêncio interno do analista, para poder perceber o desejo do paciente. Porque acho que é isso que se apresenta ou se esconde na sessão de análise.

Agora você introduziu o desejo do paciente. Quem tem filhos não vai ter dúvida a esse respeito. Porque não há como não ter desejo em relação aos filhos, não esperar coisas dos filhos... Esse "esperar" é o desejo. Essa expectativa é o desejo. E o sujeito vai ficar sobrecarregado com um desejo que não é o dele, e, sim, o desejo do pai ou o desejo da mãe. Esse é o problema com o desejo: ficar esperando coisas do outro. Isso é para dar uma ideia de que quando se tem desejo em relação ao paciente, ele vai ficar sobrecarregado. "Ah, mas como não ter desejo sobre o paciente?" Bem, pode ter. Mas que o paciente vai ficar sobrecarregado, vai. Ele já tem o desejo dele, não precisa do desejo do terapeuta.

Até em relação a si mesmo o desejo atrapalha.

Aí já é uma sofisticação. A autoanálise do desejo de si.

Me lembrei de um trabalho de Claudio Castelo Filho.[4] *Nesse trabalho ele conta que assistiu a um documentário científico em que Einstein dizia que "pensava, pensava e pensava. Pensava 99 vezes e não via nada; não pensava nada e via tudo".*

Boa lembrança, essa do Einstein. Perguntaram para ele, e esse é o ponto, ao que ele atribuía o fato de ser tão criativo. E ele é genial mesmo; Einstein falava da importância da experiência do espanto.

Bem, Einstein aos 5 anos idade não sabia falar nem caminhar. Os pais procuraram quase todos os neurologistas da Europa. Os médicos diziam que não tinha jeito, que provavelmente era uma lesão cerebral. Ele foi desenganado, dado como limítrofe. A partir daí, os pais não esperaram mais nada dele. Acreditaram que ele nunca iria falar nem caminhar, e largaram mão. Largaram mão e ele ficou livre. Ficou livre e pôde focar as áreas de interesse dele, e não as dos pais. A sorte de Einstein foi que os pais não esperaram nada dele.

Agora, imaginem o terapeuta esperando que o paciente melhore! O paciente não precisa ser sobrecarregado com os desejos do terapeuta. A fantasia do terapeuta de que o paciente melhore é tudo de que o paciente não precisa.

Com relação aos filhos... Você falava sobre não ficar em cima...

Penso que seria um alívio para os filhos, porque eles já estão angustiados com vestibular, namorado, namorada, ou então porque não estão namorando. E os pais ficam se perguntando onde foi que eles erraram. Os filhos sentem a pressão e uma sensação de fracasso. Os pais também, é uma pressão enorme.

---

4   Castelo Filho, 2002.

Agora, o paciente é mais sensível. Ele sente muito mais a expectativa e o desejo do terapeuta. E não é à toa que interrompe a terapia quando começa a sentir uma pressão de expectativa. Aí o terapeuta diz: "Mas eu o acolhi de forma amorosa". Acolheu? Como? Com horário extra? E se o paciente não podia ir à tarde, atendia à noite, no sábado, domingo, feriado... O paciente não aguenta, ele cai fora! Estão esperando coisas dele e ele sente que não tem condições.

Tem um artigo, "Notas sobre memória e desejo",[5] que Bion escreveu quando ainda não tinha se dado conta de que havia mais de um tipo de memória. Felizmente ele submeteu esse trabalho à discussão; os colegas mostraram para Bion que era preciso diferenciar lembrança de memória. As críticas feitas são muito bem fundamentadas. Na leitura dá para ver a humildade de Bion em submeter o artigo, aceitar e reconhecer as críticas. Esse trabalho existe em português; já a discussão e a resposta de Bion, tenho a impressão de que foram publicadas só em inglês.

Mas, hoje, quero conversar com vocês sobre um tema que reputo como fundamental para quem se interessa por Bion. Tenho notado que o problema não é só de quem está começando, mas também de quem estuda há anos e não tem consciência de como isso é importante. Vou trazê-lo para vocês, primeiro, como um modelo médico. Quero que ouçam o que vou falar, não é preciso tomar nota, isso tem em qualquer lugar.

Em medicina física foram estudados praticamente todos os mecanismos de absorção e digestão de alimentos; o alimento está no estômago, os ciclos gástricos começam o processo e vão transformando o alimento. Do estômago, o alimento vai para o

---

[5] Bion, 1967.

duodeno, onde uma enzima produzida pelo pâncreas ajuda na digestão, o fígado produz a bile, que vai ser depositada na vesícula biliar, enfim, muitas coisas vão trabalhar o alimento para que ele possa "entrar" na corrente sanguínea. Quer dizer, o alimento está dentro do corpo, mas ainda fora do organismo. Como o alimento vai ser absorvido pelo organismo do indivíduo? Em medicina física, isso é muito bem estudado; em medicina a gente sabe, mas eu tenho uma péssima notícia para vocês: em psicanálise a gente não sabe.

Imaginem que vocês acabaram de assistir a um filme e encontram com um amigo no cinema. Perguntam para ele o que achou do filme, e ele responde: "Ah, o filme? Não achei nada". (Analogamente, o filme ainda estaria no duodeno.) Suponham que vocês encontrem outra pessoa, façam a mesma pergunta e ela responda: "Achei o filme muito delicado, muito sensível". A questão é: "O QUÊ?". Que enzima, no plano mental, no plano emocional, faz com que algo seja absorvido? Quero que vocês saibam disto: em medicina física a gente sabe, mas em psicanálise a gente não sabe. Quando os psicanalistas se deram conta de que não sabiam, ali parou a psicanálise, por volta de 1940, 1950.

Certas enzimas não são absorvidas antes de nosso primeiro ano de vida. Não se deve dar carne de porco para uma criança com menos de 1 ano, porque ela não vai digeri-la; ela vai ter diarreia, vai vomitar. Mas o organismo, depois de um ano, já produz essas enzimas, e a carne de porco pode ser digerida, absorvida e entrar na corrente sanguínea. (Em psicanálise não se sabe que "enzima" é essa.)

O que faz com que uma experiência ENTRE no mundo mental? Ou, o que faz com que a experiência NÃO ENTRE no mundo mental? Esse é o mérito de Bion: como a experiência "entra" no mundo mental não se sabe, mas sabe-se que existe "alguma coisa" que faz a experiência entrar no mundo mental. Se "essa alguma coisa" falhar, então a experiência "não entra". Bion partiu disso.

Mas o paciente não está preocupado com o que o terapeuta sabe ou não sabe. O paciente nos procura sempre com este problema: tem "alguma coisa" que ele não está conseguindo "digerir". Não existe outro problema que não seja esse. Não é isso? Caso contrário, ele não nos procuraria. O paciente nos procura porque está sofrendo de "indigestão mental".

E agora? Que "enzima" é essa que opera sobre a experiência emocional? Quem sabe daqui a cinquenta, cem, duzentos anos descubram, mas, enquanto não descobrirem, não vamos ficar parados. Foi desse ponto que Bion retomou a psicanálise. Partindo da teoria de que existe "alguma coisa", que trabalhando sobre a experiência emocional, sobre os aspectos sensoriais da experiência transforma esse "algo" em conteúdo psíquico do mundo mental.

Bion chamou de *função alfa* esse algo que não se sabe o que é, mas que opera sobre os aspectos sensoriais da experiência. A função alfa trabalha sobre a experiência, "digerindo" a experiência.

Uma experiência emocional que ocorra seja no teatro, seja assistindo a um filme, seja em um encontro com um amigo, enquanto estiverem sendo processados os aspectos sensoriais da experiência, Bion chamou de *elemento beta*.

Voz, cor, cheiro, tato, paladar... Tudo o que é captado por meio dos cinco órgãos dos sentidos é elemento beta. Enquanto a experiência emocional não for processada, tudo o que for captado sensorialmente é elemento beta. Se a experiência for processada, "digerida", ela é internalizada, e vai para o mundo mental. (Seria o aparelho digestivo mental.)

A experiência emocional, enquanto não for "digerida", é um elemento beta. A função alfa operando sobre o elemento beta vai transformar o elemento beta em *elemento alfa*. Isso precisa ficar claro.

Quando a mãe identifica o choro do bebê e nomeia esse choro como fome, devo fazer essa anotação como alfa ou como beta?

Com a repetição, a criança vai apreendendo e internalizando a função alfa da mãe. A mãe diz: "Você está com fome, a mamãe já vai dar o peito". Ou: "A mamãe vai esquentar a mamadeira e a fome vai passar". A mãe repete, repete, repete, e lá pelos 8 ou 10 meses a criança já sabe que aquilo que ela sente é fome. Por quê? Porque já internalizou a função alfa da mãe. "Aquilo" que antes a criança não sabia o que era, agora ela já sabe: é fome. Depois que mama, "aquilo" passa.

Com os pacientes que nos procuram é mais ou menos assim; eles não sabem do que se trata, e conforme vamos nomeando...

O paciente faz uso de algum tipo de memória para validar a experiência? Porque para transformar o elemento beta em elemento alfa ele precisa ter algum recurso interno, uma referência de memória. O paciente faz uso de algo que ele já viu ou sentiu antes?

O paciente não sabe. É uma função. Ele vai ouvindo, ouvindo, ouvindo, e pode ser que, talvez, com o acúmulo da experiência... Não é assim que as crianças aprendem?

A criança com fome chora porque sente como se estivesse sendo morta por dentro. A mãe pode chegar e dizer: "Que criança chata, outra vez chorando!". Isso é uma tragédia, mas lamentavelmente acontece. Agora, se a criança chora e a mãe a pega no colo, amamenta, põe no berço e a criança chora outra vez, e a mãe pensa:

"Que criança chata, está querendo mamar de novo?!", isso também é uma tragédia, mas felizmente não é o que acontece. As mães são mais pacientes e se perguntam: "O que está acontecendo? Ah, o bebê pode estar com a fralda suja, ou ele pode estar com medo". A mãe então pega o bebê e toma uma providência. Isso se repete umas dez vezes por dia durante meses; a criança escuta aquilo mil vezes e internaliza essa operação da mãe. Depois, quando estiver com uns 11, 12 meses, a criança talvez será capaz de dizer que está com fome.

Rêverie seria o mesmo que função alfa?

Não, *rêverie* é um fator da função alfa. É o estado mental receptivo da mãe que funciona como um radar e "colhe" impressões. A função alfa é responsável por processar aquilo que foi "colhido". Nesse contexto, a função alfa é uma função e a *rêverie*, um fator. É importante que fique clara para vocês a diferença entre fator e função.

A mãe usa a função alfa para processar do que o bebê está precisando. O bebê chora e a mãe diz: "É fome". Claro que ela tem experiência; já repetiu aquilo tantas vezes no mesmo horário que sabe que o bebê deve estar com fome. *Rêverie* é esse estado de mente da mãe que apreende e acolhe o choro. É a escuta do analista. É o estado mental mais favorável para o analista, e para o terapeuta, trabalhar.

Na experiência emocional, o elemento beta é transformado em função alfa?

Não. A função alfa transforma o elemento beta, que são os aspectos sensoriais da experiência, em elementos alfa. Deem um exemplo de experiência emocional.

O cheiro da mãe.

O cheiro da mãe é uma experiência sensorial. Mas, por exemplo, o encontro do bebê com a mãe... Esse encontro é uma experiência emocional.

Tem a voz da mãe, que é a experiência sensorial auditiva; o cheiro da mãe, que é a experiência sensorial olfativa; e, dependendo do tamanho do bebê, ele vai enxergar só os olhos ou a boca da mãe. Se for maiorzinho, vai enxergar um pouco mais. Esses são os aspectos sensoriais que acompanham a experiência.

Outro exemplo de experiência emocional: assistir a uma peça de teatro. O cenário, a iluminação, a voz dos atores, o figurino, a maquiagem; tudo isso é sensorial. Esses são os aspectos sensoriais da experiência. Experiência emocional é aquilo que é experimentado, que é sentido. A função alfa opera sobre a experiência emocional. Não se sabe o que é essa função alfa, mas sabe-se que é um conjunto de funções que trabalha sobre os aspectos sensoriais da experiência transformando a experiência. A experiência emocional, enquanto não é processada, é um elemento beta.

Temos uma função alfa internalizada ou sempre vamos precisar de funções?

Boa questão. Se o paciente nos procura é porque ele não está conseguindo processar, "digerir". A mulher ou o marido que não consegue perdoar uma traição; ou quem não consegue "engolir" algo que aconteceu na infância. Tem pacientes que estão assim há anos; falam, falam, falam, mas não têm função alfa para aquilo.

Para aquilo?

Sim, para aquilo. Para "digerir" aquilo o paciente está sem função alfa. Daí o modelo; assim como a mãe empresta a sua função alfa para o bebê, o terapeuta empresta a sua função alfa para o paciente.

A função alfa, operando sobre a experiência, sobre os aspectos sensoriais da experiência, transforma os elementos beta em elementos alfa. O elemento alfa é algo que já tem representação mental. A primeira representação mental é um ideograma. Os alfabetos chinês e japonês não têm letras. Apenas pequenas figuras, e cada figura representa uma experiência emocional, uma representação psíquica de uma experiência emocional.

Vou dar exemplo: vocês sabem como se escreve rivalidade em japonês? Duas mulheres em uma casinha. É verdade. Vocês estão rindo, mas não é óbvio? Isso é o elemento alfa. É igual a um ideograma.

E o ideograma para amizade? Sabem qual é? Uma casinha com um cachorro.

Nessa primeira aula, quais seriam os elementos beta que permeiam a experiência emocional?

As vozes, as cores, os sons; todos os aspectos sensoriais da experiência são os elementos beta, e o encontro comigo é a experiência emocional.

A própria experiência emocional não está permeada, não está composta de aspectos sensoriais?

Está. A própria experiência emocional é um elemento beta. E enquanto não for processada, vai continuar a ser um elemento beta. Enquanto a experiência não tiver uma representação mental, ela será um elemento beta.

Essa é uma boa forma de observar: não tem representação mental, é elemento beta. Tem representação mental, tem representação psíquica, então a função alfa já operou.

Às vezes a gente pergunta para o paciente se aquilo que aconteceu o faz lembrar-se de alguma coisa, e ele diz que não.

Não, o quê?

O paciente diz que não se lembra de nada. E realmente não sabe, parece que não está em contato com ele. Às vezes a gente pergunta para ver se ajuda o paciente a encontrar alguma coisa.

Pense no modelo médico. O alimento está no duodeno, está no intestino, mas ainda não foi processado e, portanto, não passou para a corrente sanguínea, não foi absorvido. Se um paciente diz para o analista:

> P.: *Tive um sonho ontem, eu via uma montanha pegando fogo.*
> A.: *E o que isso te faz lembrar?*
> P.: *Nada. Não me faz lembrar nada.*
> A.: *Não te ocorre nada?*
> P.: *Nada.*

Isso quer dizer que algo ainda não foi processado. Analogamente está no estômago ou no duodeno e, portanto, ainda é um elemento beta.

Toda experiência emocional é um elemento beta?

Antes de ser processado, tudo é elemento beta.

Mas, às vezes, não se consegue processar uma experiência tão rápido.

Nem tão rápido, e nem tudo. Alguém consegue processar tudo? Depende da pessoa e da experiência. Alguém pode dizer que teve um *déjà vu*: "Acho que se trata disso" ou "Acho que se trata daquilo". Mas isso vai depender de cada pessoa, da bagagem de cada pessoa.

Depende da capacidade de o paciente ter insight?

Insight é quando passa a ter uma representação mental e o paciente fala: "Ah, então é isso! Acho que agora eu tenho uma ideia do que você falava".

E quando, por exemplo, uma pessoa diz que tem na lembrança uma sensação de cheiro mais forte do que a de audição? Como o analista pode desenvolver isso?

O aspecto sensorial mais importante é o visual, mas, para algumas pessoas, o cheiro tem representação. Se o paciente entra na sala e diz: "Estou sentindo um cheiro estranho aqui", você não pergunta para ele qual cheiro ele está sentindo?

É como o paciente que sonha com a montanha pegando fogo mas não se lembra de nada. Não se lembra porque não tem nenhuma representação.

Mas é diferente; o cheiro tem representação.

Mas qual é a representação?

Talvez tenha um significado na infância.

Se o paciente diz: "Estou sentindo um cheiro, alguém transou aqui!". Aí tem uma representação, mas não é o cheiro. Se o paciente sente um cheiro e o relaciona com o cheiro de alguém transando, então tem uma representação. Mas se é só o cheiro, é uma alucinação.

E a recusa à experiência, existe um nome para isso?

A recusa ocorre porque a experiência não foi processada, e eventualmente poderá surgir como uma alucinação.

E também como somatização?

Sim, pode surgir também como somatização. Se a experiência não for processada, ela vai ficar como uma espécie de fantasma.

A somatização é uma falha na função alfa?

Sim, é uma falha na função alfa; a ideia é essa. O que não tem representação é uma falha na função alfa. E é para isso que o paciente procura a ajuda de vocês.

Eu tenho um paciente que diz: "Eu bebo vários cafés, mas não consigo encontrar um café igual ao da minha avó". E ele sai pelas padarias e cafeterias do bairro, tomando café em todos os lugares. O que é isso?

Ele está procurando algo e tem medo de não encontrar. Algo que, por enquanto, ele chama de "café da minha avó". Mas ele está procurando... Bonito isso. Deve ser investigado.

Usando a nossa aula como exemplo de experiência emocional: o elemento beta vai ser processado pela função alfa e vai ser transformado em elemento alfa; isso é rêverie?

Não. *Rêverie* seria se vocês pudessem imaginar ou sonhar o que estou falando. Aqui na aula eu estou sonhando, imaginando e tentando transformar isso em palavras. Vocês têm de fazer o contrário, têm de transformar as minhas palavras em imagem.

E os aspectos sensoriais vão, entre aspas, "desaparecer"?

Quando a função alfa opera, as coisas desaparecem mesmo. Por exemplo, alguém se lembra do almoço de domingo passado? Provavelmente não. Mas se o que comeu foi uma "camaroada" estragada, vai lembrar. Se a comida estava boa, digeriu, esqueceu. É assim, na medida em que a pessoa vai "digerindo" e absorvendo, ela vai esquecendo.

Tem pessoas que ficam doentes, ligadas a vida toda a coisas que aconteceram, como a perda de um filho, uma separação, um trauma. Não conseguem digerir, não processam.

Não processam, não digerem: elemento beta. As pessoas não processam porque ainda não conseguiram elaborar o luto.

E quando o ato falho aparece na sessão? Ele é um elemento beta que se destaca para a gente olhar com mais atenção para aquilo?

Ato falho é elemento beta. Muito interessante a sua forma de colocar essa ideia.

Quando acontece o ato falho, ele parece ser uma via que a gente pode "pegar" para dar continuidade.

Às vezes, quando o paciente se dá conta do ato falho, o terapeuta pode dar sequência e utilizar o ato falho. O paciente pode se dar conta e dizer: "Puxa! Eu falei isso".

Vamos supor que um paciente, em vez de dizer "minha filha", diga "minha mulher" ou "minha namorada", ou qualquer coisa assim. O terapeuta pode dar sequência e dizer: "Bom, mas então você está falando que você e a sua mulher foram viajar". E o paciente diz: "Não, eu fui com a minha filha!". Se o paciente se der conta do ato falho, o elemento beta é rapidamente transformado em elemento alfa. Mas, se ele não se der conta, vai continuar a ser um elemento beta. Pode ser que com a ajuda do terapeuta e das associações livres aquilo possa ser transformado em elemento alfa.

Não entendi. Se o paciente tem um ato falho e troca "filha" por "mulher", mas só fala, não tem consciência, isso vira um elemento beta?

Não, isso não *vira* um elemento beta, isso é um elemento beta. E aí, cada um do seu jeito, poderá dizer para o paciente: "Mas você confundiu a sua filha com a sua mulher". E o paciente poderá responder: "Quem, eu? Eu falei isso?!? E o analista, o terapeuta, poderá dar sequência: "Sim, você estava falando de sua filha e disse que tinha viajado com sua mulher". O paciente poderá reconhecer o engano e dizer: "Puxa, falei mesmo isso..." Então, o que era elemento beta pôde ser transformado em elemento alfa. Ou não, caso o paciente recuse.

Caso ele não entre em contato?

Isso mesmo. O paciente pode entrar em contato ou não aceitar e dizer: "Não, imagina, eu não falei isso!".

E se o paciente disser: "Eu falei, mas foi sem querer. Não tem nada a ver. Não tem a mínima importância". Quer dizer, ele permanece negando. Entra em contato, mas só racionalmente. Nesse caso, o ato falho continua a ser um elemento beta?

O que você está trazendo é a função do ato falho. A que serve esse ato falho? Qual é a função? De repente, a filha virou a mulher, a esposa.

Estou pensando na representação psíquica.

Esse paciente, no caso, não tem representação psíquica. Ele não poderia ter. Caso tivesse, a barreira do incesto não permitiria. Tem representações que a barreira do incesto não permite. É quase impossível formar uma representação disso.

Alguns pacientes ficam embaraçados. Às vezes passam muitos anos até que uma paciente possa dizer: "Quando meu filho pegava o meu peito para mamar, eu sentia muito prazer".

Alguns textos citados e sugestões de leitura

Bion, W. R. (2013). Notes on memory and desire. In *Wilfred Bion: Los Angeles seminars and supervision* (J. Aguayo & B. D. Malin, eds.). London: Karnac Books. (Trabalho originalmente publicado em 1967).

Bion, W. R. (1986). Notas sobre memória e desejo. In *Jornal de Psicanálise* (P. C. Sandler, trad.), 39, 33. (Trabalho originalmente publicado em 1967).

Castelo Filho, C. (2002). Refletindo sobre o processo criativo: questões relativas ao narcisismo e ao social-ismo: ruptura e transformação. *Revista Ide* (SBPSP), 35.

Phillips, F. (1969). O problema da observação da realidade da depressão. *Revista Brasileira de Psicanálise*, IV (1), 14. (Texto originalmente apresentado no I Congresso Brasileiro de Psicanálise, 1969).

Ler é preciso, entender não é preciso[1]

Hoje quero ressaltar para vocês três pontos que considero fundamentais. Em primeiro lugar, é importante saber que falar, discutir, conversar a respeito de psicanálise ou psicoterapia não tem absolutamente nada a ver com a experiência de fazer análise ou terapia. Seja deitado no divã, seja sentado atrás do divã, a experiência é uma coisa, e falar a respeito dela é outra completamente diferente.

O segundo ponto é: já aconteceu de vocês pegarem um livro, começarem a leitura para logo o deixarem de lado? "Não estou entendendo nada", vocês pensam. Depois de um tempo, voltam a ele e: "Até que não é tão difícil, puxa, como não entendi isso antes?".

A minha recomendação para vocês é: NÃO É PARA ENTENDER. Não se preocupem em entender, apenas leiam. O que importa é que associações, ideias, pensamentos e dúvidas vão ocorrer aqui enquanto relermos juntos. Quanto ao texto, não se

---

[1] Nesta aula, será lido o capítulo I de *Aprendiendo de la experiencia*.

preocupem. Com o tempo vocês vão achá-lo até muito simples. Agora pode parecer complicado, mas é a primeira vez. É uma língua diferente, uma abordagem diferente; tudo é diferente. Estão me acompanhando?

Em terceiro, o que realmente importa para Bion é a parte clínica. Eu penso que é onde vocês mais precisam de ajuda: na clínica. Teoria não tem muita importância; com o tempo vocês vão formar as próprias teorias.

O paciente, quando entra no consultório, tem uma experiência emocional; isso não é teoria. Ele cheira, olha, escuta e perscruta vocês. O impacto do encontro, do contato... É isso que interessa!

Se você perguntar para o paciente: "Em que você está pensando?", o paciente poderá dizer: "Calma, eu ainda estou chegando". Vale a pena ter um pouco de paciência.

O paciente faz isso conosco também; ele pode dizer: "Porque o meu emprego, a minha mulher, o meu marido... O que você acha?". E o terapeuta pode responder: "Vamos com calma, vamos aguardar, eu não sei ainda".

O senhor falando me fez lembrar de uma experiência. Alguns meses atrás eu falei com uma moça ao telefone, mas quando ela chegou... Ela era cheia de tatuagens, de piercings!

São as experiências sensoriais.

Isso. Ela falava comigo, mas eu não conseguia prestar atenção no que ela falava. A imagem que eu tinha feito dela não tinha nada a ver com aquela que estava ali na minha frente. Ela se sentou e foi falando, falando, mas eu estava muito impactada. Demorou alguns minutos para eu livrar a minha mente daquela impressão e me concentrar no que estava sendo dito. Às vezes, a primeira experiência com o paciente causa surpresa no terapeuta também.

Sim.

Acho que a surpresa diz muito; pode, inclusive, atrapalhar. Hoje em dia, enquanto ela fala, ela tira o alargador, limpa o alargador, põe o alargador... E, de repente, lá estou eu de novo, focada no alargador. Quando percebo, me concentro e volto para o que ela está dizendo. O manejo do terapeuta exige muita disciplina interna, exige muita atenção.

Disciplina de atenção, de manutenção do foco. Isso que você chama de atenção é Freud, "Os dois princípios". O mais surpreendente, e com o tempo talvez vocês vejam isso, é que toda vez que o paciente chegar ao consultório, seja depois de cinco ou dez anos, vocês poderão considerar como se fosse a primeira vez. E tentar observar não aquilo que vocês já conhecem, isso deixem de lado, mas observar o que é desconhecido, aquilo que não conhecem.

Claro que o paciente vai tentar desviar a atenção de vocês para aquilo que é conhecido. A conversa fica muito agradável, dá até para tomar um chazinho e ficar conversando sobre o conhecido. Sobre o fim de semana, a festa do dia anterior, as férias, seja o que for. É que o paciente não gosta quando o analista, o terapeuta, toca em algo desconhecido. Algo que ele, terapeuta, nunca tinha visto antes e o paciente também não. É mais complexo.

Então, esse é o ponto; para nós, a experiência emocional que mais interessa é a experiência do encontro com o paciente. Mas vocês podem expandir esse conceito para qualquer experiência emocional. Toda experiência emocional necessariamente vai incluir os aspectos sensoriais: a visão, o som, o cheiro, o *piercing*, o alargador de não sei o quê; tudo isso faz parte dos aspectos sensoriais da experiência. Enquanto não forem processados os aspectos sensoriais, a experiência é um elemento beta. Bion propõe o termo *elemento beta* para não saturar.

Einstein usava outra palavra: espanto. É um termo muito bom. A pessoa fica espantada, mesmo; a pessoa fica impactada. Com o tempo vocês vão ver que Bion chama isso de fato selecionado. Mas vamos deixar isso mais para a frente.

A paciente chega. É a primeira vez que a terapeuta a vê, "está fora", mas começa a observar "aquilo" (digerir), e vai internalizando. Vai processando na medida em que internaliza.

O QUE fez com que "aquilo" que estava "fora" entrasse na mente da terapeuta a ponto de ela poder nos contar aqui hoje? Ninguém sabe. Ela transformou a experiência.

Imaginem se ela não tivesse digerido, processado os aspectos sensoriais da experiência, chegasse aqui e contasse assim esse caso: "Ela tinha um negócio no nariz, mas eu não sei o que era". Ou: "Ela punha e tirava uma coisa da orelha, mas não sei o que era".

Então vem a pergunta: O QUE processa a experiência? Nós não sabemos. Gostemos ou não, nós não sabemos. Até hoje, ninguém sabe. Podem inventar o que quiser, mas a verdade ninguém sabe. Eu estou afirmando para vocês que não se sabe O QUE processa a experiência. Bion propôs chamar de *função alfa* esse "algo", esse instrumento, esse aparelho, ou seja lá o que for, responsável por processar a experiência.

Naquela época, Bion estava interessado na patologia. Ele atendia em um hospital psiquiátrico e os pacientes que ele recebia eram psicóticos graves. Em geral, os diagnósticos eram de esquizofrenia;

pacientes que não processavam as experiências não abstraíam; para eles, tudo era concreto.

Não processa a experiência: elemento beta. Quando processa a experiência: o elemento beta é transformado em elemento alfa pela função alfa. Que é com o que a colega nos brindou aqui hoje: "A paciente chegou com um *piercing* no nariz". É um elemento alfa. Por que é elemento alfa? Para ficar vago também, para não saturar. O *piercing* é uma imagem, um ideograma ou pictograma. O alargador de não sei o quê também é uma imagem. Conforme a colega foi falando, vocês logo puderam imaginar o *piercing* e o tal alargador. Isso também é um ideograma.

Esse conjunto de ideogramas são as representações mentais de algo que ela viu. A terapeuta viu o *piercing* e o alargador, nós não. Mas, conforme ela foi falando, nós também pudemos imaginar o *piercing* e o alargador, que são representações daquilo que ela viu. Representações da mente da terapeuta; portanto, aquilo que foi processado e tem representação mental. Processar é transformar qualquer coisa em uma representação mental. Vocês podem perguntar: "Bom, mas o que isso tem a ver com o meu paciente?". Tudo! O paciente procura vocês porque ele não consegue representar aquilo do que ele se queixa. Ele não consegue abstrair.

Eu tenho uma paciente com ictiose. A pele dela é escamada, tem umas fissuras, parece pele de cobra. Quando a atendi pela primeira vez, a sensação que tive foi de extremo desprazer.

Vocês conseguem imaginar essa cena que ele está descrevendo?

É uma síndrome cromossômica que provoca uma deformidade visual externa muito grande. O impacto foi tão forte que a minha sensação constante era de repulsa. Hoje é diferente, as fissuras estão lá, mas não são tão fortes. Em alguns casos, penso que pode ser uma questão não de digerir, mas, sim, de aceitar o diferente.

Para aceitar o diferente é preciso digerir, senão nem sabe o que é diferente.

De alguma forma é preciso ter a capacidade de abstrair aquilo simplesmente como algo diferente.

Algo que existe.

Pensando sobre a questão da memória: eu atendo uma menina que chegou há alguns anos com um quadro de anorexia grave. Um quilo a mais que ela perdesse poderia ser fatal; um caso difícil. A questão da magreza era chocante e, além disso, ela era muito pálida. Às vezes, na sessão, tinha uma coisa que me impactava: ela era angulosa. Recentemente ela entrou para a faculdade e tirou uns dias de férias. E, quando retornou ao consultório, fiquei muito impactada! Isso durou um tempo na sessão. Eu olhava para ela e o que eu pensava era: "Quem é?". E vinha uma palavra na minha cabeça: "Gorda". Era muito estranho, eu fiquei durante um tempo na sessão com essa imagem. Era outra menina, era como se eu a visse pela primeira vez. Era uma pessoa nova que estava ali diante de mim. Ela me contou, emocionada, que tinha entrado para a faculdade, e disse que parte daquilo tinha a ver com a análise. Em seguida, começou a falar da relação com a mãe. Foi engraçado, porque até ela começar a falar da mãe, eu ainda estava impactada com a aparência dela.

Essa impressão, "gorda"... Ela estava mais gorda?

Eu olhava e a sensação que eu tinha era a de que ela estava mesmo muito diferente. Foi a primeira impressão que tive, e isso durou alguns minutos. Em um primeiro momento, não sei explicar, eu não sou nem capaz de repetir o que ela falava, mas fiquei um período durante a sessão pensando: "O que é isso? O que está acontecendo?". Só quando ela começou a falar da questão com a mãe é que eu parei de pensar nisso. Nós temos trabalhado essa relação, tem questões ali que são importantes. No final da sessão, na hora em que ela estava saindo, eu dei uma olhada e foi engraçado, porque ela não estava gorda. Mas tinha alguma coisa diferente. Estou pensando se o impacto que eu tive tem a ver com memória. Pensei nisso e também na minha dificuldade. Porque li o texto e a minha impressão, enquanto lia, era a de que eu estava sendo desconstruída. Não é uma leitura que me faça sentir como se estivesse caminhando, pelo contrário. Talvez até seja bom, isso, não sei. Mas enquanto você fala eu vou juntando, integrando as coisas. Achei curiosa a minha sensação e estou pensando se não são essas as questões que você está colocando. Quer dizer, que desconstrução é essa?

Alguém tem alguma opinião, alguma ideia?

Na minha opinião, tudo o que está sendo falado aqui me remete à contratransferência.

Se for contratransferência, talvez seja superada. Mas a contratransferência só é transformada no divã. A contratransferência é inconsciente. Se é inconsciente, se não há consciência, tem que deitar no divã e resolver com o analista.

Li alguns trabalhos de analistas que recomendam usar a contratransferência[2] a favor do paciente.

A contratransferência, na minha opinião, é inconsciente. Vocês vão ouvir, mesmo, muita gente dizendo que é para usar a contratransferência. Mas se é inconsciente, como é que vai usar? Vai usar inconscientemente. Bom, aí não tem o que fazer... Contratransferência

---

2   Sobre isso, ver artigo de Paula Heimann (1949).

é algo que é mobilizado no analista e é inconsciente; não tem como usar. Se é consciente, não é mais contratransferência.

Então é identificação projetiva?

Você captou algo, é consciente. Pode até ser uma identificação projetiva; você capta e processa. É um elemento que você colhe para poder trabalhar. Se você tem consciência, já não é inconsciente. Parece louco isso que eu estou falando, mas é assim.

Mas e aquilo que você sente e percebe conscientemente quando está com o paciente? A gente pode chamar isso de quê?

De material para se trabalhar em análise.

E quando o analista tem raiva do paciente?

Se o analista tem consciência de que está com raiva, já não é contratransferência. O conceito de Freud é: a contratransferência não é consciente.

Achar que a paciente está gorda é uma invocação de memória?

Nós podemos ir um pouquinho mais adiante, se a colega permitir.

Claro.

O que leva uma paciente como essa moça a esse estado de anorexia? O que é o anoréxico?

Eu tenho lido muito a respeito.

Posso dar uma sugestão? Aprenda a ler o paciente, deixe os livros de lado.

É que existe também uma questão muito dolorida em relação à mãe.

Eu imagino.

Ela descreve a mãe como a Madonna, uma mulher perfeita fisicamente.

Vamos ganhar tempo? Seja a mãe dela como for, está justificado o desprezo dela pela mãe?

De certa forma, sim. Porque a mãe tem um olhar voltado só para si mesma.

Então a anorexia é uma atividade protetora de uma mãe muito invejada. Ela inveja tanto a mãe que a única forma de se proteger dessa ideia é desprezando a mãe. Toda anoréxica tem uma famélica dentro dela. Uma faminta que despreza o peito da mãe. E quando você diz que está justificado, eu não diria que você está em maus lençóis, porque ela é uma mulher e você também é uma mulher, mas você está em apuros. Por quê? Quem vai ser a próxima a ser desprezada?

Eu pensei nisso! Por que hoje eu sou idolatrada, não é?

O que é idolatrar? O que é idealizar? O que diz Melanie Klein? "A idealização é o corolário da perseguição". A idealização é a defesa que o paciente usa para se proteger da perseguição. A paciente já está perseguida; é de outro peito que ela está com inveja, e a inveja gera ódio. Ela já está com medo, por isso você vê uma moça gorda ali.

Não é gorda, é diferente. Foi o que o meu segundo olhar me disse.

É porque ela passou no vestibular, não é?

É, ela entrou para a faculdade.

E em relação a você, como é ela ter sido aprovada no vestibular?

Ela dividiu as glórias comigo.

Ah, isso é gratidão! Então ela está diferente!

Ela dividiu comigo e eu senti que era de verdade, me emocionou.

Mas é emocionante; a transformação da inveja em gratidão.

Quem garante que as nossas sensações, ou aquilo que se está sentindo, é o que realmente está acontecendo? Por exemplo, quem garante que aquilo que ela sentiu, a impressão de que a paciente estava gorda... Não estou julgando, não é isso. Mas quem garante que ela estava certa ou errada? Como saber se nossa percepção está certa?

Freud! Teste da realidade. Não é isso? Ela poderia perguntar, se fosse o caso: "Estou com a impressão de que você engordou; você confirma?". Perguntar direto para a paciente. Teste da realidade de Freud; simples. A paciente poderia dizer: "Não". E o que isso significaria? Significaria que a paciente pôde reestabelecer uma afirmação em vez de uma negação: de que ela foi alimentada pela mãe e por isso está grande, fazendo vestibular. Está viva graças aos cuidados da mãe. Desde o leite, a comida quando ela era bebê, até os outros cuidados: troca da fralda, banho, o escovar do cabelo... Tudo o que a mãe cuidou.

E, na transferência, graças aos cuidados da terapeuta, graças ao alimento mental que a terapeuta deu para ela, ela pode agora ser grata em vez de sentir ódio e inveja.

Então o elemento beta é inconsciente e, quando se torna consciente, se transforma em elemento alfa?

O elemento beta é consciente. A função alfa transforma o elemento beta em elemento alfa que é inconsciente. É o contrário da ideia de Freud.

A paciente procurou a análise porque estava com anorexia; isso é consciente, é um elemento beta. O que é a anorexia dessa paciente? Não quer comer, não gosta de comer, não quer engordar. Qual é o sentido disso? É concreto, portanto é um elemento beta. Mas agora a paciente compartilha com a terapeuta a notícia de ter entrado para a faculdade. Onde foram parar a inveja e o ódio? Foram para o inconsciente. Foram para o inconsciente, e são expressados por meio da gratidão.

Se fosse minha paciente eu talvez aproveitasse para dizer: "Que bom que você está podendo reconhecer as pessoas que te ajudaram na vida". Porque a paciente acha que ninguém a ajudou. Ela acha que sobreviveu por ela mesma, que produzia as fezes, comia as próprias fezes e evacuava fezes. Acha que não teve ajuda de ninguém.

Em termos de defesa, isso não era real?

É uma boa defesa e é real; se prefere morrer a ter que ser grata à mãe, se prefere morrer a ter que depender da mãe, se prefere morrer a ter que depender da terapeuta. Mas, felizmente, agora ela se deu conta de que vale a pena depender da terapeuta. Ela passou no vestibular e foi lá compartilhar com gratidão.

Ela fala de coisas da mãe que são reais, ela tem mesmo uma mãe difícil.

Você conhece a mãe dela?

Conheço. No início, durante algum tempo, eu fiz alguns atendimentos com o pai e com a mãe. A mãe culpava o pai. Dizia que a anorexia estava ligada à dificuldade de relacionamento da menina com o pai, que o pai era muito ausente. Os pais se separaram quando ela era ainda muito pequena. Depois, percebi que a questão é a mãe. O pai também é difícil, mas a mãe! Tudo gira em volta dela, só olha para si mesma.

Uma mãe narcisista.

Quando percebeu que a menina estava magra, a menina já estava quase morrendo.

A mãe concorda com isso?

Ela escuta pouco, até tenta escutar, mas logo em seguida vem com as teorias dela. Ela se acha a melhor mãe do mundo, parece que é desconectada da realidade.

Você conheceu a paciente quando ela era menina?

Não.

O que você pode observar agora é que ela está viva. Sabe caminhar, alguém a ensinou a caminhar, sabe falar, entrou para a faculdade...

Tem essa questão com a mãe, mas em absoluto... Afinal, a menina está viva. Acho que... Eu não sei se isso é uma coincidência. Enfim...

É que nós temos uma fantasia de país colonizado e tribal que acha que as mães têm de fazer muito mais do que amamentar, ensinar a caminhar, a falar... Não precisa mais nada além disso. O que a mãe fizer a mais é por generosidade. A natureza é isso: a mãe mantém o bebê na barriga por nove meses, depois ele nasce, a mãe o amamenta, dá banho, troca a fralda, ensina a falar e a caminhar... Chega! Tudo o que a mãe fizer a mais é lucro.

Com cachorrinho é mais fácil, a mãe amamenta, mas tem uma hora que se o filhote quiser chegar perto, ela não deixa, ela rosna.

E quando isso ocorre?

Quando ele já é capaz de sobreviver sozinho?

Quando o filhote já tem dentes. Daí em diante, a mãe não quer mais saber, porque ele começa a morder, a machucar o mamilo. Então ela para, termina ali a função mãe.

Mas muita gente acha que tudo é culpa da mãe...

A mãe ser culpada de tudo... Isso é uma barbaridade, uma crueldade! Pensem nisso: o que mais ela precisa fazer? Amamentou, deu mamadeira, trocou fralda, deu banho, ensinou a falar, ensinou a caminhar, ensinou a pentear o cabelo, eventualmente ainda levou na escola; isso já é lucro. Podem culpar quem vocês quiserem, até Deus. Em algum momento de nossa existência, surgiu a mente. Isso é muito, muito recente. Mas as mães não têm nada a ver com isso...

Eu estou intrigada com uma questão. É o caso de um paciente que tive. Quando eu o atendia, me dava um mal-estar. Eu sentia enjoo, ânsia de vômito...

Você tinha consciência do enjoo?

Só do enjoo; o que provocava o enjoo eu não sabia. Eu ficava pensando: "O que será que eu comi?".

Se está com enjoo, sabe que tem algo que não está sendo digerido.

Eu ficava pensando se era alguma coisa que eu tinha comido na hora do almoço.

Mas sentia enjoo atendendo o paciente?

Uma vez, durante uma sessão, eu comecei a passar mal, tive de sair da sala para vomitar. Na sessão seguinte, ele veio e foi a mesma coisa.

Você não começou a suspeitar que era alguma coisa na relação com o paciente?

Sim, levei o caso para a supervisão, e aí me dei conta. O paciente tem uma filha, ele ficou viúvo e se casou novamente... Mas a madrasta maltratava demais a menina. Toda vez que ele trazia esse assunto, me causava um mal-estar muito grande. Esse enjoo não é contratransferência?

Não sei, acho que não. Você tinha consciência de que ele estava falando de um assunto enjoado. Podia apreender, captar, inclusive vivenciar o enjoado de alguém falando sobre aquele assunto. Um pai verdadeiro não permitiria que alguém maltratasse seu filho, ainda mais a madrasta. É um assunto muito enjoado mesmo. Você não ficou indignada?

Muito.

Não era consciente a indignação?

Era, mas o meu enjoo em relação à situação, não. Demorou pelo menos três sessões até eu perceber que não era nada que eu tinha comido no almoço.

Era o que você tinha "comido", mas na relação com o paciente, e que não tinha sido "digerido".

Eu pensava no almoço, porque a gente passa mal quando come uma alguma coisa estragada, não é verdade?

Sim, mas com o paciente é preciso estar em outra condição, na condição de poder estar atento para algo que está emergindo em decorrência do encontro com o paciente. Algo que está emergindo especificamente com aquele paciente. Com o paciente anterior ou com o posterior, você ficava enjoada?

Não.

É como o sono. Tem paciente com quem o analista está bem, está desperto, acordado. Mas acaba a sessão, entra outro paciente que começa a falar e parece que não vai dar para aguentar de tanto sono. O paciente sai, entra outro e o analista está bem de novo. Algo emergiu especificamente na relação com aquele paciente.

E quando aconteceu pela segunda ou pela terceira vez, você não teve mais dúvida, estava consciente: "O que ele está falando que me deixa enjoada? O que é indigesto na conversa dele?". Não dá vontade de perguntar: "Mas o senhor não é pai dela? Não protege a sua filha?".

Isso não seria um elemento beta que não foi processado?

Mas é consciente. A terapeuta tinha consciência do enjoo. Não podia processar, mas tinha consciência.

Enquanto ela não tinha consciência de que o enjoo era causado pelo paciente era contratransferência...

E quando a terapeuta fala que não tinha consciência, indo adiante mais um pouquinho, como vocês chamariam isso?

Ela estava negando?

A terapeuta está com alguém, esse alguém começa um assunto que a deixa enjoada. Se ela não comeu nenhuma comida estragada é porque o enjoo é decorrente da conversa.

Bion difere de Freud na ideia de tornar consciente o que é inconsciente. Para Bion, trata-se de tornar inconsciente o que é consciente. É o contrário de Freud?

É o contrário de Freud.

Tornar inconsciente é formar uma representação mental?

A representação mental é inconsciente, mas você pode se lembrar. Por exemplo, "ontem fui jantar em tal lugar, semana passada vi um filme francês". A representação é inconsciente, mas está lá. É como dirigir um automóvel. Quando a pessoa começa a dirigir, fica o tempo todo dizendo a si mesma: "Agora põe o pé na embreagem, passa para a primeira, tira o pé devagar, acelera, põe o pé de novo, passa para a segunda...". É tudo consciente; é tudo elemento beta. Depois de um tempo, a pessoa dirige automaticamente; foi tudo para o inconsciente. Essa é a psicanálise de Bion: deixar cada vez mais o consciente liberado e disponível para a vida presente.

Mas a concepção das instâncias psíquicas é a mesma de Freud?

Freud criou um tipo de teoria de mente; um aparelho psíquico que foi evoluindo. Bion fala em ego, superego, consciente, inconsciente... Mas ele parte de outro pressuposto; vocês vão ver que tem algumas coisas que Bion mostra, e, a partir do que ele mostra, não dá para concordar com Freud. Não dá porque a clínica não corresponde ao que Freud fala.

No capítulo II, Bion usa dois elementos de Freud. Um é a atenção; e o outro?

Não, Bion usa todos. Ele usa todos os elementos descritos por Freud em "Os dois princípios". Peço que vocês leiam esse trabalho de Freud. Se já leram, releiam. É um texto conciso, pequeno, são só quatro ou cinco páginas; Freud resumiu demais esse trabalho. Na minha opinião, é o melhor trabalho dele. Se amanhã ou depois vocês tiverem que trabalhar com uma só teoria, essa é suficiente. Não precisam de Bion, de Melanie Klein, não precisam de mais nada. "Os dois princípios" resolve praticamente tudo. Setenta por cento da clínica vocês resolvem bem dominando essa teoria de Freud.

Ali tem tudo: atenção, notação, noções de ego, inclusive pensamento. Freud foi muito longe; ele não tinha instrumento nenhum e foi até o pensamento!

Originalmente, era só o "princípio do prazer". Freud achava que só o princípio do prazer dava conta de tudo, mas depois percebeu que era preciso incluir o princípio da realidade.

E Além do princípio do prazer?

Além do princípio do prazer foi o último modelo mental que Freud criou, e o que está além do princípio do prazer é a morte. É quando Freud introduz os impulsos de vida e de morte, as pulsões de vida e de morte.

Vamos para a leitura?

Aprendiendo de la experiencia[3]

Capítulo I
1. Denominar uma ação pelo nome da pessoa da qual se pensa que essa ação é típica.

Por exemplo, no passado, quando alguma coisa era roubada, as pessoas tipificavam a ação usando o nome de um ex-governador de São Paulo. Vocês se lembram?

Até as crianças na sala de aula diziam: "'Malufaram' a minha borracha!".

É exatamente a isso que Bion está se referindo. Portanto, uma função da personalidade.

> *(cont. cap. I, item 1): falar, por exemplo, de "spunerismo", como se fosse uma função da personalidade de um indivíduo chamado Spuner, é muito comum; aproveito esse uso para deduzir dele uma teoria das funções, que resistirá a uma aplicação mais rigorosa que a empregada na frase corrente. Suporei que existam fatores na personalidade que se combinam, produzindo entidades estáveis as quais denomino funções da personalidade. O significado que atribuo aos termos "fatores" e "funções" e o uso que lhes dou aparecerão em seguida, mas uma explicação preliminar não será demasiada.*

---

3   Leitura da versão em espanhol traduzida em aula pelos alunos.

2. O enunciado "Um fator que devemos levar em conta sobre a personalidade de X é a sua inveja de seus companheiros" pode ser feito por qualquer pessoa leiga, e pode significar pouco ou muito. O seu valor depende de nossa opinião sobre a pessoa que fez o comentário e o peso que ela atribui às suas próprias palavras. A força do enunciado se altera se dou ao termo "inveja" o peso e o significado com que o revestiu Melanie Klein.

Com relação a esses dois primeiros itens, alguma questão?

Quando Bion fala "fatores na personalidade que se combinam produzindo entidades estáveis", ele se refere a esses fatores como os elementos beta?

Os fatores são as teorias ou aquilo que produz a teoria. Vocês têm de imaginar por que não se tem acesso à coisa em si. Ninguém tem acesso à inveja, ao ódio, ao amor, ao ciúme. Vocês jamais vão ter acesso direto a isso; vocês vão ter acesso às expressões disso.

O paciente fala coisas e vocês podem conjecturar: "Ah, acho que ele está falando de ciúme" ou "acho que ela está falando de inveja"... Não sei se vocês se deram conta disso, mas ao sentimento em si não se tem acesso direto.

Mas definir se é inveja ou outra coisa vai depender do que se conseguir apreender da personalidade do paciente?

Exatamente, da função da personalidade dele. Qual a finalidade da inveja? Qual é a função da inveja? Porque inveja, segundo Melanie Klein, é *constitucional*, e eu estou de acordo com ela. Portanto é o fator constitucional que vai determinar o que cada um vai experimentar, uns mais, outros menos. Mas a análise altera isso. Interessante, não é? A análise vai alterando. Como ocorreu na questão genética daquele paciente com a síndrome cromossômica que o colega trouxe, em que a análise alterou a produção de fissuras na pele. Eu já vi isso.

3. Suponhamos outro enunciado: "A relação de X com seus companheiros é típica de uma personalidade na qual a inveja é um fator".

Então, a inveja pode ser uma função e pode ser um fator. Depende de como é colocada.

(cont. cap. I, item 3): Este enunciado expressa a observação de uma função na qual os fatores são a transferência e a inveja. O que se observa não é a transferência ou a inveja, mas, sim, algo que é uma função da transferência e da inveja.

Esse é outro ponto interessante: ninguém observa diretamente a transferência; é preciso DEDUZIR.

Para mim, não está claro porque a inveja pode ser uma função ou pode ser um fator.

Depende de como a inveja está sendo colocada. Qual é a função? É que "função" deriva da matemática. Função é uma atividade matemática. E a matemática não é uma ciência, a matemática é uma linguagem, e "função" faz parte dessa linguagem. Os matemáticos entendem uns aos outros como os músicos fazem; um sabe do que o outro está falando. Eles se comunicam no nível da matemática. Meia dúzia de matemáticos em uma sala conversando ao redor de uma lousa é até bonito de ver. Você não tem a menor ideia do que eles estão dizendo, mas eles estão se comunicando perfeitamente.

"Função" faz parte dessa linguagem, "função" e "fator". Bion utiliza a teoria matemática nas relações humanas; foi uma tentativa de abstrair um pouco mais.

A inveja é como uma função da personalidade, ou um fator, depende do que está em jogo. Daqui a pouco vocês vão tirar isso de letra, não se preocupem, porque é simples e não tem muita importância.

> *(cont. cap. I, item 3): É necessário, no decorrer da psicanálise, deduzir novos fatores de mudanças observadas na função e distinguir novas funções.*

Por exemplo, a colega de vocês observou uma mudança: de repente a paciente está expressando gratidão, em vez de ódio e ataque. O não comer é um ataque ao peito. O mundo é um peito; se eu não como, estou atacando o mundo. O mundo virou um peito odiado. Não quero saber desse mundo, assim como, originalmente, não queria saber do peito materno. Estão me acompanhando?

A paciente estava nessa posição: uma função de ódio e desprezo pelo peito. Gradativamente isso vai se transferindo para tudo, inclusive para o mundo. E ela depende do mundo, como originalmente dependia da mãe. Essa função de ódio e desprezo (por invejar aquilo que o mundo tem de bom e ela não tem) faz com que ela pare de comer por ódio e inveja.

Comer, se alimentar, significa estar de acordo com a ideia de que o mundo tem coisas boas. Essa paciente fez uma caricatura da mãe de tal jeito que, do ponto de vista dela (vocês até podem entender que está justificado desprezar e odiar esse tipo de mãe), é preferível morrer de fome a mamar naquele peito do qual ela depende para sobreviver. Mas ela mamou, senão não estaria viva.

A terapeuta, no início, observou algo na paciente: desprezo pelo peito, pela vida, pelo mundo. Mas, depois, a paciente começa a ficar grata e quer compartilhar com a terapeuta. Quer dizer, a paciente pôde suportar uma coisa boa: a ajuda da terapeuta. Para o invejoso isso é insuportável. O invejoso não suporta coisas boas, mas só inveja o que é bom. Já viram invejoso invejar o que é ruim? O invejoso tem de transformar o que é bom em ruim e desprezível para poder dizer "eu não quero isso". A terapeuta observou que no início era assim, mas que agora a paciente pôde ser grata. Tem algo de memória aí...

> 4. *"Função" é o nome da atividade mental própria de um número de fatores que operam em conjunto.*

Vocês podem imaginar quais fatores funcionam em conjunto nessa paciente? Inveja, ódio, desprezo, ódio à dependência. São teorias; dependência é uma teoria, inveja é uma teoria, ódio é uma teoria. No começo, a paciente pôde viver sem nada de bom que o mundo oferece, mas depois observou-se uma mudança.

> *(cont. cap. I, item 4):* "Fator" *é o nome de uma atividade mental que opera em conjunto com outras atividades mentais, constituindo uma função.*

Os fatores funcionam em conjunto constituindo uma função, ou realizando uma função.

(cont. cap. I, item 4): Os fatores são deduzíveis da observação das funções das quais são parte, e conservam uma mútua harmonia. Podem ser teorias ou as realidades que as teorias representam. Podem parecer lugares-comuns, pertencentes a um insight *comum; mas não o são, porque a palavra usada para designar o fator se emprega de forma científica e, portanto, mais rigorosa do que é usual no inglês corrente.*

Pensem na paciente que a colega de vocês trouxe como exemplo. Nós fomos deduzindo. A inveja, o ódio, o ódio à dependência. A terapeuta não falou nada disso. Nós é que deduzimos.

Sugestão de leitura

Heimann, P. (1949). Contratransferência. *Anais do Congresso Internacional de Psicanálise da IPA*, Londres, UK, 16.

É estranho? Observe, observe e observe[1]

Para Bion, a única coisa que interessa em psicanálise é o estranho. Atenção e foco são importantes, mas para observar o que é estranho. É estranho? É o que interessa. O paciente, às vezes, repete aparentemente a mesma história, e você se pergunta: "Mas de novo...? O que eu faço com isso?".

No relato do paciente, uma palavra pode ser o estranho?

Uma palavra, um modo diferente de respirar, um soluço, um suspiro, uma contração facial... Se você notar alguma coisa diferente, aquilo é importante. É como se fosse um marco; o paciente sinaliza a existência de algo que precisa ser investigado. Na linguagem de Freud, esse seria o aspecto manifesto, mas o que nos interessa é investigar o que está latente. Guardem isso, depois retomaremos esse tópico.

---

1 Nesta aula, será lido o capítulo I de *Aprendiendo de la experiencia*.

Nesse primeiro capítulo, Bion está interessado apenas em conceituar *função* e *fator* como expressões da personalidade. No segundo capítulo, Bion vai assinalar o campo em que ele vai usar *função* e *fator* como instrumentos de investigação; esse campo é delimitado por algumas teorias.

Não acontece, às vezes, de perguntarem para vocês qual é o referencial? Se é freudiano, kleiniano ou winnicottiano? O campo da teoria no qual está sendo investigado o material clínico determina, delimita o campo de investigação.

Mas vamos retomar a leitura. Não se preocupem em compreender porque isso atrapalha.

> *(cont. cap. I, item 4) Função é o nome para a atividade mental própria de um número de fatores que operam em conjunto. Fator é o nome para uma atividade mental que opera em conjunto com outras atividades mentais constituindo uma função. Os fatores são deduzíveis da observação das funções das quais são parte, e conservam uma mútua harmonia. Podem ser teorias ou as realidades que as teorias representam. Podem parecer lugares-comuns pertencentes a um* insight *comum; mas não o são, porque a palavra usada para designar o fator se emprega de forma científica e, portanto, mais rigorosa do que o usual no inglês corrente. Os fatores não se deduzem diretamente, mas, sim, por meio da observação das funções.*

A função revela o fator?

O terapeuta é quem deduz os fatores a partir da função. O paciente diz: "Sonhei que estavam batendo em mim e, curiosamente, eu estava gostando". Interpretem o sonho. O que vocês pensariam desse sonho? O que está em jogo aí?

Masoquismo?

Isso; um fator de uma função. E em qual teoria se enquadra o masoquismo? O sonho, o "sonhei que estavam batendo em mim...", é a expressão do que estaria latente, e é o terapeuta quem vai deduzir. Mas pode ser outra coisa, qualquer coisa: "Sonhei que estavam me humilhando, me rejeitando". Ou algo próprio da vida real: "Eu me senti rejeitado, me senti humilhado". Como vocês enquadrariam isso com o conhecimento que vocês já têm? "Formulações sobre os dois princípios do funcionamento mental". Vou repetir o que já disse anteriormente: os "dois princípios" cobrem setenta, oitenta por cento de qualquer material clínico.

O próximo item traz uma parte teórica que certamente é algo muito novo para vocês.

> 5. *A teoria das funções facilita a correlação da realização com o sistema dedutivo que a representa.*

E o que quer dizer isso? O que é *realização*? *Realize*, em inglês. Não existe um termo equivalente em português.

Dar-se conta?

O terapeuta então "realiza", se dá conta de que o paciente está falando que foi rejeitado, humilhado. O paciente expressa algo que Freud, em "Os dois princípios", chama de "princípio do prazer". O sistema dedutivo é a teoria.

Então, quando o paciente traz algo e nós deduzimos, trata-se de teoria?

Um exemplo: o paciente diz que está sendo perseguido, que os comunistas estão atrás dele. Como você "realizaria"? Como compreenderia isso na tentativa de se aproximar, de entrar em contato com o paciente? Qual a teoria que dá conta disso? Posição esquizoparanoide. Portanto, o sistema dedutivo é: posição esquizoparanoide. A pessoa está perseguida. A conjectura é racional, não é imaginativa. O paciente é quem fala que se sente perseguido. A minha conjectura racional é que ele está mergulhado naquilo que Melanie Klein descreveu como posição esquizoparanoide.

Vocês têm a experiência, a realização e o sistema dedutivo, que é a teoria que vai dar conta daquele material clínico, pelo menos provisoriamente.

Nesse exemplo, onde estão a função e o fator?

A pergunta é boa, eu gostaria que alguém também se arriscasse a responder. O que seria a *função* e o que seria o *fator*?

A função seria a persecutoriedade?

Quer dizer, o paciente teria algo na personalidade dele cuja função seria a persecutoriedade. E o fator?

O fator seria o embasamento dedutivo?

Os fatores são as teorias com as quais o terapeuta está trabalhando.

É o embasamento teórico que o terapeuta usa para poder deduzir aquela função?

Isso mesmo.

Bion aproxima a teoria daquilo que vivenciamos no consultório. Muitas vezes acontece alguma coisa que depois nos faz pensar: "Mas de onde veio isso?".

Por isso é importante trabalhar, ter pacientes e estar em análise para poder se separar do paciente. A análise ajuda; o que não é meu é do paciente.

Ainda estou com dúvidas. Os fatores são as teorias; e a função?

O conjunto de teorias que forma a função.

E quando o terapeuta sente a angústia do paciente?

Aí ele precisa procurar o analista com urgência. Porque está identificado projetivamente com o paciente. Por isso eu disse que a análise ajuda a separar. A angústia do paciente é do paciente, a angústia do terapeuta é do terapeuta.

E se o terapeuta se der conta de que se trata de identificação projetiva?

Se o terapeuta se der conta de que se trata de identificação projetiva, então é consciente, e não se trata mais de contratransferência. A contratransferência é inconsciente. E, mais ainda, quando o terapeuta se dá conta de que se trata de identificação projetiva, ele pode usar no trabalho terapêutico.

Você está dizendo que só depois que o terapeuta "realiza" deixa de ser contratransferência? E, nesse caso, o material pode ser usado no trabalho terapêutico?

Se é inconsciente, como o terapeuta vai usar?

Essa semana uma paciente contou que foi abusada pelo pai quando era pequena; eu já suspeitava.

Ela contou que foi abusada em um relato, não é?

Isso, em um relato.

É que eu trabalho um pouco diferente. Não vou discutir aqui se a paciente foi ou não foi abusada, porque é o relato dela. Vou dar uma ideia de como trabalho. Imediatamente, me perguntaria: "O que estou fazendo aqui que fez com que ela se lembrasse desse assunto?". E aguardaria. A paciente está se sentindo abusada. Pode ser que ela esteja se sentindo abusada por algo de que eu ainda não tenha me dado conta. Está inconsciente em mim, então vou ficar atento.

No início, a paciente dizia que a irmã é quem tinha sido abusada, mas, na última sessão, ela contou que foi ela, e contou com detalhes o que acontecia. Ela ficou muito emocionada, tive vontade de pegá-la no colo... Isso é contratransferência?

Só falta pedir desculpas, não é? Isso é contratransferência.

Fiquei com pena...

Parece que algo está acontecendo, algo que faz com que a paciente sinta como se estivesse sendo abusada. Mas se você não se misturar com a paciente, poderá investigar: "O que será que, na cabeça dela, na mente dela, eu estou fazendo ou deixando de fazer, falando ou deixando de falar, que faz com que ela sinta como se estivesse sendo abusada?". Pessoalmente, acho que toda experiência de análise é um abuso. É uma invasão de intimidade. Mesmo que o paciente esteja de acordo em se deitar no divã três, quatro vezes por semana e pague para que o analista, o terapeuta, fale o que tem de falar. Mas falar da intimidade de alguém é um abuso. Se isso não for levado em conta, dali a pouco o paciente desaparece e o terapeuta nem sabe o porquê.

Estou pensando se todo mundo é sadomasoquista; se todo mundo gosta de um abuso na análise...

É alguma novidade, isso? A novidade é: sou sado e sou masoquista. O problema é quando quero me livrar de uma dessas partes. Quero me livrar ou da minha parte sádica, ou da minha parte masoquista, e procuro um parceiro para que ele desempenhe o outro papel, de sado ou de masoquista. Aparentemente, essa paciente está fazendo isso com a nossa colega. A paciente, na cabeça dela, encontrou uma terapeuta que, provavelmente, vai desempenhar o papel de sádico. Por isso a vontade de pegar no colo. Só que tudo é fantasia da paciente. Mas precisa investigar, conversar com ela.

Como você sabe que é fantasia?

Eu não fiz nada para ela, que eu saiba.

Não falo do relato da paciente, falo da fantasia de que a terapeuta teria abusado dela.

Relato é relato. A paciente está falando de algo que aconteceu...

Ela estava falando das dificuldades sexuais dela. Ela quer transar com o namorado, mas não consegue... Diz que lembra das cenas de abuso e trava. Quando aconteceu, ela era uma criança... Pelo que ela conta, não houve relação sexual, o pai só a acariciava.

Mas normalmente não é isso que um pai faz com uma filha? Pega no colo, acaricia, beija.

Sim, tanto que ela não tinha certeza se era abuso. Na época, ela achava estranho porque o pai passava a mão nela, mas ela não tinha certeza se aquilo era errado. De certa forma, tinha, porque manteve segredo, não contou para a mãe.

Vocês ainda estão no início, mas descrevem um quadro clássico: a Io[2] de *Prometeu acorrentado*. Io foge do pai para fugir do desejo sexual dela. Freud escreveu *O trauma como origem da neurose*[3] – o trauma sexual, especificamente o trauma de ter sido abusado. É o "ABC" da psicanálise, e o que eu vou falar para vocês agora é a letra A, a primeira aula de psicanálise. Quando Freud descobriu que todos os pacientes dele eram abusados, ele escreveu um livro. Naquela época, Viena era muito pequena; Freud saía para passear e conhecia as pessoas, encontrava os pais dos pacientes... De repente, ele realizou: "Como? Se não tem babá, se não tem tio, não tem governanta... Nada do que os pacientes falam tem a ver com a realidade. Nada!". Freud ficou decepcionado; isso está naquele filme *Freud além da alma*, com roteiro de Jean Paul Sartre.[4] O filme trata do início da psicanálise.

Quando descobriu que tinha se enganado, Freud ficou muito decepcionado.[5] Quis queimar os livros, fazer as malas e ir embora para o interior; quis voltar a ser clínico e desistir da psicanálise. A mulher dele, muito sensível, foi quem pediu para ele que tivesse calma; afinal, ele era um pesquisador, um cientista.

---

2 Io, na mitologia greco-romana, era uma sacerdotisa do templo de Hera em Argos e uma das paixões de Zeus. Sua história foi contada por Ésquilo em *Prometeu acorrentado*, e também por Ovídio em *Metamorfoses*.
3 Freud, 1976.
4 Filme de 1962.
5 Isso pode ser constatado por meio de carta de Freud a Fliess, "Não acredito mais em minha neurótica", datada de 21 de setembro de 1897.

O que eu diria para vocês é: investiguem, vejam do que se trata. Os pacientes de Freud contavam detalhes de abusos, e nunca tinham sido abusados. A partir dessa descoberta ele começou a investigar: "Se isso não é fato, se não houve trauma, o que há então?".

Foi quando Freud descobriu a fantasia inconsciente.

Sim, a descoberta da fantasia. E ali começou a psicanálise; sem fantasia não há psicanálise. Psicanálise é a atividade que investiga as fantasias, não os fatos. Fato é com o médico. Se foi abusada, o médico vai examinar, vai para o Instituto Médico Legal, chamam a polícia, o advogado etc. Mas o analista, o terapeuta, tem de se preocupar em investigar e examinar as fantasias. O que precisa ser investigado são as fantasias. É tudo fantasia. "Bom, mas e se ela foi abusada?" Se ela foi, ela foi. Que idade ela tem agora?

32 anos.

32 anos... O que importa é daqui para a frente, o que importa é que uso ela faz disso. Para nós, a fantasia é que é importante, não o fato.

Mas ela se sente abusada.

Com isso, eu concordo integralmente; acho que a paciente está certa. Ela sentiu e ainda sente que está sendo abusada. Mas se é no presente, tem a ver com você. E você está lá para ajudá-la. Mas como vai poder ajudar se não puder participar das intimidades que ela te conta? Não há como. Acho que isso deve ser imediatamente esclarecido para a paciente. Não é possível ajudá-la se você não estiver autorizada a conversar com ela sobre as intimidades dela.

Mas ela fala das intimidades dela com muita tranquilidade.

Pois é, e você não acha isso estranho?

Acho normal. Entre mulheres fala-se muito sobre isso.

Os homens também falam. Mas contar que não consegue ter prazer na relação sexual não é constrangedor?

Ela não diz que não tem prazer, diz que tem vontade de realizar algumas fantasias.

Realizar quais fantasias? Porque isso, sim, interessa.

Fazer um striptease para o namorado, dançar, usar uma fantasia. Mas, na hora H, não consegue; trava, lembra do pai.

Então, do que a paciente está falando? Que ela não se livra dos desejos sexuais em relação ao pai. É disso que ela está falando?

Acho que sim.

A paciente se dá conta de que ela quer tanto que trava. Quem normalmente quer transar com o pai? A menina. É natural as meninas quererem transar com o pai, com a mãe. É absolutamente natural. Depois, na pré-adolescência e na adolescência, gradativamente se estabelece o que chamamos de barreira do incesto. E aí é o contrário: há uma busca pelo distanciamento da mãe e do pai. Há uma repulsa, porque tudo o que era desejo na menina e no menino na adolescência está turbinado pelos hormônios. Então é perigoso, eles caem fora! Falam mal da mãe, falam mal do pai. Quem tem filho adolescente sabe.

Uma menina buscar por outra menina com quem possa se relacionar significa que a barreira do incesto falhou?

É possível, mas é preciso investigar.

Mas pode-se olhar por esse caminho?

Esse é um caminho, mas não é o único. Qual é a idade da menina?

16 anos.

Quem sabe ela está experimentando a capacidade de amar, ou de não amar. O importante é ter capacidade para amar, ou não ter. Tudo o que a paciente anterior falou sugere que o problema dela não tem nada a ver com amor; a paciente é totalmente infantilizada. Agora, essa menina de 16 anos talvez esteja testando a capacidade de amar outra pessoa. É uma possibilidade, não quer dizer que seja isso. O que importa é se a pessoa é capaz de amar o outro ou não. Isso, sim, é importante.

Eu atendo uma menina que namora outra menina, e ela diz: "Eu me apaixonei foi pelo jeito dela; se ela fosse homem e tivesse o mesmo jeito, acho que me apaixonaria também".

Sim, é isso. A paciente está dizendo que tem capacidade de amar alguém com aquelas peculiaridades, seja homem ou mulher.

A criança precisa desenvolver a capacidade de ser amada, e isso requer um desenvolvimento. O adulto vai desenvolver a capacidade de amar o outro; é uma outra direção, outro caminho.

E só vai desenvolver a capacidade de amar se sentir que foi amado?

Isso é fundamental. Uma pessoa que nunca se sentiu amada pela mãe talvez nem por terapia procure. Perguntaram uma vez para Bion: "Por que uma pessoa procura a análise?". Ele respondeu: "Porque em algum momento ela se sentiu amada pela mãe".

Quer dizer que os pacientes nos procuram porque já se sentiram amados?

Podemos partir disso.

Então todos têm capacidade de amar?

Ou de ser amado. O paciente procura a análise porque em algum momento se sentiu amado.

Isso quer dizer que ele tem potencial.

Potencial ele tem, mas se vai desenvolvê-lo... A paciente procurou a ajuda da terapeuta para poder amar. Ela tem fantasias, o que é muito natural, humano. Mas, chega na hora, ela trava. Na minha opinião, na minha fantasia, na minha conjectura imaginativa, a paciente não consegue se libertar do desejo sexual pelo pai.

Quando eles saem, ela fica vigiando o namorado, para ver se ele não olha para outras mulheres. Eu disse isso para ela: "Todo o desejo que está em você, você enxerga no outro".

Estou de acordo, mas posso contribuir oferecendo outra visão? O aspecto da possessividade... A paciente não suporta ver o namorado conversar com outra, isso desperta nela o sentimento de posse.

Nesse contexto isso aparece, ela é bem possessiva.

Podemos retomar a leitura? Do início do item 5.

> 5. *A teoria das funções facilita a correlação da realização com o sistema dedutivo que a representa. Mais ainda, o seu uso dá flexibilidade a uma teoria analítica, que deve ser empregada em situações analíticas muito diversas....*

Podemos usar a mesma teoria sem que haja uma redução. Há uma variação: o paciente se expressa nas mais diversas formas, de diversas índoles, de muitos modos.

> *(cont. cap. I, item 5) sem prejudicar a permanência, a estabilidade da estrutura da qual faz parte. Além disso, mediante a teoria das funções, os sistemas dedutivos, que possuem um alto grau de generalização, podem representar observações na análise de um paciente específico.*

A teoria dos dois princípios tem um altíssimo grau de generalização.

> *(cont. cap. I, item 5) Isso é importante porque a teoria psicanalítica deve ser aplicada a mudanças que têm lugar na personalidade do paciente. Se o analista observa funções e deduz delas os fatores com as quais estão relacionadas, o obstáculo que separa a teoria da observação foi superado sem elaboração de novas e, possivelmente, equivocadas teorias.*

O que importa é observar a função e deduzir os fatores que constituem a função.

> 6. *"A função à qual me referirei, por sua importância intrínseca, também serve para ilustrar o uso que se pode dar a uma teoria das funções". Chamo essa função de função alfa, de modo que possa referir-me a ela sem estar limitado, como eu estaria, se empregasse um termo mais rico em significados, por uma*

penumbra de associações que se dariam. Em troca, os significados das teorias que aparecem como fatores devem ser conservados e empregados o mais rigorosamente possível; dou por certo que o significado foi esclarecido de forma satisfatória por seus autores e demais pessoas que foram analisadas nas teorias com compreensão crítica. A liberdade implica o uso do termo "função alfa", e a concentração de precisão da expressão e o uso em tudo a que ela se relaciona com os fatores confere flexibilidade sem prejudicar sua estrutura. O uso que faço de uma teoria já existente poderia aparecer como distorcendo o sentido que lhe dá o autor, por isso creio necessário esclarecer; se não esclareço, deve-se se supor que creio estar interpretando a teoria do autor corretamente.

7. *O termo função alfa está propositalmente desprovido de significado.*

Esse é o ponto: não tem significado; está em aberto.

(cont. cap. I, item 7) Antes de assinalar a área de investigação pela qual me proponho empregá-la, devo considerar um dos problemas concomitantes na investigação. Como o objetivo deste termo sem significado é prover a investigação psicanalítica de um equivalente a uma variável dos matemáticos, de uma incógnita que pode ser revestida com um valor cujo uso já ajudou a determinar, é importante que não se empregue prematuramente

para comunicar significados, porque esses significados prematuros podem ser precisamente aqueles que é essencial excluir. No entanto, só o fato de o termo "função alfa" ser usado em uma determinada investigação já leva inevitavelmente a que seja revestido novamente com os significados derivados das investigações que já se tenha levado a cabo nesse campo. Portanto, deve-se manter uma vigilância constante a fim de impedir esse desenvolvimento, que o valor do instrumento resulte em malogro desde o começo. A área de investigação é aproximadamente aquela que está coberta pelos trabalhos a que me refiro no próximo capítulo.

Em relação à função alfa, Bion está dizendo que não pode fechar a questão, é isso?

Ele sugere. Logo depois que Bion escreveu esse livro nós tivemos uma reunião no Instituto, e a diretora de lá disse: "Eu sei o que é função alfa: é a mente". É justamente o que Bion não quer, e é por isso que sugere deixar em aberto. A função alfa é constituída por um conjunto de funções desconhecidas, ponto. É melhor não saturar.

Bion fez um pedido: não queiram saber o que é a função alfa; ele também não sabia o que era. Vamos deixar isso como um mistério; "mistério sempre há de pintar por aí"... Na época da ditadura militar, Gilberto Gil foi para Londres e fez análise com um analista carioca que estava lá se analisando com Bion. Ele estava em análise no momento em que Bion desenvolvia essas ideias e compôs uma música, "Se eu quiser falar com Deus", que, na minha opinião, e uma espécie de hino à psicanálise. No sentido de: qual é o estado de mente mais propício para se trabalhar em análise? Não é uma música religiosa. E sobre o desconhecido, sobre o vazio; Deus como realidade última. Deus representando a realidade psíquica.

Não saturar; isso tem a ver com memória e desejo?

A paciente traz uma questão, uma dificuldade sexual: ela "trava". O que isso significa? O desenvolvimento psicossexual não teve sucesso – Freud. A função responsável por processar as experiências de uma adolescente em transição para uma mulher adulta fracassou. Que função é essa? Como não sei, vou chamar de função alfa. A paciente não tem função alfa para processar essa experiência, e por isso ela está pedindo ajuda para a terapeuta.

Existem funções e fatores, mas quando se está lá com o paciente...

Esqueça as teorias. Um exemplo: o paciente se queixa de que ou é casado há dez anos e está infeliz, ou de que trabalha em um banco e está sendo muito maltratado, pois promovem os colegas mais jovens e ele não é promovido... Eu não pensaria em nenhuma teoria. Eu conversaria com ele: "Mas o que você está fazendo lá, então? Por que não se queixa?". Caso o paciente falasse: "Já fui me queixar, mas sempre tem alguém que está mais preparado", eu perguntaria: "E por que você continua lá?". Depois eu iria refletir sobre qual seria o fator; em outras palavras, qual seria a teoria que estava sendo empregada ali. A teoria dos dois princípios do funcionamento mental. Para que se possa abandonar o princípio do prazer, é preciso mudar a realidade; isso é Freud. Se está infeliz no emprego, procure outro emprego. É uma forma de mudar a realidade. Se não está feliz no casamento, se já tentou de tudo, mas continua infeliz, vá procurar outro casamento. Abandonar o princípio do prazer é muito difícil. O prazer de ser abusada, de ser maltratado no emprego, de ter uma mulher que não ama... Ser vítima: esse prazer é insuperável. Só tem outro que o supera: o de vingança.

Mas como transformar o fator, ou teoria, em algo que seja útil para o paciente? Porque o paciente não está interessando em teorias. Na medida do possível eu recomendo deixar a teoria mais longe. Podemos conversar informalmente com o paciente e, depois da sessão, investigar que teoria daria conta, que teoria explicaria o que ocorreu durante a sessão.

Seja quem for, qualquer um de nós ou o paciente... o desenvolvimento da personalidade não é harmônico. Nenhum desenvolvimento é harmônico. Alguns aspectos intelectuais se desenvolvem; outros, emocionais, não. E assim por diante.

Quando Bion fala sobre "abandonar" memória e desejo na sessão...

"Suspender", acho mais adequado. A recomendação de Bion é suspender a memória, suspender a teoria, suspender inclusive o desejo de compreender. Deixar acontecer. Depois da sessão, você retoma. Se compreender durante a sessão, não vai mais escutar o que está sendo falado naquele momento. É melhor não compreender.

É muito difícil se livrar do desejo de não compreender. Tenho tentado trabalhar isso, mas fico me perguntando: "O que é que eu estou fazendo com essa pessoa? Onde vai dar isso? Ela está me pagando". Essa é uma coisa que me pega forte. Parece que não estou ajudando, sinto uma sensação de impotência...

Vou dar um exemplo, você é casada?

Sou.

Tem filhos?

Uma menina de 7 anos.

Você prometeu alguma coisa para a sua filha?

Nada, absolutamente.

E ainda assim ela não te paga? E muito bem! Você não está aprendendo a ser mãe?

Com toda a certeza.

É um curso que custaria caro, não é? E a gente promete alguma coisa para os filhos? Sangue, suor e lágrimas,[6] não é isso?

Mas é muito difícil quando se está no começo...

Não acho que é difícil, acho que é impossível. Mas, felizmente, para Bion, tudo o que é conhecido não interessa. E tudo o que está sendo falado aqui é conhecido. Foi traumatizado, foi abandonado, foi abusado... Ou é mentira ou é irrelevante. O que importa é aquilo que é desconhecido pelo paciente e por nós também. Vai ficar angustiado? Vai. Aquilo que o paciente sabe, ele sabe. Não tem o que fazer, ele já sabe. Foi abusado? Se foi abusado, isso já é conhecido. Eu me perguntaria: "O que ele não sabe?".

Atendo um paciente e só agora, depois de um ano, ele começou a trazer questões mais conflitantes. A mãe se separou do pai quando ele tinha 12 anos de idade. Ele se deita no divã e diz: "Agora vou falar daquilo que não quero falar". Seria essa a questão do desconhecido?

Vamos devagar. Você está trazendo uma coisa importantíssima com a qual Freud se debateu durante cinquenta anos, e eu acho que não adiantou muito. Mas eu vou continuar insistindo junto com Freud. Desde a primeira tópica Freud insiste no conflito do paciente com o paciente: o conflito entre consciente e inconsciente.

---

6   Frase do primeiro-ministro britânico Winston Churchill, em seu primeiro discurso na Câmara dos Comuns do Parlamento Britânico, em 13 de maio de 1940: "Só tenho para oferecer sangue, trabalho, suor e lágrimas".

Na segunda tópica, ego, superego e id: o ego em conflito com o superego e o superego em conflito com o id. Mas o conflito é sempre do paciente com o paciente.

É evidente que o paciente traz o conflito com a mãe, com o pai, com o namorado, com o emprego... Se vocês prestarem atenção quando eu falo "princípio da realidade", é o que a pessoa pode mudar. "Esse emprego não está bom para mim." O conflito é dele com ele mesmo. Se o emprego está ruim, vai procurar outro. Mas, se o paciente quer discutir o conflito dele com o emprego, o que é que se pode fazer? Ou, se quer discutir o conflito dele com a mulher dele, não dá para fazer nada!

O primeiro trabalho na análise é mostrar para o paciente que o conflito é dele. O conflito que ele tem de resolver é o conflito dele com ele mesmo. Se o conflito é dele, aí dá para trabalhar. Mas se o conflito é com o marido, com a mulher, com o emprego... Se não for assim, daqui a pouco vocês vão fazer terapia de grupo, de casal... Tratar da mulher, do marido, do emprego...

A partir do momento em que o paciente diz que vai falar daquilo que ele não quer falar, é porque é consciente, certo?

Se é consciente, é manifesto. Que fantasias ele tem e de que não se dá conta? "Agora eu vou te contar o que eu não queria te contar, o problema é com a minha mãe." Isso não pode existir! Ele deve ser adulto, que idade ele tem?

25 anos.

25 anos? E tem problemas com a mãe? Não pode ter!

Isso significa que já está tudo resolvido?

O que mais uma mãe vai fazer com um filho de 25 anos! Ele quer manter o conflito com a mãe, quer manter o conflito com alguém que está fora dele. Se não for com a mãe, vai ser com a terapeuta. Com 25 anos, problema com a mãe? Não pode ter!

A manutenção desse conflito seria uma maneira de não se responsabilizar?

"A culpa é da minha mãe" é a manutenção do conflito. O paciente não está querendo se responsabilizar por ele mesmo. Se a minha vida não está boa, o que posso fazer? Mudar a realidade! "Eu não estou satisfeito com o meu trabalho, então vou procurar outro trabalho": princípio da realidade.

Não se responsabilizar é ficar insistindo no princípio do prazer?

O paciente tem uma mãe que, provavelmente, na fantasia dele, não cuidou dele direito, então tem de cuidar um pouco mais porque ela é culpada. A culpa é de alguém de fora: a mãe. Freud, "Os dois princípios": princípio do prazer.

25 anos?! Tem que haver gratidão. Porque se no vínculo não houver gratidão... Esse rapaz poderia dizer: "Mãe, obrigado por tudo, agora vou tocar minha vida, vou estudar, vou trabalhar, vou casar, vou qualquer coisa...".

Ele se relaciona com uma mulher de 43 anos. Diz que busca nessa mulher a mãe que ele não teve.

Tudo isso é consciente.

Antes, não era. Temos trabalhado isso, mas ele ainda coloca a culpa no outro.

E de quem é a culpa?

Ele coloca no outro... Eu acho que é dele.

25 anos!

Mas a gente não trabalha com um psiquismo que não tem idade?

Mas ele está negando. Você pode ver como Freud, princípio da realidade. Ou, então, como Bion: ele está negando a realidade. O paciente está negando que é um homem adulto.

Como você vê o adoecimento em relação à responsabilidade? Esse rapaz tem 25 anos, mas psiquicamente está com 11 ou 12 anos.

Sem que as pessoas assumam responsabilidades, a vida é impossível. A responsabilidade é fundamental. Isso eu deixo claro até na minha análise. Desde o início, cada um é responsável por si. O paciente é responsável por ele mesmo, pelo que fala e pelo que faz. Eu sou responsável pelo que eu faço e pelo que eu falo. É claro que se o paciente estiver comigo e quiser pular a janela, se eu tiver condições físicas, vou tentar impedir. Mas, desde o início, cada um é responsável por si. Se cada um não se responsabiliza por si próprio (e isso lamentavelmente é cada vez mais comum), a vida fica IMPOSSÍVEL.

A vida é impossível para essa pessoa porque ela não tem controle. TUDO é culpa do outro. É culpa da namorada, da mãe, do emprego. Ela não se responsabiliza por nada.

No caso do emprego, se a pessoa está infeliz, tem que sair. Mas, ao mesmo tempo, ela precisa pagar as contas, pagar inclusive pela análise. Essa também não seria uma forma de se responsabilizar? E por isso continuar no emprego que odeia?

Também, mas ela sabe. "Eu só estou nesse emprego que é uma porcaria porque preciso do dinheiro." Ela não é uma vítima, está lá porque ela quer. Precisa do dinheiro: dado de realidade.

Se ela tem consciência de que precisa do dinheiro, tudo bem se queixar?

Se ela tem consciência, pode decidir se quer continuar. Vale a pena continuar por causa do dinheiro? Ou vale a pena tentar mudar a realidade e procurar outro emprego que não cause tanto sofrimento? Mas tem que mudar a realidade. O problema é que as pessoas se acomodam e vão se familiarizando até com o sofrimento. Como ocorre com alguns casais, que vão ficando e de repente nem sabem mais por que estão juntos. Mas estão familiarizados, estão acostumados a ficar juntos.

Tem outra coisa que eu observo na clínica: o paciente muda de trabalho, muda de casa, muda de namorado, mas a insatisfação continua. Porque existe uma exigência de que não haja frustração no trabalho, no casamento... Não é só mudar de trabalho, se isso resolvesse... O problema é que a realidade existe e não é prazerosa.

Pelo contrário, a realidade é trabalhosa. A realidade exige muito trabalho. Casar não é cuidar do marido ou cuidar da esposa; é cuidar do casamento. Isso é muito trabalhoso. Os dois têm de estar empenhados e isso dá muito trabalho, e a maioria não gosta desse trabalho. É muito difícil encontrar um casal que esteja junto há oito, dez, quinze anos e que ainda cuide do casamento. Dá muito trabalho. Portanto, o que você traz é a questão da frustração, e toda experiência tem um *quantum* de frustração, é inevitável. Ainda mais se for em relação a algo dentro da realidade.

Talvez vocês já tenham se dado conta de que *função* e *fator* são instrumentos que Bion usa para investigar; são ferramentas de investigação. Se o paciente não está processando, qualquer coisa que ele traga à sessão significa uma falha da função alfa. Função alfa que nós não sabemos o que é, mas usamos teoricamente. Existe algo que está falhando no processamento das experiências. O que está falhando? Por que o paciente não está conseguindo processar? Porque não tem função alfa.

A paciente que conta que foi abusada está dizendo que comeu uma feijoada quando era pequena e que ainda não conseguiu digeri-la. Isso quer dizer que falta função alfa para ela poder digerir. E está pedindo à terapeuta que a ajude a processar essa experiência. Como? Emprestando a função alfa dela. O modelo é o mesmo que o da mãe e do bebê. A mãe é quem empresta a função alfa dela para o bebê poder digerir, processar a experiência.

Texto citado

Freud, S. (1976). Correspondência entre Freud e Fliess: "Carta 69: não acredito mais em minha neurótica", carta datada de 21 de setembro de 1897. (Edição Standard Brasileira das Obras Psicológicas Completas de Sigmund Freud, Vol. 1). Rio de Janeiro, RJ: Imago.

A misteriosa função alfa[1]

Hoje eu quero introduzir mais dois termos, dois conceitos. Anteriormente, vimos os conceitos de função e de fator, mas o que interessa no momento é a função alfa, a misteriosa função alfa. Como compreender uma coisa que é misteriosa? Eu recomendo que vocês tenham certa disciplina para não compreender. Não é para entender, é para suportar, tolerar o mistério.

Mas sabemos que a função alfa opera, trabalha sobre as experiências, transformando o que é concreto em algo com qualidade psíquica, com qualidade de abstração. A função alfa transforma o que não é psíquico em psíquico. E quando isso não acontece vocês veem os sintomas somáticos. O sintoma somático é aquilo que não foi transformado pela função alfa.

Por que o que nos interessa nesse momento é a função alfa?

Nesse momento, não; sempre.

---

[1] Nesta aula, será lido o capítulo II de *Aprendiendo de la experiencia*.

Por quê?

Porque quando a função alfa não opera, as coisas ficam no nível concreto. Nesse caso, o que se tem é um *acting out*, sintomas psicossomáticos e identificações projetivas maciças. O paciente identifica tudo projetivamente: "Os comunistas me perseguem, os comunistas não gostam de mim". Fica fora ou então se transforma em sintoma somático.

"Os comunistas não gostam de mim" é uma fantasia persecutória. Quer dizer, o objeto está sendo visto parcialmente; então a função alfa pressupõe objeto total?

Se for processado pela função alfa, vai se transformar em objeto total.

Mas isso não acontece com todos nós? Não depende da integração da parte psicótica da personalidade?

Quem, de vez em quando, não fica meio desconfiado, não é?

Antes da leitura você pode falar um pouco mais sobre a função alfa?

A função alfa opera sobre as experiências emocionais. Opera sobre os aspectos sensoriais da experiência, sobre o que é sensorialmente perceptível: cores, sons, cheiros, mais a experiência emocional que está ocorrendo. Imaginem que vocês vão ao teatro. Se forem ver Otelo,[2] por exemplo, verão o cenário, o mouro de Veneza, as cores, os sons, as palavras. Todos esses aspectos, todo esse

---

2   Otelo, o mouro de Veneza (*Othello, the moor of Venice*) é uma obra de William Shakespeare escrita por volta de 1603. Toda a narrativa gira em torno da inveja e da rivalidade entre os personagens.

arsenal, é para comunicar o quê, basicamente? Qual é o aspecto psíquico que Shakespeare tenta nos informar? Ciúmes. Otelo mata Desdêmona por ciúmes.

Em que momento a experiência sensorial pode ser anexada à memória e se transformar?

A mãe fala para o bebê de 1, 2 meses: "Você está com fome". O bebê escuta a mãe falar e, ao mesmo tempo, a mãe dá o peito ou a mamadeira. Isso acontece no mínimo quatro, cinco ou seis vezes por dia. Depois diminui, mas o bebê escuta isso durante semanas, meses; seis, oito, dez meses. O bebê escuta: "Isso é fome". Trata-se de um aspecto sensorial. O bebê escuta e o aspecto sensorial é transformado pela função alfa em experiência psíquica, em algo que já tem representação psíquica. Nesse caso, a fome já tem outra conotação.

Quando alguém está com fome, o que acontece? Enxerga aquilo que está com vontade de comer, e transforma a fome em uma imagem. A função alfa opera sobre a experiência e, se for bem-sucedida, vai transformar os aspectos sensoriais da experiência em elementos alfa, que são as primeiras imagens mentais. Se a função alfa não for bem-sucedida, vocês vão ter o paciente se queixando, atuando. Paciente se queixando é *acting out*. Significa que algo não foi processado pela função alfa. Ou então o paciente pode ter queixas somáticas: "Estou com dor de cabeça, estou com dor na barriga". Se a experiência não for processada pela função alfa, ela vai para o corpo. E o soma é um péssimo aparelho para processar experiências emocionais.

Fazendo uma breve recapitulação: fator é aquilo que deduzimos da observação da clínica ou da realidade. Por exemplo, eu falei a palavra ciúmes, mas não me lembro se, em *Otelo*, Shakespeare usa essa palavra. Tenho a impressão de que não usa. E não precisa, pois é obvio que Otelo está enlouquecido de ciúmes de Desdêmona.

Chamamos de ciúmes algo que observamos na relação de alguém. No consultório, um paciente faz comentários sobre outro paciente, alguém que saiu antes dele ou entrou depois. Não fica quase óbvio que o paciente está expressando ciúmes daquela relação?

O fator é a teoria; teoria do ciúme, teoria da inveja, teoria da identificação projetiva. "Os comunistas estão me perseguindo". O que vocês conjecturariam a partir disso? Que o paciente se sente perseguido. Estar perseguido é um fator.

O paciente vê o objeto parcialmente e eu deduzo que esse seja o fator. O fator é a minha hipótese teórica?

Frequentemente, me deparo com observações para as quais eu não tenho uma teoria. É aquela experiência e só. Quando tenho a teoria eu dou nome. A teoria dá um nome à experiência, não é isso? Experiências de ciúmes, de inveja, de medo. Mas se eu não tenho uma teoria para uma experiência, e às vezes eu não tenho, aquela é uma experiência nova, algo que eu nunca tinha visto antes; então, aquilo é um fator. Fator é a teoria ou a experiência que observamos.

Mas hoje eu quero apresentar para vocês mais dois conceitos utilizando um único exemplo, não necessariamente clínico: é interessante observar um bebê logo depois que ele nasce. Ele ainda está na maternidade, e as pessoas já brincam com ele. Conversam e falam com ele. Mas, se o bebê começa a berrar, a chorar muito, geralmente colocam alguma coisa na boca dele, um paninho, uma chupeta... E o que faz o bebê?

Chupa.

Chupa, mas, logo depois, cospe. Quer dizer, qualquer coisa que colocarem na boca do bebê, ele vai chupar um pouquinho e depois vai cuspir. Agora, se levam o bebê para a mãe e ela dá o peito, o que acontece?

O bebê para de chorar.

Para de chorar, começa a mamar e, se pudesse falar, diria: "Eu queria alguma coisa, eu precisava de alguma coisa que eu não sabia o que era, mas era isso aqui!".

Nessa pequena experiência há dois conceitos fundamentais de Bion. O primeiro é o de *preconcepção*. Podemos imaginar que o bebê tenha uma espécie de preconcepção do peito. O paninho não era o peito, a chupeta não era o peito. Mas, quando a mãe dá o peito, é como se o bebê dissesse: "Eu não sabia o que eu queria, mas era isso!".

Preconcepção quer dizer algo anterior à concepção; a preconcepção de um peito encontra o peito, encontra o objeto que satisfaz. E, nesse exemplo feliz que estou trazendo, o bebê encontra o peito; encontra e mama. Ao encontrar o peito, o bebê realiza aquilo que era a expectativa. Preconcepção ou expectativa. Podem substituir, na mente de vocês, por expectativa.

A preconcepção é uma espécie de expectativa por alguma coisa que ele, o bebê, não sabe. É como se inconscientemente o bebê tivesse a expectativa de um peito.

E se o bebê recusar o peito?

Aí já é patologia, nós vamos ver isso mais adiante. O bebê que não pega o peito, a mãe que não quer dar o peito: o que está havendo? Para tentar entender isso melhor, Bion criou uma teoria baseada no que ele observou na clínica e na prática. Se vocês acompanharem o que supostamente é normal, poderão, depois, ter uma ideia do que é patológico e do que pode estar ocorrendo.

Melanie Klein diz que a menina nasce preconcebendo a existência de uma vagina e a existência da castração. Isso inclui também a preconcepção?

Inclui, mas Bion discorda de Melanie Klein quanto à fantasia inconsciente. Melanie Klein acha que a fantasia inconsciente está presente no bebê desde seu nascimento. Bion acha que não. Bion acha que antes de instalar a função alfa não há fantasia; mas a função alfa se instala rapidamente, nas primeiras semanas.

A própria realização do encontro com o peito já não é uma rudimentar formação da função alfa?

É, sim. E esse é o segundo conceito que quero introduzir: o de *realização*. Em português nós não usamos esse termo do mesmo jeito que ele é usado na língua inglesa, *realize*. Mas vocês já perceberam do que se trata: quando o bebê encontra o peito, ele *realiza* a expectativa. *Realização* é o encontro com o objeto que satisfaz. Há a expectativa do peito, o bebê tem uma preconcepção do peito, e, quando encontra o peito, se falasse, diria: "Era isso o que eu queria!". E, quando a mãe fala para o bebê: "A mamãe vai dar o peito" ou "A mamãe vai dar a mamadeira", o bebê forma uma concepção, ou um conceito, de peito. Essa é a base da teoria do pensamento de Bion.

E o que é o peito?, vocês poderiam perguntar. O peito é o objeto que satisfaz a expectativa. Mas e se o bebê não encontra o peito?

Se não encontra ele se frustra.

E o bebê pode tolerar a frustração, ou não tolerar a frustração.

Vai depender dos recursos internos de cada um.

Vai depender de algo que é constitucional, tolerar a frustração ou não tolerar a frustração de não encontrar o objeto que satisfaz. Se não tolerar, ele formará o elemento beta, que vai ter de expulsar por meio da identificação projetiva. É o paciente se queixando, o paciente frustrado: "Nunca é como eu quero, nunca é do jeito que eu quero...". O paciente, quando se queixa, está expulsando, está atuando. É aquele paciente que fala, fala, fala... Se queixa da mulher, do chefe, da sogra... O *acting out* existe para substituir o pensamento. Eu imagino que seja disso que vocês ouviram falar. Não foi isso que vocês estudaram? O *acting out* pode existir para substituir o pensamento ou pode existir em decorrência do pensamento. Eu, aqui, estou atuando. Só que eu estou atuando não para não pensar, eu estou atuando em decorrência de meus pensamentos, de minhas reflexões. Isso é diferente.

O paciente se queixando é acting out. *O analista pode apontar isso para o paciente?*

O paciente está lá se queixando porque não está podendo pensar; ele não tem função alfa para aquilo. Se o bebê chora, a mãe intui. O bebê chora porque não tem função alfa ainda, mas, quando tiver, ele vai falar: "Mãe, eu estou com fome". Com toda a experiência que a mãe tem, e toda mãe sabe disso, quando o bebê chora, ela intui "isso deve ser fome" ou, então, "o bebê está com sono", "ele deve estar com a fralda suja". A mãe *usa* a função alfa para poder deduzir.

Quando o analista fala para o paciente: "Parece que você está me dizendo que ficou assustado, com medo...", isso é função alfa?

É. É a função alfa do analista. É como a mãe falando para o bebê: "Você está com fome, a mamãe já vai dar de mamar".

Atendo um paciente que transou sem camisinha e que, depois de um tempo, cismou que poderia ter aids. Ele foi ao médico, fez todos os exames e deu negativo. Acontece que ele diz que não adianta falarem que ele não tem aids, porque ele sabe que tem alguma coisa acontecendo no corpo dele. Quer dizer, esse é um exemplo de algo que o paciente não está conseguindo processar. O que o médico fala ou o que eu falo não é suficiente. "Todas as pessoas me dizem que eu estou imaginando." Ele está aterrorizado.

Gostaria de ouvir a opinião de vocês.

Esse é o fator? O paciente criou uma teoria.

Não, isso é um objeto persecutório. Um objeto que não foi processado. É um elemento beta.

E como ajudar o paciente a transformar um elemento beta em um elemento alfa?

Essa é a questão.

O que o analista pode falar para ajudar o paciente a processar?

Ainda há pouco alguém falava que mesmo o analista, o terapeuta, concomitantemente com os aspectos não psicóticos da personalidade, também tem seus aspectos psicóticos. Que atacam, não é? A parte psicótica se caracteriza pelo ataque aos vínculos, pelo ataque às relações. Para esse paciente, não existe relação entre o exame que ele faz com a ideia de que ele tem de aids. O exame pode dar negativo duzentas vezes...

Me parece que esse paciente tem algo dentro dele, simbolicamente dentro, que, assim como a aids, ataca. Ele transar sem camisinha é o mesmo ataque. Ele não precisa da aids.

Agora ele está com ataques de pânico, não consegue ir à faculdade, não quer sair de casa.

Não sei se antes ele já não tinha pânico, mas finalmente encontrou "algo". Agora é muito difícil alguém poder argumentar com ele racionalmente.

O que entra em mim pode me destruir. Não se trata da fantasia de envenenamento de Melanie Klein?

Pode ser, mas qual é a função disso? É isso o que precisa ser investigado.

Freud tem um exemplo muito interessante: o sonho de punição. Vocês lembram? A pessoa tem um pesadelo, sonha que vão acontecer coisas ruins, que vai dar tudo errado na vida dela. É uma hipótese apenas, uma conjectura muito pobre. Essa talvez seja uma forma de esse paciente se punir. Na mente dele, ele deve ser tão perverso que ser contaminado com aids talvez seja uma forma de punição adequada. A aids é uma doença que não tem cura. A função seria: ser punido para aliviar o sentimento de culpa.

O pânico alivia, no caso desse paciente? Porque ele está fugindo de tudo, não sai mais, não quer ir à faculdade. O pânico faz com que ele fuja do processamento da experiência?

Pânico vem do deus Pã,[3] um deus grego. Por ser "deus", tem a qualidade da ubiquidade do Deus dos judeus e dos cristãos; de

---

3   Pã, cujo nome deriva de *paein* (pastar), é o deus dos bosques, dos campos, dos rebanhos e dos pastores na mitologia grega. Filho de Dríope, uma das plêiades, e de Hermes, é considerado o deus intermediário entre os deuses de forma humana e aqueles de forma animal. Nasceu com chifres e pernas de bode e foi abandonado pela mãe após seu nascimento, pois ela teria ficado muito assustada com sua conformação. Morava em grutas e passava os dias correndo atrás

estar em todos os lugares ao mesmo tempo. Quando uma pessoa está em pânico, todo o mundo mental dela fica comprometido. Significa que ela não tem com quem conversar. É "como se" ela não tivesse nenhuma área não psicótica na personalidade. É como se fosse tomada pela psicose. Isso é o que o paciente está propondo para a terapeuta: "Não tem o que conversar comigo".

Ele me telefonou para falar que não conseguiu ir à sessão. Disse que está sentindo muitos tremores. O médico prescreveu sertralina, mas parece que a medicação fez o efeito contrário. Agora, além do pânico, ele está com tonturas e só sai de casa com o motorista ou com a irmã.

Que idade ele tem?

20 anos.

Tem pânico, mas não tem continente; não há continência para o pânico.

Quando o bebê está em pânico, a mãe contém; a mãe empresta a sua função alfa para o bebê. O continente também é um dos fatores da função alfa. Continente para poder conter a angústia, o choro do bebê. Quando o terapeuta empresta a função alfa para o paciente, tal qual a mãe faz com o bebê, já começa a haver transformações. E só a possibilidade de contenção ou de *holding*...

Qual é a diferença entre o holding *de Winnicott e o continente de Bion?*

---

de ninfas. Os pastores se assustavam com os ruídos provocados por ele e com a sua figura assustadora. Pã é considerado a causa do medo repentino que por vezes surge sem razão. A palavra *pânico* deriva do nome desse deus, metade homem, metade bode, porque ele causava, com suas correrias, um medo repentino e irracional naqueles que precisavam adentrar seu território.

O *holding* tem a função de proporcionar um senso de continuidade no bebê. Ele chora e escuta sempre a mesma voz, a da mãe, que diz: "Já vou". E é a mesma coisa dali a uma hora, no mesmo dia, no dia seguinte... Isso vai conferindo uma sensação de continuidade ao bebê; de que ele é o mesmo, que tem algo dele que é o mesmo, que tem algo de alguém que o atende e cuida que é o mesmo... Vai sendo formado um vínculo. Na continência de Bion, a função é permitir que a função alfa processe os elementos beta.

Vocês vão ver isso daqui a pouco. Mas vale a pena ir introduzindo esse assunto sem que vocês percebam. Daqui a pouco vocês estarão sabendo e nem saberão como isso aconteceu.

No texto, Bion diz que para a frustração propiciar pensamento, para que a falta do objeto possa ser sentida, é necessário que se tenha realizações positivas, que haja o encontro com o objeto.

Para formar o pensamento, e é isso o que Bion fala, primeiro tem de haver o conceito. É uma outra forma de dizer exatamente o que você falou. E o que é o conceito? É uma realização positiva e prazerosa. Há o encontro com aquilo que eu espero, que eu quero. Se eu encontro, formo uma concepção ou conceito. Mas se eu não encontro, vou ficar frustrado. Se eu aguentar a frustração, formo um pensamento; se eu não aguentar, formo um elemento beta. E o elemento beta é o que é posto para fora; no corpo, ou nos outros.

Função, fator, preconcepção e *realização*. Com esses quatro termos vocês podem, praticamente, ler qualquer trabalho de Bion.

Vamos, então, para o segundo capítulo. Nesse capítulo, Bion descreve o campo que ele vai delimitar; a área em que vai utilizar os termos fator e função alfa para poder investigar.

Capítulo II

1. *Ao descrever a instituição do princípio de realidade, Freud disse: "A maior importância adquirida pela realidade externa elevou também a importância dos órgãos sensoriais dirigidos para o mundo externo e da consciência, instância a eles vinculada; esta última teve, então, que começar a apreender as qualidades sensoriais além daquelas de prazer e desprazer, as únicas que interessavam até então". Destaco o seguinte: "esta última teve de começar a apreender". Ao mencionar "ESTA última", Freud se refere, presumivelmente, à "consciência ligada às impressões sensoriais". Me referirei, então, à atribuição da apreensão pela consciência.*

A consciência na função de apreender, de captar.

(cont. cap. II, item 1) O que interessa nesse momento é a função da apreensão; a apreensão das impressões sensoriais e a compreensão das qualidades de prazer e desprazer ambas investigadas neste trabalho. Trato as impressões sensoriais de prazer e desprazer como igualmente reais e, portanto, descarto a diferença que Freud fez entre "mundo externo" e prazer e desprazer por considerá-la alheia ao tema da apreensão. me referirei, no entanto, à relação que existe entre "princípio do prazer" e "princípio da realidade" e a escolha que um paciente pode fazer diante da possibilidade de tolerar uma frustração ou de fugir dela.

Viver a frustração seria o princípio do prazer ou do desprazer, que é a mesma coisa. Freud sugere "mudar a realidade" para sair disso ou "fugir", ancorando-se no princípio do prazer e ficar se queixando da frustração por algo que não ocorreu. "Fazer alguma coisa para mudar" seria o princípio da realidade de Freud.

> 2. *Atribuir à consciência a capacidade de apreensão leva a contradições que podem ser evitadas, aceitando, para os fins da teoria que desejo propor, uma posterior conceitualização de Freud, "mas que parte terá no nosso esquema de consciência, que em um momento foi tão onipotente e oculto a todos os demais?* **Simplesmente a de um órgão sensorial de percepção de qualidades psíquicas***".*

O trecho sublinhado foi marcado dessa forma pelo próprio Freud em *Interpretação dos sonhos*.

> 3. *Seguindo com a citação de "Formulações sobre os dois princípios do funcionamento mental", de Freud, "se constituiu uma função especial (a atenção), cujo conteúdo consistia periodicamente em indagar [...]. ao mundo exterior para que seus dados pudessem ser familiares quando surgisse uma necessidade interna urgente.*

Um exemplo clássico seria o da antiguidade. Os hominídeos, diferentemente dos neandertais, observavam onde havia água, e, quando tinham sede, iam àquele lugar para pegá-la. Os neandertais, não; os neandertais não observavam, não registravam, não tinham atenção nem notação. Quando tinham sede, precisavam procurar por água. Obviamente, morreram, desapareceram todos.

Os hominídeos registravam em que locais havia água, caça, pesca. Se queriam caçar, iam até o rio onde os animais bebiam água. Isso é atenção. "Onde tem aquilo que eu, eventualmente, amanhã ou depois, possa vir a precisar?" Quem quer que mude de bairro ou de cidade, e as mães sabem disso, procura saber onde tem farmácia, supermercado, padaria, e assim por diante; se precisar, vai saber onde está.

> *(cont. cap. II, item 3) Esta atividade vai ao encontro das impressões sensoriais em vez de esperar a sua manifestação.*

O que faziam os neandertais quando estavam com fome? Esperavam até que os animais aparecessem. Já os hominídeos não precisavam ficar esperando, iam até o rio porque sabiam que os animais iam até lá beber água. Eles já sabiam, então iam até lá. Possuíam atenção e notação, que é a memória.

> *(cont. cap. II, item 3) Freud não aprofundou a sua investigação da atenção, no entanto, o termo, como ele o emprega, tem um significado que investigarei como um fator da função alfa.*

Mais um fator da atenção; a atenção como fator da função alfa. Como a *rêverie* também é um fator da função alfa.

> 4. Para continuar, "provavelmente se estabeleceu também, ao mesmo tempo, um sistema de notação en-

> *carregado de depositar os resultados dessa atividade periódica da consciência, uma parte do que chamamos memória". A notação e a acumulação dos resultados da atenção são também fenômenos para serem investigados com a ajuda da teoria da função alfa.*

Nessa área que está sendo investigada, Bion já dá uma ideia do que ele vai investigar quanto à contribuição de Freud, principalmente em "Formulações sobre os dois princípios do funcionamento mental". Ele está dizendo que também vai investigar a função alfa na área de contribuição de Melanie Klein.

> *(cont. cap. II, item 5) 5. Considerem algumas teorias de Melanie Klein e de seus colaboradores que mencionarei aqui. São as seguintes: splitting e identificação projetiva.*

Isso é uma teoria também, é o fator de alguma função. É uma teoria e, portanto, um fator da função alfa.

> *(cont. cap. II, item 5) a transição da posição esquizoparanoide para a posição depressiva, e vice-versa; a formação dos símbolos e alguns de meus trabalhos anteriores sobre o desenvolvimento do pensamento verbal. Me referirei a este somente como fatores modificados por combinações entre eles em uma função. Isso é tudo quanto aos trabalhos anteriores. Agora, darei um exemplo do emprego da teoria das funções em uma investigação psicanalítica do campo coberto por todos os trabalhos aos quais me referi neste capítulo.**
> **Trabalhos mencionados neste capítulo*

- *Dois princípios do funcionamento mental*, de Freud;
- *Interpretações dos sonhos*, de Freud;
- *Notas sobre alguns mecanismos esquizoides*, de Melanie Klein;
- *A importância da formação dos símbolos*, de Melanie Klein;
- *A diferença entre a personalidade psicótica e a personalidade não psicótica*.

Se vocês estiverem de acordo, proponho continuarmos com a leitura. O capítulo III foi escrito em 1962. Atualmente, alguns autores estão atribuindo a si próprios o que Bion diz aqui. Estão atribuindo a eles mesmos essa descoberta. Está tudo aqui neste capítulo, vocês vão ver.

CAPÍTULO III

1. *Uma experiência emocional que ocorra durante o sonho, que elejo por razões que em seguida veremos, não difere de uma experiência emocional que ocorra durante o estado de vigília, já que em ambos os casos as percepções da experiência emocional têm que ser elaboradas por uma função alfa antes que possam ser utilizadas para os pensamentos oníricos.*

Bion está introduzindo algo importante aqui. Na época, disseram que ele estava louco. Bion está dizendo que nós sonhamos quando estamos dormindo e também quando estamos acordados.

Bion entende que se trata do mesmo processo psíquico?

Sim. Para que eu possa estar aqui, conversando com vocês, estou sonhando tudo o que faz parte das necessidades de minha vida pessoal. Estou sonhando para poder deixar de lado: telefonemas que tenho que dar, pagamentos que preciso fazer, consultas que tenho que marcar e cancelar. Todas essas coisas relativas às necessidades de minha vida, se eu não as "sonhasse", me invadiriam e eu falaria delas aqui para vocês; é o que os nossos pacientes fazem.

E os devaneios, onde ficam?

Devaneio é outra coisa; devaneio é fantasiar conscientemente. O que eu estou fazendo aqui, para não atrapalhar a minha conversa com vocês, é sonhar inconscientemente todos os aspectos fundamentais de minha vida pessoal.

Então fica em uma instância sonhadora?

No inconsciente.

Mas de vez em quando não vem uma lembrança?

Assim que terminar a aula, esses aspectos importantes de minha vida vão vir à tona e eu vou tomar as providências necessárias quanto a eles. Mas preciso "sonhar" esses aspectos para poder conversar com vocês, se não, um interfere no outro. E aí, o que seria isso? Não existiria inconsciente nem consciente. Ficaria uma coisa só. Eu preciso sonhar, isto é, deixar no inconsciente; "preciso telefonar, preciso marcar consulta, tenho de levar o carro para a revisão..." Tudo isso fica no inconsciente para que eu possa ficar aqui tranquilamente conversando com vocês.

Até agora, para mim, o inconsciente era algo a que eu não tinha acesso. Se eu sei que tenho que levar o carro para a revisão, como é que isso está no inconsciente?

As coisas que você tem de fazer... Por exemplo, você pensa: "Puxa, esqueci de dizer para a minha mulher passar na farmácia". O que você faz com isso quando está com o paciente?

Fica em stand-by, em uma instância que, para mim, não é nem consciente, nem inconsciente.

Sim, mas fica em algum lugar que não te atrapalha.

A concepção que eu tinha de inconsciente era muito diferente disso.

Eu sei; por isso, no início da aula, introduzi o conceito de preconcepção. Para Bion, o inconsciente é formado por preconcepções.

Mas você está com o paciente, o paciente está falando alguma coisa e você lembra que esqueceu de pedir à sua esposa para passar na farmácia. Aí tem uma coisa importante, não tem?

Tem. Se eu tiver consciência disso, existe uma função: estou me evadindo de algo muito angustiante. Se não tiver consciência, é contratransferência.

Para Bion, existe pré-consciente?

Não. Existe consciente e inconsciente.

Pensando nas preconcepções, nas expectativas: se você está em uma situação em que vai viver alguma coisa e de repente aquilo vem à consciência...

Vem à consciência quando a pessoa *realiza*. E, quando a pessoa descobre algo de que ela não tinha consciência, é muito interessante. Vou dar o exemplo de uma sobrinha que não sabia muito bem o queria fazer. O engraçado é que o pai falou para ela: "Ok, você não sabe o que fazer, mas, se for fazer alguma coisa, faça direito". E ela fez mesmo! Literalmente. Uma noite, quando ela já era estudante de direito, foi a um concerto com os pais. Quando olhou para um rapaz tocando violoncelo, ficou encantada. Depois da apresentação, foi lá conversar com o rapaz, fez uma porção de perguntas: há quanto tempo ele tocava, se estudava havia muito tempo e, por fim, perguntou se ele poderia ensiná-la. Ele disse que sim, que poderia dar aulas para ela. Passados dois ou três anos ela já tocava em um pequeno grupo. Fez mestrado e doutorado em direito, mas toca por todo o Brasil em uma pequena orquestra de câmara. Ela queria algo que não sabia o que era, mas, no dia em que viu o rapaz tocando *cello*, ela soube: "Era isso o que eu queria!".

Na teoria de Bion, onde fica a situação traumática? Ou para ele essa questão não tem importância?

Freud enterrou a teoria do trauma. Foi Bion quem a recuperou, quem a resgatou. O exemplo trazido pelo colega de vocês é bom, o caso do paciente que não está com aids, mas fantasia que está. Um vírus estranho o invadiu, e ele está traumatizado. Freud enterrou a teoria do trauma porque percebeu que era tudo fantasia. Bion resgatou a teoria do trauma, mas depois ele mesmo se desinteressou. Nós estamos estudando a parte em que ele ainda está interessado.

Esse paciente está falando sobre um trauma. E aí alguém diz: "Mas isso é uma fantasia". É uma fantasia, mas onde está o fato? Não sabemos. Eu diria o seguinte: o paciente dizer que está com aids é o modo de ele dizer que está traumatizado. Ele não tem outro jeito de contar isso.

"O meu chefe não me promove." "O meu marido me abandonou." Essas são formas por meio das quais a pessoa tentar descrever algo a que ela já não tem acesso. São elementos beta que não foram processados, e esse é o jeito que o paciente tem de contar alguma coisa; ele não tem outro jeito.

Eu sei que vou incomodar vocês. Nessa primeira parte, Bion acha que tem de aprender com a experiência. Não é esse o título do livro que estamos lendo? Mas, na segunda parte, Bion, o "último Bion", acha que tem de esquecer tudo o que aprendeu. Só o que é desconhecido interessa.

Com relação ao trauma: que fator nós podemos usar para compreender o trauma em si?

Mas o trauma já aconteceu?

Já aconteceu.

Se já aconteceu, não tem mais a menor importância. O que importa é o uso que o paciente está fazendo dele. Eu sempre conto isso e não é piada, é um fato real. Tinha um camarada que pedia esmola no meu bairro, isso há quarenta anos. Ele tinha uma doença na perna, e, um dia, eu disse para ele: "Olha, eu posso levar você até a Santa Casa para tratar dessa perna". E ele me respondeu: "Deus me livre! É o meu ganha-pão!". Isso é o princípio do prazer.

A paciente que fala que foi estuprada também está ancorada no princípio do prazer. A realidade é que... já aconteceu. Se é que aconteceu... Mas já faz tempo, faz cinco, dez, quinze anos. O que a paciente está fazendo com isso? Angariando compaixão? Piedade? Está estimulando a si mesma com autopiedade? Isso é princípio do prazer. Freud sugere mudar a realidade. Ficar com isso é memória.

Vocês aqui fazem um curso de pós-graduação em Psicoterapia Psicanalítica. Imaginem se algum de vocês tivesse sofrido um trauma aos 5, 6, 7 anos de idade. Se tivessem roubado coisas de vocês, incomodado vocês, machucado vocês. O que se poderia fazer com isso? O que importa é saber o que vocês estão fazendo hoje; no caso, um curso. Você não estão dizendo: "Ah, mas aquilo me atrapalha tanto que não consigo estudar, não consigo vir para a aula". Bem aí...

O trauma não existe. É isso o que Freud diz?

Não, não é essa a questão. A questão é o que o paciente faz com o trauma. Ele pode usá-lo para ganhar dinheiro, compaixão, piedade. Já aconteceu. De que forma a pessoa vai usar aquilo? Não há nada que possa ser feito com algo que já aconteceu.

O problema é que o paciente vai transformando esse trauma em muitas situações. De repente, nem o terapeuta entende a origem dele. É difícil.

Atendi muitos pacientes com queixas de trauma, e, na maioria dos casos, o que aparecia gradativamente na investigação era o sentimento de culpa. "Qual foi o meu papel naquilo que me aconteceu?" "Fui assaltada, não saio mais na rua..." Qual é o papel da pessoa?

"Eu não saio na rua" é persecutório.

Mas a vida tem saída? Não. Coisas acontecem. E o que já aconteceu, aconteceu. É lamentável, é triste, mas o que importa é o agora. O que está sendo feito com aquilo que aconteceu agora. Tem um ditado que diz: "As coisas, para serem bem esquecidas, têm de ser bem lembradas". Talvez o paciente tenha uma necessidade de falar sobre o trauma. Quem sabe até para sentir que está expiando a culpa da participação dele naquele trauma.

É o repetir, não é?

Não, é outra coisa. Você está falando do retorno do reprimido, da tentativa de elaborar. Se for isso, é positivo; repetir para elaborar.

Mas a busca por terapia não é também uma tentativa de elaboração?

Sim, mas não para ficar se lamentando. E tem terapeuta que fica com pena, quer pegar no colo... Vitimização: a pessoa está ancorada no princípio do prazer. Isso é Freud. É uma fantasia que precisa ser trocada pela realidade. A troca pela realidade, em geral, se mostra vantajosa.

O paciente permanece ancorado no princípio do prazer mesmo que o prazer seja um desprazer?

Prazer e desprazer; não há diferença entre eles. Freud, no início, chamava de princípio do desprazer, mas depois ele se deu conta de que eram a mesma coisa. A pessoa ancora porque o desprazer é o prazer de angariar compaixão, piedade. A paciente chega com um histórico de trauma, mas está contando hoje para o terapeuta. O que ela espera que o terapeuta fale? Imaginem isto: a paciente está contando que teve um trauma vinte anos atrás. O que a paciente espera que o terapeuta faça com isso hoje? Eu não faria nada; me perguntaria: "Por que será que ela está me contando isso agora? O que ela quer de mim?".

Mas a paciente pode chegar e não contar qual é o trauma, apenas falar que teve um trauma.

Então a paciente quer despertar a curiosidade do terapeuta? Isso é sadismo, não é? O exemplo é interessante. Uma paciente sádica que quer despertar a curiosidade do terapeuta; ela não fala do que se trata, e deposita no terapeuta seus próprios aspectos masoquistas. Se o terapeuta perceber que está sendo empurrado para o papel de sádico, se tiver consciência disso, ele poderá investigar e usar isso a favor da paciente. "O que ela quer com isso? Qual é a função disso?" Mas se não perceber...

Recentemente, atendi duas pessoas no consultório, um rapaz de 23 anos e uma mulher de 37. Não há queixas de trauma, mas nenhum dos dois soube me dizer o que está acontecendo. Ele não vai mais à faculdade. Finge que vai. De manhã vai para a casa de uma amiga e fica lá... Está há cinco anos na faculdade e ainda está no segundo ano.

A paciente de 37 anos teve um "surto" quando viu o marido colocar a pasta de trabalho em cima de um móvel que fica no hall de entrada da casa em que moram. Ela diz não saber o que aconteceu com ela. Quando percebeu, estava gritando, berrando como uma louca, jogando tudo no chão.

Esses são exemplos traumáticos. A pessoa fica ancorada em alguma coisa e vive uma vida em torno daquilo. Você falou em trauma, mas eu pensaria em função, não em trauma. É uma forma de indagar: qual é o sentido disso? A que está servindo? Qual finalidade? Um lado sugere que algo ocorreu e que o paciente está se sentindo impedido de frequentar a faculdade. Para que isso serve? Qual a função psíquica inconsciente de não frequentar a faculdade? Tem de ir mais adiante.

Cheguei a pensar se não ir à faculdade não seria uma desculpa para não virar adulto.

É uma hipótese, mas é preciso investigar, ir adiante. Com a outra paciente, aconteceu alguma coisa que você não viu. Você não tem a menor ideia do que de fato ela viu. Mas ela está contando que viu alguma coisa. Bom, e daí? A partir disso ela não pôde mais o quê?

Ela teve um surto, ficou descompensada, se assustou com a situação e me procurou. Ela já fez terapia antes, mas teve alta.

Teve alta? Essa é boa!

Antes ela já tinha feito terapia porque tinha medo de altura, de andar de elevador sozinha. Disse que o terapeuta deu alta porque ela perdeu esse medo.

O que quer dizer "alta"? O terapeuta dar alta quer dizer "eu te libero. Eu tenho instrumentos que me permitem avaliar você, julgar você e então eu digo que você tem condições de seguir com a sua vida".

Muita prepotência, não é?

Eu também acho. Muita arrogância. Alguém achar que o outro não precisa ou que precisa de terapia.

Mas, afinal, o que podemos fazer por nossos pacientes?

A única coisa que podemos fazer por nossos pacientes é conversar com eles, nada mais. Não podemos, não devemos nem precisamos fazer nada. Não somos médicos clínicos. O médico clínico, sim, tem obrigação de pegar o estetoscópio, auscultar o paciente, pedir exame de sangue, fazer o que achar necessário. Mas nós estamos livres disso; a nossa proposição é compreender o paciente, nada mais. Atenção. Se eu presto atenção e tenho alguma ideia do que o paciente está falando, do que ele quer conversar comigo, eu posso até não saber o que dizer para ele, mas em algum momento eu vou dizer algo, em algum momento eu vou poder falar alguma coisa. Mas se eu não sei o que o paciente está querendo conversar comigo, eu nunca vou ter o que dizer para ele.

Eu atendo uma garota de 11 anos que está comigo desde pequena. Ela é introvertida, muito fechada. Só que ela não é simplesmente uma menina; ela é uma "principessa". Os pais, quando decidiram engravidar, mudaram para um bairro distante, foram morar perto de uma reserva florestal para que o bebê pudesse respirar ar puro e se alimentar só de alimentos orgânicos. A menina veio indicada por uma escola com a queixa de distúrbios escolares. Estava indo mal na escola, mas era óbvio que as questões eram emocionais.

Distúrbios escolares?

Os pais falavam que o problema era ela estar indo mal na escola, mas eu vou me reportar a um fato recente. No meu consultório tem três poltronas, além do divã. No divã, no lugar em que geralmente as pessoas colocam os pés, eu pus uma manta. É uma manta muito bonita de tear, feita à mão. Essa paciente não deita no divã, senta na poltrona. É uma menina linda, mas tem um cheiro! Eu não sei como ela consegue ter aquele odor. Assim que ela entrou na sala e tirou o tênis, era de desmaiar. Aí ela sentou, pegou a manta que estava no divã e enrolou nos pezinhos. Ficava esfregando os pezinhos um no outro dentro da manta.

Qual a função disso?

Por alguns instantes eu nem consegui escutar o que ela estava me dizendo.

Estão vendo a importância de processar os aspectos sensoriais? Há uma experiência emocional que é o encontro dela com a paciente, mas concomitantemente com essa experiência há os aspectos sensoriais: a aparência da paciente (que o terapeuta enxerga), o cheiro (que o terapeuta sente), a voz, as palavras que ela usa (que o terapeuta escuta). Enquanto não forem processados os aspectos sensoriais da experiência, fica da forma que a colega está relatando.

É isso. Ela esfregava os pés na manta e eu me lembrava de você falando: "Qual é a função disso?".

E o que você falou para ela?

Achei melhor não falar nada porque se tratava de algo que eu ainda precisava entender. Chamou muito a minha atenção. Foi algo que me trouxe uma sensação desagradável.

Eu tentaria levar para a transferência sem ser explícito. Eu diria para essa mocinha que como ela foi trazida ao mundo para ser uma "princesa", ela pensa que tem essa função em todo lugar que vai. E que ela deveria repensar isso, porque não tem como ser assim em todos os lugares que ela frequenta.

Você acha que ela faz presença por si só? Porque ela está se fazendo presente pelo cheiro!

Eu diria que esse funcionamento, e quando digo funcionamento me refiro à função, é a expressão de uma princesa para ela. E como ela se sente princesa na casa dos pais, ela funciona assim onde quer que vá. Eu não explicitaria na transferência, mas diria que talvez ela pense que é uma princesa em qualquer lugar.

Por que você não explicitaria?

Ela está há quanto tempo com você?

Ela está já há algum tempo.

Então você poderia até dizer: "Você acha que é uma princesa, mas até onde eu me lembro, nos contos de fada, ou até mesmo na Inglaterra, as princesas não fedem".

Essa é a minha dúvida, se eu explicitaria. Preciso pensar mais.

A paciente não está querendo dizer que ela existe? Que ela fede? Que ela tem um corpo e que não é uma princesa?

É uma conjectura. Que associações poderiam permitir esclarecer isso?

Ela nasceu para brilhar; os aspectos sensoriais talvez tenham sido muito estimulados.

É outra conjectura. As duas hipóteses são boas.

Eu já pensei totalmente o contrário. Na minha percepção ela não está querendo parecer uma princesa. Ela está mostrando quanto é fedida, suja. Que ela é mais plebeia do que princesa.

Pois é, mas primeiro isso deve ser investigado.

Percebo nessa paciente um desprezo muito grande pelo outro, ou seja, a terapeuta tem mais é que aguentar o cheiro ruim dela.

Essa é uma informação valiosa: a terapeuta ser a plebeia.

Texto citado

Shakespeare, W. (2003). *Otelo, o mouro de Veneza*. São Paulo: Martin Claret. (Obra originalmente publicada por volta de 1603).

Transformação em K × Transformação em "O"[1]

Hoje quero introduzir mais um conceito: o de *transformação*. Aqueles que estiverem interessados em continuar com o estudo vão observar que gradativamente nas teorias e na evolução dos trabalhos de Bion a palavra transferência desaparece. É curioso, não é? Porque a transferência é um fenômeno onipresente.

A questão é que Bion percebeu que a transferência, como nos foi apresentada por Freud, é um conceito brilhante, mas é apenas uma parte. Para Bion, transferência é como o paciente transforma em sua mente a relação entre ele e o terapeuta. Tudo o que o paciente fala é uma tentativa de expressar o que ele está achando da análise e daquele analista. Se vocês observarem, vão achar muito interessante. Porque é sempre isso que acontece. Mas, se o terapeuta fugir para o conteúdo *lá fora*, estraga tudo. O terapeuta precisa ficar *ali*, na sessão.

---

[1] Nesta aula, serão lidos alguns trechos de "Formulações sobre os dois princípios do acontecer psíquico", de Freud.

Na lousa:

TRANSFORMAÇÃO
I. *Transformação em movimento rígido*
*transferência clássica de Freud
II. *Transformação projetiva*
III. *Transformação em alucinose*
IV. *Transformação em "O"*

Bion percebeu que há muitos tipos de transferência. Por exemplo, o paciente encontra o terapeuta e fala que no ano passado, na Inglaterra, ele encontrou com alguém. Ou fala que no ano que vem, quando ele for para a China... Ontem, semana passada, mês que vem, não é isso? Estou falando o básico para vocês. "Ontem eu encontrei com fulano." "Na semana que vem eu vou..." Isso é *identificação projetiva*. O paciente está projetando alguma coisa para ontem, ou para a semana passada, ou para o ano que vem. Freud não percebeu isso.

O que Freud chama de transferência clássica Bion chama de *transformação em movimento rígido*. Por que em movimento rígido? Porque se trata de uma transformação rígida, concreta. O paciente fala: "Meu pai me trata bem, mas minha mãe está sempre me observando, me vigiando". Quem é a mãe que está observando e vigiando? O paciente falou isso para quem? Quem é a mãe? É o terapeuta. O paciente está colocando *lá fora* algo que está acontecendo *ali*, na sessão.

Mas se o paciente fala: "A minha vizinha é muito invejosa", "A minha cunhada está sempre me imitando", isso também é transferência. O encontro com o terapeuta foi parar *lá fora*, na relação com outra pessoa. Essa seria uma *transformação projetiva*. É uma aplicação direta da identificação projetiva de Melanie Klein.

A terceira transformação, também transferencial, é a *transformação em alucinose*, ou alucinação. Esse é um conceito complexo, mas vou deixar um dado aqui para vocês: ela ocorre quando o paciente fala alguma coisa, mas não tem nenhuma associação. Por exemplo, o paciente conta para o terapeuta que sonhou que estava chovendo:

> *T.: Bem, estava chovendo, e...? Alguma coisa?*
> *P.: Não, não tem nada. Sonhei que estava chovendo, e só.*

O encontro do paciente com o terapeuta é transformado em alucinação.

> *P.: Sonhei essa noite que vi uma fogueira.*
> *T.: E...?*
> *P.: Nada, só isso.*
> *T.: Alguma associação?*
> *P.: Não, nada.*
> *T.: E por que você está me contando?*
> *P.: Só estou contando.*

Trata-se, provavelmente, de uma transformação em alucinose. Mas o que de fato eu quero falar para vocês hoje diz respeito ao que vocês estão estudando em *O aprender com a experiência*. Segundo os historiadores da antiguidade, no portal do oráculo de Delfos[2] lia-se

---

2   O oráculo de Delfos era o mais importante centro religioso da Grécia antiga. Entre os séculos VIII a.C. e II a.C., era procurado por pessoas que supostamente receberiam previsões. A cidade de Delfos era a sede do principal templo grego, dedicado ao deus Apolo, em cujos subterrâneos funcionava o famoso oráculo.

a inscrição "conhece-te a ti mesmo". Freud gostou muito desse aforismo, "conhece-te a ti mesmo". Em Bion vocês vão encontrar a letra K, de *knowledge*, em inglês, no sentido de o paciente conhecer a si mesmo. Ou seja, transformação em conhecimento.

O terapeuta fala: "Bom, você está dizendo que quando acontece tal coisa você fica com ciúmes..." "Que tais coisas, quando acontecem, deixam você com muita raiva...". Não é mais ou menos isso que vocês fazem? Apresentam o paciente para ele mesmo? Transformação em conhecimento T (K): apresentar o paciente para ele mesmo.

Quando o paciente vai para o conteúdo externo, essa não pode ser uma forma de ele se apresentar? De trazer para a sessão o que ele sente quando está lá fora?

Mas o que o analista, o terapeuta, pode fazer com isso? Eu o escutaria com todo o respeito e aguardaria para ver se depois ele traria algo mais próximo, mais perto, para então poder juntar: "Parece que isso que acontece *lá fora* acontece *aqui* também". Ficou claro? Porque nós não temos acesso ao *lá fora*. Nem sabemos se o que o paciente está falando é verdade. Em geral, não é, mas em todo o caso...

É muito difícil trabalhar assim o tempo todo...

Eu sei porque trabalhei assim durante anos... Para mim fez muito sentido apresentar o paciente para ele mesmo, transformar tudo em conhecimento. Até que um paciente, depois de dez anos de análise, me disse: "Eu já sei tudo a meu respeito, mas e daí? Não mudou nada. Sei que tenho ciúmes, fico com raiva, fico frustrado; mas e aí?". Não é desolador? A psicanálise clássica é assim, isso vocês conhecem. Era assim que Freud trabalhava. A teoria do espelho consiste precisamente em mostrar para o paciente como ele está funcionando. Por exemplo, eu poderia dizer: "Diante dessa situação você está dizendo que fica frustrado". Ao que ele poderia responder: "É que eu tentei, mas não consegui e fiquei com ódio". E então eu poderia arrematar: "Você então está me dizendo que em certas circunstâncias fica com ódio?". Apresentar o paciente para ele mesmo. Isso é transformação em conhecimento.

Isso é Freud?

Isso é Freud e é Bion também, *O aprender com a experiência*; transformação em conhecimento. O livro todo é sobre como transformar as experiências emocionais em conhecimento. Qual experiência emocional? Principalmente aquela do encontro do analista com o paciente. É evidente que se o paciente tem um modo de funcionamento, é como uma matriz, um padrão. O paciente funciona daquele modo com a namorada, com a mãe, com o chefe, e vai funcionar também do mesmo modo com o terapeuta.

E depois desses anos, como é?

A pergunta é muito boa. Esse jeito de trabalhar é apenas um degrau; a transformação em conhecimento é um degrau. Mas não precisamos perder muito tempo para ir para a transformação que Bion chama de *Transformação em "O"*. Como é depois dos dez anos? É ser a si mesmo. Não é conhecer a si mesmo – é SER a si mesmo. Vir a ser a si mesmo ou ser propriamente quem se é.

Na lousa:
> *Transformação em conhecimento: CONHECE-TE A TI MESMO – Freud*
> *Transformação em conhecimento T (K) – Bion*
> *T ("O") SER A SI MESMO – Bion*

Apresentar o paciente para ele mesmo é uma etapa necessária e importante. Mas existe outra etapa, uma em que o paciente não pergunta mais, e o que se ouve é: "Você está me atrapalhando"; "Acho que estou ficando louco"; "A minha família acha melhor eu parar com isso aqui". Existem inúmeras possibilidades de transformações. O artista olha uma paisagem e pinta um quadro; ele transforma aquilo que vê. Vamos para a nossa leitura?

Depois das aulas que tivemos, ficou claro por que é importante a leitura de "Os dois princípios".[3] *Alguns conceitos de Bion que estamos estudando em* O aprender com a experiência *já aparecem nesse trabalho de Freud. Freud começa falando sobre a neurose.*

> *Toda neurose tem a consequência – e, portanto, provavelmente, também a tendência – de desalojar o doente da vida real, afastá-lo da realidade.*

Bion tinha uma ideia diferente; ele era um grande estudioso de Freud, mas não achava que havia um afastamento da realidade. Vale a pena guardar esse ponto porque é fundamental: Bion acha que há uma *negação* da realidade, e não um *afastamento*. É diferente. Porque se há afastamento, Freud tem razão em dizer que não dá para tratar de pacientes psicóticos. Se o paciente se afasta da realidade, como é que o terapeuta vai tratá-lo? Mas, se há uma negação da realidade, isso quer dizer que a realidade está ali, e que o paciente está apenas negando a realidade.

> *O neurótico se afasta da realidade por achá-la insuportável.*

---

[3] Freud, 1904. Leitura feita em sala de aula.

É interessante porque Freud amplia a ideia de que na psicose as pessoas estão afastadas da realidade e estende esse funcionamento a todos os seres humanos. Freud diz que faz parte do funcionamento do ser humano se afastar de uma parte da realidade que está difícil, insuportável. Foi a partir dessa constatação que ele estabeleceu a tarefa de investigar a relação do neurótico com o mundo real externo. Mais adiante, no texto, veremos algo importante no percurso que Freud faz: ele volta a falar em psicanálise.

> Habituamo-nos a tomar como ponto de partida os processos psíquicos inconscientes [...] que, segundo Freud, são os mais antigos e primários, e remanescentes de uma fase de desenvolvimento na qual eram os únicos existentes. [...] Os processos primários têm a tendência dominante de obedecer ao princípio do prazer, eles aspiram a obtenção do prazer, e os atos que podem provocar desprazer são, em geral, recolhidos da atividade psíquica. [...] Nosso sonhar noturno e nossa tendência de, durante a vigília, nos desvencilharmos das impressões dolorosas são resíduos do domínio desse princípio e provas de seu poder.

Freud está reafirmando que a psicanálise lida com a fantasia, com os processos primários, por meio de nossas experiências. Fugir do desprazer – o sonho é uma dessas atividades. O sonhar noturno e o devaneio quando acordado seriam algumas das formas de fugir da realidade. Fica claro nessa parte do texto o retorno que ele faz. As ideias já estavam lá na Interpretação dos sonhos, depois as mesmas ideias vão aparecer no projeto psicanalítico.

> As exigências provenientes de necessidades internas do organismo perturbam o estado de repouso psíquico. Nes-

> *se estado, nossos pensamentos oníricos, o pensado e o desejado, se apresentam de uma forma alucinatória. Foi preciso que não ocorresse uma satisfação esperada, ou que ocorresse uma frustração, para que houvesse uma tentativa de abandonar a atividade alucinatória. Em vez de alucinar, em função da não satisfação esperada, o aparelho psíquico precisou conceber as circunstâncias reais presentes no mundo externo, e passou a almejar uma modificação real deste.*

Freud está falando sobre como se dá a formação do pensamento. Se associarmos o que Freud está falando, essa parte tem a ver com os conceitos de Bion: preconcepção e realização.

Perguntaram uma vez para Bion o que em teoria, nas ideias propostas por ele, tinha de original. Ele respondeu: "Nada. É quase tudo de Freud e alguma coisa de Melanie Klein". Bion *transformou*. Freud foi longe, muito longe. Sem nenhuma base filosófica na época ele arriscou uma teoria sobre o pensar. Isso é fantástico! Toda a grade de Bion foi tirada desse trabalho. A grade é uma aplicação de "Os dois princípios": notação, atenção, memória, pensamento.

> *Um novo princípio da atividade psíquica foi então introduzido. Não se tratava mais de imaginar os pensamentos agradáveis, mas, sim, o real, mesmo que se tratasse de algo desagradável.*
> *1. Foi estabelecido o princípio da realidade, e as novas demandas criadas pela modificação do real exigiram do aparelho psíquico uma série de adaptações.*

Basicamente, o princípio da realidade é estabelecido em função da sobrevivência, saber onde tem comida e água. Quando uma pessoa muda de bairro, de cidade, ela quer saber onde tem farmácia, mercado, padaria, pronto-socorro etc. Possuir as capacidades de *atenção, notação* e *memória* é uma questão de sobrevivência. Isso é realidade; realidade ligada à sobrevivência.

> *O aparelho psíquico toma uma concepção das circunstâncias reais do mundo externo e empenha-se em efetuar nelas uma alteração real.*

Alteração real, mudança da realidade. "Fui abusada" está no passado; FUI. O que fazer hoje para mudar essa realidade?

> *Bion não atendeu crianças, só Melanie Klein, não é? Estou pensando nas crianças que são abrigadas e a relação que elas têm com essa realidade.*

Bion se analisou com Melanie Klein e chegou a trabalhar com algumas crianças e adolescentes por recomendação de Melanie Klein. Bion, Rosenfeld, Hanna Segal, Betty Joseph. Esse grupo todo, contrariando a teoria de Freud de que o paciente se afastava da realidade, foi tratar de psicóticos, pacientes extremamente comprometidos, internados em hospitais psiquiátricos. Melanie Klein recomendou: "Tenham a experiência". "Experimentem." E foi o que eles fizeram, utilizando a teoria de objeto parcial, identificação projetiva etc. Mas em nenhum momento vocês vão ouvir falar de questões externas. Se há uma questão social, quem tem de lidar com isso é o assistente social. O analista, o terapeuta, tem de lidar com as fantasias, e só. A realidade externa é com a Justiça, com o assistente social, com o advogado... A nossa área de trabalho consiste em fantasias do paciente. Ou se ele não tem fantasias, por que não está tendo fantasias? Isso pode acontecer, é muito comum, ainda mais em pacientes psicóticos. Mas não convém o terapeuta sair de sua área. Sair de sua área é entrar na área de outras atividades.

Ontem alguns colegas ficaram surpresos porque falei que a transformação em K, a transformação em conhecimento, está sob a égide do princípio do prazer. "Mas como?!", eles disseram. Freud não menciona, mas saber onde tem água para beber quando se está com sede... Há prazer nisso. E que tipo de prazer é esse? Não é um prazer alucinado. O prazer da queixa é alucinado, o prazer do abuso é alucinado, mas o prazer de mudar a realidade é outro tipo de prazer. Um colega da Sociedade [SBPSP], Cecil Rezze, fala em *prazer autêntico*.[4] Ele apresentou um trabalho muito bonito sobre isso. Se eu sei onde tem água, quando tenho sede vou até esse lugar e tenho o prazer de beber água. Mas não se trata do prazer sádico ou do prazer masoquista. Por exemplo, o prazer de ficar se queixando é masoquista. Está no texto: a questão é MUDAR A REALIDADE.

Essa é a tarefa do terapeuta: ajudar o paciente a mudar a realidade. Como? Trabalhando com a fantasia ou com aquilo que não permite que o paciente tenha a fantasia.

Podemos pensar no prazer autêntico como uma satisfação biológica?

Sim, isso é realístico, não é? REALIDADE. Mas o que predomina nos nossos consultórios são as queixas. E em quem isso é normal? Em crianças. A criança precisa de um adulto que tome providências, essa é a realidade da criança. Por quê? Porque a mente da criança é a mãe.

---

4 Rezze, 2012. Cecil José Rezze é psicanalista e analista didata da Sociedade Brasileira de Psicanálise de São Paulo.

Atendo uma paciente com sintomas de pânico. Ela chega no consultório e fica agitada nos primeiros momentos, com as mãos inquietas, e depois fala: "Aqui eu consigo ficar calma. Só aqui e na minha casa".

Que idade ela tem?

41 anos.

E *por que* ela sai da casa dela? Ou, *para que* ela sai da casa dela? Eu me perguntaria isso imediatamente. A pessoa pode ir para a África, pode ir para a China, mas não precisa sair da sua casa. A casa de uma pessoa é a mente dela. Somos como o caramujo, a tartaruga; para onde vamos levamos o nosso mundo mental – estamos sempre dentro da nossa casa interna. A não ser que a pessoa não sinta que tem uma casa interna. Aí, é claro, vai ter pânico. Porque se não tem uma casa interna, vai precisar de alguém que a acolha.

Tenho uma paciente que diz: "Quando eu venho aqui, você me costura".

É uma boa imagem.

Eu me pergunto: por que quando ela vai embora ela se descostura?

Isso acontece o tempo todo. Na medida em que o paciente se afasta do consultório, ele vai se fragmentando, se espalhando. Quando volta na sessão seguinte, conversa, conversa, conversa e junta os pedacinhos. "Estou me sentindo melhor." Mas, quando se afasta, vai se fragmentando novamente. Melanie Klein teve uma intuição genial! A oscilação entre as posições esquizoparanoide e depressiva. Oscilação essa que é constante; parou de oscilar, a pessoa fica psicótica. Tem de oscilar o tempo todo. Durante a sessão, o paciente vai juntando, vai *integrando*, na linguagem de Melanie Klein. Fica mais inteiro, se sente contido. Mas, quando vai embora, começa a alucinar, a fantasiar, a fragmentar, sente-se perseguido, desamparado.

É o mesmo que oscilar entre o princípio do prazer e o princípio da realidade?

A oscilação das posições não coincide exatamente com os dois princípios, mas é muito próxima.

E é passível de ser observada durante o processo de análise do paciente?

Às vezes, na mesma sessão. A imagem que ela traz é muito bonita: o paciente chega em pedaços, e é preciso costurar, juntar, integrar. Mas vamos seguir adiante no texto.

Nesse trecho, Freud fala sobre as primeiras percepções do funcionamento do aparelho psíquico. Anteriormente, ele já havia introduzido esse tema no projeto pré-psicanalítico:

> *Certas condições precisam se realizar no mundo externo, por meio de uma ação específica, de modo a acessar certos estímulos endógenos, originados das grandes necessidades. [...] Essa é a noção de um empenho em alterar as circunstâncias reais, que constituem a base para a introdução do novo princípio do funcionamento.*

"Alterar as circunstâncias reais", mudar a realidade. E não é se queixando do abuso, do patrão, do marido... A questão é: o que fazer para mudar a realidade? Se não, o paciente fica ancorado no princípio do prazer. Tem paciente que se recusa a sair desse lugar.

Quer ficar ali, e dificilmente sairá dali. Vocês conhecem a grade de Bion? O desenvolvimento do pensamento que vai de cima para baixo, e, na coluna horizontal, a função do pensamento, e como ele está sendo usado. Freud fala da função do pensamento, que é a coluna horizontal de Bion. Função: a *atenção* é a primeira função.

> *A realidade exterior adquiriu maior importância em relação às funções dos órgãos dos sentidos. A consciência, além de captar a qualidade do prazer ou desprazer, aprendeu também a captar as qualidades sensoriais.*
> *Constitui-se, então, uma função a atenção, que deveria fazer uma busca periódica no ambiente para que se tenha os dados caso haja necessidade de lançar mão destes para se proteger...*
> *Em vez de aguardar o surgimento de impressões sensoriais, essa atividade psíquica, cujo papel é estar atenta, vai ao encontro delas [...] Em decorrência da atenção, foi introduzido o sistema de notação, que é a* memória.

Ir ao encontro em vez de ficar esperando. Ficar esperando é princípio do prazer; ir ao encontro é princípio da realidade, já está mudando a realidade.

Começam os registros. Onde estão: farmácia, mercado, padaria...

Antes de seguir com o texto, para que vocês tenham uma ideia, *recalque* para Freud era algo que ocorria por volta dos 2, 3, 4 anos de idade. Melanie Klein, em sua experiência com crianças pequenas, viu que isso acontecia nas primeiras semanas de vida e preferiu chamar de *splitting*. O *splitting* de Melanie Klein é um recalque anterior ao recalque de Freud. Bion foi mais longe ainda. Ele viu que acontecia muito antes e chamou de *cesura*. Ele cita Freud[5] parodiando Shakespeare, "entre a vida intrauterina e a vida pós-natal há muito mais do que podemos observar". O bebê não nasce uma tábula rasa, do zero; quem tem bebê sabe disso. O bebê vem com muitas coisas. O recalque ocorre quando algo está mais estruturado. A cisão é anterior, quando algo está no bebê ainda muito pequeno. O bebê faz um *splitting*, que é equivalente ao recalque. A cesura é anterior ao *splitting*. Trata-se do mesmo tipo de sistema, ambos são sistemas de separar. Não sei ainda como colocar isso para vocês.

A cesura está ligada ao parto?

A teoria é extraída da citação de Freud que citei agora há pouco. Mas, depois, o que se verifica é que é o tempo todo. O paciente se deita e começa a falar sobre alguma coisa, sobre qualquer coisa que esteja acontecendo com ele naquele dia, e, em seguida, fala: "Quando eu era criança...". Se o terapeuta tem paciência, escuta e faz perguntas até que o paciente traga um outro exemplo; é como se aquilo que ele falou primeiro estivesse separado por todo esse tempo do que ele se lembrou da infância. Quer dizer, tem alguma coisa separando aquilo de que ele se queixa hoje daquilo que ele fala da infância. São as associações livres, não é? Isso é o que Freud chamou de associação: pular os recalques. Ou pular as cisões, segundo Melanie Klein. Ou pular as cesuras, segundo Bion. Não é assim que nós trabalhamos? Com associação livre?

Associação livre... Vocês podem imaginar várias camadas, camadas que Freud também chamava de palimpsesto.[6] Volta e

---

5   Freud, 1925.
6   Manuscrito ou pergaminho cujo texto original tenha sido polido, lavado ou raspado para que a página pudesse ser reutilizada.

meia os arqueólogos, os pesquisadores, encontram algum escrito e descobrem que por baixo daquele escrito tem outro escrito: isso é um palimpsesto. A mente humana é formada por camadas, e cada camada, segundo Freud, é separada pelo recalque. A pessoa tem uma experiência e recalca, tem outra experiência e recalca, vai tendo experiências e separando as experiências por recalques. Segundo Melanie Klein, a pessoa separa por cisões, e, de acordo com Bion, separa por cesuras.

Nosso trabalho é escutar o paciente, porque primeiro ele vai falar de uma camada, depois de outra camada e depois de outra camada; são as chamadas associações livres. Recalque é o que separa uma camada de outra: isso é Freud.

> *[...] O recalque, que excluía do processo de investimento uma parte das representações mentais que se mostrassem geradoras de desprazer, foi substituído por uma imparcial avaliação de juízo.*

Imparcial.

> *A essa avaliação de juízo imparcial cabia dizer se uma representação era falsa ou verdadeira. [...] A remoção imparcial dos estímulos, pela via motora, que sobre o princípio do domínio do prazer se encarregava de aliviar a sobrecarga do aparelho psíquico, recebe agora a função de modificar a realidade de um modo eficaz, transformando-se em agir.*

Mudar a realidade. Se vocês ficarem com isso, se guardarem isso, não é preciso mais nada.

> *Tornou-se necessário remover os instintos, que são o agir, o acúmulo que foi viabilizado pelo processo de pensar. O pensar é, em essência, uma forma de agir por ensaio [...]*

"O pensar é uma forma de agir por ensaio." É muito bonito isso.

> *[...] Deslocando pequenas quantidades de cargas de investimento em condições em que há um menor dispêndio (remoção) delas. As cargas de investimento deslocáveis foram transformadas em cargas de investimento fixadas. O pensar em sua origem, provavelmente inconsciente, adquiriu qualidades perceptíveis à consciência por meio da fixação dos restos de palavras.*
> *(2) Há uma tendência do aparelho psíquico de se apegar às fontes de prazer disponíveis e uma dificuldade de renunciar a elas [...]*

Lembrem-se de que para Freud, prazer e desprazer é a mesma coisa. O que conflita com o princípio do prazer ou do desprazer é a realidade, a mudança da realidade. A pessoa estar ancorada no princípio do prazer ou do desprazer não tem diferença alguma. No início, o nome era princípio do desprazer, mas depois Freud percebeu que acontecia a mesma coisa com o prazer. O prazer do desprazer é o masoquismo.

E quando o paciente está fixado e regride? Isso também tem a ver com prazer e desprazer?

Não estou de acordo com essa terminologia de Freud, regressão. Vocês aprenderam isso: a regressão sempre é feita para o estágio anterior, onde as coisas funcionavam. Se funciona é prazeroso; isso é princípio do prazer.

Mas Freud está falando de um repouso psíquico...

Então não há regressão. Eu não concordo que haja regressão. Só pode regredir o que evoluiu. O que vejo é que não houve desenvolvimento. Dependendo das circunstâncias, o paciente pode expressar algo ainda desconhecido, algo primitivo que ele ainda não desenvolveu. E o paciente está lá, pedindo a ajuda do terapeuta para poder desenvolver ele.

[...] A sua dificuldade em renunciar a elas pode ser atribuída a um princípio econômico de poupar esforço.

Isso, sim, é um dado de realidade; o princípio do prazer é um dado da realidade. E Freud talvez esteja arriscando uma teoria de que essa tendência, essa inclinação a se manter no princípio do prazer, seja algo econômico que poupa esforço. Isso é óbvio, porque mudar a realidade vai despender energia, vai dar trabalho, então é melhor ficar na queixa. "Fui abusado." É mais cômodo e é mais fácil do que mudar a realidade. Mas a questão é: o que o paciente vai fazer com isso hoje?

Alguns textos citados e sugestões de leitura

Bion, W. R., & Correa, P. D. (1962). *O aprender com a experiência*. Rio de Janeiro: Imago.

Freud, S. (1969). Formulações sobre os dois princípios do acontecer psíquico. In *Obras psicológicas de Sigmund Freud*, pp. 63-78, Vol. 1, Rio de Janeiro: Imago, (Obra originalmente publicada em 1911).

Freud, S. (1976). *Inibições, sintomas e ansiedade.* (Edição Standard Brasileira das Obras Psicológicas Completas de Sigmund Freud, Vol. 20). Rio de Janeiro, RJ: Imago. (Obra originalmente publicada em 1925).

Rezze, C. J. (2012). *Prazer autêntico: mudança de paradigma?* Trabalho apresentado por Cecil José Rezze no 29º Congresso Latino-Americano de Psicanálise.

Fantasia e realidade[1]

O que faz o paciente sentir que vale a pena voltar na sessão seguinte? Para que ele volta? Imaginem um bebê chorando no berço. Aí, o pai ou um adulto vai até o berço, tira o bebê dali e começa a brincar com ele. Quer dizer, pega o bebê no colo, e só. Fica nisso. O bebê acha aquilo bom, ele acha que é muito bom ser pego no colo. Mas e daí? A mãe chega e vê que o bebê está todo sujo. Vê que é preciso lavar o bebê, limpar, trocar a fralda. É preciso fazer alguma coisa!

Tem um ditado que diz: "O que não tem remédio remediado está". Tem coisas que não há o que fazer. Mas se não há o que fazer, vamos adiante. Não adianta o paciente ficar se queixando do casamento, do trabalho, da vida. O terapeuta pode até perguntar para o paciente o que ele está fazendo para mudar. Porque, seja o que for, o que interessa é: o que fazer para mudar a realidade.

---

[1] Nesta aula, serão lidos alguns trechos de "Formulações sobre os dois princípios do acontecer psíquico", de Freud.

É muito bom pegar o bebê no colo. Provavelmente, o bebê gostou muito de ter sido pego no colo. Mas ficar só nisso não muda nada. Pelo contrário, talvez até prejudique o bebê. Então, quando vocês tiverem vontade de pegar o paciente no colo, pensem nisso: *ele está todo cagado*. É preciso fazer alguma coisa; não adianta ficar com pena. Se não tem o que fazer, paciência, vamos adiante. Não adianta ficar parado ali também. "Os dois princípios" trata exatamente disso.

Podemos pegar como exemplo aquele caso de estupro que a colega trouxe? Aconteceu, mas é para seguir adiante?

O que importa é o que o paciente está fazendo com isso hoje, o que ele aprendeu.

Mas o que aconteceu não pode passar pelo indizível? Do não ser percebido, do traumático? Porque, às vezes, dependendo da situação, não chega nem à queixa.

Mas vai aparecer de outra forma.

A queixa pode ser, por exemplo, não conseguir ir trabalhar?

Aí é diferente, é algo mais verdadeiro, porque aparece na vida atual.

E com o fato em si, não há o que fazer?

Não. Com o que aconteceu ontem ou com o que vai acontecer amanhã, não há o que fazer; os dois não existem. O que aconteceu, aconteceu. E o que não aconteceu ainda, não aconteceu. É que nós, animais humanos, somos criaturas, talvez as únicas, que têm consciência de passado e de futuro. Mas não há o que fazer, nem com o passado nem com o futuro. Vamos para os "Dois princípios"?

> *A tendência geral de nosso aparelho psíquico em apegar-se tenazmente às fontes disponíveis e sua dificuldade de renunciar a elas pode ser atribuída ao princípio econômico de poupar esforço.*

Está claro para vocês? "Há uma tendência do aparelho psíquico em apegar-se tenazmente às fontes de prazer." Estupro é uma fonte imensa de prazer. Estupro, trauma, abuso e sofrimento são fontes fantásticas de prazer. Traz em muitos ganhos, inclusive angariam piedade.

> *Com a instauração do princípio da realidade, um determinado tipo de atividade do pensar foi apartado do teste da realidade, permaneceu livre deste e ficou submetido apenas ao princípio do prazer.*

Freud está falando de uma área que não se submete à realidade e continua fantasiando, alucinando ou devaneando. É inerente ao ser humano, em contraste com a realidade, fantasiar.

É como se fosse um repouso?

Isso é preciso observar em cada pessoa, porque para alguns não é um repouso. É algo superior à realidade, só aquilo é importante e, então, despreza a realidade.

Você pode dar um exemplo?

Em algumas faculdades de psicologia, os alunos fazem a seguinte experiência com ratos: conectam eletrodos no cerebelo do rato, em uma área que estimula o prazer, e ligam os fios dos eletrodos a uma alavanca. Servem água e comida para o rato, mas ele despreza tudo. O prazer é de tal intensidade que nem a sede nem a fome fazem com que ele pare. Dá tanto prazer que o ratinho fica o tempo todo acionando a alavanca. Ele prefere morrer a abandonar a fonte de prazer.

Conheço algumas pessoas que são dependentes de drogas e, lamentavelmente, largar a droga é muito difícil. Tem pacientes que não abandonam o modo de funcionamento de se posicionar logo em uma relação sadomasoquista com o namorado ou com a namorada. Isso é muito comum. Eles se tornam vítimas imediatamente; é um modo de funcionamento. Colocar-se nessa posição é uma fonte inesgotável de prazer. É claro que é preciso encontrar um companheiro ou uma companheira que os complemente. Esse tipo de funcionamento é mais comum do que incomum. Nós, humanos, adoramos o prazer. Ou o desprazer; é a mesma coisa, é uma questão de sinal.

A realidade é chata porque a realidade significa mudar. Se o paciente não está mais satisfeito com aquelas fontes de prazer, ele precisa mudar. Tanto é que procura a ajuda de um terapeuta para isso. Para mudar a realidade, mudar o modo de funcionar.

Mas quando é o paciente quem diz "a realidade é chata"...

Mas é mesmo! Não tenho certeza, mas acho que foi o Woody Allen quem falou: "A realidade é chata, mas ainda é o único lugar onde se encontra um bom bife para comer". A realidade é onde moramos, a roupa que vestimos, os amigos que temos, os colegas, o trabalho; isso é a realidade. Na fantasia, podemos ter tudo. Podemos viver onde quisermos e do jeito que quisermos. Mas a realidade vai nos mostrar que não se trata do que queremos, mas daquilo que existe.

Overdose de realidade também faz mal...

A realidade faz mal porque a realidade é um ataque à fantasia. Da mesma forma que a fantasia é um ataque à realidade. A questão é: como se movimentar entre esses dois ataques: a realidade atacando a fantasia e a fantasia atacando a realidade.

Acho que é disso que Freud fala no texto agora:

> [...] *O fantasiar, que já se inicia com o brincar das crianças e mais tarde prossegue com o devanear, deixa então de se sustentar em objetos.* [...] *O processo de substituição do princípio do prazer pelo princípio de realidade, com todas as consequências que dela resultam, não ocorre de uma só vez, nem em toda a extensão da psique.*

Atenção, isso é importante. Freud tem uma ideia, uma fantasia de que há algo evolutivo na substituição do princípio do prazer pelo princípio da realidade. Isso é importante: é a teoria de Freud.

É por isso que ele pensa nos dois processos em paralelo?

Ele não pensa em dois processos paralelos. Freud se deu conta de que não há uma substituição total – ela ocorre gradativamente.

Na visão de Freud, em um mundo ideal, ficaria apenas o princípio da realidade, é isso?

Ele era otimista. Plena época das luzes; Iluminismo, o homem era inteligente. O princípio de realidade substituiria gradativamente o princípio do prazer, e a pessoa ficaria somente na área do devaneio, das fantasias, dos projetos. O devaneio é consciente.

> *[...] Enquanto esse desenvolvimento está ocorrendo com as pulsões do eu, as pulsões sexuais desprendem-se das primeiras de modo muito marcante. As pulsões sexuais comportam-se eroticamente e encontram satisfação no próprio corpo. Não chegam a enfrentar uma situação em que ocorram impedimentos à satisfação e que obriguem a instauração do princípio da realidade [...]*

Outro ponto do qual Freud não se deu conta é que a frustração é o princípio da realidade. A frustração da fantasia, a frustração do desejo... Onde há frustração, é princípio da realidade. E ficar na queixa "porque o meu trabalho, o meu marido, a minha namorada, a minha mãe" em vez de ter respeito pela realidade onde foi frustrado. Como se aquilo fosse indesejável. A realidade é indesejável quando a frustração é a realidade. "Os dois princípios" é um texto muito condensado; é preciso ler com calma, com cuidado. Eu acho que esse é o melhor trabalho que existe dentro do corpo teórico da psicanálise.

E quando o paciente diz "eu não sei o que vai acontecer"? Esse "não saber" pode ser interpretado como uma frustração?

Quando o paciente já sabe que não sabe, é frustrante mesmo, mas é real, é verdadeiro. É um respeito pela realidade. O paciente está deixando a fantasia meio de lado e demonstrando respeito pela realidade.

Você diz que o paciente não aguentar a frustração é um ataque à realidade?

Sim, se ele não tolerar a frustração, se não tiver respeito pela frustração... Porque a frustração é uma informação valiosa. O prazer é bom, a pessoa se sente estimulada a continuar, mas a frustração é uma sinalização fundamental. É como se alguém dissesse: "Olha, por aí não vai dar, tem um muro, tem uma parede, por aí não vai dar". Então ele vai ter que procurar outro caminho, mudar a realidade. A mudança da realidade é aquilo que é necessário. É uma atividade. Se não estou satisfeito com meu emprego, ou vou conversar com meu chefe para ver se a situação melhora, ou caio fora. Posso conversar com meu chefe ou posso pedir demissão e procurar outro emprego, em vez de continuar me queixando. Posso MUDAR A REALIDADE. A queixa é o ataque à realidade. Toda queixa é um ataque à realidade, sempre. A não ser que a queixa seja feita por uma criança. Porque a criança precisa de um adulto que mude a realidade para ela. O bebê que está todo sujo não tem como se trocar ou se limpar, é preciso que um adulto faça isso por ele. Agora, a partir do momento em que se é uma pessoa adulta, já com 15, 16 anos, qualquer queixa é um ataque à realidade, seja ela qual for. "Que tempo horroroso!" A realidade é a frustração e a frustração é a realidade. Fantasiar é princípio do prazer.

Segundo Freud, a arte concilia o princípio do prazer com a realidade.

Mas se não tiver um pé na realidade, vai ficar só a loucura.

Os chamados "loucos" vivem apenas no princípio do prazer?

Tem loucos que são geniais. Newton, por exemplo. Ele descobriu as leis do movimento, a gravidade, a óptica, a dilatação de espelhos, o desvio de luz diante de um corpo – tudo isso foi descoberto por ele. Só que ao mesmo tempo que ele investigava, escrevia e publicava as descobertas, ele escrevia também sobre a Santíssima Trindade. Na época, um bispo que também era físico e matemático descobriu esse trabalho: milhares de páginas dentro de um baú. O bispo descobriu e escondeu. Esse trabalho depois foi redescoberto e publicado; trata-se de *nonsense*. É inacreditável que um homem como Newton tenha escrito tudo aquilo; uma loucura, uma porção de delírios. Não adianta ser genial se aquilo não se expressa dentro da realidade. Tem muita gente genial que fica perdida, porque não tem como trazer aquilo para a realidade.

> *[...] Quando mais tarde o processo de busca de objeto se inicia também para as pulsões sexuais, ele logo sofre uma longa interrupção em virtude do período de latência [...]*

Período de latência? Que período é esse? 7, 8 anos de idade. Não é interessante? Interessante porque os neurologistas que têm horror à psicanálise inventaram um diagnóstico para essas crianças e enchem a meninada de antipsicótico.

Transtorno opositivo desafiador.

Eu duvido que alguém encontre um menino ou uma menina de 8, 9 ou 10 anos que não seja opositor. Só se for muito doente, muito comprometido. Teria de medicar todos, então! Não existe criança normal nessa idade que não seja assim; se existir, é porque está comprometida. A obediência é uma patologia. Nessa idade, a criança obediente ou muito obediente já chama atenção.

TDH também é uma febre.

Há muitos interesses em jogo...

E a erotização no setting?

Como? Não entendi a pergunta.

Perguntei sobre a erotização no setting.

O que é preciso é alcançar um contato com o mundo psíquico. A erotização tem a finalidade de impedir isso. A realidade ataca a fantasia e a fantasia ataca a realidade. A erotização ataca o contato com a realidade psíquica e o contato com a realidade psíquica ataca a erotização. É muito comum que homens se casem e, quando a mulher engravida e tem o filho, não tenham mais vontade de transar com a mulher. A mulher virou mãe e ele não pode mais transar com ela.

> *[...] Esses fatores – autoerotismo e período de latência – fazem com que a pulsão sexual fique retida em seu desenvolvimento psíquico e permaneça por muito mais tempo sob o domínio do princípio do prazer. Aliás, no caso de muitas pessoas, a pulsão sexual não escapa desse domínio. [...] No reino do fantasiar, o recalque permanece onipotente. [...] Esse é o ponto fraco da nossa organização psíquica que pode ser utilizado para submeter de novo ao domínio do princípio do prazer os processos do pensar que já se tornaram racionais. [...]*

A questão do recalque não ficou clara para mim.

O recalque não é uma fantasia onipotente? Porque, concretamente, não acontece nada. Acontece na fantasia. E se é uma fantasia onipotente, é prazerosa. Porque quando recalca a pessoa esquece, não é?

E se esquece, é porque não está acontecendo.

É uma fantasia de que a realidade não existe.

Essas representações que estão no inconsciente e não podem vir para o consciente não seriam os elementos beta?

Porque fica sem representação, não é? É uma representação dissociada daquilo que se nomeia. É uma imagem, mas não tem a palavra. Outra coisa para pensar, já que surgiu a questão: para Freud, uma das funções do recalque é inibir aquilo que é indesejável. Mas é útil lembrar que, para ele, *o recalque é aquilo que vai constituir o inconsciente, o inconsciente topográfico*, segunda tópica. Topográfico: tópico de local, regiões. *Topos* é local.

Isso é estranho, pensar que o consciente é constituído por elementos beta.

Você tem razão. Mas Freud não tinha instrumentos para ir além, e ele se queixou. Se queixou de que não existiam, na época, teorias filosóficas que pudessem ajudá-lo. E não existiam mesmo.

> [...] *A substituição do princípio do prazer pelo princípio da realidade não implica a destruição do primeiro, mas, sim, a garantia de sua continuidade. Um prazer momentâneo e incerto só é abandonado para assegurar que mais tarde, por novas vias, surja um prazer garantido.* [...]

Freud segue falando que a substituição do princípio do prazer pelo princípio de realidade foi tão marcante que se refletiu em um mito religioso próprio: a renúncia dos prazeres terrenos em troca da vida após a morte. Mas, de acordo com ele, a religião não conseguiu superar o princípio do prazer. É a ciência que se aproxima dessa superação.

A questão é o desamparo. Quando se fala em desamparo, vocês podem imediatamente associá-lo à religião. A religião ampara, protege, cuida; é muito melhor do que recorrer a nós psicanalistas, terapeutas.

Tenho uma paciente com esclerose múltipla. Quando está desanimada, depressiva, fala que Deus é cruel com ela. Fica onipotente, interrompe o tratamento médico e fica esperando que Deus prove o contrário, que aconteça um milagre. O dado de realidade é: essa doença não tem cura. Só com o tratamento é que se pode melhorar a qualidade de vida. Ela fica assim durante semanas. Aí vamos conversando, ela melhora e retoma o tratamento. Passa um tempo, ela fica deprimida novamente.

Aí já está fora do terreno da dimensão humana. O milagre está em uma dimensão extra-humana. Só podemos trabalhar na dimensão humana. Não tem como competir, nossa condição é muito limitada. A única coisa que podemos prometer, como dizia Churchill, é sangue, trabalho, suor e lágrimas.

> 5. *A educação pode ser descrita sem maiores hesitações como um estímulo à superação do princípio do prazer, à substituição deste pelo princípio da realidade. Ela se propõe a oferecer ajuda complementar ao processo de desenvolvimento que ocorre no eu, utilizando-se para esse fim de recompensas amorosas por parte dos educadores. [...] Falha nos casos em que a criança mimada se acredita possuidora incondicional desse amor e imagina não correr o risco de perdê-lo sob circunstância alguma.*

Atendo um paciente que tem uma filha de 12 anos que não quer ir para a escola de jeito nenhum. Segundo ele, a menina já tem o tamanho de uma pessoa adulta. Ele fala que a esposa diz que não tem mais forças, que é impossível arrastar uma menina daquele tamanho para a escola. Não sabem mais o que fazer. A mãe chegou até a bater na menina, mas a menina não derrubou uma lágrima. Parece que ela não tem medo de não ser amada. Faz dois meses que não vai para escola...

A menina justifica porque não quer ir à escola?

Ele diz que não, que ela não diz nada.

É preciso investigar... Qual é a primeira coisa que se pensa? Alguma coisa aconteceu. A primeira fantasia é essa. A menina pode ter sido vítima de *bullying*, sabe-se lá. Mas é preciso testar, checar a fantasia. A outra hipótese é: se não foi vítima de *bullying*, se não aconteceu nada... A escola é um microcosmo que representa a sociedade. O que ela vai enfrentar na escola é o que depois, em um nível adulto, ela vai enfrentar aqui fora.

Ela não demonstra receio de perder o amor da mãe, exatamente como Freud fala no texto...

Em outras palavras, a menina prefere morrer a ter de lidar com a realidade. Isso é grave. Seria menos grave se ela pudesse procurar um terapeuta.

A menina já faz terapia com uma colega. Mas a questão é restrita apenas à escola; de resto, ela é tranquila...

Na teoria antissocial de Winnicott... A criança que teve uma boa experiência anterior pede socorro por meio de atitudes opositoras como essa, é isso o que Winnicott fala. Para uma criança assim, ainda tem esperança; é o contrário da criança apática.

Frank Phillips, que foi meu analista, fez supervisão com Winnicott. Winnicott contou para ele, e provavelmente para outros supervisionandos, uma coisa interessante. Ele e a mulher não tiveram filhos. Criaram dois meninos, filhos adotivos. Mas ele não aguentou, perdeu a paciência com os filhos e pôs os dois para fora de casa; disse a eles que fossem embora e não voltassem. E eles não voltaram mesmo, nunca mais ele viu os meninos. Foram recolhidos novamente por instituições. Winnicott não aguentou a oposição; eram dois sociopatas. Foram adotados quando tinham uns 6 ou 7 anos e estavam já com 16 ou 17 quando isso aconteceu. Todos aqueles que conheceram Winnicott falam que ele era um homem boníssimo, mas ele e a sua esposa, Clare, não aguentaram, tamanha era a oposição.

É interessante que tenha surgido essa associação. Esse paciente e a esposa têm duas filhas biológicas, mas adotaram dois meninos; a mulher mandou os dois embora. Dá a impressão de que ela "não adotou" a própria filha, mas essa não tem como devolver, não é?

Essa associação é inevitável. A hipótese é: "Quanto vou ter que aprontar para que minha mãe me mande embora (ou não) como mandou os outros?". Vamos continuar com o texto.

> *[...] A arte promove uma reconciliação dos dois princípios, por uma via peculiar... O artista é capaz de encontrar o caminho de volta desse mundo da fantasia à realidade, graças a um talento especial de moldar suas fantasias em realidades de um novo tipo...*

> 7. *Paralelamente à transformação do eu-prazer em eu--real, as pulsões sexuais passam por mudanças que as conduzirão ao autoerotismo inicial, através de várias fases intermediárias, ao amor objetal que estará a serviço da procriação. E, se estiver correta, a suposição de cada etapa desses dois percursos paralelos de desenvolvimento pode vir a se tornar o sítio, a partir do qual surge uma disposição a um adoecimento neurótico posterior. É plausível que o que decide a respeito da forma do adoecimento posterior (a escolha da neurose) dependa da fase de desenvolvimento do eu e da libido, sobre a qual incidiu a inibição desse desenvolvimento predisponente a cada neurose. [...]*

Freud resumiu em cinco linhas o que depois ele escreveu em umas cem páginas: "A disposição à neurose".

> *Nos processos inconscientes (recalcados), causa maior estranhamento o fato de neles o teste de realidade não ter nenhum valor. Creio que nenhum pesquisador se habitua a essa peculiaridade sem um grande esforço para superar suas próprias concepções anteriores sobre a psique. Nos processos inconscientes, a realidade do pensar torna-se equivalente à realidade exterior, e o mero desejar já equivale à realização do desejo, ou equipara-se até mesmo à ocorrência do evento desejado; enfim, tudo neles acontece como decorria do domínio do velho princípio do prazer. [...] Entretanto, nunca devemos aplicar os critérios da realidade às formações psíquicas inconscientes, pois, se o fizermos, acabaremos por subestimar*

> *o papel das fantasias na formação dos sintomas só pelo fato de elas não serem realidades. [...]*

Como se posicionar diante disso? Como trabalhar?

Não sei se existe outra coisa para trabalhar. O mundo mental funciona assim, como se andasse por uma trilha dupla: fantasia e realidade. O ser humano fantasia dia e noite. Fantasia vinte e quatro horas por dia, um pouquinho consciente e o tempo todo inconsciente. Só que, ao mesmo tempo, existe uma porção de coisas da realidade relacionadas à sobrevivência: comer, dormir, trabalhar; não tem muito mais do que isso.

O trecho em que ele fala do pensamento como algo experimental, como um ensaio, acho que esse é o ponto alto – porque há um mundo predominante de fantasia, é disso que Freud está falando. E quem de nós não fantasia o tempo todo? Mas, ao mesmo tempo, dizemos: "Puxa, está na hora da minha aula", "Está na hora de ir encontrar com meu analista", "Está na hora de ir encontrar com meu namorado... "Está na hora de ir para casa, fazer o jantar, ver meus filhos...". E a fantasia fica um pouco de lado porque existe uma realidade que se impõe. Convém que vocês se lembrem disto: a realidade se impõe, sempre. Ou o sujeito respeita a realidade, ou outra pessoa vai fazê-lo respeitar. As sociedades, as comunidades criam instituições que fazem as pessoas terem respeito pela realidade.

Mas até que ponto a fantasia tem conexão com a realidade? No trabalho analítico, por exemplo, o analista precisa "sonhar" a sessão...

Vamos supor que em julho vocês saiam de férias. É útil fantasiar "para onde vou? Como vou?". Tudo isso são fantasias. Mas tem de conciliar com a realidade: o preço do bilhete, quanto vai custar o hotel. Precisa conciliar, mas todo planejamento é uma fantasia necessária. Durante o trabalho analítico, o analista precisa submeter a fantasia ao teste de realidade. Por isso, ao falar com o paciente, é preciso um certo cuidado; não se deve afirmar nada, deve-se colocar de forma interrogativa e testar a hipótese dele: "Você não acha que...?". Deve-se ter cuidado para não parecer mais um onipotente na vida dele, que sabe tudo. A hipótese é uma fantasia.

Vou retornar ao item 1, trecho sobre o qual você falou.

> *[...] A remoção dos estímulos pela via motora que sobre o domínio do princípio do prazer se incumbia de aliviar o aparelho psíquico da sobrecarga de estímulos acumulados recebeu agora uma nova função: ela passou a ser utilizada para modificar a realidade de modo.*

Modificar a realidade! Não é uma invenção minha, isso é Freud. A paciente chega ao consultório de vocês. Desde os 8 anos todo mundo diz: "Coitada, que pena, foi abusada". Aos 25, ela não aguenta mais isso! Não quer mais que sintam pena dela. Por isso a pergunta: o que faz valer a pena voltar na sessão seguinte? Se o terapeuta disser: "Você está me contando que foi abusada. O que você tem feito com isso, que utilidade isso tem na sua vida?", a paciente vai levar um susto. Mas, pela primeira vez, alguém não vai dizer "coitadinha, que peninha". Ela não precisa disso, ela quer alguém que diga algo da verdade dela, algo verdadeiro sobre ela. "O que você tem feito além de angariar piedade?" A paciente vai ficar impressionada, pois finalmente alguém está falando a verdade. A verdade dela, não é? Não é a verdade de qualquer um. É a verdade dela mesma.

Pode ser que a paciente aceite, mas pode ser que não.

A paciente vai ficar frustrada, é isso? A frustração é a realidade. É melhor ficar frustrada com a realidade do que ter prazer com a mentira. Quando o paciente está ANCORADO, prisioneiro do princípio do prazer, e alguém mostra o outro lado, ele tem a oportunidade de transitar, no mundo mental dele, entre o princípio do prazer e o princípio da realidade. Transitar, ter mobilidade. A patologia é a falta de mobilidade. Se ficar preso só na realidade, é patológico. Se ficar preso só no princípio do prazer, também é patológico. Ver o outro lado é saudável, poder transitar é saudável. "Quero tirar férias, vou viajar para algum lugar. A passagem custa tanto e o hotel custa tanto. Minha conta bancária cobre isso? Cobre. Então, eu vou." Ou: "Não cobre, então vou procurar outra coisa". Mobilidade; transitar de um lado para o outro. Esse trânsito promove o desenvolvimento do ego. A fantasia é uma riqueza de que dispomos. E, depende de como cada um faz uso dela... Usar a fantasia para se vitimizar é um empobrecimento. Usar a fantasia para checar a realidade, como no exemplo da viagem, é útil.

E a resistência?

Resistência é medo, medo de abandonar algo que é conhecido. O conhecido é muito confortável, e também é fonte de prazer.

Retomando o item 1:

> *[...] Tornou-se necessário poder postergar a remoção motora desses estímulos (o agir), o que foi viabilizado pelo processo de pensar [...] O pensar é, em essência, um agir por ensaios [...] em sua origem, o pensar era provavelmente inconsciente [...]*

Olhem a genialidade de Freud! Ele não dispunha de nada! Guardem isto: Freud inventa, ele cria uma teoria do pensar. Pensar este que se interpõe entre o impulso para alguma coisa e a realização daquilo. E ele pôde checar essa teoria na realidade; isso é ser um cientista. Freud pôde testar a hipótese dele na prática para verificar se funcionava. E realmente funciona, não é?

Alguns textos citados e sugestões de leitura

Dry, S. (2014). *The Newton papers: the strange and true odyssey of Isaac Newton's manuscripts*. Oxford: Oxford University Press.

Freud, S. (1969). *A etiologia da histeria*. (Edição Standard Brasileira das Obras Psicológicas Completas de Sigmund Freud, Vol. 3). Rio de Janeiro: Imago. (Artigo originalmente publicado em 1896).

White, M. (2000). *Isaac Newton: o último feiticeiro*. Rio de Janeiro: Editora Record.

Fantasia e elemento onírico

Toda experiência emocional é crua, é bruta; *ela é*. Aqui e agora, estamos tendo uma experiência emocional. Mais tarde, eventualmente, um ou outro vai pensar sobre essa experiência. Ou não, vai deixar de lado, vai esquecer. E qual é a semelhança entre a experiência que ocorre quando se está dormindo e aquela que acontece quando se está acordado? Dormindo ou acordado, é a mesma coisa. Não há diferença entre a experiência emocional que acontece durante a vigília e aquela que ocorre durante o sono; as duas têm de ser processadas pela função alfa para se transformarem em elemento onírico. Esse é o ponto comum entre elas.

Por isso a importância da fantasia?

Sem elemento onírico não há fantasia. O elemento onírico é utilizado para a fantasia; a fantasia é uma produção da função alfa. Para Melanie Klein, é inato, a pessoa já nasce com a capacidade de fantasiar inconscientemente. Esse é um dos pontos que Bion discordou dela. Para Bion, primeiro é preciso que a função alfa se instale. A função alfa se instala nas primeiras semanas de vida do bebê; sem função alfa, não há elemento onírico, não há fantasia.

E a alucinação? As imagens, os elementos visuais... Como ficam?

Alguma ideia? Arrisquem.

Alucinação e pesadelo são a mesma coisa?

Não.

É um elemento beta, então?

Não consegue ter pesadelo porque a função alfa não operou – o elemento beta terá de ser eliminado. Toda experiência emocional que não for transformada em elemento onírico, em elemento alfa, terá como alternativa se transformar ou em alucinação, ou em sintomas psicossomáticos, ou em *acting out*.

Quando a experiência é transformada em elemento onírico, ela fica na memória?

Sim, na lembrança.

Já o elemento beta tem de ser projetado, eliminado.

Mas, como é uma fantasia...

Então, o elemento beta não entra na memória?

Vocês já viram casais brigando? "Não, mas no ano passado você prometeu..." "Você falou isso..." "Você falou aquilo..." "Você me disse..." São memórias; elementos beta que não foram processados. Eu diria que memória *é* elemento beta, por isso falei de lembrança, elemento alfa. Lembrança é "outra coisa". Memória é para a guerra, é um arsenal para a guerra. Memória, nesse título que estamos conversando, é um elemento beta que não foi processado. O trajeto seria mais ou menos este:

Na lousa:

Elementos $\beta \rightarrow (-F\alpha) =$
Se não for processada pela função alfa:
1. Alucinação → através da identificação projetiva
2. Sintomas psicossomáticos
3. Acting out

Elementos $\beta \rightarrow (+F\alpha) =$
Se for processada pela função alfa:
4. Transformação em elemento onírico/elemento alfa

A experiência emocional, mais os elementos beta que são os aspectos sensoriais da experiência: sons, cores, texturas, cheiros, sabores (os cinco sentidos), quando processada pela função alfa forma os elementos oníricos, ou elementos alfa. Para a experiência emocional que não é processada pela função alfa, existem três alternativas: a primeira é transformação em alucinação através da identificação projetiva - "*a minha vizinha é invejosa... a irmã é ciumenta... o meu chefe é desonesto...*" Está fora - está no outro ou em alguma coisa; a segunda, sintomas psicossomáticos - o corpo é um péssimo aparelho para processar experiências emocionais; e a terceira – acting out. No total são quatro os destinos possíveis para a experiência emocional.

Os pensamentos ruminantes, que necessariamente não estão ligados aos objetos externos, onde estão localizados?

Freud deu nome para isso: retorno do recalcado, retorno do reprimido. A metáfora usada vem de alguns animais que têm como característica o ruminar: cavalo, boi, camelo, girafa. Esses animais têm vários estômagos, a comida vai e volta. Eles ingerem o alimento, regurgitam, mastigam de novo e engolem outra vez o mesmo alimento. Analogamente, do ponto de vista de vocês, arrisquem uma hipótese: quando isso acontece com o ser humano, e acontece com frequência, o que está ocorrendo?

A função alfa não foi bem-sucedida, fracassou.

E até que alguém ajude o paciente, ele vai continuar "ruminando", porque não consegue transformar a experiência em elemento alfa, em elemento onírico. A experiência permanece como elemento beta e retorna na tentativa de ser processada. É como alguém que está aprendendo a andar de bicicleta; não vai conseguir sair pedalando de primeira. Vai tentar uma primeira vez, tentar uma segunda, tentar de novo, e vai continuar tentando até conseguir.

Esse é o modelo em espiral?

Não. Esse modelo corresponde ao que Freud chamou de retorno do recalcado, retorno do reprimido. Retorna na tentativa de ser elaborado, de ter outra chance. Se não foi processado, volta.

Mas Bion usa o modelo em espiral.

Espiral como modelo de desenvolvimento mental. A evolução é gradativa, evolui progressivamente, a não ser que algo muito grave ocorra. Bion tem uma opinião diferente da de Freud e Melanie Klein. Ninguém tem um desenvolvimento harmônico. Nem o paciente nem o não paciente. As pessoas se desenvolvem em algumas áreas e em outras, não. Às vezes, a área intelectual é muito bem resolvida, mas a área emocional não se desenvolveu. O paciente que vem para a análise traz problemas emocionais; os intelectuais já foram desenvolvidos. Isso quer dizer que ele regrediu? Não. Tudo o que o paciente fala é de algo que ainda não se desenvolveu. Essa é a visão de Bion, ele não está de acordo que há regressão. Naturalmente, não é a visão de Freud. Freud entende que há regressão para uma fase do desenvolvimento na qual ele, o paciente, funcionava.

Mas se tudo aquilo que o paciente fala é o que não se desenvolveu, o que está recalcado é mais primitivo ainda?

Como ele não consegue processar, recalca. É uma tentativa de deixar de lado, de esquecer. É uma escolha bem adequada; se não consegue resolver alguma coisa, melhor esquecer, mesmo. Só que, em algum momento, retorna, volta. Principalmente quando o paciente se encontra com o analista. O encontro com o analista mobiliza áreas ainda não desenvolvidas.

É possível "escolher", consciente ou inconscientemente, uma alternativa que torne a experiência digerível? Por exemplo, tenho uma paciente que é enfermeira e não pode ter filhos. No hospital em que trabalha, ela trata os pacientes da seguinte forma: "São como filhos para mim". Ela faz um curso de especialização no próprio hospital e desenvolveu uma espécie de dívida emocional; está sempre devendo alguma coisa, ou está uma ou duas horas atrasada, ou não faz o trabalho de pesquisa do curso. Diz que sempre volta para casa frustrada porque não consegue atender todo mundo.

Está sempre em débito.

Como não consegue dar conta da frustração, optou por uma satisfação que é prejudicial a ela mesma.

Você acha isso?

Minha hipótese é que a paciente está sublimando.

É uma alternativa. Pensando em sublimação: "Já que não posso ter filhos, faço de conta que os pacientes são meus filhos". A paciente emprega um pouco a sua capacidade de exercer a maternagem. Mas pode ser racionalização.

Ela fica sempre no prejuízo. Entre os pacientes, adota mais uns do que outros, geralmente crianças. Conforme foi relatando, deu para perceber que tem muito dela nesses pacientes preferencialmente adotados. Para esses pacientes ela está sempre disponível, fica além do horário de trabalho e para alguns dá até o número do celular.

Tem uma pista aí que precisa ser investigada. Independentemente de ser sublimação ou racionalização, essa paciente funciona de um jeito que faz com que ela esteja permanentemente em débito.

O prejuízo seria uma espécie de compromisso?

Eu pensaria que a paciente pode estar se sentindo culpada, e investigaria isso. Se ela não pode ter filhos, por que está se sentindo culpada? Eu não sei... Eu investigaria.

O curioso é que ela só é "mãe" de filho doente.

Pois é, eu iria investigar. Por que ela se sente culpada? Ela não poderia se sentir uma vítima? "Eu queria engravidar, queria tanto ser mãe, ter um filho..." Mas não, ela se sente culpada. Funciona na direção de se manter culpada, de estar sempre em débito. Por isso ela precisa ficar disponível 24 horas por dia.

Onipotência?

Sim, fantasia de onipotência.

Ela "adota" muitos filhos.

Tem toda uma história da qual não sabemos os detalhes.

Outro mecanismo que pode estar sendo usado é o de deslocamento. O sofrimento dos outros é mais fácil de suportar do que o próprio sofrimento. Elaborar o luto de não poder ser mãe deve ser muito sofrido.

Também. Mas os filhos que ela não pôde ter são doentes. Por que doentes? Por isso ela se sente culpada. É preciso investigar. O que ela conta para a terapeuta é conhecido, mas isso tem a ver com o desconhecido.

Que outra hipótese se pode levantar? Por que crianças doentes?

Eu não conheço essa senhora, mas geralmente os filhos caçulas sentem-se muito perseguidos porque a mãe não teve mais filhos. "O que eu fiz para a minha mãe quando estava na barriga dela que fez com que ela não pudesse ter mais filhos?" "O que eu fiz no parto que estragou a minha mãe?" "Onde estão os meus irmãos que não nasceram?" Esse é o exemplo mais comum.

Ela é a caçula. A mãe teve uma gestação muito difícil, e ela fala que as duas quase morreram no parto. Depois dessa gravidez, a mãe teve ainda uma sucessão de abortos.

Esse é um exemplo clássico, comum na literatura psicanalítica. É mais ou menos a isso que eu estava me referindo; ela não pode ter filhos porque, se tiver, a vingança virá, a retaliação virá. Ou ela pode interpretar que o próprio aborto já é a retaliação: a retaliação da mãe vingadora, que é o grande pavor de qualquer mulher.

Faz sentido. A paciente contou que quando era criança se sentia culpada quando a mãe ficava de cama, doente... Por causa dos abortos que a mãe teve após a gravidez dela... Diz que se sente mal com uma história que nunca foi contada, mas que ela sabe.

Tem de trabalhar, não tem outro jeito. Por isso os pacientes procuram análise ou terapia.

Trazendo para a clínica – Bion fala no item 4 que o paciente que não sonha é aquele que não tem a função alfa bem desenvolvida.

Se a função alfa fracassa, não tem elemento onírico. Se o paciente não sonha, ele não dorme, e se ele não dorme, ele não acorda; está no texto.

Alguns pacientes sonham com facilidade e relatam seus sonhos, e tem outros que falam que não conseguem sonhar. A função alfa está falhando nesses pacientes que não sonham?

Os pacientes procuram por análise ou terapia para que alguém possa ajudá-los a desenvolver a função alfa.

Um tempo atrás eu atendi uma criança que rezava todos os dias para não sonhar. Pode ser muito assustador ter um pesadelo, não é?

Imaginem que do nada, de repente, começassem a aparecer imagens na cabeça de vocês. Isso não seria assustador? Depois que nos familiarizamos com o sonho, nos sentimos bem quando sonhamos, mas uma criança pequena fica apavorada, sente-se perseguida. Em geral, o que fazem as crianças? Vão correndo para o quarto dos pais. "Tem um bicho no meu quarto, tem um monstro..." E tem mesmo! Porque as imagens estão na mente delas. E os pais dizem: "Não, não tem nada". Mas a criança está vendo o bicho, o monstro. É muito assustador.

Depois de uma certa idade, algumas crianças passam a se relacionar com essas imagens inventando um amigo.

Pode ser.

É comum ter um amigo imaginário?

Sim, como substituto.

Isso é uma espécie de alucinação? Porque é algo da fantasia da criança.

É um substituto. Bion escreveu um trabalho maravilhoso sobre isso, "O gêmeo imaginário". Foi o primeiro trabalho que ele escreveu para se apresentar como membro da Sociedade Britânica de Psicanálise.

Agora vamos retomar o texto do início: capítulo III. Durante a leitura, se vocês tiverem comentários ou perguntas, por favor, interrompam. O que interessa não é o texto, é o que vocês estão pensando a respeito do texto, as ideias que têm sobre o texto.

> 1. Uma experiência emocional que ocorra durante o sonho, que elejo por razões que em seguida veremos, não difere de uma experiência emocional que ocorra durante o estado de vigília, em que as percepções da experiência emocional têm, em ambos os casos, que ser elaboradas pela função alfa antes que possam ser usadas para o pensamento onírico.

Vou dar um exemplo. Talvez vocês não tenham se dado conta, mas quando o paciente está sentado (aí é mais difícil trabalhar) ou deitado no divã e começa a falar... O paciente fala, fala... O que vai ocorrendo na mente de vocês? Isso é sonhar; é a função alfa do terapeuta. O terapeuta está acordado e tentando sonhar aquilo que o paciente está falando.

> 2. *A função alfa opera sobre quaisquer que sejam as impressões sensoriais e quaisquer que sejam as emoções que o paciente tenha consciência. Enquanto a função alfa opera com êxito, se produzem elementos alfa, e estes resultarão adequados para serem armazenados e satisfazerem requisitos dos pensamentos oníricos. Se a função alfa é perturbada, tornando-se inoperante por isso, as impressões sensoriais que o paciente capta e as emoções que ele experimenta permanecem imodificadas.*

Portanto, elemento beta é aquilo que permanece não modificado pela função alfa. Está na frase seguinte:

> *(cont. cap. III, item 2) Chamarei de elementos beta. Em contraste com os elementos alfa, os elementos beta não são sentidos como se tratassem de fenômenos, mas como coisas em si mesmas. Assim mesmo, as emoções são objetos dos sentidos.*

I.K.: É a coisa em si mesma – concretamente. Não é uma experiência, não é um fenômeno, não é um sentimento – é a coisa em si mesma. Na nota de rodapé, Bion fala que a expressão "a coisa em si mesma" foi extraída de Kant.

> *(cont. cap III, item 2) Portanto, estamos frente a um estado anímico [...]*

Anímico ou estado de mente, estado emocional, estado de espírito.

A palavra tomada como "coisa" é um elemento beta, não é?

I.K.: Sim, exatamente. Ou "O", que é a coisa em si. Bion fala da coisa em si mesma, ou bem próxima do elemento beta, provavelmente o próprio elemento beta.

O inatingível seria o próprio elemento beta?

Sim. Não possui sentindo nenhum, não tem significado, é o inominável.

Guardem tudo o que está sendo falado agora. É que vocês pegaram o ponto em que o elemento beta é inapreensível. O último Bion dá uma virada de 180 graus; tudo o que importa é o elemento beta, é o "O". Para o último Bion, o que importa é a experiência. Mas vamos deixar isso para outra etapa; por enquanto, o que importa é o elemento alfa, aquilo que se aprende da experiência.

> *(cont. cap III, item 2) [...] Portanto, estamos frente a um estado de mente precisamente contrastante com aquele de um cientista que sabe que se ocupa de fenômenos, mas que não tem a mesma certeza a respeito de os fenômenos terem uma contraparte de coisas em si mesmas.*

O que Bion está dizendo é muito forte. Ele tomou cuidado para escrever de um jeito que não fosse tão violento com os cientistas, mas é a realidade. Bion está falando que todo cientista é psicótico, porque o cientista lida com a coisa em si mesma. Lida com o objeto, com aquilo que é sensorialmente apreensível. O cientista não lida com o que não é sensorialmente apreensível. Imaginem um químico; ele vai lidar com o quê? Com elementos químicos que têm cor, cheiro, volume. Nós não lidamos com isso; nós lidamos com a contraparte da coisa em si, com o abstrato, o simbólico.

Mas a química também tem representação.

A química tem o objeto. Se não tiver o objeto, a representação não serve para nada. Em um artigo, Freud cita Kant exatamente nesse sentido. No sentido de Kant, o inconsciente é o "O" de Bion, aquilo que é inapreensível, irrepresentável, incognoscível etc.

> *3. Os elementos beta não são propensos a serem usados nos pensamentos (cont. cap. III, item 3) MAS sim SÃO APROPRIADOS PARA SEREM USADOS NA IDENTIFICAÇÃO PROJETIVA. Influem na produção do acting out. São objetos que podem ser evacuados ou utilizados para uma forma de pensar que depende da manipulação do que é sentido como as coisas em si mesmas, como para substituir tal manipulação por palavras e ideias.*

Bion descreve a seguir uma experiência clínica referente a um paciente dele. Curiosamente, não passou muito tempo e o mesmo aconteceu aqui em São Paulo.

> *(cont. cap III, item 3) Por exemplo, um homem pode assassinar seus pais e logo sentir-se livre para amar, porque por meio desse ato supõe haver evacuado seus pais internos antissexuais.*

Vocês se lembram do caso Suzane von Richthofen? Essa moça matou os pais com a ajuda do namorado e do irmão do namorado. E o que ela fez logo depois de matar os pais? Foi para um motel com o namorado. Ela precisou se livrar dos pais antissexuais, só que se livrou concretamente, como se fossem elementos beta. Nos depoimentos, ela disse isso explicitamente: que os pais não queriam que ela transasse com o rapaz.

E por isso eram pais antissexuais?

Na mente dela, sim.

Quando leio "pais internos antissexuais", não entendo o que isso quer dizer.

Vocês nunca viram um homem e uma mulher inibidos sexualmente?

Mas é isso, então? Um casal inibido. E a filha capta isso?

As crianças captam isso. As crianças brincam, são muito curiosas, são saudáveis. Mas os pais são muito doentes e ficam preocupados se a filhinha ou o filhinho deles faz brincadeiras sexuais. Que pais vocês conhecem que não ficam preocupados? Existe alguma mãe ou algum pai que não fique angustiado, preocupado, com medo que o filho ou a filha de 4, 5, 6 anos tenha relações sexuais? E é impossível que isso aconteça, não é? Por meio dessas brincadeiras é que se descobre a própria sexualidade. A menina descobre o jeito que ela é e o menino, o jeito que ele é. Se não for assim, como é que eles vão descobrir? Com um professor explicando na lousa? Na aula de sexualidade? Muitos pais gostariam que fosse assim. Mas as crianças, não, as crianças querem aprender concretamente.

Todos tem pais antissexuais. Ninguém é tão devasso que não há nada que não o iniba. Existe algo que inibe: os pais da infância. O grau de inibição depende, é muito variável para cada indivíduo. Na clínica, frequentemente vocês vão encontrar pacientes se queixando de impotência ou de frigidez, isso é muito comum.

A impotência e a frigidez têm a ver com pais antissexuais?

Sim, com os pais internos. O que inibe sempre vem de dentro, e não de fora.

> *(cont. cap III, item 3) Tal ato está dirigido a "liberar a psique do acúmulo de estímulos". Os elementos beta são armazenados [...]*

"Liberar a psique do acúmulo de estímulos" está entre aspas porque é Freud, em "Os dois princípios". E o método para liberá-la, qual é? Aí já é Melanie Klein. Bion teve habilidade para juntar os dois: de Freud o "acúmulo de estímulos" e de Melanie Klein a "identificação projetiva". Bion tem um pé em Freud e outro em Melanie Klein. Mais adiante vocês vão ver no texto que "os elementos beta são armazenados". Elemento beta é tudo aquilo que não foi transformado pela função alfa e que chamamos de memória. Tecnicamente, seria mais adequado chamar os elementos beta apenas de memória.

> *(cont. cap III, item 3) Os elementos beta são armazenados, mas diferem dos elementos alfa em que não são tanto lembranças, como fatos não digeridos, [...] Enquanto os elementos alfa foram digeridos pela função alfa e, portanto, se convertem em disponíveis para o pensamento.*

É importante estabelecer a diferença entre lembranças e fatos não digeridos, os elementos beta. Mais adiante, veremos como os termos "digeridos" e não digeridos.

São os elementos oníricos; eles ficam disponíveis para serem usados nos devaneios e nas fantasias quando estamos acordados e disponíveis também para serem usados nos sonhos, quando dormimos.

Existe alguma distinção entre memória e lembrança?

Lembrança é aquilo que surge espontaneamente, em geral para acrescentar, para enriquecer. Memória é sempre para atacar. Eu chamo memória de paiol; memória é para a guerra.

Bion fala: "É importante estabelecer a diferença entre memória e fatos não digeridos, elementos beta"...

Vamos devagar... "É importante estabelecer a diferença entre lembranças e..."

Ao lerem Bion vocês vão encontrar lembrança como sinônimo de dois termos: associação livre e evolução. Associação livre – é com isso que nós trabalhamos: com as associações livres do paciente. Evolução – é um termo cunhado por Bion para se referir à associação livre ou à lembrança – que vai evoluindo, expandindo. A cadeia associativa contribui para expandir o assunto, por isso ele utiliza também o termo evolução. Memória é usada para cortar o assunto: "Não, mas na semana passada você me falou um palavrão...". A função da memória é sempre para brigar. A pessoa abre a caixa de ferramentas e começa: "Olha, no ano passado você me disse aquilo, você me magoou". Tem pacientes que falam: "Estou magoado até hoje". O fato ainda não foi digerido, está lá. Aconteceu há um, dois, três anos e ainda está lá.

Mas e se o paciente estiver falando e você se lembrar de alguma coisa que foi dita em outra sessão?

Se for algo que sirva não para atacar o paciente, confrontá-lo, mas sim para acrescentar, expandir o que paciente está trazendo, é uma associação.

Quando Bion fala "sem memória e sem desejo", é a essa memória que ele está se referindo, não é? A memória que é usada para atacar.

Sim. E não à outra, que chamamos de lembrança. Vocês percebem? Apesar de ser uma teoria complexa e sofisticada, na verdade ela é eminentemente clínica.

> 4. *Se o paciente não pode transformar a sua experiência emocional em elementos alfa, não pode sonhar. A função alfa transforma as impressões sensoriais em elementos alfa que se assemelham, e na realidade podem ser idênticos, e as imagens visuais com as quais estamos familiarizados nos sonhos, principalmente os elementos que Freud considera, entregam seu conteúdo latente quando o analista os interpreta.*

O analista interpreta o conteúdo manifesto e vai se aproximando do conteúdo latente: teoria de Freud. Sugeri a vocês que essas imagens visuais são pictogramas ou ideogramas; o conjunto dessas imagens forma as imagens do sonho.

O sonho sempre se refere à pessoa que está sonhando?

Imaginem que o paciente é o escritor e o diretor de uma peça. Ele vai escolher atores que considera adequados para representar cada personagem do jeito que ele quer. Cada personagem do sonho representa uma parte da personalidade do paciente. Ele escolhe as figuras que são as melhores possíveis para representar aquele papel. No cinema e no teatro isso se chama *physique du role*, ou seja, ter o físico apropriado para determinado papel. O paciente faz o que um bom diretor costuma fazer: ele escolhe atores e atrizes que sejam adequados para representar os seus personagens; o sonhador faz exatamente isso. No trabalho clínico, durante a sessão, por mais que vocês estranhem, não tenham receio de pensar em sonhar aquilo como algo que é do paciente. Tudo é do paciente. Todos os elementos que aparecerem no sonho são do paciente. É o que o paciente pensa, sente e é.

O mesmo vale para as fantasias?

Sim. E vale também para as associações livres do paciente. "Ah, eu tenho um amigo..." ou "Eu tenho uma tia..." O amigo, a tia... todos os personagens são sempre o paciente.

O que o paciente fala na sessão é a forma como ele apreende a realidade?

Pensem nisso como uma tentativa de o paciente dizer o que está acontecendo, o que ele acha da terapia e o que acha do terapeuta. Para fazer isso, o paciente usa uma "história" que ele transforma em "teatro" para tentar reproduzir o que está sentindo e o que está se passando ali, na sessão.

Em outras palavras, o sonho, as associações livres, tudo o que o paciente traz para a sessão é uma teoria; ou mito, se vocês preferirem. É uma teoria do paciente a respeito do que ele pensa que está se passando ali.

Se uma paciente fala da sogra, ela está falando do que está acontecendo ali na sessão?

"A minha sogra é chata." A sogra é o analista. A transferência é onipresente, mas eu teria cuidado para não explicitar, "não gastar" (mesmo quando diz respeito ao terapeuta). A paciente fala para o terapeuta que a sogra dela é muito chata. Pode ser que a paciente não tenha sogra, nunca tenha tido. Ou talvez sim, não se sabe. Mas ela está falando aquilo na sessão para o terapeuta. Ela fala na tentativa de entender o que está se passando ali, naquele momento. Porque a paciente se encontrou com você, e não comigo. "A minha sogra é muito chata." Eu diria para ela: "É muito ruim ter uma sogra chata". Estou me incluindo sem ser explícito.

"A minha sogra é muito chata." A paciente está projetando a parte chata no terapeuta ou ela mesma é chata?

Ela está projetando a parte chata em alguma coisa que ela chama de sogra; pode ser qualquer coisa. A parte chata é dela e ela está projetando.

Mas, na identificação projetiva, o objeto precisa conter as características...

Se a paciente atribui a chatice à sogra, transitivamente atribui ao terapeuta. É transitória, mas a parte chata é dela. A paciente está se referindo a algo chato que está na mente dela e que surgiu ali em decorrência do encontro com o terapeuta; algo que emergiu em consequência daquele encontro específico, naquele momento específico.

O relato da paciente é uma associação livre referente ao encontro?

Sim. É um campo que se forma a partir do encontro, e as questões aparecem para serem discutidas, conversadas, examinadas. O que a paciente quer saber não é a razão pela qual a sogra dela é chata. Ela quer saber que diabo de coisa chata é aquela dentro dela. Isso é que precisa ser investigado.

Naquela sessão, o encontro é com a sogra chata, mas em outra pode ser com uma mãe mandona, autoritária...

Às vezes em uma mesma sessão.

E isso tem relação com o estado emocional de cada pessoa?

Tem relação com o estado de mente, com o estado mental, emocional da pessoa. O que o terapeuta tem a ver com isso? A mãe chata, a mãe boa... A mãe surgiu a partir do encontro com o terapeuta. Aquele estado mental emergiu em decorrência do encontro com o terapeuta. O que a paciente fala está na mente dela. A mãe chata está na mente dela, a mãe boa está na mente dela. Só é possível reconhecer o que se conhece. Ninguém reconhece o que não conhece. Se eu reconheço que minha vizinha é chata, é porque eu conheço o que é ser chato. O chato sou eu. Se minha vizinha também é ou não, eu não sei. Mas se eu sou capaz de reconhecer o chato é porque eu conheço o chato: sou eu.

E o paciente que traz para a sessão um parente que ficou em Auschwitz, isso também é mental?

Não está na mente dele? O paciente tem uma parte dele que ficou em Auschwitz. É terrível isso.

Você está dizendo que a sala de análise também é uma parte?

Surgiu uma situação oportuna para o paciente se lembrar dessa situação. Ele não usou o encontro para se lembrar disso? O paciente poderia ter se lembrado de que no domingo ele foi ao jogo de futebol. Ou que saiu para jantar com a mulher na noite anterior. Ele poderia ter falado tantas coisas... Mas por que ele fala que a sogra é chata, que a vizinha é chata, ou fala do parente que ficou em Auschwitz? Por que escolheu esse assunto? O encontro favoreceu. Tem algo a ver com o terapeuta, e não tem.

Atendo um paciente que fala em determinados momentos: "Vem um nó na minha garganta". Ele está comigo há quase dois anos, e eu estou aqui pensando quanto não estou facilitando a "dissolução" desse nó.

Essa é a primeira etapa: você está favorecendo o encontro do paciente com esse nó. Depois, na segunda etapa, o paciente espera que, com a sua ajuda, ele possa desatar esse nó.

O paciente está projetando, transferindo isso para mim? Ele pensa que sou eu quem vai tirar esse nó dele?

Ele não está nem projetando; é explícito. Ele está pagando a terapeuta para isso. Freud não falava em modelo cirúrgico? Quando uma interpretação é adequada, ela vai direto ao ponto; é precisa como se fosse um bisturi, drena o abscesso.

O que você falaria para esse paciente?

Eu diria que, por enquanto, como ele não sabe do que se trata, não tem as palavras certas; então fica o nó na garganta. O paciente não tem as palavras, algo está aprisionado dentro dele.

Esse paciente faz um curso de coaching e trouxe a seguinte associação: contou que em uma das aulas o instrutor pediu a ele que interpretasse uma espécie de teatro. O objetivo era poder analisar como uma pessoa poderia responder a determinadas perguntas e como o coach *deveria fazer as perguntas*. Daí ele me fala: "Se você fizer as perguntas assertivas, corretas, talvez eu consiga tirar esse nó de mim". Eu pensei: "Aham... Muito obrigada".

Transitoriamente é o famoso "decifra-me ou te devoro".

Pensando na questão do consciente e do inconsciente... Estou entendendo que quando a função alfa opera, há uma transformação do elemento beta, que é consciente, em elemento alfa, e aí ele vai para o inconsciente? É isso?

Sim, o contrário da ideia de Freud.

Enquanto não processa fica no consciente?

E o paciente fala e fala e fala.

Isso é racionalização.

É. Mas quando o paciente se queixa de sintomas, "estou com dor aqui, estou com dor ali"... Isso pode ser visto da mesma forma que o nó na garganta. Como uma espécie de aglomerado de elementos beta, de tudo o que não foi digerido, processado. Então, o paciente não sabe mesmo do que se trata, ele está com um nó preso na garganta. Vocês podem imaginar esse nó na garganta como um aglomerado, uma tela beta. O conjunto de elementos alfa forma uma cesura, e o conjunto de elementos beta forma uma tela beta que a pessoa usa para evacuar as identificações projetivas. O aglomerado de elementos beta é aquilo que não foi processado, que não foi elaborado, e o paciente não sabe do que se trata (pode ser o nó na garganta). Quando a função alfa opera os elementos alfa, formam a barreira de contato (cesura) separando Inconsciente do Consciente (a cesura é o recalque, o que Freud chamou de recalque. Não é o recalque que forma o inconsciente topográfico?).

Na lousa:

$$F\alpha \to EE$$
$$+$$
$$a.s.e.$$

$\Big\}$ Ics / aaaaaaaaaaaa / Cs

$= elemento\ \alpha \to T\ (K)$

Vamos supor que a função alfa esteja operando e sendo bem-sucedida, processando as experiências (EE) e os aspectos sensoriais da experiência (a.s.e.), formando assim os elementos alfa. São os *elementos alfa* que *separam o consciente (Cs) do inconsciente (Ics)*. Na mente do bebê, no início da vida, não existe consciente nem inconsciente. Mas, na medida em que a função alfa opera e cria os elementos alfa, forma uma espécie de cesura. Para Freud, recalque; *splitting* ou cisão para Melanie Klein; e cesura para Bion. Para Freud, o recalque ocorre por volta do 4º ou 5º ano de vida, depois do Édipo. O recalque é o que vai formar o inconsciente topográfico. Para Melanie Klein, o *splitting* acontece nos primeiros meses, nas primeiras semanas de vida, e Bion acha que acontece ainda antes. Cesura é o que separa; Bion tomou esse termo do próprio Freud.[1] Freud fala que há mais continuidade entre a vida do bebê a termo e a vida do bebê depois de nascido do que nós podemos reconhecer. Porque a fantasia é que o bebê é uma tábula rasa quando nasce, não vem com nada. Não! O bebê vem com muitas coisas! O bebê reconhece a voz da mãe, o bebê reconhece a voz do pai, e, dependendo da experiência, o bebê reconhece o cheiro da mãe.

---

1   "Há muito mais continuidade entre a vida intrauterina e a primeira infância do que a impressionante censura do ato do nascimento nos permite saber" (Freud, 1925/1926). Cesura, *caesur*. Somente na edição alemã de 1926 o termo foi impresso por engano como *censur* (censura). A palavra cesura é um termo derivado da prosódica, e significa uma espécie particular de interrupção em um verso.

A cesura, então, é bem-vinda?

Sim, senão não existe diferença entre consciente e inconsciente. Quando o paciente está psicótico... Do que se trata? A função alfa não está funcionando, está inoperante, não forma elemento alfa nem a barreira de contato. Barreira porque por um lado separa o consciente do inconsciente e, por outro, mantém o contato entre o consciente e o inconsciente. Freud falava em derivados conscientes do inconsciente, não é isso? A barreira separa e mantém o contato. É uma teoria extraordinária. Pessoalmente, acho que a teoria da função alfa, em conjunto com a teoria de "Os dois princípios", dão conta de quase tudo que aparece no consultório. São duas ferramentas extraordinárias! A não ser por um ou outro caso muito complexo, muito autista. É evidente que conhecer a teoria da oscilação das posições e o conceito de identificação projetiva ajuda muito. Mas conhecendo bem "Os dois princípios", sabendo como funcionam na clínica o princípio do prazer e o princípio da realidade, mais a teoria de Bion da função alfa é suficiente.

Teoria que Bion alterou no final da vida.

A partir de *Transformações*, de 1965, Bion está escrevendo e, de repente, no próprio livro, ele faz um corte e muda a direção. Mas não anula o que propôs anteriormente: ele acha que ficam os dois vértices T (K) e T ("O") – ele acha que precisa trabalhar nos dois. T (K) transformação em conhecimento: todo elemento alfa é algo que a pessoa fica conhecendo; aprende com a experiência, tem uma imagem daquela experiência, e, portanto, aprendeu com a experiência -> teoria do conhecimento. É a fase epistemológica de Bion. E o que é epistemologia? É o fundamento do conhecimento, a base do conhecimento.

A teoria da função alfa explica a importância de aprender com a experiência, a importância de conhecer com a experiência; quem conhece, re-conhece. Mas, a partir de *Transformações*, Bion *realiza* que o que realmente produz e mobiliza as mudanças psíquicas são as transformações em si mesmo, seja lá o que isso for. Bion chamou isso de transformação em "O": T ("O"). Para Bion, transformação em conhecimento T (K) é apenas uma etapa para se chegar à transformação em "O". T ("O"), transformação em si mesmo.

Tem um trabalho de Freud (1905) sobre o método psicanalítico em que ele fala que existem dois tipos de terapia. Um é o modelo do pintor que põe as tintas na tela em branco, *per via di porre*. O outro, *per via di levare*, é o modelo do escultor que tira da pedra o que não serve até que reste só a figura. Para Freud, a psicanálise é a segunda via: a via que retira o entulho depositado que cobre a figura. É a via que remove as camadas de lixo e de mentiras de uma vida inteira e deixa só aquilo que mais ou menos a gente é.

Alguns textos citados e sugestões de leitura

Bion, W. R. (1988a). O gêmeo imaginário. In *Estudos psicanalíticos revisados*. Trad. Wellington de Melo Dantas. Rio de Janeiro: Imago. (Trabalho original apresentado em 1950).

Freud, S. (1996). *Justificação do conceito de inconsciente.* (Edição Standard Brasileira das Obras Psicológicas Completas de Sigmund Freud, Vol. 14). Rio de Janeiro, RJ: Imago. (Obra originalmente publicada em 1914).

Freud, S. (1905). *Sobre a psicoterapia.* (Edição Standard Brasileira das Obras Psicológicas Completas de Sigmund Freud, Vol. 7). Rio de Janeiro, RJ: Imago. (Obra originalmente publicada em 1904).

Freud, S. (1926). *Inibições, sintomas e ansiedade*. (Edição Standard Brasileira das Obras Psicológicas Completas de Sigmund Freud, Vol. 20). Rio de Janeiro, RJ: Imago. (Obra originalmente publicada em 1925).

Formas de apresentação de hostilidade edípica[1]

Na semana passada, uma revista publicou um artigo sobre traição. Falou-se muito sobre isso. Em uma conversa com um grupo, alguém sugeriu que traição é uma expressão da hostilidade edípica. Os mais jovens ficaram muito surpresos. Ficaram olhando assim, como vocês estão me olhando agora. E como é isso? A traição como uma expressão da hostilidade edípica. Como interpretar? O que é o Édipo? Como se manifesta na clínica? Vamos começar do início: o que cuida? O que ama? Psicanaliticamente falando, de quem é essa função? Não é do peito? Não é o peito que cuida e ama? O peito e o pênis. Porque todo indivíduo tem aspectos e componentes femininos e masculinos na personalidade. Biologicamente, todos nós temos um pai e uma mãe e, portanto, temos uma contrapartida psíquica do feminino e do masculino em cada célula nossa. Menos nas células reprodutoras; o óvulo só tem X, só componente feminino. O espermatozoide tem X e tem Y.

---

1   Nesta aula, será lido o capítulo III de *Aprendiendo de la experiencia*.

Estou introduzindo o conceito de peito que vocês já devem ter estudado em Melanie Klein. Peito é aquilo que cuida do bebê. Cuida, amamenta e nomeia o que o bebê experimenta. Pênis seria o aspecto mais firme, quase como o *holding* de Winnicott. A função psíquica do pênis seria mais ou menos a de contenção, aquilo que dá consistência e permite o desenvolvimento do bebê.

O bebê internaliza o par – a mãe e o pai. Internaliza a mãe que cuida e o pai que também cuida. E se o pai cuida da mãe, esse já é um cuidado indireto para com o bebê também. É claro que existem casos em que algumas mães "são mãe e pai" e outros em que o pai "é pai e mãe". Quando adulto, arranja uma namorada ou então se casa: "Amo minha mulher, mas saio com outra". Se eu amo a minha mulher e saio com outra, o que estou fazendo? Trata-se de uma hostilidade; estou atacando esse par que me ama. Se eu amo a minha namorada ou a minha mulher e saio com outra, estou atacando o par interno; minha mãe e meu pai, a dupla que amorosamente me gerou. Os pais precisam se juntar para gerar. Tem o par que ama, mas há também momentos de hostilidades. Quem ama são os pais; a mãe, em primeiro lugar. Se eu amo uma mulher e saio com outra, dentro de mim eu estou atacando a relação com a minha mulher em primeiro plano. Em um segundo plano, estou atacando o par interno: mãe e pai aliados.

Por isso, quando o tema for traição, pensem como uma questão interna do paciente – é uma hostilidade edípica. Evidente que estou falando do Édipo de Melanie Klein, que ocorre logo após o nascimento, diferente do Édipo de Freud, que acontece por volta dos 3, 4 anos de idade.

No texto Amor, culpa e reparação,[2] *Melanie Klein trata a infidelidade como um medo da dependência.* "Eu amo tanto e tenho

---

2   Klein, 1996.

tanto medo dessa dependência que acabo traindo para não ficar dependente." É isso?

Qual é o sentimento que mais provoca ódio? A dependência. "Dependo de eu quem amo. Amo quem me cuida, mas, ao mesmo tempo, eu odeio. Odeio porque dependo, então procuro outra." Essa não é uma atitude hostil? Uma hostilidade edípica, que... surgiu de onde? Agora que vocês sabem, o que acharam disso? Parece louco, não é? Completamente louco. Eu também acho.

Acompanhei o caso de um paciente casado que traía a esposa só com prostitutas. Nunca estava em casa, chegava sempre de madrugada. Sua vida profissional era um fracasso, os irmãos eram muito bem-sucedidos, e ele era o irmão que sempre precisava ser ajudado.

Segundo ou terceiro filho?

Sexto filho. Todos homens.

É exatamente disso que estamos falando: hostilidade edípica.

Durante muito tempo ele praticamente abandonou a família, só vivia na noite. Até que conseguiu um trabalho como gerente de uma concessionária de carros. A partir daí, o trabalho passou a ser tudo para ele. Minha teoria na época era a de que a desvalorização dele era tão grande que estar no meio de prostitutas fazia com que ele "se achasse". Pensei que se ele tivesse um trabalho, sua autoestima melhoraria e as coisas mudariam. E mudaram mesmo. Nesse caso, como fica o ataque edípico?

Quando a análise é muito teórica é difícil. É preciso fazer uma análise ampla, mais profunda, para poder chegar em algum lugar. Então, o que acham? Gostaria de ouvir vocês.

Pensei em pulsão de morte.

Eu acho que não, acho que é pulsão de vida. É o contrário.

Mas ele destrói tudo.

Mas ele quer cuidar.

Cuidar como?

Para todo filho, lá pelo 3º mês de idade, quando ele descobre que é traído, que a mãe "dá" para outros, a mãe é uma prostituta. O filho, menino ou menina, em um determinado momento descobre que a mãe prostituta o abandona e vai transar com outro homem. Parece louco isso, não parece? A "prostituta" é esse aspecto da mãe que ele ataca. Ataca com ódio, porque, enquanto ele ficava lá, abandonado, a mãe estava com o pai ou com os outros filhos. E quantos "outros homens" existem na vida dessa mulher... Seis é muito! Além do pai, mais cinco irmãos! "Que mulher precisa de tantos homens?" Na fantasia e na mente de uma criança, só uma prostituta pode querer tantos homens.

Esse paciente ataca uma ideia hostil e tenta fazer um reparo. *Amor, culpa e reparação*, de Melanie Klein, não é isso? Na fantasia dele, na mente dele, ele tenta fazer um reparo. Só que ele repara concretamente, cuidando da prostituta em outras prostitutas.

Tem um filme que eu acho extraordinário chamado *Kaos*.[3] É um filme italiano, vale a pena ver. Ou então ler o livro *Kaos e outros contos sicilianos*, de Luigi Pirandello, que um dos contos é "O outro filho". Era muito comum nos séculos XVIII e XIX que as pessoas

---

3   Filme de 1984, dirigido pelos irmãos Paolo e Vittorio Taviani. Baseado no livro *Kaos e outros contos sicilianos*, de Luigi Pirandello.

fossem embora da Sicília e abandonassem tudo. Nessa época, a Sicília era muito pobre; as pessoas iam embora e costumavam esquecer tudo, deixar tudo para trás, inclusive a mãe. No filme, o único que não vai embora é o filho que é fruto de um estupro. Mas a mãe não quer saber dele, ela não o aceita, não o recebe. E o filho fica rondando a casa, cuidando dela, deixando comida, dinheiro. Porque a mãe não tinha nada, era analfabeta e ficava todo o tempo ditando cartas que ela queria mandar para os outros dois filhos que tinham ido embora para a América. E os anos se passavam desse jeito. Mas quem cuidava dela era o filho do estupro; o filho da puta, obviamente. Só que o filho não foi cuidar da mãe prostituta nas prostitutas. Foi cuidar da mãe prostituta na mãe mesmo, levando comida e dinheiro. Ajuda que ela, a mãe, aceitava. Mas o filho ela não aceitava, ele tinha de se manter a distância.

E como explicar o caso desse paciente? Porque com a valorização do trabalho, ele deixou de "cuidar" das prostitutas.

Não falo para vocês que "Os dois princípios", de Freud, cobre quase tudo? Uma coisa é cuidar da mãe prostituta tendo prazer com prostitutas. Outra coisa é trabalhar. Princípio da realidade. Com o trabalho ele mudou a realidade.

Pensando na teoria da mãe prostituta, isso também vale para os casos de traição em que o homem constitui outra família?

Esse é um caso de *acting out*. Um *acting* que acaba custando muito caro, porque ele vai cuidar concretamente *da mãe dele com as outras pessoas* e acaba constituindo outra família. No primeiro caso, mesmo atuando concretamente, a fantasia é com prostitutas: Freud, princípio do prazer. Apenas descargas sem consequências mais importantes, a não ser uma esposa zangada, aborrecida.

Agora, constituir outra família traz consequências mais graves – ele faz um *splitting* concreto. Como reparar isso depois? Como cuidar?

Quando alguém trai, também não está traindo a si mesmo?

A traição é sempre a si mesmo. A pessoa que trai, trai o amor que é dela, trai um sentimento, o amor que ela sente por alguém. Estou dando esses exemplos porque mais adiante veremos a questão do vínculo. O vínculo nunca é com outra pessoa, não existe isso. O meu vínculo é com os meus sentimentos, com aquilo que eu sinto, com os sentimentos que eu experimento em relação a outra pessoa. Quanto à outra pessoa, eu não sei o que ela sente. Eu namoro alguém, eu me caso com alguém; sinto amor e sinto ódio. Em psicanálise, o contrário de amor não é ódio, o contrário de amor é ausência de amor, e o contrário de ódio é ausência de ódio. Em função da dependência, onde existe amor, existe ódio, sempre. Se sinto amor ou se sinto ódio, eu tenho uma experiência emocional – tenho ideia de quem é aquela pessoa. Mas tudo isso é meu. Isso é o vínculo. O que a outra pessoa sente por mim e o que ela pensa é o vínculo que *ela* tem *em relação a mim*. Vínculo que está dentro do mundo mental dela, e não um vínculo comigo; concretamente, isso não existe. O vínculo é uma experiência emocional que existe dentro do indivíduo. Se ele sai com outra mulher está atacando o amor que sente por ela, e não a ela; isso não é possível. Ele ataca o relacionamento que tem com ela dentro dele. Ela pode nem saber. O vínculo concreto só existe no bebê recém-nascido; é o peito, só. Depois de três, quatro, oito meses, quando desmama, esse vínculo desaparece.

Melanie Klein, muito intuitiva, descobriu que o vínculo é constituído pelo peito e pelo pênis. Imaginem o peito como o *software* e o pênis como o *hardware*. *Soft* quer dizer macio, em inglês. O peito é amor; amor e ódio. Depois, mais para a frente, vamos ver isso: amor (L) ódio (H) e conhecimento (K). O pênis é *hard*, é duro. Mas as mães têm células do pai também. Tem mães que são "duras", são firmes. A mãe é quem dá o colo. Não é a mãe quem dá o *holding*? Os pais podem ajudar, mas em geral são as mães que se incumbem dessa função. Se o bebê está com medo e a mãe o segura com firmeza, isso é o pênis.

Faz sentido. A mulher tem o masculino e o feminino no holding; *quando ela segura o bebê de modo firme, está usando a parte masculina dentro dela.*

É isso.

Mas eu sempre pensei no holding *como sendo a parte feminina da constituição.*

É que nós confundimos feminino com mulher. O *holding* é uma função do peito e do pênis. O *holding* como função vem desde Melanie Klein. Bion não acrescentou nada ao conceito, apenas adicionou os termos *fator* e *função*.

A mãe pode ser carinhosa, é o *soft*, é o peito, é o amor. Mas se o bebê tem dor, está com febre, começa a gritar e a chorar muito, o que a mãe faz? Pega no colo com firmeza; isso é pênis. Pode até ser o pai que faz isso, mas em geral é a mãe.

No processo analítico, é função do analista dar sustentação e ter firmeza, certo?

Alguém falou em interpretação, e esse é outro ponto. Se a interpretação não tiver uma certa firmeza, não vai penetrar. Não importa se o terapeuta é homem ou mulher, se a interpretação não for dada com certa segurança, não vai entrar. Não vai penetrar na mente do paciente. E existe aí uma conotação sexual: penetrar.

Estou confusa. O que eu li de Melanie Klein sobre o que ela fala a respeito de feminilidade parece o inverso disso que estamos falando aqui. O que eu imaginava sobre o complexo de Édipo... Mas os exemplos geralmente tratam da questão masculina. E a feminina? Como eu encaixo a menina? Lutando contra a mãe por outros homens...

No início, felizmente, isso acontece para a salvação da menina. Quando começa o desmame, a menina sente que a mãe está se recusando a dar o peito. Ela dá a mamadeira, mas dali a pouco começa a tirar a mamadeira também, e a menina fica muito frustrada com a mãe. Mas, na fantasia, ela se sente recompensada porque ela tem o pai. Imaginem uma menina de 5, 6 meses de idade: "A minha mãe não quer me dar o peito, a minha mãe se afasta cada vez mais, mas tenho o meu pai". A menina sai da posição masculina. Uma menina no colo da mãe, mamando no peito da mãe: isso é posição masculina. Graças à frustração com a mãe, a menina sai da posição masculina e vai para a posição feminina.

Mas, na disputa com a mãe, a menina acaba "perdendo" entre aspas porque a mãe contém o pai dentro dela, a mãe tem mais pertences; a mãe contém o pai, contém os irmãos, contém as fezes, e ela não.

Mas a menina tem o pai. Ela está com 6, 7, 8 meses de idade. "A mãe que fique com todo esse lixo", ela diria, se pudesse, porque na fantasia agora ela tem o pai.

E como fica a mulher na questão da traição? "Eu quero todos os homens da minha mãe?"

Penso que uma mulher que teve a passagem da posição masculina para a posição feminina bem-sucedida não vai precisar trair.

Para o bebê, é muito perigosa essa passagem. Muitas mães não se dão conta disso, de que a posição feminina é perigosa para o bebê. É importante que o bebê se apaixone pelo pai, que os bebês femininos se apaixonem pelo pai logo depois do desmame.

Tenho uma paciente que só se relaciona com mulheres mais velhas. A mãe foi embora com outro homem e ela diz que hoje procura a mãe nas mulheres com quem se relaciona.

Ela tem consciência disso? Não é comum.

Ela tem consciência e é muito complicado trabalhar isso, porque ela funciona de um jeito racional, diz que nunca aprendeu a sentir. O pai é alcoólatra e o padrasto é viciado em drogas.

O pai seria o objeto transicional; eu gosto muito dessa teoria de Winnicott. Clinicamente, o pai é o objeto transicional. Mas não só o pai alcoólatra, o padrasto drogado é mais claro ainda como objeto transicional.

É uma forma de se compreender como homossexual?

É uma forma de sugerir a razão pela qual ela não sente. Se o objeto não está muito fora nem está muito dentro, ela não tem condições de sentir. Vocês já viram um objeto transicional? Ele não pode ser lavado! Quem tem filho e já lavou o ursinho, sabe: se lavou, não serve mais. Por isso ela pega o sujo; um é alcoólatra e o outro é drogado.

Mas eu tenho dúvida, porque em casa ela se coloca no lugar da mãe. Ela mora com o pai, e na última sessão ela trouxe que o pai chegou bêbado em casa, então ela o pôs na cama e deu um beijo de boa noite na testa dele...

Não é um exemplo perfeito de objeto transicional? Colocar o ursinho para dormir. A menina não faz isso? Aquilo que não pode lavar...

Mas como lidar com isso?

Tendo paciência. Com o tempo ela vai internalizar a terapeuta. Você vai saber quando isso acontecer. Quando internalizar a terapeuta, ela não vai mais precisar do objeto transicional. Quando é que a criança abandona o cobertorzinho, a chupeta ou o ursinho? Quando o objeto transicional não está mais fora, mas também não está dentro. Quando ela internaliza o objeto necessário e não precisa mais do objeto transicional. E quando isso acontece? Aí vem a parte masculina: quando a criança sente que tem um *holding* firme. O terapeuta precisa desempenhar esse papel, o papel do pênis, de sustentar, de manter com certa firmeza. Não o *soft*; disso o paciente não precisa.

E quanto tempo vai levar isso?

Quanto tempo vai precisar...? Se forem três ou quatro sessões por semana, talvez leve uns dois ou três anos. Mas se for só uma sessão por semana, eu não sei. O paciente precisa ter senso de continuidade para poder internalizar o terapeuta, para internalizar a função alfa do terapeuta. Acho que é isso que você está percebendo na paciente: a necessidade de ter um sentido de continuidade.

Da mãe que não desaparece?

Da mãe que não desaparece e ela poder sentir que ela é ela, que ela é a mesma; a questão da identidade. É muito bonito. É difícil, mas você vai aprender muito se tiver paciência.

No caso de homossexualidade na menina, se a passagem da posição masculina para a posição feminina não for bem-sucedida, isso é algo definitivo ou existe uma possibilidade de mudança na opção sexual?

Depende de muitas coisas. Da idade, de quando e por que procurou terapia, de onde anda a pessoa, em que plano e dimensão ela se encontra; se está em um plano neurótico ou psicótico. Ou, como diria Freud, "alucinatório". Em que dimensão a menina está vivendo essas questões? Dependendo da dimensão, é possível que ocorra uma mudança, se ela quiser. Na minha experiência de análise, tive muitos pacientes homossexuais, homens e mulheres. Mas nunca ninguém me procurou por causa da homossexualidade, nunca aconteceu. Procura o analista, porque está brigando com o namorado ou com a namorada, e não porque é homossexual.

Se apaixonar por alguém do mesmo sexo ou só se relacionar com ele, ter apenas uma excitação, isso caracteriza homossexualidade?

Não, o que caracteriza a homossexualidade é a escolha. A pessoa tem escolha e faz uma escolha, tem consciência: "A minha escolha é essa".

Por um lado é positivo, porque ela está mais próxima dela mesma, mas, por outro lado, tem que ir adiante.

Tem contato com algo que é dela mas precisa ir adiante, e é por isso, imagino eu, que ela procurou terapia. Não para deixar de ser homossexual. Por isso estamos falando de bissexualidade; todos passam por isso. O menino, na relação com a mãe, é heterossexual; no desmame, o menino faz a passagem para a homossexualidade, e vai na direção do pai.

E não volta?

Não volta. É aí que está a genialidade de Freud. O menino precisa fazer uma aliança com o pai e concordar em abrir mão da mãe. E por que chamam isso de Édipo? Porque ninguém supera o Édipo, alguns alcançam o Édipo. Mas o que é alcançar o Édipo? É ter uma ideia do que significa a relação da minha mãe com o meu pai, a minha relação com a minha mãe e a minha relação com o meu pai – a maioria das pessoas não alcança. Fica se debatendo nisso a vida inteira. Alguns, com muita análise ou às vezes com a própria vida, chegam intuitivamente a ter uma ideia da natureza do relacionamento entre "meu pai e minha mãe", "minha mãe e meu pai", "eu e minha mãe", "meu pai e eu". Isso leva muitos anos.

Como fica isso nas novas configurações familiares, com casais homoafetivos que têm filhos ou adotam crianças?

Algum de vocês tem experiência com filhos de casais homoafetivos? É algo realmente novo.

Atendi um paciente que entrava em crise cada vez que a noiva ameaçava romper com ele. Entrava em crise mesmo, uma crise tremenda, porque o pavor que ele tinha era de que fosse homossexual.

Ele tem razão, é isso mesmo. Ele está falando a verdade. Tem homens que se não tiverem uma mulher a seu lado se sentem vulneráveis, desprotegidos.

E por que ele precisa da companhia de uma mulher?

O máximo de equilíbrio que qualquer pessoa alcança é muito frágil. Tem um romance célebre chamado *O fio da navalha*.[4] Todos nós, mais ou menos, caminhamos no fio da navalha. Caminhamos entre a neurose e a psicose, a homossexualidade e a

---

4 Maugham, 2009.

heterossexualidade, a delinquência e a obediência às leis. Vivemos no fio da navalha o tempo todo. Muitos, talvez a maioria, se não todos, têm o seu *breakdown*, seus momentos de deslizes. Não é à toa que, em geral, homens se casam com mulheres. A mulher protege o homem do Édipo e se protege também. Provavelmente, a maioria de vocês tem experiência com pacientes homens que se casam e continuam visitando a mãe com muita frequência. Se está casado, fica um pouco mais protegido, pode até visitar a mãe. Muitas mulheres se queixam disso. Mas também há mulheres que se casam e mantêm um contato muito próximo com a mãe. Podemos ler um pouco mais do nosso texto? Acho que o capítulo III, item 4.

> 4. *Se o paciente não pode transformar a sua experiência emocional em elementos alfa, não pode sonhar. A função alfa transforma as impressões sensoriais em elementos alfa que se assemelham, e na realidade podem ser idênticos, as imagens visuais com as quais estamos familiarizados nos sonhos, principalmente os elementos que Freud considera, entregam seu conteúdo latente quando o analista os interpreta. Freud mostrou que uma das funções do sonho é preservar o dormir. O fracasso da função alfa significa que o paciente não pode sonhar e, portanto, não pode dormir. Como a função alfa determina que as impressões sensoriais da experiência emocional sejam acessíveis para o pensamento consciente e o pensamento onírico, o paciente que não pode sonhar também não pode dormir, e, assim, não pode despertar. Daí a condição peculiar que se manifesta clinicamente quando o paciente psicótico se comporta como se estivesse precisamente nesse estado.*

Ele não sonha, não dorme, não acorda. Vocês já estão familiarizados com isso.

O pesadelo pode ser considerado como um acting out do sonho?

Não consegue ter o pesadelo e acorda... Sim, é um *acting out*. A questão é boa: o que é o *acting*? É uma atuação. O termo "sonâmbulo" vem do latim *somnus* e *ambulare*. A pessoa que caminha enquanto sonha está atuando o sonho. Está concretizando algo que está sonhando. Mas e se a pessoa está tentando sonhar um pesadelo e não consegue – acorda? Nesse contexto, onde estaria o *acting*? A pergunta é boa para fazer pensar um pouco, para refletir.

A pessoa acorda como defesa. O ego se defende do conteúdo daquele pesadelo.

Sim, e por quê? O que tem no conteúdo?

Pode ser revelador, não é?

Não sei. A impressão que dá é que talvez seja demais. A pessoa não dá conta de conter seja lá o que for. Talvez seja revelador.

Tenho uma paciente que sofre de enxaqueca e diz: "Toda vez que tenho um pesadelo, acordo com uma enxaqueca que não passa de jeito nenhum, e o meu dia inteiro é perturbado por isso".

Isso já seria uma somatização daquilo que não pôde ser sonhado; os elementos beta que não foram processados e não se transformaram em elementos oníricos disponíveis para o sonho. O processamento é sempre um sonho, acordado ou dormindo.

O que você está descrevendo parece se tratar de uma cisão do inconsciente com o consciente.

Exatamente.

E as pessoas que falam durante o sono?

Trata-se de um *acting*; estão atuando, assim como o sonâmbulo.

E o terror noturno que as crianças geralmente têm?

Adultos também têm.

Entra na categoria de pesadelo?

Penso que é um tipo de pesadelo, sim; algo que não pôde ser sonhado.

Tem um escritor que diz que a gente vive para descansar dos sonhos.

Eu diria o contrário: a gente só descansa quando sonha. De dia e de noite, sonhando acordado ou dormindo. O aparelho mental, se é que se pode chamá-lo assim, é o único aparelho que só repousa quando está funcionando. Os outros aparelhos, como o digestivo, o cerebral, o gástrico, o cardiovascular, o respiratório, o renal, têm seu metabolismo desacelerado durante o sono, mas a mente, não; a mente só descansa quando funciona.

E a insônia, o paciente que tem dificuldade de dormir? Isso acontece porque ele tem medo de dormir e sonhar?

Na minha fantasia, baseado na minha experiência, isso me faz lembrar algo que talvez a maioria dos mais jovens não conheça. Vocês se lembram daqueles moedores de carne que se usavam antigamente? Imaginem tentar pôr um pernil inteiro ali, de uma vez. Não ia entrar, não é? Se fica acordado, se não consegue dormir, é porque tem tanto elemento beta que nem consegue entrar no aparelho mental para ser processado.

Nós lemos sobre isso agora, a frase é perfeita: "Freud demonstrou que uma das funções do sonho é preservar o dormir. O fracasso da função alfa significa que o paciente não pode sonhar e, portanto, não pode dormir".

Exato, se não sonha, não dorme.

Em um de seus textos, Ogden fala do não sonhar interrompido; ele se refere aos sonhos diurnos e noturnos. Nós aqui estamos falando do sonho noturno?

Quando o paciente fala, se o terapeuta tem uma escuta real, ele sonha o que o paciente está falando. Isso é sonho diurno.

Eu atendo um rapaz que sofreu um acidente muito grave, e por causa das várias cirurgias que teve que fazer ele ainda sente muita dor. Ontem ele falou: "Eu queria dormir e só acordar depois que tudo isso passasse".

Ele dorme naturalmente ou toma medicação?

Naturalmente. Fico pensando no quanto ele está sofrendo para poder aceitar essa condição...

Se consegue dormir sem recorrer a medicamentos, as chances de poder sonhar o sofrimento são maiores. Se sonhar é porque "o moedor" está funcionando, a experiência vai ser processada e isso poderá ajudá-lo muito.

Mas o dormir não é uma fuga? Uma fuga para não ter que enfrentar a realidade?

É que nós temos preconceito contra fugas, contra defesas. O bebê dorme vinte horas por dia. Trata-se de fuga? Sim. Se ele não tem função alfa, tem de fugir mesmo! Só que gradativamente o bebê passa a ter menos horas de sono. Na medida em que desenvolve a função alfa, o bebê dorme cada vez menos.

Isso que você fala sobre termos preconceito contra a fuga...

Quanto a questões de fuga e de defesa, o máximo que a pessoa pode alcançar é a defesa que ela está usando no momento. Para o paciente que sofreu um acidente, dormir pode ser a melhor defesa que ele pode utilizar no momento.

Você percebe quando o paciente está utilizando uma defesa?

Eu pensaria que o paciente está me procurando porque aquela defesa é anacrônica. Dormir, por exemplo. Dormir é uma defesa espetacular, necessária para uma criança pequena, principalmente para bebês de até 1 ano e meio; depois, as horas de sono diminuem gradativamente. Mas se a pessoa já está com 30, 40 anos e continua dormindo muito, então a defesa é anacrônica, não serve mais para o momento atual. O trabalho da psicoterapia e da psicanálise é ajudar o paciente a desenvolver defesas mais adequadas ao momento que se vive. Namorar, por exemplo, é uma boa defesa. Nós falamos sobre isso, do homem que precisa ter uma mulher a seu lado. Essa é uma boa defesa contra eventuais impulsos homossexuais. A defesa é útil e necessária. É preciso começar a ver a defesa do paciente como uma forma evolutiva. A defesa é o melhor que ele pode usar naquele momento.

Atendo uma paciente que está com 91 anos, e sinto que ela está se desligando mesmo; há uma vontade grande de dormir. Na última sessão, ela falou que queria o colo da mãe. Parece que já é o sonhar do ir embora...

Tem uma pessoa[5] de quem eu gostava muito. Fiz a minha primeira supervisão com ela, e aprendi a gostar muito dela. Quando chegou aos 90 anos, ficou muito doente, em casa. Um dia ela se aproximou de um pequeno grupo que estava lá e disse: "Acho que vou morrer, não estou sonhando mais". Interessante, não? E morreu. Poucos dias depois, ela morreu.

Alguns textos citados e sugestões de leitura

Klein, M. (1996). *Amor, culpa e reparação*. Rio de Janeiro: Imago.

Maughan, W. S. (2009). *O fio da navalha*. São Paulo: Globo Livros. (Obra originalmente publicada em 1944).

Pirandello, L. (2011). *Kaos e outros contos sicilianos*. São Paulo: Nova Alexandria.

---

5   Isaias Kirschbaum se refere a Lygia Alcântara do Amaral, analista didata que fez parte do grupo fundador da Sociedade Brasileira de Psicanálise de São Paulo juntamente com Durval Marcondes e Virginia Bicudo.

Continuidade e diferenças do eixo Freud → Klein → Bion

Alguns autores entendem que há uma cesura, acham que Bion rompe com a psicanálise de Freud e a de Melanie Klein. Outros, entre os quais me incluo, entendem que existe um eixo, uma expansão. Freud funda a Psicanálise, Melanie Klein a expande e Bion segue expandindo. Na minha opinião, depois de Bion, Frank Phillips expandiu um pouco mais. Pensando nisso, resolvi trazer para esta aula um texto que é uma síntese enxuta das teorias de Freud, Klein e Bion. A ideia é que vocês, teoricamente, juntem as peças e possam montar o quebra-cabeça.

> *Se admitirmos a continuidade do eixo Freud-Klein--Bion, precisamos também observar as diferenças: A) para Freud, a mente. [...] (O ego) Tenta resolver conflitos inconscientes. Para isso, tem que lidar com "os acréscimos de estímulos", devido ao represamento (recalque) da libido. Quando os esforços para essas descargas são frus-*

trados, a mente necessita alcançar um compromisso (solução de compromisso). Essas soluções de compromissos são expressas nos sonhos [...] ou nos sintomas, formações patológicas, neuróticas ou caracterológicas. A mente tem que negociar entre, de um lado, com o princípio do prazer, que pressiona na direção da gratificação dos desejos inconscientes, e o princípio da realidade, representado por demandas e restrições do mundo real. A psicose representa um colapso do mundo interno e uma brecha, uma fenda nas relações com o exterior. A saúde mental é determinada pelo grau de sucesso alcançado pela parte consciente da mente (ego) para tornar-se o senhor em sua própria casa, permitindo uma resolução satisfatória desses conflitos internos e conduzindo a um aumento na capacidade de amar e trabalhar.

B) Melanie Kein, mesmo tendo permanecido basicamente fiel ao modelo de Freud das pulsões/conflitos, destacou o papel do impulso de morte, agressão e inveja para gerar ansiedades primitivas (do tipo esquizoparanoide depressiva), que, por sua vez, mobilizam mecanismos defensivos primitivos, como cisão, identificação projetiva e idealização. Estes estão subjacentes tanto nos fenômenos neuróticos como nos psicóticos. O movimento da posição esquizoparanoide para a posição depressiva era para ela essencial para o desenvolvimento psíquico. Klein reconhece, concordando com Freud, quanto à importância do complexo de Édipo, envolvendo a constelação triangular – mãe, pai e bebê –, no desenvolvimento normal e patológico. Contudo, ela expande e aprofunda a com-

> *preensão dos relacionamentos primários entre o bebê e o seio/mãe. Graças aos seus trabalhos pioneiros, a compreensão dos fenômenos neuróticos descritos por Freud pôde ser suplementada pelas considerações relativas aos processos prematuros (primitivos) e aos psicóticos, e o seu modelo pulsão/defesa, enriquecido e ampliado dentro do contexto das relações objetais. C) O modelo mental de Bion é, em muitos aspectos, diferente dos de Freud e de Klein. Para ele a mente está envolvida no contínuo processamento de dados protomentais rudimentares, que resultam em aquisição/desenvolvimento de significado por meio do pensar.*

Para Freud, o conflito estava entre expulsar ou resolver o conflito, entre a pulsão recalcada e o desejo. Bion mantém a essência do problema, apenas sugere que esses dados protomentais precisam ser processados. Dados protomentais são o que Freud chama de acréscimos de estímulos. A essência não muda, o que muda é a ideia de como lidar com a questão: processando os dados.

> *O crescimento e o desenvolvimento da personalidade dependem da capacidade de conter e transformar conteúdos mentais tornando-os disponíveis para o pensamento como o alimento para a mente.*
> *Quando essa função de processar está comprometida, os conteúdos mentais não são adequadamente digeridos, não são totalmente mentalizados, não sendo tolerados pela psique. Eles estão disponíveis para serem descarregados através de várias atividades psíquicas ou físicas. Os elementos descarregados podem ser projetados e loca-*

lizados em outros objetos por meio do processo de identificação projetiva. Diferentes estados emocionais serão induzidos no objeto de tais projeções.

O objeto pode também "atuar" de acordo com esses processos projetivos maciços combinados com um aparelho para pensar comprometido (danificado) caracterizando o funcionamento psicótico.

A deficiência do aparelho mental em processar pode conduzir ao desenvolvimento de fenômenos psicossomáticos. Quando os pensamentos emergentes não são tolerados, eles se articulam, tornam-se coisas em si mesmas.

Quer dizer que o objeto pode atuar de acordo com as identificações projetivas? No caso, o "objeto" é o terapeuta, certo?

Mas é diferente se atuar conscientemente. Se levarmos em conta a teoria de Winnicott, o terapeuta pode provisoriamente colocar-se como objeto transicional para o paciente. O paciente pode alucinar que o terapeuta é o pai ou a mãe, o marido, a esposa. Temporariamente, provisoriamente, o terapeuta vai tolerar, mas vai tolerar conscientemente; se não for consciente, é *acting out*. Essa é a essência do trabalho analítico. Vocês precisam ter paciência com vocês mesmos. Demora um tempo até que o terapeuta se dê conta de que se o paciente está falando do pai, ele está vendo o terapeuta como pai. "Ah, mas eu sou mulher". Isso não faz a menor diferença para o paciente. Se estiver falando do filho, a mesma coisa; também está vendo o terapeuta como filho. E o terapeuta, conscientemente, escuta, conversa, pergunta. Se não for consciente, vai ficar no conteúdo; lá fora.

Qual é o estado mental, a melhor condição para o analista poder trabalhar? Penso que essa é a maior preocupação de Bion.

Têm circunstâncias em que é muito difícil não atuar; o paciente entra em surto psicótico e começa a atuar psicoticamente, *acting out*. Nunca foi dado a usar bebida nem drogas, e de repente está saindo com mulheres, usando cocaína, indo a motel... A família fica angustiada, preocupada, e começa a pressionar o terapeuta: "Meu marido está piorando!". O que fazer? E com os adolescentes, então? Os pais nos procuram e querem saber: "Ele está fumando maconha ou não está?"; "Eu quero conversar sobre o meu filho. Ele está bebendo, chegando tarde... Ele contou que chegou tarde, que bebeu etc.?" O que fazer? Admitir que o paciente falou? Ou diz: "Olha, não posso falar com o senhor, não posso falar com a senhora para não perder a confiança do meu paciente". Ok, está bem. No dia seguinte, o paciente bebe, cheira, fuma e sofre um acidente de automóvel. "Está vendo!", podem dizer. E aí, o que fazer?

Na relação entre analista e paciente existe uma linha tênue. Se o analista não prestar atenção e se proteger, a função dele fica vulnerável. Por exemplo, o paciente fala que quer se matar; não dá só para ficar interpretando...

O que você faz?

O paciente está psicótico, acho que o terapeuta precisa pedir ajuda.

Falando em um linear psicótico, eu, por exemplo, não aceitaria um paciente psicótico no meu consultório sem que ele viesse acompanhado; é como criança. As crianças não vão acompanhadas pela mãe ou pelo pai, pelo motorista? O paciente psicótico também. Ele não está em condições de cuidar dele mesmo; alguém tem de levá-lo e alguém tem de buscá-lo.

Se os pais de um adolescente pedem ao terapeuta para "prestar contas", o terapeuta pode pedir ao paciente para fazer uma sessão junto com os pais?

Acho que tem de arriscar, fazer a experiência. Pode acontecer qualquer coisa, inclusive o paciente não vir mais porque perdeu a confiança no terapeuta. É um risco, mas qualquer opção vai ter consequências.

Em resumo:

Para Bion, a luta central para a psique tem a ver com o crescimento da mente por meio do processamento emocional e do desenvolvimento do pensamento; o dilema central nessa luta é essencialmente de natureza epistemológica e está relacionada com a busca pela aquisição de conhecimento.

Existe, portanto, uma necessidade de consciência da experiência emocional, pois a verdade que Bion compara como alimento para a mente necessita de sua existência e desenvolvimento. Nesse modelo, a mente vive pela verdade psíquica. A privação da verdade terá um efeito análogo para a mente, como a privação de alimento para o soma.

Consequentemente, essa necessidade de consciência da experiência emocional torna-se a questão central para a psicanálise, a busca pela verdade, a parte essencial do processo analítico, e os obstáculos nesse caminho, um importante foco do trabalho psicanalítico.

A busca pela verdade psíquica do paciente.

Atendo uma paciente que tinha 3 ou 4 anos de idade quando os pais se separaram. Hoje ela tem 23 anos e acha que foi a responsável pela separação. Na sessão passada, contou que nunca havia perguntado para os pais o porquê da separação e queria saber se eu achava necessário ela saber da verdade sobre a separação.

Para o bebê, os pais transam 24 horas por dia – CENA PRIMÁRIA. Os bebês têm necessidade de ver os pais separados. É uma necessidade vital, até para poder se aproximar da questão edípica. Se acontece de os pais concretamente se separarem, de quem é a culpa? Na fantasia da paciente, a culpa é dela. Porque ela queria que os pais se separassem, ela precisava que os pais se separassem.

Mas só agora ela quis saber o que aconteceu.

É a diferença entre a realidade e a fantasia do bebê – que necessita que os pais se separem.

Isso seria uma experiência?

Uma experiência emocional com você. Não é lá fora, é ali com você. Ela tem necessidade de conversar com o terapeuta sobre a fantasia onipotente dela; a fantasia de que separou os pais.

De certa forma é um processo mais evoluído, não é? Porque se ela não tem mais certeza...

Não! Ela não sabe se ela vai separar os dois. A paciente não sabe se ela é tão onipotente que vai haver uma ruptura na análise e a culpa vai ser dela também.

Mas quando a paciente se propõe a conversar, já não tem outro componente?

Não sei. Provavelmente, mas são conjecturas; o terapeuta vai ter de investigar.

Vocês já ouviram falar em fusão? É provável que essa paciente funcione também em áreas de fusão – portanto, ela tem necessidade de separar para poder ser indivíduo. A individualidade é fundamental para a existência do ser humano. Agora... Talvez ela se separe do terapeuta. Vai se separar do terapeuta porque o terapeuta a está ajudando a se separar dela. Mas a paciente vai achar que a culpa foi dela.

Pensei que se tratasse de algo mais evoluído.

E é! Ela procurou ajuda. Porque lá fora a paciente não pode fazer mais nada. Pode até perguntar para a mãe, para o pai... Mas vocês acham que depois de vinte anos alguém pode se lembrar do que houve? A paciente vai ficar inventando histórias para poder explicar. (As paramnésias de Freud.)

Atendo um menino de 8 anos que dorme com a mãe. Ela, a mãe, raramente dorme com o marido. Até onde isso não compromete a elaboração do Édipo?

Ele vai confirmar que a mãe é realmente a mulher ideal para ele e ele, o companheiro ideal para a mãe.

Esse menino tem apresentado dificuldade de aprendizagem na escola.

É que nessa idade os meninos já não estão tão presos. Estão se interessando por outras coisas, se interessando pelas menininhas, namoradinhas, a professora...

Eu acho que talvez seja preciso trabalhar com os pais também.

Qual é o trabalho com o menino? Quais são as fantasias dele? Que fantasias ele tem que torna isso tão importante? 8 anos! Por que será que ele ainda está entretido com isso? As outras crianças já estão em outra, com os amiguinhos, namoradinhas, professora... E ele está lá, namorando a mamãe, entretido com o peito da mãe.

Se nós seguirmos com a expansão de Bion... O que importa para essa criança é: qual é a verdade dele para ele. A terapeuta vai ter de apresentar a verdade dele para ele. Realidade, verdade, amor – em psicanálise são sinônimos.

Recentemente, um paciente contou que foi viajar, mas voltou uns dias antes. Quando chegou em casa, escutou os pais transando no home, *com a porta aberta. Disse que ficou traumatizado. Depois desse dia, não quis mais ir ao colégio.*

Que idade ele tem?

15 anos.

A questão da verdade e da mentira, não é?

Foi isso o que eu pensei, na questão da verdade e da fantasia. Os pais estavam mesmo transando?

Mas com 15 anos!? Ele pensa que a mãe é freira e o pai é padre? Qual é a dúvida? Que os pais transam?

Você traria para ele essa verdade?

Mas é lógico! Aos 15 anos ele também pode namorar alguém. É óbvio que ele está traumatizado porque acha que foi traído. Foi traído pela mãe que transa com o pai, ou foi traído pelo pai que transa com a mãe. O que é isso? Ciúmes. Qual é a verdade do paciente? Ciúmes. O paciente não está aguentando ter contato com os ciúmes dele. A verdade é sempre do paciente, não está fora. O que é de fora, está fora.

Imagino quantas vezes os pais podem não estar transando e o filho achar que os pais estão transando.

Os fatos são irrelevantes, o que importa são as fantasias mobilizadas. Sinto dizer para vocês que existe um problema maior; esses são casos relativamente simples. O problema maior é quando não há fantasias:

> T.: *Você ouviu os seus pais transando, e aí? Qual é a fantasia, qual é a ideia, qual é a associação?*
> P.: *Eu fiquei traumatizado.*
> T.: *Mas por quê?*

E não vem nada. O paciente não faz nenhuma associação. Esses são os casos mais difíceis.

Esse paciente fala: "Eu quero tirar isso da minha mente".

Esse é o "acréscimo de estímulo" ao qual se refere Freud. O que fazer com isso? O paciente não diz que está traumatizado? Isso ele já sabe. Vocês leram no texto – "está represado?". O paciente não consegue nem vomitar nem digerir; aquilo está lá, parado. Alguém vai ter de ajudá-lo a processar.

É complicado, ainda mais quando vai para outras áreas... Ele não quer ir mais para o colégio, não consegue aprender, fica desatento... Prejudica de outra forma.

Fica tão ocupado com aquilo que não consegue ter fantasias a respeito. Fica tomado por algo concreto que está parado, não tem fantasias. Aí, sim, temos um problema, porque nós SÓ trabalhamos com fantasia. O psicanalista, o psicoterapeuta, não trabalha com conteúdo nem com fatos, trabalha com as fantasias do paciente. Por esse motivo, Freud falou que não dava para trabalhar com pacientes psicóticos, porque eles não têm fantasias. Mas vem

Melanie Klein e diz que não é bem assim, e que eles têm fantasias. Identificação projetiva, *splitting* – são outras formas de olhar.

Melanie Klein amplia, abre outra porta. É possível investigar as fantasias; a mãe, o pai, o marido, a empregada, o patrão, o cunhado... Na fantasia do paciente, as fantasias foram parar lá fora. O assunto não é o marido, não é a vizinha. Essa é a forma que o paciente encontrou para poder expressar as fantasias, então dá para trabalhar. Se vocês não têm acesso à fantasia, fiquem quietos. Escutem, investiguem.

Procurem investigar qual é a fantasia, nós não podemos trabalhar com outra coisa, não é possível. Se for outra coisa, é preciso chamar o assistente social, falar com o coordenador da escola, com a pedagoga, com os pais. Agora, se chama os pais... Bem, se chama os pais o terapeuta não está mais falando da fantasia do adolescente.

Você investigaria a fantasia e, ao mesmo tempo...

Eu duvido que esse paciente consiga fantasiar qualquer coisa. O problema é esse, ele não consegue fantasiar.

Não é porque ele passou por um trauma? Ele acredita que viu os pais transando.

É muito anterior. Ele não tem função alfa, não consegue fantasiar nada, fica no concreto – elemento beta.

Atendo um paciente que faz filosofia...

Filosofia é o nosso assunto. *Filo*, gostar, amar. *Sofia*, verdade. Amar a verdade, amar o conhecimento.

Ele vai falando, falando e tem horas que eu me perco, não sei o que ele está dizendo. É um nível de abstração!

É um bom sinal. Bom sinal porque tem algo norteando você. Se você não sabe do que ele está falando, ele provavelmente sabe menos ainda.

Ele traz temas tão abstratos, fala de esquemas...

Você acha que ele sabe do que está falando? Alguém lá de trás perguntou qual é a experiência emocional. Está aí... Qual é a experiência emocional?

Eu perguntei: "E o que você sentiu com isso?". Ele respondeu: "Não, veja bem, porque você isso, você aquilo...". E eu, sem entender esse "você". Onde ele deveria falar "eu", ele falava "você".

O que você acha que ele quer conversar com você? Porque é isso o que interessa. "O que ele está me dizendo?" "O que ele quer me dizer?" Esse é o caminho para a experiência emocional.

Ajudar o paciente a fantasiar leva tempo, e tempo é dinheiro. Em vários casos de pacientes adolescentes existe a cobrança dos pais, da escola. Como lidar com isso? Como ajudar o paciente? É como ensinar o paciente a fazer análise.

Mas é! Se alguém te desse um bebê e dissesse que você teria seis meses para ensiná-lo a falar e a caminhar, o que você diria? De quanto tempo você precisaria? Para ensinar a falar, caminhar, aprender a ler, escrever.

6, 7 anos?

E dá para se comprometer? Como é que nós podemos nos comprometer com um paciente ou com uma família? Não vejo diferença.

É claro que se o paciente for adulto é um pouco diferente; é pior. Porque o paciente adulto já vem com uma série de camadas.

Ele acha que já sabe andar.

Exato, acha que já sabe andar, já sabe pensar, já sabe tudo. Essas camadas dificultam o trabalho. Vai ser necessário desconstruir primeiro. Talvez seja nesse ponto que vocês sintam mais dificuldade. Porque primeiro é preciso desconstruir as teorias que o paciente tem. Inclusive a teoria de que ele sabe. E como é que se desconstrói? Pega uma picareta e destrói tudo?

Há de se ter um certo cuidado para desconstruir sem desestruturar. Desconstruir sem destruir.

Seria o ideal, não seria?

E também suportar o sofrimento que vai ser introduzido pelo terapeuta em uma estrutura que já está protegida, organizada.

Mas não é o terapeuta que vai introduzir. Se o paciente quer se desenvolver, naturalmente vai haver sofrimento. Não tem outro jeito. Outro dia, uma moça falando de um bebê que está com mais ou menos 1 ano e alguns meses, disse: "Está nascendo um monte de dentes, ele está com muita dor". Pois é, são dores do desenvolvimento. Não precisa nem fazer psicanálise para doer. Basta estar vivo, crescendo, vivendo. A dor é inerente. Quem tem filhos, sabe, vai acompanhando os filhos, primeiro a escola, depois o namoro, o vestibular... É um sofrimento tremendo.

Então, primeiro é preciso trazer a realidade da fantasia para o paciente poder fantasiar.

Estão vendo? Confrontar a realidade que você pode apresentar com a fantasia que ele tem. "E de quanto tempo a senhora acha que precisa para fazer esse trabalho?" "Preciso de seis meses, um ano." "Então, se essa é a sua teoria, a sua fantasia, eu não posso me comprometer."

Apresentar a verdade para o paciente é trabalhar na transferência?

Não. Trabalhar na transferência é o instrumento mais adequado. O paciente fala dos ciúmes da namorada, dos ciúmes do pai com a mãe, dos ciúmes do irmão com a cunhada. Um belo dia, o paciente diz alguma coisa mais ou menos assim: "Aquele paciente que acabou de sair estava muito feliz". O paciente está dando sinais evidentes de que está com ciúmes daquela relação. A questão é ali, com o terapeuta, então há condição de trabalhar na transferência. Tudo o que é de fora está sendo falado ali, na sessão; fica uma coisa viva. Mas é uma fantasia, porque o terapeuta não é o namorado dela, não é a mãe dela, não é o pai dela. E é por isso que dá para trabalhar. O paciente dá sinais. Na conversa: "O paciente que saiu antes estava muito feliz, muito contente". Na escuta: "Acho que você está cuidando melhor do outro paciente, deve gostar mais do outro".

Os filhos é que falam: "Ah, você gosta mais do...".

Mas aí não é fantasia, os pais têm preferência. Se dizem que não têm, não estão falando a verdade. E por que não pode ter preferência? Não tem paciente com quem a gente trabalha melhor, gosta mais? É claro que não é preciso falar isso para o paciente.

Tenho pensado muito no meu desejo em relação ao desenvolvimento dos pacientes. Atendo um rapaz há pouco tempo; ele é jovem, tem 32 anos. A queixa inicial era a de que estava tendo problemas no casamento e que não sentia vontade de ter relações com a esposa, apesar de querer filhos. E eu, fazendo uma ideia do caso, coisa e tal... Na última sessão, ele chegou dizendo que saiu muito decepcionado com ele mesmo na sessão anterior, que estava se drogando e pensando em suicídio. Eu levei um susto! Passei a sessão inteira pensando: "O que eu faço com isso?". Fui percebendo que eu estava dando suporte para ele e também para mim. Fiquei surpresa, eu não esperava isso desse paciente. Não esperava que algo assim emergisse naquele momento.

Nós aqui discutindo quanto tempo é necessário para que o paciente se desenvolva... Eu fico pensando em quanto tempo é necessário para o terapeuta conseguir dar conta de tudo isso.

Olhem a fantasia do terapeuta. Acho que é a de todos nós, a ideia de que tem que dar conta. Isso não é verdade. Por que tem que dar conta? Se você der conta das suas angústias já é muito, já está muito bom. Quanto ao paciente, por que você tem que dar conta? Nós não temos que dar conta nem de paciente nem de nada. A vida é a arte do possível, em qualquer setor, em qualquer área.

Eu atendo uma paciente de 59 anos. Ela me procurou para falar de dificuldades com o marido. Ela é muito viva no sentido sexual, e o marido não a procura há mais de três anos. Ela tem uma irmã temporã que mora com eles. Essa irmã arrumou um namorado e a paciente passou a ficar muito incomodada porque a irmã e o namorado saíam, viajavam, iam para as baladas. Agora, a irmã e o namorado terminaram e ela cismou que eles terminaram porque o rapaz é homossexual. Ela fica muito curiosa para saber por que eles terminaram. Parece uma teia na qual está tudo entrelaçado...

Se imaginarmos, geograficamente, em um modelo topográfico, a área da curiosidade e a área sexual estão ligadas uma à outra. Em nossa mente, quando uma área é acionada, a outra também é, simultaneamente. Você fala de uma mulher que parece estar frustrada sexualmente. Ela vê a irmã namorando um rapaz jovem, mas eles interrompem o namoro. Sabe-se lá que fantasias a paciente desenvolveu. Quando se vê um casal de jovens, a fantasia é a de que vai rolar sexo, não é? Mas aí interrompe. Por que interrompeu? Bem, há um mundo de fantasias aí para investigar. As fantasias são representações psíquicas de possibilidades. Quando não há função alfa, as possibilidades não são transformadas em fantasias, não são transformadas em elementos alfa.

Você acha que é isso o que está acontecendo? Essa onda de violência está acontecendo porque as pessoas não têm mais fantasias? É a concretude?

Concretude porque não há uma representação mental da importância da vida. Isso é *acting out*. Quando passa do impulso para a ação, é um *acting out*. Freud diz em "Os dois princípios" que entre o impulso e a ação é preciso intercalar o pensamento. Se não tem pensamento, é um *acting out*.

Podemos falar em banalização, porque não há fantasia a respeito da importância da vida; a vida ficou banalizada, a vida ficou uma coisa sem importância. É como matar uma formiga, não faz diferença. Se vocês lerem alguma coisa sobre pós-modernidade, vão ver que nós vamos enfrentar isso cada vez mais. Esse contexto que estamos vivendo estimula não ter contato com outras pessoas. Tem um filme... *Denise está chamando*. É um filme antigo, mas foi um prenúncio do que está acontecendo hoje. Vale a pena assistir.

Você fez uma associação com a pós-modernidade, mas a tecnologia foi criada pelo homem.

Lembro que há uns vinte anos as pessoas brincavam dizendo que a comunicação visual instantânea iria ser inventada. "Imagina, isso não vai existir nunca". Essa nova forma de se comunicar... O que ela significa? Que não é mais preciso estar junto. Não é necessário nem tocar telefone para se comunicar; é só mandar uma mensagem de texto. Ninguém mais tem paciência nem para falar por telefone.

Na realidade, essa pseudoaproximação afasta as pessoas. O processo rápido de comunicação cria um vazio enorme.

Mas é isso, o vazio leva à banalização da importância do valor da vida. Se eu não conheço, se nem sei quem é. Isso vai gerando um esvaziamento do relacionamento, um esvaziamento da vida. No final dos anos 1960, Marshall McLuhan[1] disse que o meio era a mensagem; a expressão ficou famosa. Ele dizia que o conteúdo não tinha muita importância, e que o importante era o meio vinculado à comunicação.

E o que tenho notado em relação aos adolescentes é que eles combinam festinha, reunião, balada, mas ir ou não ir não faz a menor diferença. Quer dizer, o que importa é usar o Facebook, o What sei lá o quê. O fato em si, quer dizer, ir à reunião, não tem a menor importância. E, para eles, não tem. Isso chama muito a atenção.

Eles querem estar conectados com todo mundo, querem que todo mundo os convide...

É isso o que chama a atenção. "Vamos nos encontrar", dizem, mas ninguém vai. Não estão interessados nisso.

---

1 Sociólogo canadense, intelectual, filósofo e teórico da comunicação conhecido por vislumbrar a internet quase trinta anos antes de esta ter sido inventada. Foi o criador da expressão "o meio é a mensagem".

Aquilo que Freud falou a respeito do acréscimo de estímulos... Atualmente estamos vivendo um excesso de estímulos cada vez mais difícil de ser administrado. Porque há de chegar o momento de se conformar: você não vai conseguir ver todos os filmes que quer ver, não vai ser possível ler todos os livros que quer ler... Existe um arsenal enorme à nossa *disposição que não existia antigamente. Separar tudo isso é muito difícil.*

Mas não ver todos os filmes e não ler todos os livros é uma forma de se proteger, de receber menos estímulos. A questão é que os estímulos só podem ser processados na relação. Fora da relação não dá para fazer nada. E é justamente a relação que tem sido evitada. Estamos nos propondo a receber pessoas para nos relacionarmos psicanaliticamente, psicoterapeuticamente; portanto, só vai ser uma atividade interessante para quem sabe do que se trata. Para os outros, vai ser chata.

Texto citado

McLuhan, M. (1969). *Os meios de comunicação como extensão do homem*. São Paulo: Cultrix.

Memória e experiência não processada[1]

Pensando sobre a segunda teoria das pulsões de Freud, pulsão de morte e pulsão de vida: por exemplo, alguém que goste de beber. Beber é prazeroso, mas ao mesmo tempo também é destrutivo...

Você coloca um ponto muito complexo em psicanálise. Em 1920, Freud introduziu o conceito de instinto de morte, "Além do princípio do prazer". O que estaria além ou aquém seria a morte. A questão é: ninguém vai ter essa experiência, nunca. E, se tiver, não vai poder nos contar.

Como assim?

Alguém tem experiência de morrer? Então, do que Freud está falando? Se o que importa na vida, se o que importa em psicanálise é aprender com a experiência– quem aprende com a experiência da morte? "Morri e aprendi muito com a minha morte." Não existe

---

1 Nesta aula, será lido o capítulo IV de *Aprendiendo de la experiencia*.

isso. Criou-se um problema. E agora? Bion chamou a atenção de Klein para esse problema, ela entendeu e fez dele um de seus baluartes. Inteligente e muito perspicaz, Melanie Klein realiza, pega os derivados e expande... A pessoa autodestrutiva, que é destrutiva, que vive se machucando e machucando os outros... Surge a ideia de que a destrutividade, a agressividade, seria uma expressão do instinto, do impulso, da pulsão de morte.

E também da eliminação de todo e qualquer conflito?

Dê um exemplo.

Alguém que está muito "arrumadinho" em suas defesas e não quer nenhum tipo de conflito.

Nesse caso, não é pela pulsão de morte e, sim, pela falta de expressão de vida. Mas vale a pena continuarmos. No contexto que você está apresentando, o que seria o autista? Ou o narcisista?

Nesse caso, existe uma compulsão à repetição. Essa não é uma expressão da pulsão de morte?

Penso que é uma manifestação da pulsão de vida. A compulsão à repetição é a tentativa de alguém que está buscando uma nova oportunidade para tentar resolver algo que ainda não foi resolvido.

Atendo uma pessoa que ficou viúva recentemente, o marido morreu de câncer no pulmão. Ela é psicóloga. Na semana passada falava que fumar, no caso dela, é pulsão de vida e não pulsão de morte.

Em outras palavras, as palavras podem ser usadas de muitas formas. Podem ser manipuladas do jeito que se quiser. O que a paciente quer dizer com isso? Se a experiência que ela observa com relação a fumar, se as possibilidades de levar à morte são maiores do que levar à vida e ainda assim ela diz que leva à vida... É uma teoria dela. Alguém poderia dizer que isso é psicótico; eu acho que é. Mas tudo pode. Falar pode. À vontade e o que quiser. Mas qual é a realidade, o fato? O fato é que pessoas morrem porque fumam. O cigarro é considerado a principal causa de morte evitável no mundo.

Para essa paciente fumar é prazeroso, e o prazer é uma expressão da pulsão de vida.

Não, é justamente o contrário. Lembrem-se daquela experiência com ratos da qual falamos em outra aula: os pesquisadores serviam comida e água para os ratos, mas eles continuavam acionando a alavanca. Desprezavam comida, desprezavam água, desprezavam tudo porque o prazer era maior do que a vida. O princípio do prazer está vinculado à morte – prefere morrer de prazer a abandonar o princípio do prazer. Com os pacientes em geral é assim.

Na nossa profissão existe uma questão que considero muito difícil. O paciente, no início, idealiza o terapeuta, pensa que vamos resolver tudo. Como trabalhar isso?

Certo grau de idealização vai continuar existindo, mas Melanie Klein estava absolutamente certa: "a idealização é o corolário da perseguição". O que, mais ou menos, eu diria para o paciente seria: "Você me achar o máximo é muito bom. Agora, na primeira falha que eu cometer, vou virar um monstro".

Uma parte dessa idealização não vem da esperança que o paciente tem de que alguém o ajude?

Mas não é qualquer ajuda, não é qualquer esperança e não é com qualquer pessoa. É algo endeusado e inclui o fato de que se você não corresponder à expectativa você não presta, é a pior pessoa do mundo. Tudo em psicanálise é quantidade; depende da quantidade. Um certo grau de idealização sempre vai permanecer. Se não, o paciente não fica.

Em uma personalidade narcisista, a escolha do objeto é sempre uma extensão dela mesma?

No trabalho clínico, quando vocês se depararem com esse tipo de questão, pensem no contrário, pensem sempre na polaridade: quanto mais narcisista, menos dá importância ao outro. Quanto mais narcisista, mais despreza, desvaloriza ou nega a existência, a presença e a importância do outro.

Em contrapartida, aquilo de que ele mais precisa é o outro.

Sim, mas é isso o que o narcisista procura negar, porque a dependência é o sentimento que mais mobiliza o ódio, e o ódio é o sentimento que mais une as pessoas, não é o amor.

Ontem alguém disse que melhor do que ver o seu time ganhar era ver o do adversário perder.

O que isso quer dizer? O sadismo é mais importante do que o amor.

No início do mês, depois de um feriado, um paciente não retornou. A minha pergunta é: até que ponto é necessário que o terapeuta dê suporte? Que ele ligue, diga que está aguardando. Porque o risco é ser invasivo ou ausente demais.

Isso ficou combinado entre vocês?

Não, o paciente simplesmente não voltou mais.

E não avisou você que não vai mais voltar?

Não, e não atende o telefone.

Acho que é algo consensual confirmar: "Estou telefonando para saber se você não vem mais, para poder dispor do seu horário".

Pensei na possibilidade de esse paciente ter tido um surto psicótico. Na última sessão, percebi que ele ficou muito assustado. Ele teve uma regressão muito grande.

Você fala em regressão, mas eu não pensaria em regressão. Pensaria em algo que nunca evoluiu, algo muito primitivo que surgiu ali, na sessão. Quer dizer, o paciente está lá e algo que ainda não se desenvolveu aparece; surge um aspecto muito primitivo. Claro que o paciente se assusta, mas ele está lá para isso. Não é que tenha regredido; algo que nunca evoluiu emergiu ali na sessão e isso que surgiu é o que precisa ser investigado.

Penso no quanto o paciente regride a uma simbiose com o terapeuta. Como no relacionamento mãe/bebê, e a mãe poder sentir o sofrimento do bebê...

Pode sentir quando o paciente vai à sessão, mas se ele não vai...

E se não vai, quanto é preciso ser "maternal", entre aspas, e passar por cima de questões que são nossas?

Eu não sei o que vocês aprenderam. O paciente considerar o terapeuta maternal: isso se chama transferência. Agora, o terapeuta ser maternal... Está havendo uma confusão; isso é *acting out*. Para isso o paciente não precisa do analista, do terapeuta. Ele tem mãe, pai, irmãos, irmãs, amigos, um monte de gente que já faz esse papel. O paciente precisa do terapeuta para outra função. Vamos supor que o paciente não vá à sessão para o terapeuta sentir como ele se sente quando está se sentindo abandonado; é uma hipótese. Mas se o paciente não vai à sessão, não tem como trabalhar isso. Não dá para fazer nada.

Ouvi um dia desses: "Não que a gente também não seja louco, mas ali, na dupla, em que um é o terapeuta e o outro é o paciente, tem de ter apenas uma pessoa em extrema dificuldade".

Não convém que o terapeuta fique tão louco ou mais louco que o paciente. O paciente tem o direito de "louquear", de ficar preso no princípio do prazer. Não ir à sessão é prazeroso. É igual criança que não quer ir à escola, que quer ficar em casa dormindo. É muito prazeroso isso, mas a mãe, *a mãe*, tem de fazer seu papel e cobrar: "Você precisa ir à escola". O terapeuta não vai fazer isso. O terapeuta vai chamar atenção para a realidade, mas de outro jeito. Por exemplo: "Estou aguardando; mas se você não vem, avise, para eu não aguardar mais".

Queria entender melhor a questão de a compulsão à repetição estar ligada à pulsão de vida.

Compulsão à repetição é o elemento beta que não foi processado. Eu poderia usar a linguagem de Freud ou Klein, mas vou usar a de Bion, que é mais simples. A compulsão à repetição se refere às experiências que não foram processadas e ainda estão lá. Volta e meia a experiência ressurge, aguardando uma nova oportunidade de ser processada com a ajuda do terapeuta.

A experiência, quando ressurge, está ligada à pulsão de vida?

Está ligada à vida – a possibilidade de aprender alguma coisa com a experiência que estava lá não modificada.

No caso do paciente que não voltou depois do feriado, pode estar ocorrendo uma repetição? Por exemplo: na vida dele, quando algo "pega mais forte", ele desiste.

Pode até ser isso. Mas se ele não vai para a análise, não dá para trabalhar.

Estou aqui pensando em várias coisas, mas sozinha. Esse exercício de pensar em alguma coisa... Até que ponto é útil?

Eu tenho uma péssima notícia para vocês: todo pensar sozinho é alucinação. Mais alguma questão?

Você poderia desenvolver aquela ideia de que o ódio une as pessoas mais do que o amor.

Acho tão curioso quando hoje em dia alguém ainda se espanta com a recomendação de Bion quanto às memórias. Porque memória é isso: é ódio.

> P.: Não, porque aquele filho da puta me enganou...
> T.: Mas há quanto tempo vocês se separaram?
> P.: Há quinze anos.

E ainda estão lá! Com ódio, com raiva.

> P.: É que fui abusada...
> T.: Mas quando foi isso?
> P.: Eu tinha 7 anos.
> T.: E quanto tempo faz que aconteceu?
> P.: Quarenta anos.

E ainda está lá, com ódio daquilo. Curtinho o ódio, alimentando o ódio.

Mas esse não é o elemento não processado?

Elemento não processado, muito obrigado! Portanto, memória é experiência não processada. Eu estou discriminando isso aqui.

Mas não existe "memória" boa?

Existe. Talvez seja preciso usar outra palavra... Você tem razão, existe memória boa. Em "psicanalês" chamamos isso de *lembrança* ou *evolução*; são as memórias boas.

O ódio pesa mais do que o amor? É por isso que geralmente se guarda a memória mais odiosa?

É que nós somos criados para odiar. O ser humano se dá muito bem com o ódio e muito mal com o amor. Lida melhor com o ódio, com a vingança, a raiva, a revolta, a mágoa.

Por que lida melhor com o ódio?

O ser humano é muito primitivo. O amor é uma conquista, um desenvolvimento, leva muitos anos. O amor surge no rastro do ódio. O bebê vem do meio aquático, onde tudo era agradável; chega ao meio aéreo e tem de respirar, sente dor, sente fome. Antes ele não sentia fome. É um ódio o tempo todo. Gradativamente, com a paciência e o amor da mãe, o bebê começa a desenvolver uma certa gratidão pela mãe que cuida, aí vai se desenvolvendo o amor.

Li um trabalho da Suad,[2] não sei se você a conhece.

---

2   Suad Haddad de Andrade, psicanalista e analista didata pela Sociedade

Conheço, sim. Minha amiga de Ribeirão Preto.

Ela fala do ódio que o paciente sente do esforço e da inveja da rêverie do analista.

E qual é a função do analista?

Sobreviver ao ódio do paciente?

Como em qualquer profissão, o analista tem de ter uma ideia do que vai fazer. O sapateiro sabe que vai fazer sapato, o vidraceiro, trocar o vidro, o mecânico, consertar o automóvel. A que se propõe o analista, o terapeuta? É importante ter em mente aquilo a que nós estamos nos propondo.

A ajudar o paciente? Mas como? É complexo, isso.

Acho que a proposta é muito simples, mas complexa na concepção. É a mesma proposta de Sócrates: conhece-te a ti mesmo.[3] A função do terapeuta, e Freud inclusive dá alguns modelos interessantes, é apresentar o paciente para ele mesmo. É só isso. É complicado, mas quanto à proposição é simples: apresentar o paciente para ele mesmo. Como se faz isso? Aí tem questão da análise pessoal, de técnica, supervisão etc.

Mas não é só "conhece-te a ti mesmo". Tem a questão da transformação dos elementos beta em elementos alfa; da ampliação do pensamento. Isso vai além do conhecer-se a si mesmo.

Brasileira de Psicanálise de São Paulo e pela Sociedade Brasileira de Psicanálise de Ribeirão Preto. O aluno se refere ao artigo "Figurações da inveja: o ódio ao esforço" (2002).

3 "Conhece-te a ti mesmo", inscrição no *pronaos* (pátio) do Templo de Apolo em Delfos.

Conhece-te a ti mesmo... Faz parte da técnica, não é? O bebê está berrando, tudo é elemento beta. O que você faz com esse bebê? O que você fala para ele? "É fome." Quando você fala "é fome", está apresentando o bebê para ele mesmo. "Ah, então isso que eu estou sentindo é fome" – o bebê vai conhecendo a si mesmo.

Apresentar o paciente para ele mesmo... Mas de que forma? A mãe faz isso por meio de cuidados com o bebê. E o terapeuta, faz isso de que forma?

Sem cuidar, só apresentando.

Mas que nome se dá a isso?

Psicanálise. É a técnica do espelho que Freud sugeriu. "Você está me dizendo que quando acontece esse tipo de coisa, você fica muito frustrada." É preciso mostrar ao paciente que quando ele se encontra diante de uma situação, ele fica com muita raiva. "Veja como você fica frustrado, com ódio..." E a pessoa vai se conhecendo.

Tenho uma paciente que fala: "Eu não sei se isso é meu ou se colocaram isso em mim. Não sei se foi isso o que eu vivi realmente ou se me foi apresentado pelos outros, eu não tenho lembrança...".

Eu diria para essa paciente: "Se colocarem dinheiro no seu bolso, você vai ter essa dúvida?". Quer dizer, "ah, isso não é meu, colocaram no meu bolso...".

Mas, alguém tendo colocado ou não, é dela?

Quer queira, quer não, ela é responsável por tudo o que está dentro dela. Mas essa é apenas uma etapa do trabalho. Porque uma coisa é o paciente saber a respeito dele mesmo, outra coisa é ele ser ele mesmo.

Em geral os pacientes esperam que o terapeuta diga o que eles têm de fazer. E aí?

O paciente quer que você diga o que ele tem de fazer? O que vocês diriam para esse paciente? Como vocês apresentariam esse aspecto da personalidade dele para ele?

Eu diria que ele está sofrendo de preguiça mental.

"Parece que você está me dizendo que está com preguiça de pensar." Isto é, apresenta o paciente para ele mesmo.

"Parece que você quer que eu responda questões que são suas. Você quer que eu me responsabilize?"

"Então você está me dizendo que você é dependente de outros, que espera que digam a você o que deve fazer?" É o espelho, não é? Como se chama isso? DEPENDÊNCIA. Aí ele se queixa:

> P.: Não, não vou fazer análise, porque a análise deixa a pessoa dependente.
> T.: E você está justamente querendo ficar dependente de mim. Quer que eu diga o que tem que fazer.

Percebem? Essa é a técnica de apresentar a pessoa a ela mesma. Esse é o trabalho ao qual nos propomos. Não é resolver nada.

Até chegar na dependência, demorou.

Desde a primeira sessão o paciente vai falar: "Bom, Isaias, o que é eu faço?". Desde a primeira sessão. "Devo me separar da minha mulher ou não?" Se o analista entrar no conteúdo, ele se ferra. E o paciente também.

Se o paciente chega com um sintoma, a postura deve ser a mesma? A do espelho?

Dê um exemplo.

Se ele chega com TOC ou anorexia.

Não muda nada. Se vocês perceberem que não são responsáveis por aquilo. É claro que é preciso analisar o contexto para poder mostrar ao paciente qual é a função daquilo na relação com você. Nada além de apresentá-lo para a função do sintoma na relação com o terapeuta.

Li um artigo sobre pacientes analisáveis. Quem são esses pacientes?

Existem pacientes que são analisáveis por mim, e existem muitos, talvez a maioria, que não são. Mas talvez sejam analisáveis por você. Tem pacientes que vão ser analisáveis por você, mas a maioria não vai ser. Alguns vão ser analisáveis por mim, a maioria não vai ser, mas vai ser por ela. Essa questão da "analisabilidade" que foi adotada como um tema muito sério na década de 1970 hoje é absurda. Alguns pacientes são analisáveis por uns. Outros são analisáveis por outros. Ninguém tem a capacidade de analisar todo mundo, mas tem a capacidade de ter um espectro.

E quando, no meio do processo, o terapeuta percebe que não tem condições de analisar aquela pessoa?

No meio do processo? Nesse caso ele precisa procurar o analista, porque acho que não deve ser verdade.

Por quê? É possível identificar isso de cara?

Penso que sim. Mas no meio do processo? O paciente está lá há um ou dois anos... Deve ser alguma outra coisa. Nesse caso, penso que a melhor analista para aquele paciente é você.

Você considera que se prender ao sintoma é perder o sintoma?

Eu não me prenderia ao sintoma a não ser quanto à função. Por que o paciente está falando disso comigo? Por que está falando isso para mim? Porque certamente, se fosse outro terapeuta, apareceria outro sintoma. Talvez vocês não acreditem nisso ainda, mas é assim.

Uma paciente me disse: "Tem coisas que eu só falo aqui com você".

Sim, e deitada no divã. Tem coisas que, se o paciente não deitar, não fala.

Ela disse: "Eu só falo para você, não falaria para mais ninguém".

E é verdade. E naquela sessão. Porque se aquela sessão fosse com outro terapeuta, ela falaria outra coisa.

Você diz outro analista, outro sintoma? É difícil entender isso.

Porque é no encontro. E aí vem a pergunta que realmente interessa: "O que estou fazendo aqui para ela estar me contando isso? Qual é a minha parte? Por que ela está contando isso (para mim)? O que ela está vendo (em mim)? O que ela está imaginando (sobre mim)? O que ela está fantasiando (sobre mim)? Por que ela está me contando isso, aqui e agora?". Se fosse um outro momento, um outro analista, a paciente estaria contando outra coisa.

Acho que a pergunta "o que estou fazendo que provocou nele a vontade de me contar isso?" tem a ver com aquele momento e com aquela pessoa. Com o tempo, no dia a dia, vamos tecendo, fazendo com que ele possa trazer aquele material. A princípio, pensei no aqui e no agora da sessão, mas tem também a história do paciente.

É isso o que assassina a análise: a história. A história do paciente acaba com a análise, acaba com a terapia. A história que não tem nada a ver com o que realmente interessa.

Em que medida a história vira um assassinato da análise?

Se a história for uma lembrança ou uma associação livre que amplie a visão da terapeuta, ela é bem-vinda. Mas se vem para mascarar...

Mas há pacientes que só contam histórias.

Aí é para matar a análise, para matar a relação.

Atendo um paciente de 86 anos de idade, e nesse caso sei que esse paciente está vindo pela história dele; ele é muito depressivo, não se casou.

Ele não vem pela história! Isso não é verdade!

Eu estou percebendo assim.

Um paciente de 86 anos! Bion deve estar tendo orgasmos no túmulo. O que poderia estar preocupando um homem de 86 anos?! História?! Ele quer saber da vida dele hoje. Se vai morrer hoje.

Olhando dessa forma, me dei conta de que é isso mesmo. A história não vai servir para nada. A história dele é o hoje. Ele está aterrorizado pelo medo de morrer!

É isso mesmo, é o hoje. Mas é bom que você veja pela sua experiência. Muito bom.

Um paciente de 86 anos... o que eu posso fazer por ele?

Escutar, tentar aliviá-lo... Não tem muito o que fazer. E tentar informá-lo da realidade – que a vida é real, não é uma ficção.

O "tratamento" da psicanálise é a realidade, não é?

É. Conflitando com o princípio do prazer.

Mas e se a demanda do paciente é "vim aqui para resolver isso". O terapeuta vai dizer para o paciente que não vai resolver nada? Que vai ficar assim?

Mas tem como resolver a velhice ou a morte? Essa é a realidade. Há um ciclo: infância, adolescência, idade adulta, velhice e morte. Ele está no último período, essa é a realidade dele.

Se fosse meu paciente eu procuraria ajudar, resolver alguma questão inconsciente.

O único problema que esse paciente tem para resolver é que ele está vivo. Precisa morrer agora? Ele vai morrer, mas, por enquanto, está vivo. Está vivo e procurou a terapeuta. "O senhor vai morrer, mas agora está vivo. Vá vivendo a sua vida, vá vivendo o que tem para viver." Essa é a realidade. Mas que ele vai morrer, vai. Vai mentir para o paciente? "Não, o senhor não vai morrer."

O que se pode fazer com um paciente que procura a análise para controlar a ansiedade? Ele já foi parar no hospital três vezes com crise de hipertensão por conta da ansiedade.

O terapeuta não está lá para resolver! Vou insistir com vocês. O terapeuta está lá para conversar com o paciente, sobre as coisas que o preocupam. Está preocupado com a ansiedade? Muito bem. Está preocupado com a necessidade de controlar a ansiedade? Muito interessante. Se ele fosse meu paciente, eu diria: "Olha, quando você aprender a controlar a ansiedade, me ensina, porque eu também gostaria de aprender".

Bem, vamos continuar a leitura; capítulo IV. Qualquer dúvida, interrompam, porque o texto não tem nenhuma importância. O que importa é o que vocês estão pensando a respeito do texto.

> 1. *Consideremos, então, a experiência emocional de uma forma geral, e não somente como ela se dá no dormir. Reforçarei o que disse até agora utilizando uma nova versão de uma teoria popular sobre o pesadelo. Acreditava-se que certo homem tinha pesadelos porque sofria de indigestão, e por isso despertava aterrorizado. A minha versão é: o paciente que dorme está aterrorizado por não poder ter um pesadelo, por não poder despertar e nem tampouco continuar dormindo. Portanto, ele sofre de indigestão mental.*

Não dorme por não poder ter pesadelo?

Como os elementos beta não foram transformados em elementos alfa, ele não pode dormir, ele não pode sonhar, ele não pode acordar. Para poder sonhar, ele precisa ter elemento alfa.

Que lugar é esse em que ele fica?

Depende de qual é o destino do elemento beta.

(cont. cap. IV) 2. O enunciado mais geral da teoria é que, para aprender com a experiência, a função alfa deve operar na captação da experiência emocional. Os elementos alfa surgem das impressões da experiência, e, portanto, se convertem em acumuláveis e disponíveis para os pensamentos oníricos e para o pensamento inconsciente da vigília.

Uma pessoa tem experiência acordada ou dormindo, a função alfa transforma os aspectos sensoriais da experiência emocional em elementos alfa que ficam disponíveis em uma espécie de "dispensa". Eles ficam disponíveis, e quando a pessoa dorme ela sonha com aquilo que está lá, acumulado. O que está acumulado fica disponível até para o sonhar acordado. Estamos aqui acordados e conversando sobre experiências, sobre elementos alfa que sonhamos e processamos. Nós só podemos pensar elementos alfa. Os elementos beta são usados para descarregar; é o paciente falando, falando e falando.

O elemento alfa produz as imagens das alucinações?

Não, o elemento alfa é o elemento onírico. É o elemento do pensar dormindo ou acordado. É uma imagem. Alucinação é elemento beta, não tem imagem. "Mas a minha cunhada e a irmã da tia dela..." Que imagem vem à sua mente?

Mas e se olho alguém e imagino outro alguém? Estou alucinando?

Está. Porque a outra imagem não é um elemento onírico, não é nada. Pensem nos pacientes que vêm e começam: "Porque ontem e anteontem, o meu marido... a minha empregada... o meu tio...". É tudo elemento beta. Não tem imagem nenhuma, não tem lembrança nenhuma, não tem associação.

O que seria, no relato de um paciente, algo que tem imagem para ele?

"Hoje, quando acordei e lembrei que vinha aqui me encontrar com você, fiquei contente. Lembrei que quando venho aqui você me ajuda..." Tem associação, tem lembrança... Isso é elemento alfa. Aí dá para trabalhar.

Texto citado

Andrade, S. H. (2002). *Figurações da inveja: o ódio ao esforço*. Fepal – XXIV Congreso Latinoamericano de Psicoanálisis. Permanencias y cambios en la experiencia psicoanalítica. Montevideo, Uruguay.

Expressões e manifestações de transtornos de pensamento

Depois das nossas aulas, senti a necessidade de retomar a identificação projetiva de Melanie Klein, principalmente no que se refere à onipotência e à onisciência.

Imaginem vocês que eu diga: "Essa moça não gosta de mim". Isso quer dizer que eu tenho certeza absoluta de que ela não gosta de mim. "EU SEI" é onipotência. "Eu sei, tenho certeza" é onipotência. Não gostar de mim é algo que projetei nela. Eu coloco o não gostar de mim mesmo em outra pessoa e digo "ela não gosta de mim". Ficou claro?

E a onisciência?

Onisciência é conhecimento: EU SEI.

Aquilo que acredito ser verdade pode ser considerado como transtorno de pensamento?

A certeza é um transtorno de pensamento. A incerteza é a saúde mental. É o contrário do que a maioria pensa. Daí a importância de se beneficiar da dúvida. "Acho que...", "penso que...", "tenho a impressão de que..." "Tenho certeza", pode pôr uma camisa de força.

Um analista que trabalha com interpretações do tipo "você está negando"... Isso é onipotência, certo? Tem algo errado aí, não tem?

O analista está onipotente, onisciente e fazendo uma identificação projetiva. É um terapeuta perigoso. A certeza é psicose. É da parte psicótica da personalidade. Mas ele se disser "acho que", "tenho a impressão de que" ou perguntar: "O que você acha?". Ou, ainda, emendar: "Essa é a minha impressão. E você, o que acha?". Ele pode fazer aquilo que os filósofos sugerem: se beneficiar da dúvida.

Mesmo que a dúvida gere insegurança?

Se essa for a realidade psíquica... Do meu jeito, estou aqui tentando transmitir algo para vocês: o analista sabe que não sabe e sabe que nunca vai saber. Mas podemos nos aproximar. "E então, o que você acha?", "tenho a impressão de que", "me parece que", "parece que você está falando disso". E se o terapeuta percebe que o paciente está utilizando o mecanismo de identificação projetiva, "a minha vizinha tem inveja de mim", o terapeuta pode falar: "Tenho a impressão de que você está atribuindo à sua vizinha algo que não tolera em você mesmo". Mas depende do contexto, depende do ponto em que se está na relação com o paciente. Seja como for, o analista pode ter mais dúvida ou menos dúvida, mas ele sabe que está se aproximando. Como se fosse do horizonte, como se a verdade absoluta estivesse no horizonte. E seguimos; mesmo sabendo que nunca chegaremos lá, vamos nos aproximando. Muitos textos da antiguidade falam sobre o "aproximar-se". A ciência funciona assim. Físicos e químicos se aproximam, mas não chegam nunca à essência.

Outro dia, estava lendo o trabalho de um psicanalista famoso, conhecido no mundo inteiro. Ele dizia que trabalhava de um tal jeito que entrava em contato com a essência do paciente. Estranhei tanto, porque é uma pessoa séria. Mas pessoas sérias também podem ter transtornos de pensamento, não é?

Não conseguimos nem sequer chegar à nossa própria essência.

Não é possível. Se assim fosse, isso acabaria com a complementaridade, com a assimetria, com a presença de duas pessoas que são completamente diferentes: o terapeuta e o paciente. Cada pessoa é única no planeta. Então, com o que entramos em contato? Com expressões da essência, com manifestações da essência. Isso faz sentido para vocês?

Você fala em assimetria. O que isso quer dizer? Porque assimetria e simetria são conceitos da matemática.

Simetria é quando escuto o que o paciente está falando. Assimetria é quando escuto o que ele não está falando.

E o que se pode entender por "essência"?

A essência seria a realidade última; esse termo é de Kant. A essência é aquilo que é inacessível. Só temos acesso a manifestações e expressões do incognoscível.

É o que Bion chama de "O"?

Sim, é o que Bion chama de "O". É o que Platão chama de mundo das formas e das ideias; a experiência que preenche, dá forma.

E é o que Kant chama de realidade última, aquilo que é incognoscível. Kant fala em qualidades primárias e qualidades secundárias (são os sintomas). A qualidade primária, por exemplo... Se eu puser uma maçã aqui, todos vão dizer: "É uma maçã". Essa é uma qualidade primária; há o *common sense*. A qualidade secundária poderia ser exemplificada com:

> A: *Você gosta de maçã?*
> B: *Gosto.*
> A: *Você gosta de maçã?*
> B: *Não, não gosto.*

A qualidade secundária é subjetiva; "não gosto", "acho feio". Bion também faz uso dos princípios kantianos, mas na teoria que é dele; a essência é o "O".

Ainda sobre a questão da certeza... Eu me lembrei do mito de Palinuro,[1] que tinha certeza de que não ia dormir.

Esse é o problema com a certeza. "Pode dormir, o tempo está bom..." Quem já leu *Eneida* sabe o que quero dizer. Virgílio escreve sobre isso magnificamente. É a versão romana da *Ilíada*, de Homero. O mito seria o da fundação de Roma. A guerra de Troia havia acabado, a noite estava enluarada, o mar parecia um espelho; o deus do sono, disfarçado, diz a Palinuro, o timoneiro do Eneias: "Pode dormir, a noite está agradável, o mar está tranquilo; descansa um pouco". E Palinuro: "Não, não, não". Mas o deus do sono vem

---

[1] Palinuro, na mitologia romana, é o timoneiro do navio de Eneias que saiu de Troia depois que a cidade foi destruída em uma guerra que durou dez anos. Uma noite, Palinuro cai no mar depois que o deus do sono o faz dormir enquanto conduz a frota para a Itália. Esse episódio é descrito ao final do *Livro V* de *Eneida*, obra-prima do poeta romano Virgílio.

de novo, e Palinuro cai no mar... Esse talvez seja o modelo mais interessante e o mais bonito de um estado de mente psicótico. Quem de vocês nunca sentiu sono com algum paciente?

Ontem atendi um paciente... Ele veio para a análise com 3 anos. Quando nasceu o irmãozinho ele queria matá-lo, literalmente. Hoje ele está com quase 6 anos. Ontem ele chegou, foi para um canto da sala e disse, bem baixinho: "Eu trouxe uma coisa". Aí ele me mostrou uma caixinha de música que tinha uma luz que acendia e apagava. Era da irmã mais velha, ele tinha pegado escondido. Na minha sala tenho uma "cabaninha", e lá dentro deixo uma manta. Ele pegou a manta e a usou para fechar todas as laterais de acesso, e nós entramos ali. Começamos a brincar e ele ficou acendendo e apagando a luzinha da caixinha. De repente, a história era esta: nós estávamos muito protegidos, os monstros não iriam conseguir entrar ali. Do nada, comecei a sentir um sono, mas um sono... Impressionante! Fiquei pensando nisso, nesse convite para dormir. Parecia que eu não podia mais pensar. Que lugar era aquele?

Essa questão tem a ver com a pergunta do início sobre identificação projetiva; onde é que foram parar os monstrinhos? O que fazer para se proteger dos monstrinhos? Porque o paciente se livrou. Mas onde eles foram parar?

Na analista?

Ficou dentro da tenda, não é? E a analista teve de se proteger. Por que, se não, para onde iriam os monstrinhos?

Então o sono foi uma proteção?

Sim, uma tentativa de se proteger; se ela não tivesse se protegido, eles teriam entrado nela. É uma forma se proteger do que Melanie Klein chamou de identificação projetiva exitosa. A identificação projetiva exitosa ocorreria se a analista tivesse ficado com raiva (ela teria internalizado os monstrinhos intrapsiquicamente).

Depois ele começou a soltar pum.

Aí já é identificação projetiva concreta. Concreta porque o ânus é o aparelho próprio para a expulsão e a evacuação. É o órgão adequado para evacuar e liberar aquilo que a pessoa não quer: os monstrinhos.

Ele sempre faz pum nas sessões, mas fala que quem faz são os bonecos Playmobil. Ontem, acho que falei alguma coisa assim: "Quem foi agora?". E ele falou: "Esse fui eu".

E o teu sono nesse momento?

Aí eu não estava mais com sono.

Aí já não era mais uma comunicação por identificação projetiva. Até então, nós a chamaríamos de comunicação através de identificação projetiva, ou por meio de identificação projetiva. Porque o analista procura se defender, é claro. O analista também pode internalizar "os monstrinhos" conscientemente e transformá-los em uma comunicação (isso pode acontecer). Aí, o analista não vai sentir sono. Ou vai continuar inconsciente e sabe-se lá o que pode acontecer. Em geral, o analista fica com muita raiva do paciente.

Internalizar algo conscientemente? Como?

Por exemplo, ele começa a bater no boneco. Eu posso internalizar aquilo como uma identificação projetiva; o paciente procura me comunicar como sente que foi tratado pela irmã mais velha, ou pela mãe, ou pelo pai – comunicação por meio de identificação projetiva. Agora... (e isso depende de minha análise pessoal) eu também posso ter sido surrado por um irmão mais velho ou qualquer coisa parecida e tentar evitar aquilo, tentar uma contraidentificação. Ou engolir aquilo inconscientemente e ficar com muita raiva do paciente. Quando é que ficamos com raiva de alguém? Por que ficamos com raiva de alguém? Porque vemos nesse alguém algo de que não gostamos em nós mesmos. Tomem isso como um princípio norteador de identificação projetiva. "Eu não gosto quando alguém expõe algo que é meu, e eu não gosto em mim".

Quando se tem raiva da situação vivida pelo paciente e não do paciente, isso é diferente, não é? Algo que ele traz ou que está vivendo.

Ao que o paciente está relatando, não devemos dar importância. Importante é aquilo que ele está vivendo ali, na sessão. O que importa é: por que ele está me contando isso? O relato em si não tem valor nenhum. Porque ele está relatando, sim.

Um paciente que relata uma vida de sofrimentos, sem parar. É sofrimento e mais sofrimento, e isso vai causando na analista algo como "bem, mas o que você está fazendo para se proteger?".

Sim. Ou, então, "por que ele está me contando isso?".

Aquilo que você falou sobre a identificação projetiva – quando eu não gosto de uma pessoa é porque ela está expondo alguma característica que é minha e eu não gosto. Não pode ser de inveja? Inveja por essa pessoa ter alguma coisa que eu gostaria de ter e não tenho?

É a mesma coisa, não é?

Nossas percepções vêm de intuições nossas, mas existem pacientes dos quais não se consegue captar nada, e aí paralisamos. Podemos dizer, nesse caso, que se trata de identificação projetiva também ou não?

Não sei.

Nesse caso, por uma questão ética, o analista deveria encerrar a análise com o paciente?

Não sei. Para mim, depende do paciente e do tempo que ele está em análise comigo. Depende. Em geral, as pessoas que estão em análise comigo, quanto mais evoluem, menos eu sei do que elas estão falando. Isso para mim significa evolução, desenvolvimento.

O adulto precisa passar conceitos, valores e falar de forma que faça sentido. No caso de crianças, como transmitir alguma coisa sem "ter certeza"?

O sentido você passa sem ter certeza, dando espaço para outras possibilidades: "Acho que pode ser isso". "Meu filho, tenho a impressão de que você está cansado, com fome..." Mães que acham que têm certeza acabam criando uma situação muito triste. O bebê acorda, "ah, é fome", e coloca no peito. Depois de meia hora, ele chora outra vez; "ah, é fome", e coloca no peito de novo. Dali a pouco, o bebê vira um balão e ninguém sabe por que ele é obeso. É bom deixar uma brecha para a dúvida.

Atendo um paciente de 65 anos que chega e começa a contar histórias desde a infância. Ele nunca traz algo atual. São sempre histórias, e eu fico pensando: "O que será que ele quer?". Se tento interrompê-lo, parece que ele fica bravo. Mas ele não tem nenhuma queixa, então...

Tem, sim. "Qual é a função de todas essas histórias? Por que ele 'te enche' com histórias?" Em alguns filmes, e também em peças de teatro, a trama se passa em situações de guerra. O mensageiro tem de levar uma informação e sabe que assim que der a informação vai ser morto (as informações de guerra eram secretas). E o que fazia o mensageiro? Contava histórias. Assim como Sherazade[2] fez com o rei.

Se Sherazade não tivesse mantido o rei entretido, teria morrido.

É isso; ele não pode parar de te contar histórias porque, se parar de contar histórias, vai ter que contar a verdade. Contar algo real que está acontecendo ali, em decorrência do encontro (porque o paciente está ali se encontrando com você).

Sabe o que parece? Parece que ele quer ser agradável. "Mas você não falou que queria saber mais sobre não sei o quê...?"

Se ele parar de contar histórias, vai ver que na sala tem uma moça jovem e bonita, não é? Aparentemente ele está tentando proteger a relação dele com a terapeuta. Nessa proteção, o paciente evita exatamente aquilo de que a terapeuta precisa para poder trabalhar: o contato.

É só isso o que ele pode oferecer agora?

Sim. É uma tentativa de proteger a relação. Se falar o que tem para falar, o paciente acha que a terapeuta vai sair correndo dali. Vocês ainda estão no início, mas, se ficarem no conteúdo, isso sempre vai acontecer. Se em vez de ficar no conteúdo vocês procurarem saber qual é a função das histórias que ele conta, então existe uma chance de mudar a direção do trabalho.

Como saber qual o limite do paciente? Até que ponto o paciente tem condições de ouvir o que o terapeuta tem para falar? Será que

---

2 Sherazade, Xerazade ou Scheherazade: lendária rainha persa e narradora dos contos de *As mil e uma noites*. Segundo a lenda, Sherazade, com sua beleza e inteligência, teve sua vida poupada ao narrar ao Rei Shariar histórias fantásticas por mil e uma noites.

ele tem mesmo condições de ouvir? Fico pensando: "Se eu falar, é capaz de ele ir embora, e aí, sim, é que não vai dar mais para fazer trabalho nenhum".

Mas se o paciente fica só contando histórias... Se ele for embora, que diferença vai fazer?

A impressão que tenho é que ele não quer que eu fale nada.

A minha experiência é o contrário. Quando não fala, é que o paciente vai embora. Se o terapeuta fala e o paciente ouve alguma coisa que faz sentido para ele, tem mais chances de ele ficar. Você poderia dizer: "Tenho a impressão de que você está me contando muitas histórias". E emendar, talvez até falar de Sherazade ou dos mensageiros de guerra etc. É como se parar de contar histórias pudesse fazer com que alguma coisa acontecesse com ele. Vocês já imaginaram arrumar uma namorada ou um namorado assim? Que fica só contando histórias?

Alguns textos citados e sugestões de leitura

Bion, W. R. (1962). Uma teoria sobre o pensar. *International Journal of Psycho-Analysis, 43*, pt. 4-5.

Bion, W. R. Correa, P. D. (1962). *O aprender com a experiência*. Rio de Janeiro: Imago.

Homero. (2003). *Ilíada*. São Paulo: Benvirá.

Virgílio. (2014). *Eneida*. São Paulo: Editora 34.

Preconcepção e pensamento[1]

Uma teoria sobre o pensar foi o primeiro trabalho que Bion escreveu após a morte de Melanie Klein. É um texto completamente diferente dos anteriores; esse é o primeiro ponto. O segundo ponto é que Bion, depois de escrever e publicar o trabalho, percebeu que ele estava incompleto. Para completar, para complementar a teoria do pensamento, ele escreveu *O aprender com a experiência*. Fizemos uma pequena inversão nas leituras. Começamos por *O aprender com a experiência*. Mas como vocês já estão familiarizados com os termos função alfa, elemento alfa, elemento beta, penso que não vão achar "estranha" a leitura. Diferentemente dos psicanalistas da época, que disseram que aquilo não era psicanálise. Espero que vocês continuem perguntando, trazendo questões e dúvidas para conversarmos. Não prometo respostas, mas poderemos conversar.

Considerem o seguinte: a psicanálise em expansão. Primeiro vem Freud; antes de Freud não havia absolutamente nada. O marco zero da psicanálise e também da psicoterapia é Freud. Primeira

---

[1] Nesta aula, será lido o texto "Uma teoria sobre o pensar", de Bion.

tópica: consciente e inconsciente. Mas, logo de início, com seus pacientes, Freud descobre que há um conflito interno, um conflito do paciente com o paciente. Repito: o conflito é interno.

Se vocês não trabalharem o conflito interno do paciente, não estarão fazendo nem psicanálise nem psicoterapia. Se o conflito é da mulher com o marido, não é com vocês. É com o advogado ou com qualquer outra pessoa. Mas se o conflito é interno, "não quero mais ficar com meu marido", ou "eu quero ficar com meu marido", aí é com vocês. Freud nunca abriu mão disso, nem Melanie Klein nem Bion: o psicanalista trata do conflito interno da pessoa com ela mesma.

Em função da transferência, frequentemente o terapeuta vira o outro. O paciente começa a brigar com o terapeuta como se o terapeuta fosse o marido, a mulher, o pai, a mãe – é uma alucinação, aí dá para trabalhar.

Na primeira tópica, o conflito era do consciente com o inconsciente, mas começaram a surgir problemas que a primeira tópica não resolvia. Por exemplo: o sentimento de culpa. Freud então cria a segunda tópica e o superego entra para resolver o problema do sentimento de culpa.

A teoria continua a se expandir. Freud percebe que o inconsciente não é dado, mas que surge por meio daquilo que é recalcado, do material que é recalcado pela censura, pelo censor. E quem é o censor? Quem é a censura? O superego.

Onde surge o inconsciente? A primeira tópica também não explicava isso. Com a segunda tópica, Freud esclarece essa questão: o que é censurado e, portanto, recalcado, é o ponto a partir do qual se forma o inconsciente. Isso é importante? É. Porque Bion oferece outra hipótese nesse trabalho que vamos ler em breve "Uma teoria sobre o pensar".

Melanie Klein mantém mais ou menos os mesmos pontos de vista de Freud, mas introduz genialmente a oscilação das posições esquizoparanoide e depressiva. Uma das descobertas mais geniais da psicanálise. A teoria continua a se expandir. Continua o conflito, mas Klein introduz, como participante do conflito, a posição esquizoparanoide e a relação de objeto. Em psicanálise, quando investigadas, a posição esquizoparanoide e as relações de objeto davam algum sentido para aquilo que estava acontecendo na vida mental do paciente. Era uma espécie de centro de formação de sentido, coisa que não existia na teoria de Freud. A oscilação entre as posições esquizoparanoide e depressiva e a relação de objeto foram duas contribuições extraordinárias de Melanie Klein.

Bion se analisou por muitos anos com Melanie Klein, que incentivava o trabalho com pacientes psicóticos. Mas a experiência de Bion mostrou algo que não bateu com a teoria de Klein: os pacientes sobre os quais ele fala nos primeiros sete capítulos de *Second thoughts* são concretos, não conseguem abstrair, não conseguem criar pensamentos. Há uma concretude. E agora? As teorias não dão conta disso.

Em "Formulações sobre os dois princípios do funcionamento mental", e esse é um trabalho que vocês têm que ter sempre em mente, Freud tem a percepção de que entre o impulso para alguma coisa e a consecução daquilo, ou há um *acting out* (pula direto do impulso para a consecução) ou, eventualmente, entra um pensamento no meio. Bion chamou esse pensamento de experimental – protela a impulsividade, protela a ação dando tempo para o pensar. Mas Freud[2] fica nisso, não vai adiante, e lamenta que os filósofos não tenham criado uma teoria do pensamento; portanto, ele não pode saber onde está a patologia. Bion faz coro com Freud: "É

---

2   Ver capítulo 6, "Fantasia e realidade", item 2.

verdade, vamos ter de criar uma teoria do pensamento para ver onde está a patologia".

Bion parte do seguinte ponto: quando um paciente tem um problema fisiológico e eu sei como funciona o aparelho gastrointestinal, eu sei do que se trata. Se eu sei a fisiologia, vou saber do que trata a fisiopatologia; é assim que funciona a medicina. Bion então cria uma teoria sobre o pensar. Mas é preciso distinguir pensar de pensamento; são coisas distintas. Pensamento é aquilo que já existe. Na mente de vocês já existem milhares de pensamentos. Pensar é criar um pensamento. A teoria do pensar trata de como surge o pensamento, como surge uma abstração. O pensamento é uma abstração, um símbolo. O pensamento simboliza alguma coisa. Eu posso falar "garrafa", e, mesmo que não haja uma garrafa aqui na minha frente, a palavra garrafa, no pensamento, está simbolizando uma garrafa. O pensamento é o símbolo. É sobre isso que vamos conversar hoje.

Estudos psicanalíticos revisados (Second thoughts) [3] foi publicado com oito trabalhos; sete deles são eminentemente kleinianos. Mostram que Bion, mais do que um bom analista kleiniano, era um excepcional analista kleiniano. Em 1960, Melanie Klein morre e Bion vai trabalhar naquilo que observa na clínica, e não mais na teoria dos outros – ele escreve "Uma teoria sobre o pensar".[4]

---

3   Livro publicado pela primeira vez em 1967. Traz uma coletânea de artigos escritos por Bion e seus comentários sobre eles à luz do trabalho mais tarde. Originalmente, os artigos foram escritos entre 1950 e 1962, e o título faz referência a um comentário crítico feito posteriormente por Bion, representando a mudança evolutiva da posição marcada em seus três livros anteriores e trazendo aperfeiçoamento para o presente trabalho.
4   Bion, 1967.

Se necessário, interrompam durante a leitura. É com questões e dúvidas que vamos expandir o assunto. Esse é o primeiro texto que Bion escreveu depois da morte de Klein, e é nesse texto que ele desenvolve uma teoria iniciada por Freud: a teoria do pensamento que se interpõe entre o impulso e uma ação; isso está em "Os dois princípios".

Bion já traz nesse trabalho duas posturas possíveis frente à frustração: a alucinação, o fantasiar, que seria o processo primário, o princípio do prazer, e o secundário, que seria o teste da realidade e o pensamento intermediário. Bion condensa muitos conceitos nesse trabalho. Depois, ele escreveu *O aprender com a experiência* para completar as lacunas deixadas.

Tenho uma dúvida técnica com relação ao Second thoughts. Em 1967, quando Bion faz os comentários e edita o livro, este texto, "Uma teoria sobre o pensar", ele não comenta, ele mantém.

Porque nesse texto Bion já não incorre no que ele considera totalmente inadequado (e que está nos anteriores), as recomendações técnicas normais que se praticava na psicanálise no mundo inteiro: tomar nota, registrar etc. O preço que Bion pagou por esses comentários foi ter sido praticamente expulso da Sociedade Britânica. Esse foi um dos motivos pelos quais ele foi embora para os Estados Unidos. Acharam que ele estava louco.

Bion coloca o pensar como o resultado de um desenvolvimento imposto ao psiquismo pela pressão dos pensamentos preexistentes.

Não é uma glândula que produz aquilo que ela secreta, como o pâncreas ou o fígado. Bion sugere o contrário: o secretado é que produz o aparelho. O pensamento é que pressiona e forma um aparelho para pensar. É uma inversão de qualquer coisa clássica.

Se há um pensamento que me é imposto por algo preexistente... Preexistente significa que já existe antes dele?

Que pensamentos preexistentes são esses? Do que Bion está falando?

Ele está falando da criança que nasce e que desde as primeiras experiências já tem algo inato que vem com ela. Por exemplo, o modelo do bebê procurando o seio.

O que faz o bebê procurar o seio? Uma preconcepção que já preexiste; é o que Bion propõe, é uma teoria dele.

Isso tem relação com as fantasias?

Fantasia já supõe um aparelho para pensar. Bion propõe que a fantasia só vai ocorrer depois que a função alfa se desenvolver.

É algo mais instintivo, como um animalzinho que já vai procurando?

Mas de onde Bion tirou isso? A preconcepção é uma conjectura *a posteriori*. Por exemplo, depois que o bebê nasce, se puserem qualquer coisa em sua boca que não seja o peito, ele poderá até chupar um pouquinho, mas logo depois vai cuspir. Mas quando o que se põe é o mamilo, é como se o bebê dissesse: "Eu não sabia o que queria, mas era isso". A partir daí é que Bion deduz e conjectura uma preconcepção do peito. Como se mesmo antes de nascer o bebê já imaginasse a existência de um peito que pudesse alimentá-lo.

É um imaginar primitivo.

Essa imaginação de que você fala ainda não existe no bebê; essa é *a posteriori*.

O bebê não sabe o que quer, mas depois que encontra...

Isso, depois que encontra...

Pode-se dizer que o bebê tem pensamentos quando nasce?

Se você considerar a preconcepção como pensamento, sim, eu considero. A maioria das pessoas só tem preconcepções, não tem pensamentos. Por isso procura um analista, um terapeuta só que não é mais bebê, e aí está o problema. As pessoas não pensam, não têm nem o pensar, o pensamento delas é ainda muito pobre. Em função do trabalho de análise vocês vão perceber que, com o tempo, o repertório se amplia.

Os pensamentos preexistentes podem ser entendidos como cultura, como uma inserção na cultura? Porque a cultura tem um pensamento preexistente.

Pensamento sem pensador, pensamento selvagem, eles existem, e o bebê fica submetido a eles.

Bion fala em pensamentos vazios e expectativa inata.

A expectativa inata é a preconcepção; o pensamento vazio, também. Em Platão: pensamento cheio/vazio.

Vale a pena ler como está no texto:

> 101. É conveniente encarar o pensar como uma atividade que depende do resultado satisfatório de dois desenvolvimentos mentais básicos. O primeiro desenvolvimento é o dos pensamentos. Estes requerem um aparelho que deles se encarregue. O segundo desenvolvimento, consequentemente, é o desenvolvimento do aparelho que provisoriamen-

> *te chamarei de atividade ou faculdade de pensar. Repetindo: o pensar passa a existir para dar conta dos pensamentos.* Cumpre notar que isso difere de qualquer teoria do pensamento como produto do pensar, na medida em que se considera o pensar um desenvolvimento imposto à psique pela pressão dos pensamentos e não o contrário. Os desenvolvimentos psicopatológicos podem se associar a qualquer uma das duas fases, ou mesmo a ambas; isto é, eles poderão estar relacionados a um colapso no desenvolvimento dos pensamentos ou a um colapso no desenvolvimento do aparelho para "pensar" os pensamentos ou com eles lidar; ou a ambos.

Começa a se ter uma ideia de como o pensamento se forma e do que leva à psicopatologia. Até aquele momento, não existia nenhuma teoria a respeito disso.

Essa evolução do pensamento já é pensamento. Como o pensamento nasce e como ele vai evoluindo... As preconcepções, os pensamentos vazios, o conhecimento a priori, *ou a expectativa inata. O bebê nasce e procura o seio sem saber do que ele precisa; só sabe quando encontra. E no momento em que o bebê encontra, há uma concepção. A concepção é a conjunção de uma preconcepção com a realização.*

O que isso quer dizer? Que a concepção é uma experiência prazerosa, satisfatória, agradável; porque há o encontro com aquilo que o bebê imagina que vai encontrar. E o paciente que vai encontrar com o analista ou com o terapeuta? Será que encontra aquilo que está esperando encontrar ou não? (A frustração de que o terapeuta não seja aquilo que ele queria).

É difícil entender a utilização desse termo, "pensamento".

Pensamento é a união da preconcepção com a frustração. Frustração decorrente de quê? Do não encontro; de não encontrar o objeto que o satisfaria. Na concepção, ele encontra o objeto que satisfaz, seja lá o que isso for. O modelo usado (o do peito), é muito bom. O pensamento seria a união da preconcepção (da expectativa inata ou do conhecimento *a priori*) com ausência do objeto que satisfaz.

Imaginem que vocês tenham combinado de encontrar o namorado, ou a namorada. Ficou combinado, mas, quando chegam, ele, ou ela, não está lá no lugar combinado; não tem namorado, não tem namorada. Vai haver uma frustração, porque o encontro é um encontro com a ausência do namorado ou da namorada. O pensamento é exatamente isso: o pensamento é o encontro com a ausência do objeto que satisfaz.

Quando alguém enxerga um príncipe onde há um sapo, podemos dizer que há uma negação da frustração?

É o que Bion chama de *misunderstanding*. É algo parecido, que aparentemente está lá.

Não há identificação projetiva ou projeção de alguma coisa. Nem sempre a união de uma preconcepção com a falta, ou a união de uma preconcepção com a não realização, vai resultar em um pensamento, apesar da oportunidade de isso poder se tornar um pensamento.

Guardem isto: a concepção é prazerosa porque encontra o objeto que satisfaz. O pensamento é a união da preconcepção com a ausência do objeto que satisfaz (portanto de uma experiência). O pensamento é decorrente de uma experiência frustradora: o encontro com a ausência do objeto que satisfaria.

Você poderia dar um exemplo de sua proposição do início: "não tem 'pensamentos', por isso procura o analista"?

O paciente deve ter uma preconcepção de que existe alguém que pode ajudá-lo; assim, pode ser que ele encontre e forme uma concepção. Ou pode ser que ele não encontre o que esperava; a experiência vai depender, em parte, da tolerância e da frustração de não encontrar o que esperava encontrar.

Pensando de outra forma, no início, as interpretações podem ser frustrantes, mas o acolhimento pode permitir a realização positiva, a concepção.

Há todo um conjunto, e, dependendo do contexto, vai haver evolução. O que leva ao pensamento? Não é a união da preconcepção com a ausência do objeto que traria satisfação? Se o paciente tolerar a frustração de não encontrar o objeto que satisfaz, vai haver uma experiência.

A capacidade, maior ou menor, de se frustrar varia de indivíduo para indivíduo?

Sem dúvida, isso é muito individual. Depende também da tolerância do analista, de estar frustrando (mas ao mesmo tempo é uma relação mais amorosa); o paciente pode ser capaz de tolerar a frustração, ou não. A tolerância à frustração, segundo Bion e Klein, é inata e constitucional.

Sendo constitucional, é passível de mudança?

Com a análise, pode haver um desenvolvimento da capacidade de tolerar.

Isso não parece antinatural?

O ser humano é antinatural, toda a cultura é antinatural. A psicanálise só pode existir na cultura. Freud escreveu um livro magnífico sobre isso: *O mal-estar na civilização*.[5]

Tolerar a frustração é a própria experiência?

É o aprender com a experiência; a realização é a experiência. A conjunção de uma preconcepção com a realização é a experiência. Portanto, na concepção, vai haver uma experiência emocional de satisfação. No pensamento, será necessário tolerar a frustração (se não tolera, forma outra coisa).

Os conceitos seriam as concepções, como pensamentos fixos providos de nome e significado.

Por exemplo, existe uma concepção de que aquilo ali é uma mesa. A criança vai aprendendo e, dali a pouco, vê uma mesinha para desenhar. "Ah, isso é uma mesa." E assim vai indo. Na cozinha, o mesmo objeto também é mesa; no restaurante, na casa da avó. Fica uma coisa abstrata, um conceito, um pensamento fixo provido de nomes e significados. "É mesa"; o objeto tem um nome. Sendo grande ou pequena, a criança fala: "É mesa". Fica um conceito.

O bebê tem uma disposição inata que corresponde à expectativa do seio. Essa formação, se pensar que essa seria uma das primeiras mamadas...

Uma disposição inata é a preconcepção, ou o pensamento vazio.

A preconcepção com a realização do seio, estando o seio ali, vai confirmar aquilo que o bebê desejava e encontra...

---

5 Freud, 2011.

Portanto, a concepção é prazerosa.

E a frustração, o que é? É quando a realização é negativa, não existe?

Psicanaliticamente, a frustração ocorre quando o bebê encontra a ausência do seio.

Se houver uma exigência de que a realidade seja exatamente o que tem de ser... Por exemplo, se "mesa" for só essa mesa, se não existir outra mesa sem ser essa daqui. Mas se eu imagino que existe algo que também pode me satisfazer... "Ok, não tenho aquela mesa, mas tenho essa outra; isso também é mesa..." Eu também posso me satisfazer com isso. Então, há frustração. Fiz uma divisão: a) quando há baixo grau de tolerância à frustração e b) quando há um alto grau de tolerância.

Preconcepção mais frustração quer dizer ausência do seio. Nesse caso, que tipo de realização vai haver? Uma realização negativa.

A frustração, então, é decorrente dessa realização negativa? Da ausência do objeto que satisfaz?

Da ausência do objeto que satisfaz. Guardem isto: o objeto que não satisfaz é sempre o analista, o terapeuta. Na análise é.

Para que o pensamento exista é preciso necessariamente que exista preconcepção de um peito? De um peito que frustra? Se o paciente não encontra a ausência do objeto que satisfaz, não está havendo análise?

O analista está seduzindo o paciente e o paciente está seduzindo o analista. Os dois estão ali, em uma conversa agradabilíssima, trocando receitas, filmes, teatro, sugestões de restaurantes.

Está havendo psicoterapia ali? Está havendo análise ali? Não está havendo nada.

No encontro com a ausência pode haver um baixo grau de tolerância ou um alto grau de tolerância à frustração. Bion fala que o ponto crucial está na decisão entre fugir da frustração ou modificá-la.

De quem é isso, "modificar a realidade"? De Freud, "Os dois princípios".

Podemos pensar em um bebê que instintivamente procura o seio mas não encontra, o seio encontra uma mamadeira?

Vou dar um exemplo mais comum: o bebê está com fome e chora; a mãe está em casa, mas está no banho. Dependendo do bebê, se ele já teve muitas experiências boas – concepções de encontrar o peito, e de vez em quando teve experiências de não encontrar o seio – frustração então ele tem um alto grau de tolerância à frustração. Imaginem que bebê esteja com 8, 10 meses de idade: "Minha mãe não está, mas daqui a pouco ela chega". Basta olhar no consultório. Não sei se já aconteceu com vocês. O analista não está ou está atrasado, e o paciente pensa: "Filho da mãe, desgraçado". Mas se há um alto grau de tolerância, ele pensa "Vai ver, ele está ocupado". Quer dizer, esse pensamento, "minha mãe não é má, deve estar ocupada", é a modificação da realidade.

Há um encontro entre o que é inato e a experiência. Mas e se a ausência for além daquilo que o paciente pode dar conta?

Se há um mínimo de tolerância, a experiência ajuda a pessoa a aprender. Aprender com a experiência de que as coisas podem ser diferentes daquilo que ela está pensando, imaginando, alucinando.

A concepção é verdadeira quando há o encontro? Porque tem a preconcepção e tem a realização; se há realização, a concepção é verdadeira?

Quando encontra o que queria forma um conceito.

Mas e se se encontra só na fantasia?

Então trata-se de uma *misconception*, uma concepção inadequada, equivocada, errônea. É muito comum a pessoa formar conceitos errados. Por exemplo, o que mais vejo no meu consultório é a *misconception* a respeito do significado de responsabilidade. É curioso, fico intrigado com o fato de as pessoas acharem que podem se responsabilizar por outros. Elas não podem. Ninguém pode se responsabilizar por outra pessoa. Só existe uma exceção: crianças, quando são pequenas. Tem que haver um adulto que se responsabilize por elas. O bebê também precisa de alguém responsável por ele.

A ideia de responsabilidade quanto ao casamento, ao trabalho, a uma viagem é uma coisa tão fantástica. No consultório, há um predomínio muito grande dessa confusão. E a pessoa fica impossibilitada de assumir qualquer coisa, porque tudo vai ter um grau de responsabilidade acima daquele de que ela sente ser capaz de dar conta. E aí acontece aquilo que vocês falam frequentemente: "É psicótico, não é?" "Dar conta" é psicótico. Por que temos que dar conta de tudo? Não temos que dar conta de nada.

Bion fala que o conceito em si é um conjunto de ideias aceitas por um grupo de pessoas.

O conceito é uma generalização da concepção. "Aquilo é uma árvore." Vai para a Índia, para a China ou para o Japão e vê outras espécies de árvores: "Isso também é árvore". Se tudo é árvore, forma um conceito de árvore. Já viram crianças na escola? Com um ano e pouco a criança aprende "aquele é o meu pai". Chega o pai de outra criança, que fala: "Aquele é o meu pai". A criança diz: "Não, o meu pai não chegou", porque ainda não generalizou a concepção.

Mas como é possível diferenciar a concepção de coisas concretas, como uma árvore ou uma mesa, de conceitos abstratos? Como saber qual é o certo?

Eu não sei qual é o certo, não falei isso, me internem se eu falei.

É possível nomear o objeto, formar um conceito, mas e quanto àquilo que é abstrato, como os valores, por exemplo?

Esse é um problema muito mais complexo, porque primeiro é preciso se separar dos pais. Os pais têm que morrer internamente, simbolicamente, para que a pessoa possa construir seus próprios valores, pois os valores são sempre dos pais. Se não, ela vai usar valores que não são os dela e sim dos pais. Não tenho nada contra os valores dos pais, mas eles não são os seus. Cada um precisa construir seus valores durante a vida a partir das próprias experiências, do que aprendeu com a própria experiência. Alguém pode falar "é assim". Outro pode dizer "não, para mim não é assim, a minha experiência não me mostra isso". Dessa forma, cada um vai construindo os seus valores a partir da experiência.

A questão dos próprios valores, de formar uma concepção, acontece a todo momento ao longo da vida.

Sem concepção não há pensamento. É preciso ter uma experiência positiva para poder experimentar, se quando encontrar a ausência, vai tolerar a frustração. Tolerar a presença de coisas boas é muito fácil.

É preciso que vários encontros tenham acontecido para que se possa tolerar a falta do não encontro e desenvolver um alto grau de tolerância à ausência. Quando tolera a falta nasce o pensamento.

O pensamento estimula a formação de um aparelho para pensar.

É o alto grau de tolerância que modifica a realidade?

A realidade é o pensamento. Quando pensa: "Minha mãe não é tão má assim, não, ela deve ter saído e daqui a pouco estará de volta", isso é uma mudança da realidade. Em vez de achar que a mãe o abandonou, que a mãe é uma louca, uma desgraçada filha da mãe...

E o psicótico? Porque o psicótico muda a realidade...

Ele não muda a realidade. Para o psicótico, a realidade é: "Minha mãe não está, então ela é má, uma assassina, estou com fome e sem comida, ela quer me matar".

O que acontece quando há um baixo grau à tolerância?

Quando há um baixo grau de tolerância à frustração, a tendência é a evasão em vez da modificar a realidade por meio do pensamento. Vai fugir da frustração, vai fugir da ausência do encontro e vai internalizar um objeto mau, que só serve para a evacuação. "Estou com fome e ela não está aqui, então ela é má." É má e ponto-final, não muda o pensamento. Se não muda o pensamento, não muda a realidade. A realidade é o pensamento – a realidade é psíquica.

Ontem atendi um adolescente e relato era o seguinte: "Minha mãe é uma filha da puta, ela disse que ia me dar um iPhone e não deu". O horário dele é onze da manhã; na sessão anterior, eu perguntei se na sessão seguinte ele poderia vir ao meio-dia, pois eu tinha um compromisso. Acontece que ele esqueceu, e chegou às onze. Obviamente eu não estava. Perguntei para ele: "E eu? Eu também sou uma filha da puta porque você teve que ficar do lado de fora me esperando?". Ele disse: "Mas eu estou falando que a minha mãe é que é filha da puta". Ele passou a sessão toda falando do iPhone que a mãe não deu.

Qual seria a finalidade disso? Na minha conjectura, a tentativa de manter ali dentro relação com você e deixar lá fora a relação ruim. Por isso é importante pensar um pouco quando se trabalha com a transferência. É diferente quando se trabalha na transferência; eu diria para esse paciente "deve ser muito ruim ter uma mãe filha da puta", só falaria isso. Estou me incluindo, mas não de forma explícita. O paciente está tentando proteger a relação com a terapeuta.

Quer dizer que a tendência ao baixo grau de tolerância aumenta a disposição para a psicose?

É a psicose. É o fundamento da psicose; há uma fuga, um ataque. O objeto é mau, "minha mãe é uma filha da puta, ela não quer me alimentar". E o que ele faz com isso? Ele projeta a mãe má. Todos viram filhos da puta.

Bion fala que quando o objeto mau é internalizado ele só serve para evacuação, e, em vez de um aparelho de pensar, surge um aparelho de identificação projetiva, um aparelho de evacuação, de projeção.

O que é o seio mau? É o encontro com a ausência do seio e o não tolerar o encontro com a ausência do seio. A intolerância do encontro com a ausência do seio transforma o seio em seio mau: "Minha mãe é uma filha da puta".

Falar "a minha mãe é uma filha da puta" é evacuar o seio mau, livrar-se da ausência. Não havendo ausência, seria equivalente a obter alimento do seio bom?

O paciente chega, senta ou deita e fala, fala, fala... Aí você pergunta: "Tudo bem, mas o que você quer conversar comigo?". "Nada, só estou falando." O paciente está evacuando os seios maus fragmentados. Evacuar seios maus fragmentados é equivalente a ficar aliviado. O paciente está transformando a mente do analista em um *seio toillete*. Livrar-se de tudo que está incomodando é um alívio; equivale a ter uma coisa boa.

Mas é um alívio alucinado, porque não está tendo nada de bom.

Totalmente alucinado. Ele fala, fala, fala e isso proporciona um alívio, mas apenas momentaneamente. Vocês estão vendo como Bion é clínico o tempo todo? De onde Bion tirou isso? Da clínica.

Mas isso não muda a realidade.

Não, não há mudança. E isso já é decorrência de não haver mudança na realidade mental.

Atendo uma paciente que fala, fala, fala... Ela fala da filha, da sogra da filha, do ex-marido, da moça da NET, mas ela não muda a realidade... Sinto que não estou ajudando em nada, só que ela sente tanta gratidão... Que lugar é esse que estou?

"O único lugar em que tenho um penico para evacuar é aqui." Porque lá fora ninguém aguenta. Lá fora, quando alguém vê chegando, muda de calçada. O analista não vai fazer isso, não é?

Ser grata só porque escuto o que ela fala... Não sei se isso é bom. Eu não estou entendendo...

Nem eu. Eu diria para ela: "Todos esses assuntos que você está falando são interessantes, mas temos que escolher só um para conversar. Escolha um". Peça para ela escolher um assunto e observe a reação dela.

A mente vira um aparelho para livrar a psique do excesso de estímulo; isso está no Projeto, de Freud. Bion fala em "medidas para fugir da percepção da realização por meio de ataques destrutivos".

No caso do adolescente, isso tem uma função terapêutica por algum tempo, não tem?

A função é comunicar algo para a terapeuta. "Minha mãe é uma filha da puta." Sei que é difícil no começo, mas era isso o que o paciente estava dizendo: "Olha como fico quando estou puto e frustrado". Como ele não podia dizer isso, ele simplesmente vivenciou. É função do analista dizer "você está me dizendo, ou está me mostrando, como é que você fica quando está muito frustrado, quando as coisas não acontecem como você gostaria que elas acontecessem". É função do analista apresentar o paciente para ele mesmo.

Uma vez, uma paciente chegou dizendo "não aguento frustração, fico com ódio, fico emputecida; preciso de um tratamento antirrábico". Ela já estava em análise havia mais de dez anos. Não aguentou mesmo, foi embora, interrompeu a análise.

O que eu estou dizendo seria equivalente a uma espécie de pequena dose de realidade, uma colher de chá de realidade. O analista deve mostrar para o paciente como ele fica quando as coisas não são como ele gostaria. "Olha como você fica quando as coisas não são como você gostaria"; isso é a vacina antirrábica. Se o paciente não sabe usar, paciência.

Quando a mãe não consegue suportar a identificação projetiva do bebê, a tendência do bebê é usar ainda mais a identificação projetiva?

É o que Bion chama de "hipérbole". Vai aumentando, aumentando, para ver se alguém escuta.

(p. 130). À medida que a preconcepção e a realização se unem, formam-se concepções matemáticas, mas estas são tratadas como se fossem indistinguíveis de coisas em si, sendo evacuadas em alta velocidade como mísseis para aniquilar o espaço. Na medida em que se percebem o espaço e o tempo como idênticos a um objeto mau, destruído – ou seja, um não seio –, não se tem mais a realização que deveria ser unida à preconcepção e assim completar as condições necessárias à formação de uma concepção. A predominância da identificação projetiva faz com que se confunda distinção entre self e objeto externo.

Esse é o ponto em que se formam as fobias. Todas as fobias se originam desse ponto: espaço e tempo sendo destruídos como objetos maus. E por que é nesse ponto que as fobias se formam? Porque o objeto mau está no espaço, naquele ponto, naquele tempo. Então, "ali" existe uma coisa má. O paciente identifica projetivamente tudo o que é odiado. Na identificação projetiva, o paciente coloca "ali" o mau do qual ele quer se livrar. Esse "ali" é onde deveria haver uma mãe boa, um analista ou um terapeuta que o acolhesse e escutasse toda a "merdalhaça" que ele tem para falar. Mas não foi o que o paciente encontrou. Então, o que tem "ali"? "Ali" virou um ponto mau, ruim, onde talvez ele fique com medo de entrar. "Ali", o paciente despejou o ódio, e esse ódio pode se voltar contra ele. Isso é fobia.

Nessa questão de tempo e espaço, Bion traz o exemplo de um paciente que ia ao consultório e falava sempre que estava perdendo tempo ali, mas continuava a ir às sessões. O objetivo desse paciente, ao desperdiçar o tempo, era destruir o tempo. As implicações disso, Bion diz estarem descritas em Alice no país das maravilhas,[6] *na hora do chá, que para o Chapeleiro Maluco acontecia sempre às quatro horas.*

Esse paciente ficaria dez anos falando do mesmo assunto. Como o Chapeleiro Maluco, que diz o tempo todo "não tenho tempo, não tenho tempo" e está sempre virando a xícara e sempre no mesmo assunto.

Nesse caso, as concepções não se desenvolvem e há uma confusão entre o self *e o objeto externo?*

Sim. E por que há uma confusão entre o *self* e o objeto externo? Quando usa a identificação projetiva, coloca coisas suas no outro; não sabe mais o que é o outro e o que é ele. "Coloco coisas minhas no outro e, eventualmente, coisas do outro em mim"; toda identificação projetiva é sempre acompanhada de identificação introjetiva. O paciente vai dizer: "Estou um pouco confuso". Em geral, é isso o que ele fala.

E o falso self*?*

Em tese, todos teriam um falso *self*, mas, nesse caso, o problema é um pouco mais complexo – é como ser, verdadeiramente. O que o paciente identificou introjetivamente naquele momento foi

---

6 Livro de Lewis Carroll originalmente publicado em 1865.

um terapeuta que não o aceitou como ele é. O paciente internalizou o que ele projeta que ela seja: uma terapeuta má.

A capacidade de tolerar a frustração ou de tolerar o encontro da ausência vai possibilitar que o psiquismo desenvolva um meio por meio do qual a frustração tolerada se tornará mais tolerada?

Quanto mais frustrações tolera, mais a capacidade de tolerar frustrações se desenvolve.

Se o paciente conseguir aproveitar essa oportunidade (de frustração), talvez ele possa ganhar alguma coisa.

É isso que devemos trabalhar com os pacientes. Tentar mostrar algo da realidade em vez de se sentir culpado. "Estou tentando ajudar, mostrando que podemos falar sobre outros assuntos também."

Bion coloca que a concepção não encontra necessariamente uma realização que dela se aproxime o bastante de modo a satisfazê-la. O que quer dizer isso?

A concepção nunca está totalmente saturada. Você pode estudar tudo sobre mitologia, mas sempre vai ter alguma coisa ou na mitologia africana, ou na mitologia hindu que você ainda não sabe; nunca vai se esgotar. Você tem uma concepção e isso continua; pode ser que na evolução dessa investigação aconteçam realizações negativas ou positivas.

O que quer dizer alguém se apaixonar pela ausência? Atendo uma paciente que diz "estou viciada nele". "Ele" é um rapaz que não está disponível, e ela sabe disso. "Mesmo que seja pouquinho, qualquer pouquinho eu aceito." E fica só na fantasia.

Como se chama isso? Alucinação. A alucinação é muito mais prazerosa do que a realidade. O espaço para alucinar é livre. As coisas vão acontecendo do jeito que se quer – pega "um pouquinho" e transforma aquele pouquinho em qualquer coisa, transforma no que quiser.

Se só tiver realizações positivas, não há frustração. Nesse caso, existe aprendizado? Existe o pensamento?

Boa pergunta. Vamos supor que haja um predomínio disso – não tolera ver o filho sofrer; está sempre em cima. Existem pais que não suportam ver o filho frustrado e ficam o tempo todo perguntando: "O que você quer?". "Quero aquele brinquedo." Eles vão lá e compram o brinquedo; a criança praticamente não tem frustração. Não há vantagens na superproteção. Ser mimado faz mal. Se não há frustração, não há aprendizado com a experiência. Aprender com a experiência implica conviver com a frustração.

Essa situação prazerosa de ser sempre atendido, de só ter realizações positivas, não leva a pessoa a buscar sempre só realizações que deem prazer?

O problema é que é só prazer. Não há desenvolvimento de nada, não há pensamento. Não há uma ideia nova.

Está difícil entender que antes do pensar já existem pensamentos.

Bion chama isso de preconcepção. Podemos chamar de predisposição inata.

Isso não é o mesmo que instinto?

O que seria uma predisposição inata? O ser humano, por exemplo. O ser humano nasce em qualquer lugar do planeta com uma predisposição inata para aprender uma língua. Isso é natural. É da natureza.

Como as abelhas, que fazem a colmeia?

Mais ou menos. É que, no caso da abelha, não há alternativa: ou ela faz a colmeia ou ela não faz a colmeia. O ser humano pode aprender vários idiomas, pode buscar alternativas.

Mas a capacidade para aprender está no ser humano tanto quanto nos animais?

A abelha já nasce sabendo fazer a colmeia. O ser humano não nasce sabendo falar.

Mas nasce com a capacidade para aprender?

Nasce com uma predisposição para aprender.

Bion fala em "pensamento em busca de um pensador". Essa já não seria a predisposição?

Quando um bebê nasce, em volta dele já existe uma porção de pessoas falando: médicos, auxiliares, enfermeiras. Existem os sons de muitas palavras, mas ainda não existe um pensador; o bebê vai surtando. O que ele faz com aquilo? Escuta, mas não entende nada do que estão falando. O bebê vai sendo cercado, inundado de palavras, frases, expressões.

O "nascer na cultura"?

Em qualquer cultura, todo bebê que nasce é inundado por palavras que ele não tem a menor ideia do que significam.

Seria um pensamento abstrato, como na matemática?

Sim, pensamento sem pensador: preconcepção. Me ajudou muito pensar em uma "predisposição inata para". Uma disposição inata para algo que, ao encontrar com uma experiência... Por exemplo, as mães. A mãe ensina coisas para o bebê, e isso gera o aprendizado. O bebê aprende a mamar, a falar, a caminhar... E as mães também têm de aprender, aprender a amamentar, pelo menos o primeiro bebê.

Voltando o texto, na página 129, farei um pequeno resumo: "Quando uma preconcepção é posta em contato com uma 'realização' que dela se aproxime, o produto mental é uma concepção". Uma preconcepção, quando encontra uma realização prazerosa, forma uma concepção. Essa concepção, por sua vez, vai encontrar novas realizações, negativas ou positivas, ou seja, vai encontrar a presença ou encontrar a falta. Isso vai gerar tolerância à frustração, porque a realização nunca é exata. Se houver tolerância à frustração, há o aprender com a experiência. Mas se a pessoa tem só experiências prazerosas, positivas, e não há frustração, não vai haver aprendizado. É preciso que haja um misto de experiências prazerosas, que formam as concepções, e também o encontro com a ausência para que haja frustração e, consequentemente, aprendizado com a experiência? Porque se há um alto grau de tolerância à frustração, há o predomínio do princípio de realidade e o desenvolvimento de pensamentos e do pensar. Se o grau de tolerância à frustração for baixo, são acionados mecanismos de fuga e de evasão. Mas se o grau de tolerância à frustração não for nem tão alto a ponto de predominar o princípio da realidade nem tão baixo a ponto de acionar os mecanismos de fuga, a personalidade desenvolve a onipotência. Você pode explicar isso melhor?

Se não é tão alto a ponto de predominar o princípio da realidade nem tão baixo para acionar o mecanismo de fuga, o aprender com a experiência é substituído pela onipotência. Os adolescentes dão aula sobre isso, eles sabem tudo. Se houver uma alta capacidade de tolerar a frustração, vai aprender com a experiência, há o predomínio do princípio da realidade. "Não é que minha mãe seja má. Não é o meu analista que é mau, deve ter havido algum problema." Se for baixo, "eles são maus, eu não venho mais na análise, minha mãe é uma filha da puta etc.". Mas se for médio, nem alto nem baixo, não aprende com a experiência. Substitui o aprender com a experiência pela onisciência ou onipotência, se vocês preferirem. Falem com adolescentes; eles têm MBA nisso, são pós-graduados, sabem tudo sobre esse assunto. Quando o pai ou a mãe querem ensinar algo, eles falam: "Não, pode deixar que eu sei, eu me viro".

Isso não parece incoerente? Porque todo radicalismo, muito ou pouco, sempre leva a um desnível. E aquele que poderia ser considerado um ponto de equilíbrio, de "nem muito, nem pouco", é justamente onde complica!

É. No sentido do grau de tolerância à frustração, é.

Mas o grau de tolerância não é individual?

Sim.

Se tenho um grau razoável e equilibrado, vamos dizer que seja médio... Se tenho um grau médio e consigo conviver com a realidade e com a fantasia em uma correlação relativamente boa e até saudável, não há desequilíbrio.

Não me lembro onde li o seguinte tipo de classificação: o baixo grau de tolerância à frustração seria equivalente à psicose; o alto seria o normal; e o médio, uma psicose intermediária.

Bion não usa essa terminologia; essa terminologia não é dele. Bion fala que quando existe uma boa capacidade de tolerar a frustração a pessoa vai aprender com a experiência. Se ela não tem capacidade para tolerar, vai fugir. E se tem uma razoável capacidade, não haverá fuga, mas também ela não aprenderá com a experiência. O aprender com a experiência é substituído pela onisciência.

> *Se a intolerância à frustração não for intensa a ponto de acionar os mecanismos de fuga, mas tiver uma intensidade que impeça que se suporte o predomínio do princípio da realidade, a personalidade desenvolverá a onipotência como substituto da união da preconcepção (ou da concepção) com a realização negativa. Isso implica a suposição de que a onisciência seja um substituto do aprender com a experiência por intermédio da ajuda dos pensamentos e do pensar. Não há, portanto, qualquer atividade psíquica para discriminar o verdadeiro do falso. A onisciência substitui a discriminação entre o verdadeiro e o falso por uma afirmação ditatorial de que uma coisa é moralmente certa e outra, errada.*

Não se preocupem em compreender de forma absoluta a teoria; a clínica é muito clara nesse ponto. No trabalho com os pacientes, vemos isso o dia todo. Um mesmo paciente pode ter momentos em que apresenta maior tolerância à frustração e outros momentos não.

A onipotência, no caso daquelas pessoas extremamente inteligentes que já têm teorias que explicam tudo, quando se deparam com a realidade e a realidade não se encaixa, falam: "Não, mas isso deveria ser de tal jeito". Há uma predominância do pensamento intelectual, racional. Aprioristicamente, elas já sabem tudo (em vez de terem experiências). Experiências passadas e experiências presentes. "O que está acontecendo agora que não se enquadra em nada do que eu já sei? Então..."

O exemplo mais comum é o do paciente que se revolta com a realidade porque a realidade não se conforma à teoria que ele construiu – "deveria ser assim."

Continuando, Bion diz: "A pretensão de ter uma onisciência que negue a realidade seguramente faz com que a moralidade que nessas condições se forma seja uma função da psicose."

Lembrando o que foi dito antes, a onisciência é o resultado, é a decorrência do encontro entre uma preconcepção (ou predisposição inata) com a experiência. Ela é um substituto desse encontro. É a mãe que teve o bebê, o primeiro filho, e quando alguém diz: "Você quer que alguém explique como amamenta?", a mãe fala: "Não precisa, eu sei. Já vi minhas amigas amamentarem, já vi em livros". "Já sei." A onisciência é o substituto do encontro entre a preconcepção e a experiência. O aprender decorre desse encontro. A onisciência dispensa esse encontro. Está claro para vocês?

Há outra questão importante: tudo começa com o início do controle esfincteriano, quando os pais começam a ensinar a criança a fazer cocô e a fazer xixi no peniquinho, ou na privada. A criança vai aprendendo que fazer cocô ali é certo. Fazer xixi e cocô na privada é certo, não fazer ali é errado. Portanto, o esfíncter é moralista. O esfíncter é aquilo que controla; o esfíncter é a moral. É quando começa "está certo, está errado".

Por isso o obsessivo tem um superego tão rígido?

Exatamente. Um dos precursores do superego é esfincteriano; é o que controla, o que dita a moralidade. É o que diz o que é certo e o que é errado; isso é psicose.

E tudo se relaciona com evitar a frustração?

É uma forma de evitar, uma tentativa; de se evadir da experiência e do contato com a frustração.

É um substituto? Porque quando evade...

Não existe substituto. Não tem importância se o objeto que satisfaz não está lá; eu já sei, então evito aquilo. Por isso Bion fala em negação e não em afastamento da realidade. Há uma negação da realidade.

Pensando no que é certo ou moralmente superior, o que fica para mim é "o que é verdade nem sempre é o que é bom". Nos relacionamentos, por exemplo, "o marido deveria", "a namorada deveria"... O que há é o que deveria haver. Fico impressionada com esses exemplos de teorias, "isso é certo", "isso é errado", "isso é assim".

E não como uma decorrência de ter aprendido com a experiência. É diferente quando alguém diz: "Olha, eu não sei como é isso, mas na minha experiência foi assim. Se isso é certo ou errado eu não sei, mas essa foi a minha experiência".

Ontem um paciente falou: "Toda mulher que conheço sempre tem alguma coisa de que eu não gosto". Ninguém serve para ele, todo mundo tem um problema...

Intolerância à frustração.

Essa seria uma maneira de evitar a experiência?

Segundo o paciente, ele tem a experiência. E percebe por meio da experiência que a mulher tem alguma limitação, que ela não é perfeita. É a experiência dele. Ele está descobrindo uma verdade, isso é que é o pior. Existe alguém que seja perfeito? Isso é verdade? O problema é que ele não tolera a verdade que está descobrindo, que está observando: a de que ninguém é perfeito. O ponto que ele descreve, o que ele está descobrindo a partir da experiência dele, é verdadeiro para ele. Mas ele está dizendo que não está gostando do que está descobrindo.

Fiquei em dúvida quanto ao que você falou sobre o controle esfincteriano. Trabalho com crianças que estão deixando a fralda, que estão aprendendo, mas os pais têm urgência, então tiram a fralda e já compram o peniquinho, o adaptador. "Que história é essa de fazer na calça?" Alguns pais levam seus filhos para a terapia porque eles fazem xixi na cama, e eu percebo que a criança precisa de um tempo para isso, mas os pais acham que se trata de algum problema. A criança fica com muita raiva porque ela precisa de um tempo para aprender...

Conheci crianças que só foram aprender a controlar o esfíncter uretral lá pelos 7 ou 8 anos de idade. Isso não é raro. Na minha experiência, o fator que contribui para esse aprendizado é a criança poder observar; não quando a mãe fica com raiva ou frustrada porque ela não fez cocô na privada, mas, sim, quando a criança percebe que a mãe fica feliz quando ela consegue.

Uma criança que já tem controle do esfíncter e mais adiante perde... Isso pode significar que ela está tentando expelir o excesso moral?

Não. Se ela desenvolve o controle e mesmo depois, adulta, começa a sonhar que incendiou a casa do terapeuta, que urinou em não sei quem ou jogou veneno não sei onde, ela perdeu o controle, não é?

Ela está tentando se livrar do excesso de controle?

Não. Simplesmente está mostrando que há níveis de frustração que não tolera. Por exemplo, o paciente que sonha que botou fogo no consultório do analista, do terapeuta. Isso é uma função esfincteriana. Toda identificação projetiva é uma função esfincteriana.

Um paciente me contou que sonhou que estava vomitando fezes e, ao mesmo tempo, comendo as fezes que vomitava.

É uma inversão, não é? Isso também não é incomum, essa inversão. Não da estrutura, é claro, mas da função. A boca adquire a função que é do ânus. Para muitas pacientes, a vagina também adquire outra função. É interessante observar isso na clínica.

É como se ela estivesse falando merda? Ela não consegue fazer outro produto que não seja merda, então vomita? Isso faz sentido?

É um exemplo, usar a boca para evacuar. Não sei se isso é concreto. No sentido metafórico, é o paciente que senta ou deita e começa com "minha mãe, minha tia, blá-blá-blá, a empregada, blá-blá-blá". E se você pergunta: "Mas o que é que você quer conversar comigo?", ele vai responder: "Não, não, estou só querendo me aliviar um pouco". Ele está evacuando pela boca. Funcionalmente esse paciente está confundindo o ânus com a boca.

Atendo um adolescente que passa horas no banheiro e só sai quando sente que está completamente limpo.

O que você acha que está acontecendo?

Estou pensando no que estamos falando. Pode estar ligado à questão moral, mas eu ainda não consegui entender.

Qual é a alimentação dele?

Ele não come carne; acredita que tem verme dentro da carne e toma vermífugo...

É um banquete para os psicanalistas, não é? Tem um mundo para investigar, para conversar.

E como você vê a regra fundamental?

De associação livre?

É.

Existe isso?

Não. Mas existe a tentativa, não é? Você falou "vai falando" como evacuação, mas Freud propõe que se fale aquilo que vem à mente. Eu sei que é dificílimo, não sei se alguém consegue...

Essa é uma boa questão; o paciente que está evacuando está fazendo associações livres? Se está usando a boca funcionalmente como ânus, não existe associação livre; ele está evacuando. Está confundindo esses estímulos (acúmulo de estímulos do Freud), que estão sobrecarregando a mente dele, mas ele sente isso como se fosse o intestino. No sentido funcional, o paciente fica falando para evacuar a mente como se fosse o intestino; isso não é associação livre.

Seria o que Bion chama de aparelho de identificação projetiva?

Isso. Em vez de desenvolver um aparelho de pensar, o paciente desenvolve um aparelho de identificação projetiva. Metaforicamente, o aparelho de identificação projetiva é o ânus ou a uretra, no sentido concreto.

Já que estamos falando em identificação projetiva, podemos voltar para o texto?

(item 103) Uma das condições que afetam a sobrevivência do bebê é a sua própria personalidade. A própria personalidade do bebê é uma ameaça à segurança dele mesmo. Então, o que faz o bebê? Ele expele, projeta tudo na mãe e vai depender um pouco da capacidade dela de lidar com essa sua identificação projetiva para que ele desenvolva o aparelho de pensar. Bion fala da identificação projetiva como uma fantasia onipotente que funciona de modo realista. É diferente da fantasia onipotente de Melanie Klein. Bion fala: Quando sob forma de atividade realista, a identificação projetiva manifesta-se como conduta que premeditadamente visa a despertar, na mãe, sentimentos dos quais o bebê deseja se livrar.

"Despertar na mãe sensações que o bebê projeta." Esse é o nosso modelo de trabalho. As identificações projetivas do paciente, quando são realistas e não apenas evacuatórias, têm a função de despertar em nós algo de que o paciente quer se livrar. O paciente não sabe o que fazer com aquilo porque ele não tem mente para pensar sobre aquilo.

Então estamos falando de dois tipos de identificação projetiva? Quando ela é excessiva? Como ela pode ser excessiva? Tem a ver com frequência ou com onipotência?

Identificação projetiva excessiva é o conceito de identificação projetiva de Melanie Klein; sempre patológica. Bion acha que existe um outro tipo de identificação projetiva, a "realista".

A identificação projetiva realista desperta na mãe sensações das quais o bebê deseja se livrar. A mãe equilibrada, acho que é disso que Bion fala, do rêverie, a mãe consegue devolver para o bebê a sua própria personalidade amedrontada, mas de forma tolerável. Quer dizer, o bebê continua com medo, mas agora ele pode tolerar o próprio medo.

Existe rêverie *sem a identificação projetiva?*

O *rêverie* é um mistério. Vem de *rêver*, sonhar, em francês. A mãe que está radicalmente disponível, a mãe que escuta o lamento do bebê, o choro do bebê... Isso tem uma função de comunicação. A mãe que tem *rêverie* apreende aquilo pela experiência. Ou seja, dependendo da experiência, a mãe tem uma ideia do que significa aquele choro, aquela identificação projetiva. O choro transmite a comunicação. O *rêverie* é essa capacidade mental, é uma função da função alfa, um fator da função alfa. *Rêverie* é a capacidade mental da mãe de colher as impressões que o bebê está tentando comunicar e transformar essas impressões em comunicação.

Desintoxicar o bebê.

Sim, desintoxicar. Porque o bebê tem uma fantasia de que vai morrer de fome. A mãe vem e diz: "Você está com fome". (Até hoje o adulto fala "estou morrendo de fome".)

Se a pessoa tem um aparelho de pensar desenvolvido, consegue ter pensamentos, ou seja, ela própria já tem uma função alfa. Não seria necessária a função alfa da mãe, não é?

Se pensa é porque tem função alfa.

Porque se já tem rêverie *e a função alfa desenvolvidas...*

Sim. Se já tem a função alfa desenvolvida, tem *rêverie*. Tem capacidade de colher as impressões e de processar: "O que é isso que estou sentindo? Estou com fome, estou com medo, estou com sono".

Não precisa mais usar a identificação projetiva como comunicação.

A identificação projetiva sempre acontece?

Acontece, não é absolutamente necessária. Assim como a transferência, ela acontece. Mas é uma comunicação, e, portanto, uma linguagem. Penso que a análise ajuda o paciente a ir deixando de lado a comunicação via identificação projetiva. É possível ir comunicando cada vez mais sem usar identificações projetivas.

No caso da identificação projetiva, fico um pouco em dúvida. Não é função da mãe acolher as identificações?

As mães fecham essa frequência quando a criança está com mais ou menos 1 ano e meio, 2 anos. O bebê vai insistir, não é? E a mãe vai se irritando: "O que você quer? Você já sabe falar. Está com fome? Com sede?". Não é isso que as mães fazem? As mães fecham esse canal. E se a criança continua a insistir, o objeto que satisfaz está ausente. Portanto, a criança vai ficar frustrada.

E vai ter realização negativa de sobra.

E aí talvez tenha que procurar um de vocês para saber porque ela está insistindo em manter um sistema de comunicação infantil, normal à infância.

Mas na infância essa comunicação "realista" é normal?

Até a criança ter 1 ano e meio, 2 anos. Depois disso, ela aprende a falar e pode diminuir esse recurso. Muitas crianças diminuem. Você vê isso em meninas. As meninas são muito espertas. Às vezes, aos 4 ou 5 anos já falam: "Eu não quero usar esse vestido, eu quero este!". Aí não tem identificação projetiva.

Bion fala que se o bebê sente que está morrendo, pode despertar na mãe o receio de que ele esteja mesmo morrendo.

Para um bebê, tudo o que ele sente, fome, frio, medo, é uma experiência de quase morte; a sensação que ele tem é de morte iminente. É a mãe quem tem uma ideia do está acontecendo, se é fome, se é medo, se é frio.

É o bebê na posição esquizoparanoide. No texto, está: "A mãe equilibrada consegue aceitar esse temor e reagir terapeuticamente, isto é, de modo a fazer com que o bebê sinta estar recebendo de volta sua própria personalidade amedrontada, mas de uma forma tolerável. Mas se a mãe não puder tolerar as projeções do bebê, ele não terá outra alternativa senão o recurso à continua identificação projetiva, levada a cabo com força e frequência crescentes" (p. 132).

Isso é o que Bion chama de hipérbole. Vocês conhecem a figura geométrica da hipérbole? Se quero me comunicar e o outro vira de lado, faz que não escuta nada, então preciso falar mais alto, "ei, você me ouviu?". Se não ouviu, preciso falar mais alto ainda; qualquer um de nós faz isso. O bebê faz a mesma coisa: ele chora cada vez mais alto.

Transportando isso para a clínica, é o paciente que faz uso excessivo da identificação projetiva.

Excessivo é de Melanie Klein.

Retomando:

> *Deduzindo os sentimentos do paciente a partir de sua conduta no consultório, e utilizando tais deduções para elaborar um modelo, o bebê do meu modelo não se com-*

porta segundo a conduta que eu habitualmente esperaria que fosse a de um adulto que pensasse. Comporta-se como se formara dentro dele um objeto interno com características de um "seio" – vagina, voraz, que retira o que há de bom de tudo o que o bebê recebe ou dá, deixando apenas objetos degenerados. Esse objeto priva seu hospedeiro de todo o entendimento que se oferece. Na análise, um paciente desse tipo é incapaz de usufruir o que lhe fornece o ambiente e, portanto, o analista.

Bion complementa dizendo que uma das consequências graves disso é que o bebê é privado do desenvolvimento da capacidade de pensar; há um desenvolvimento prematuro da consciência. Acho que aí podemos entender "prematuro" como algo que ainda não está pronto, mas teve de ser formado. Algo formado precocemente e que impede o desenvolvimento da função alfa. Bion se refere à "consciência" como um órgão sensorial para a percepção de atributos psíquicos, como Freud descreve, sendo desenvolvido de uma maneira prematura (p. 133).

Isso nós observamos em crianças pequenas. Muito pequenas, mesmo. Com 1 ou 2 anos de idade já começam a demonstrar curiosidade pela sexualidade. Esse não é bem o período em que se imagina que um menino ou menina vá demonstrar curiosidade por esse assunto. Tocam na vagina, no pênis, e demonstram uma consciência da existência do pênis e da vagina de uma forma prematura. É diferente de um menino ou de uma menina de 5 ou 6 anos, que já faz perguntas sobre sexualidade para a mãe e para o pai, brincam de médico etc.

Uma criança de 2 ou 3 anos que se masturba está demonstrando precocemente essa consciência?

Não. "No início, o ego é corporal": Freud. Estou trazendo o exemplo da sexualidade, mas gostaria que vocês pensassem em termos de sobrevivência. Um bebê de 1 ano, 1 ano e 2 meses que berra, chora, chora, chora (hipérbole). Ele põe o dedo na boca, alucina a mamadeira, mas obviamente aquilo não alimenta nada. Passam-se dez minutos, ele acorda e começa a berrar e a berrar e a chorar de novo. Esse bebê vai ter que pensar em alguma forma de sobreviver.

Sobre um caso que eu atendo, a paciente falou durante a sessão inteira... Quando avisei que o tempo tinha acabado, ela pediu: "Posso falar por mais dois minutinhos?". Eu respondi que os cinquenta minutos já haviam se passado, e então ela se levantou e disse: "Estou me dando alta; você está muito agressiva comigo".

Isso se chama identificação projetiva.

Provavelmente algo aconteceu, mas parece que não consegui suportar a identificação projetiva.

Da mesma forma que a paciente disse que estava sendo agredida, ela estava projetando a agressividade. É ela quem está projetando essa ideia de agressividade quando alguém não tolera que ela fique evacuando. Por quê? Porque ela precisa evacuar o tempo todo, e, quando alguém não tolera essa situação, ela sente que está sendo agredida. Ficou claro?

Ela fala mesmo sem parar, o tempo todo.

Na mente da paciente, a terapeuta também está sendo agressiva com ela; isso é identificação projetiva. A fala da terapeuta tem a função de ajudá-la, no mínimo, a ter respeito pela realidade. "Nosso tempo acabou." Talvez, de início, a paciente sinta que quando alguém quer ajudar, a pessoa esteja sendo agressiva. A terapeuta aponta a realidade para ela, mas ela não suporta a realidade. Para a paciente, a realidade é um ataque; é como ela sente.

É disso que estamos falando: quando o objeto que satisfaz está ausente, o bebê sente que é um ataque. O adulto também sente da mesma forma. Ele planeja se encontrar com a namorada; leva uma semana para combinar o encontro. Uma hora não dá por causa disso, outra hora não dá por causa daquilo, pula para cá, pula para lá, e aí, finalmente, eles combinam "oito da noite em tal lugar". Quando ele chega, a namorada não está lá. Vai ficar frustrado, não é? Porque o objeto que satisfaria aquele encontro não está lá.

A terapeuta infinita, de peito infinito, que alimenta infinitamente, não estava lá. A terapeuta que a paciente encontrou é finita, limitada, humana, e diz "o nosso tempo terminou". A paciente não aguenta essa realidade.

Penso que isso está relacionado com o que Bion fala agora no texto:

> *Parece-me conveniente supor que exista uma função alfa que converta dados sensoriais em elementos alfa, fornecendo assim à psique material para pensamentos oníricos, e propiciando, portanto, a capacidade de acordar ou de dormir, de estar consciente ou em paz inconsciente. Segundo essa teoria, a consciência depende da função alfa. Constitui uma necessidade lógica supor que essa função alfa exista se admitirmos que o self seja capaz de estar consciente de si mesmo – no sentido de saber de si a partir da experiência consigo mesmo (p. 133).*

Consciente e inconsciente dependem da função alfa; os elementos alfa separam o inconsciente do consciente, formando a cesura. Imaginem a mente de um bebê, onde não há consciente nem inconsciente, onde não há nada. A função alfa se desenvolvendo vai transformar os experimentos sensoriais das experiências em elementos alfa e formar uma barreira. É essa barreira que separa o consciente do inconsciente. Acompanharam? É muito diferente da teoria de Freud, não é? A teoria em si é simples. A questão é: "de onde Bion tirou isso?". Os elementos alfa formam uma barreira que Freud chamou de recalque, Melanie Klein, de *splitting*, e Bion, de cesura. Quando vocês lerem a palavra cesura, lembrem-se: cesura é a barreira que separa o consciente do inconsciente.

Separa, mas, ao mesmo tempo, promove o contato entre os dois.

Enquanto não se instala a função alfa, não há inconsciente, nem consciente e nem fantasias. Para Melanie Klein, as fantasias já estão lá. Isso não quer dizer que um está certo e o outro está errado. São teorias, modelos que depois podemos confrontar com nossa experiência na clínica.

Para Freud, o recalque se instala na resolução do ego, na formação do inconsciente. O recalque é o núcleo do inconsciente. Isso aconteceria lá pelos 2, 3 ou 4 anos de idade. Por isso a briga entre Anna Freud e Melanie Klein; se a criança ainda não possui inconsciente, como é que alguém vai analisá-la? E Melanie Klein mostra que o inconsciente começa a se formar no início da vida, a partir do *splitting*, e que, portanto, ele é mais primitivo.

Como fica a cesura dentro desse pensamento?

A cesura é anterior ao *splitting*. Quando o bebê nasce, a mãe já começa a interagir com o bebê. Na medida em que a mãe vai interagindo, algumas coisas já vão se transformando em elementos alfa.

A cesura não começa com o próprio nascimento?

Inicialmente, Bion colocou que isso ocorreria a partir da introdução da função alfa. Mas depois ele observou coisas que antes não havia conseguido nem imaginar – o *splitting* poderia ocorrer antes do nascimento.

Bion diz no texto que: "*A capacidade de* rêverie *da mãe é o órgão receptor da colheita de sensações que o bebê, por meio de seu consciente, experimenta em relação a si mesmo.*"

O *rêverie* é fundamental como órgão receptor. Em vez de sensações, eu tenho impressões. Impressões que os pacientes nos causam: é com isso que trabalhamos.

> Um consciente rudimentar não poderia executar as tarefas que geralmente consideramos próprias da esfera de ação da consciência, parecendo-nos enganosa a tentativa de retirar o termo "consciente" do âmbito do uso habitual, onde é aplicado a funções mentais de grande importância no processo racional do pensar. No momento, faço essa distinção somente para mostrar o que ocorre se houver, em decorrência da identificação projetiva, um colapso da interação entre a consciência rudimentar e a rêverie materna. Dá-se um desenvolvimento normal se a relação entre o bebê e o seio permite que o bebê projete na mãe a sensação, digamos, de que ele está morrendo; e

> *que o bebê reintrojete essa sensação após a permanência no seio ter feito com que a mesma se torne suportável para sua psique. Se a projeção não for aceita pela mãe, o bebê que se retirou da sensação dele, de estar morrendo o significado que esta possui. Consequentemente, reintrojeta não um medo de morrer, mas um pavor indefinível, sem nome (p. 131).*

É o que atualmente se chama de pânico. "Estou com medo não sei de quê."

Essa é uma falha da mãe?

Da dupla, não é? Da mãe e do bebê.

O rêverie *pode ser considerado como a capacidade de ser continente às angústias do outro?*

Ele pode ser considerado como a capacidade de colher impressões. Nesse sentido, na minha opinião, Darwin talvez seja o mais completo exemplo de cientista que temos. Quando adoeceu, Darwin foi morar no campo, em uma propriedade da família, e levou junto com ele o seu "museu" particular. Espalhou esqueletos de animais pelo sítio todo; insetos, répteis, girafa, um ao lado do outro. Ele só observava; evitava todo e qualquer julgamento. Observe, observe e observe, e depois observe ainda mais uma vez; essa é a recomendação que Charcot fez a Freud.[7] Observe até que a coisa fale por si mesma; não faça julgamentos, é isso. A capacidade de *rêverie* é ficar disponível. Pode parecer exagero, mas é ficar radicalmente disponível. Se não, é difícil trabalhar.

---

7   Freud, 2006.

Radicalmente disponível... O que isso quer dizer?

Quer dizer ficar cinquenta minutos totalmente disponível para aquele paciente. Totalmente, mesmo. Se não for assim, o paciente sente que o analista está ocupado com outras coisas. Estando radicalmente disponível, a capacidade de colher as impressões (daquilo que o paciente te passa) fica mais favorável. Mas isso vai depender da experiência e também da análise pessoal do analista, do terapeuta.

As impressões "sensoriais" também devem ser observadas até que possam ser digeridas pelo analista?

Como dizia Frank Philips, o bom analista tem de ter uma "dobrada de língua". Quando o paciente diz que está com fome, eu não escuto que ele está com "fome de comida", escuto que ele está com fome de verdade sobre ele mesmo. O paciente pode falar sensorialmente, mas eu vou escutar a contrapartida clínica.

Não está claro para mim isso que Bion fala em seguida: "As tarefas que ficaram inconclusas, devido à ruptura na capacidade de rêverie da mãe, são impostas à consciência rudimentar; todas elas, em diferentes graus, dizem respeito à função de correlacionar". Função de correlacionar?

É o vínculo.

Ligar uma coisa à outra?

Se a mãe não mantém o *rêverie* ou se o analista não tem uma disponibilidade radical, essa tarefa fica inconclusa; o paciente vai ter dificuldade em fazer correlação. Por exemplo, o analista compara, faz comparações entre uma coisa e outra que o paciente falou; o paciente escuta e diz: "Não entendi. Você falou disso e depois falou daquilo... O que tem uma coisa a ver com a outra?".

> *A consciência rudimentar não consegue suportar a carga nela depositada. O estabelecimento interno de um objeto-que-rejeita-a-identificação-projetiva significa que, em lugar de um objeto compreensivo, o bebê fica com um objeto-que-não-entende-propositadamente com o qual se identifica (p. 134).*

A mãe rejeita a identificação projetiva e o bebê internaliza, introjeta uma mãe que rejeita o *rêverie*, rejeita a identificação projetiva. Por exemplo, tempos atrás, um supervisionando falava de um paciente que dizia estar se sentindo mal sem saber por quê. O paciente era médico e não dormia havia três noites! Mas não sabia por que estava se sentindo mal. O bebê projeta; ele chora de um jeito tal que faz com que uma mãe razoável diga: "Ah, meu filho está com fome". Mas existem mães que dizem: "Puxa, que droga, acabei de dar de mamar e essa criança está chorando de novo!". Quer dizer, a mãe não quer saber o que o bebê está sentindo. A atitude é: "Fica quieto, toma a chupeta e vai dormir". O bebê internaliza não um objeto compreensível, mas um objeto que rejeita a comunicação dele. Mais tarde, quando ele quer comunicar alguma coisa dele para ele mesmo, ele não tem essa habibilidade. "O que eu estou sentindo? Não sei." Porque a mãe que o bebê internalizou é uma mãe que rejeita o *rêverie*, rejeita a identificação projetiva do bebê.

Poderíamos dizer que quando a mãe rejeita o rêverie o bebê introjeta uma mãe sem função alfa?

O bebê introjeta uma mãe que faz identificações projetivas. Em vez de desenvolver um aparelho para pensar, o bebê "vira" um aparelho de identificação projetiva.

Bion vai falar agora de quando o bebê encontra uma mãe com um aparelho de pensar disponível. Segundo ele, esse aparelho é constituído de quatro partes:

1. *Processo de pensar*
2. *Identificação projetiva*
3. *Onisciência*
4. *Comunicação*

> *O exame do aparelho cujos componentes relacionei nesses quatro itens revela que ele se destina a lidar com os pensamentos no sentido amplo do termo – ou seja, incluindo todos os objetos por mim descritos como sendo concepções, pensamentos, pensamentos oníricos, elementos alfa e elementos beta.*

Quando li isso, fiquei com a impressão de que a preconcepção seria a mesma coisa que elemento beta. Essa foi a minha sensação...

É que nós só descobrimos isso vinte anos depois! Você está com a consciência rudimentar antecipada. Nessa fase inicial, o elemento beta, para Bion, é um conceito teórico. Algo que não tem nenhum sentido, nenhuma representação; é um barulho.

Segundo Bion, as partes de que dispõe a psique contêm: 1) o processo de pensar, para modificação e para a fuga (para uma coisa ou para a outra); 2) a identificação projetiva, que seria a fuga por meio da evacuação; 3) a onisciência, que é o "eu já sei", já saber o que é certo e o que é errado; e 4) comunicação. O que é comunicação?

Em primeiro lugar, preciso comunicar para mim mesmo o que estou pensando, sentindo, para depois, eventualmente, comunicar para o outro. Em primeiro lugar, a questão da comunicação passa pela comunicação interna, pela comunicação privada, para depois passar para a comunicação pública.

Essa divisão em quatro partes que Bion faz é difícil de digerir. Eu já tinha dividido o aparelho psíquico em preconcepções, concepções... Do que ele está falando?

Essas quatro partes, todos nós temos. Ou você pensa ou evacua por meio de identificação projetiva? Esse é o item 1. 2) Se a identificação projetiva é excessiva, como diz Melanie Klein, no item 2 Bion amplia a fuga; fuga por meio da evacuação (identificação projetiva). Não confundir com identificação projetiva realista. 3) Onisciência. A onisciência é aquilo que substitui a experiência. 4) Se o indivíduo tem a experiência do encontro com a ausência do objeto, forma um aparelho para pensar o pensamento. "A minha mãe não é má, ela foi trabalhar"; comunicação interna, dele para com ele mesmo. A mãe volta do trabalho e ele diz: "Mamãe, senti saudades"; aí já é comunicação externa.

Seria primeiro transformar aquilo que não tinha nome em alguma coisa que pôde ser pensada e depois até verbalizada.

Tem bebês que, quando a mãe chega, demonstram estar muito magoados pela ausência da mãe quando esta volta. Outros bebês, e isso depende do grau de evolução, de maturidade, ficam felizes quando a mãe chega; sorriem, ficam alegres.

Atendo uma paciente que tem uma relação difícil com a filha de 4 anos. Diz que tem muita dificuldade de processar o que a filha está pedindo. Quando a menina está na casa do pai, ela fala que morre de saudades e se dá conta de que a filha pediu algo que ela não fez.

Ou, se fez, o fez muito tempo depois. É um tempo desencontrado, não é? Como é isso?

Isso se chama *splitting*. Há períodos em que a paciente tem horror dela mesma aos 4 anos.

É isso mesmo. Ela recusa na filha coisas que são dela.

Uma mãe que não tem trânsito interno com seus bebês, suas crianças internas, vai ter dificuldade com os filhos. É a qualidade desse trânsito interno que vai favorecer ou não o relacionamento com os filhos. Quando o paciente deita no divã, vocês veem ali as crianças. Freud tinha razão.

Considerando a ideia de trânsito interno está a necessidade de análise do analista.

Isso é fundamental. Acho muita ousadia alguém trabalhar sem ter análise, muita coragem; acho até perigoso.

É a questão da onipotência, de pular a experiência pessoal de alguma coisa e substituí-la por conhecimento.

Alguns textos citados e sugestões de leitura

Bion, W. R. (1962). Uma teoria sobre o pensar. *International Journal of Psycho-Analysis*, 43.

Carroll, L. (1998). *Alice no país das maravilhas*. São Paulo: L&PM. (Obra originalmente publicada em 1865).

Freud, S. (2011). *O mal-estar na civilização*. Trad. Paulo César de Souza. São Paulo: Companhias das Letras.

Freud, S. (2006). *Relatório sobre meus estudos em Paris e Berlim*. (Edição Standard Brasileira das Obras Psicológicas Completas de Sigmund Freud). Rio de Janeiro, RJ: Imago. (Obra originalmente publicada em 1886).

O pensamento inconsciente[1]

Psicanálise é desconstrução. Tenho pensado muito sobre isso. Fazer relatório é uma coisa, mas, quando o paciente está lá, na sua frente, ele não pode ser "classificado" com um código do DSM. Se eu só enxergo a paciente anoréxica, ela deixa de ser uma pessoa.

Alguém tem experiência com pacientes supostamente anoréxicos? Eles sempre foram anoréxicos? Nasceram anoréxicos? Vão morrer anoréxicos?

Quem olha essa paciente hoje pode pensar qualquer coisa, menos que ela já teve esse diagnóstico.

Acredito que todos se beneficiariam se pudessem esquecer os diagnósticos. Eles estreitam a visão, mantêm o foco naquilo e impedem que a pessoa seja vista como um todo. Ninguém é original, todo mundo tem tudo. O que muda é a quantidade, uns têm um

---

1   Nesta aula, será lido o capítulo IV de *Aprendiendo de la experiencia*.

pouquinho mais disso, outros, um pouquinho mais daquilo, e isso varia a cada momento.

Por isso a entrevista é curta em psicanálise?

E precisa ser longa?

Alguns acham que sim.

Depende do vértice em que se trabalha. Se o terapeuta trabalha com o conhecido, quanto mais ele conhecer do paciente, melhor. Na anamnese subjetiva, o terapeuta vai levar em conta tudo o que o paciente falar, não é isso? E na anamnese objetiva o terapeuta pode chamar o marido, a mulher, o pai, o tio... Se o terapeuta trabalha com o conhecido, isso favorece o diagnóstico, o prognóstico e o tratamento.

No caso dessa paciente, eu chamei a mãe, o pai e a avó; até porque ela era uma adolescente.

Com adolescentes e crianças é importante tentar estabelecer uma aliança com os pais, se não eles boicotam o tratamento. Porque nenhuma mãe suporta saber que tem outra pessoa que vai cuidar do filho dela como ela não sabe cuidar.

O problema é quando os adolescentes começam a melhorar... Aí termina o tratamento.

Alguns pais tiram mesmo, não aguentam.

Mas se o terapeuta dá um diagnóstico, os pais ficam muito aliviados. Se o filho é hiperativo ou tem déficit de atenção, a culpa não é deles. Mas na psicanálise a questão do diagnóstico...

Não, na psicanálise, não.

Em psicanálise não se faz diagnóstico?! Eu estava conversando com um colega sobre a seguinte questão: quando um paciente chega no consultório, como definir se ele é um paciente para análise ou para psicoterapia? Isso é difícil.

Acho que isso é arrogância. Eu posso dizer: "Esse paciente não é para mim, pois não tenho condições de analisá-lo; mas pode ser que outro analista tenha". Mas dizer que não é para análise...

Recebi um rapaz há algumas semanas e logo de cara percebi que não ia dar.

Isso é importante. Expandindo um pouco mais: trabalhamos com colheita de impressões. O paciente chega, vamos vendo como ele é, a forma como se apresenta, o que fala e o que quer de nós. Depois vem a segunda etapa: a interpretação dessas impressões. As impressões que eu colhi, o que me informam? Pode-se até chegar nisto: "Acho que para mim não serve".

Na primeira entrevista, tive uma dor de barriga misteriosa. Na segunda vez, cinco minutos antes do horário, eu tive de novo. Aí eu já fiquei desconfiada: "Não, isso não é orgânico". Achei até que ele não fosse voltar para a terceira entrevista, mas ele voltou! Fico pensando: como fazer de forma que a pessoa não perceba?

Se alguém procurar você para namorar e você não quiser, o que você diria para essa pessoa?

O problema é comigo e não com você...

A verdade não faz mal. "Olha, neste momento eu não tenho possibilidade de atender você". Não precisa dizer o porquê. Possibilidade é uma palavra muito ampla, aí cabe muita coisa.

É complicado porque a pessoa já vem para a entrevista com uma expectativa.

Mas você não sabe o que ela quer. Tenho uma amiga que fala que não interessa o que a pessoa está querendo, se vai ao consultório dela, é porque quer análise. E alguém perguntou: "Mas e o carteiro, também?". E ela: "Também!". *A priori*, nós não sabemos o que a pessoa quer. Pode ser que a pessoa queira alguma coisa que não temos condições de oferecer. Os equívocos não são infrequentes, eles ocorrem. Este último mês, fui procurado por umas três pessoas completamente equivocadas. Não tinham nada a ver comigo.

E o que elas queriam?

Um queria que eu o tratasse em dez sessões, porque o convênio só pagava dez sessões. Eu não trabalho assim. São equívocos.

O que você respondeu?

Disse que a minha especialidade não era aquela e que eu iria encaminhá-lo para um colega. Ele não gostou, mas entendeu. Vou repetir para vocês: a verdade não faz mal. Com a verdade a pessoa vai poder fazer alguma coisa; com mentiras, não.

O paciente que diz mentiras, isso é um sintoma?

É um sintoma. Para Melanie Klein, esse paciente é "inanalisável". Ela recomendava não aceitar pacientes mentirosos porque não dava para analisá-los.

E se o analista não perceber a mentira?

Ah, é difícil. Não vem porque choveu, não pagou porque não recebeu, queria pagar, mas choveu e aí molhou o dinheiro, esqueceu o talão de cheques. Aquelas mentiras grosseiras.

Mas se a mentira é da ordem da ilusão e da fantasia, nós não podemos trabalhar com essa mentira?

Essa é a sugestão de Bion: trabalhar com a mentira como um sintoma da personalidade. Há um dado que talvez ajude vocês: o mentiroso é o único que sabe a verdade. Eu falei que a verdade faz bem, mas a gente não sabe o que é a verdade. O mentiroso sabe! E aí tem uma brecha para trabalhar com ele; a mentira como um sintoma.

Há algum tempo, atendi um rapaz; estávamos na segunda entrevista. Estava chovendo, e ele ficou aguardando na sala de espera, onde tem um banheiro. Acontece que ele subiu para a minha sala com a roupa molhada e colocou um monte de coisas em cima do meu divã: a pasta do laptop, uma outra pasta, e, com a maior calma, ele começou a tirar o casaco, depois a blusa que estava por baixo do casaco... Aquilo me deixou tão puta da vida! Será que ele não viu que podia ter feito isso lá em baixo? Precisava ter feito isso na minha sala? Fiquei pensando: será que não teria sido a hora de eu falar que aquilo era impróprio? Hora de falar: "Olha, por gentileza, será que você pode fazer isso no banheiro?".

O que eu diria para esse paciente? A nossa sessão é de cinquenta minutos; se você usar esse tempo para fazer *striptease*, vai encurtar o tempo de sua sessão. É um jeito de falar, cada um precisa criar o seu jeito e principalmente não ter medo de improvisar. Porque é assim que nós trabalhamos: improvisando. Mas com algo que ajude o paciente a entrar em contato com a realidade. Para o psicanalista, para o psicoterapeuta, só interessa aquilo que impacta. Se não houver algo que impacta, não tem com o que trabalhar.

E como falar disso?

Eu diria para o paciente: "Você está perdendo tempo; a sessão é de cinquenta minutos". A pessoa que está pagando sabe que cada minuto é precioso. Se não sabe, está negando a realidade. Vocês leram *Alice no país das maravilhas*? Pode ser que tenha algo a ver com isso. Alice, quando cai no poço, por projeção, vai se despindo. Não é que não veja "as coisas", mas está tirando "as coisas" para poder se entregar. Pode ser que seja algo assim. O fato é: quem não quer aproveitar o máximo é porque está ou negando, ou está intuindo que precisa se despir.

Parto de outra premissa: trata-se de alguém que não tem noção nem de terapia nem de análise nem de tempo. Alguma coisa assim.

É isso. Nós não temos que saber nada *a priori*. Se algo impactou, esse "algo" precisa ser investigado: "O que é isso?". Não sabemos do que se trata? Então, vamos investigar.

Penso no limite do analista. Cada um tem sua disponibilidade para lidar ou não com alguma coisa. Ela ficou impactada, poderia ter pensado: "Que estranho, o que é isso? Deixa eu ver do que se trata". Ou então: "Que horror, o que é isso?! Estou fora!".

Impacto vocês vão ver em Bion, em *Transformações*. Aquilo que impacta o analista é o *fato selecionado*. Já ouviram falar? Fato selecionado é exatamente aquilo que o analista vai selecionar para investigar.

Tem alguma coisa a ver com a teoria dos campos, do rompimento dos campos?

Tem tudo a ver. Só que eu prefiro falar "encontro", acho mais humano. Há um encontro, e o encontro cria um contexto. No encontro, o paciente começa a tirar a roupa e a colocá-la no divã, não é isso? Isso me impactaria também. Eu ficaria impactado e muito curioso. Vamos para a nossa leitura?

Capítulo IV

1. *Consideremos, então, a experiência emocional de uma forma geral, e não somente como ela se dá no dormir. Reforçarei o que disse até agora utilizando uma nova versão de uma teoria popular sobre o pesadelo. Acreditava-se que certo homem tinha pesadelos porque sofria de indigestão, e por isso despertava aterrorizado. A minha versão é: o paciente que dorme está aterrorizado por não poder ter um pesadelo, por não poder despertar e nem tampouco continuar dormindo. Portanto, ele sofre de indigestão mental.*

Bion faz uma analogia, usa uma metáfora: o sistema mental funcionando no modelo do sistema digestivo. Ele realmente acredita nisso, que o sistema mental se desenvolve baseado no modelo do sistema digestivo.

2. *O enunciado mais geral da teoria é que, para aprender com a experiência, a função alfa deve operar sobre a percepção da experiência emocional. Os elementos alfa surgem das impressões da experiência, e, portanto, se convertem em acumuláveis e disponíveis para os pensamentos oníricos e para o pensamento inconsciente da vigília. A criança que passa pela experiência emocional chamada "aprender a caminhar" é capaz, graças à função alfa, de acumular essa experiência.*

A criança, quando está aprendendo a caminhar, presta atenção: coloca um pé, depois coloca o outro, coloca outra vez, cai e começa de novo. Com o tempo, isso vai ficar *acumulado* no inconsciente e ela não vai mais precisar lembrar como é que se caminha; vai fazer isso automaticamente. É como dirigir um automóvel: aperta a embreagem, põe a primeira, vai tirando o pé devagarzinho, aperta de novo, passa para a segunda. Com o tempo, acumula-se a experiência; automatiza-se o movimento.

> *(cont. cap. IV, item 2) Pensamentos que em princípio tiveram que ser conscientes se convertem em inconscientes, e, desse modo, a criança pode realizar todo o pensar necessário para caminhar sem estar consciente disso.*

É o que acontece quando uma pessoa quebra a perna e a engessa: quando tirar o gesso e voltar a caminhar, o pensar vai ser consciente de novo. Ela vai ter que pisar devagarzinho, com cuidado, com atenção. Durante um tempo, o caminhar vai ficar consciente outra vez até que a pessoa não sinta mais nada na fratura; aí, volta a ficar no inconsciente.

> *(cont. cap. IV, item 2) A função alfa é necessária para o pensar e para o racionalizar conscientes, e para deixar o pensar para o inconsciente, quando for necessário liberar a consciência da carga do pensamento por meio do aprendizado de uma habilidade.*

A função alfa é necessária para o pensar consciente. Para o pensar e para o raciocinar conscientemente.

Quer dizer que esses movimentos que você descreveu são pensamentos inconscientes?

A função alfa fica disponível no consciente para que se aprenda algo novo. E disponível no inconsciente quando já se desenvolveu a habilidade.

Então existe pensamento no inconsciente?

Sim.

Isso acontece com o analista?

A boa notícia é que acontece. A notícia ruim é que leva bastante tempo até que fique mais ou menos no automático, que é quando o analista apreende as impressões. Principalmente quando se trata de identificações projetivas e o analista já consegue automaticamente transformar as identificações projetivas em comunicação. É nesse sentido que Bion está falando. Vou tentar dar um exemplo: você pega a sua agenda e a paciente diz que tem estado muito triste porque o marido não tem dado atenção para ela. Fala que de vez em quando acontece de ela querer contar alguma coisa para o marido e ele ficar distraído com o jornal ou a televisão. Se o analista estiver atento, vai perceber que o estímulo para aquilo foi ele ter pego a agenda.

Como devolver isso para a paciente?

Eu diria para a paciente que é muito desagradável quando isso acontece. Isso aconteceu mesmo, eu olhei mesmo a minha agenda; a verdade não faz mal. Sem ser explícito na transferência, eu diria (poderia ser explícito também): "É muito desagradável quando a gente está falando com alguém e esse alguém não presta atenção". Imagine uma paciente falando e, enquanto isso, você pega a agenda. Ela vai achar que você não está prestando atenção no que ela diz. Só que a paciente não tem consciência disso. A associação é com o marido: "Quando meu marido chega em casa e eu quero contar alguma coisa, ele não dá muita atenção porque fica lendo o jornal ou assistindo à televisão". Isso não é incomum. Existem situações ainda mais sutis: "Falei com o meu marido sobre o que combinamos na semana passada e ele não se lembra de nada". O terapeuta combinou alguma coisa com o paciente e também não lembra o que foi combinado. E você vai pensar: "O que será que ele combinou comigo que não estou lembrando?". Tem de ser rápido, isso. E, se não lembrar, pode perguntar: "O que foi mesmo que nós combinamos? Eu não estou lembrado". O que o paciente fala é uma tentativa de comunicar alguma coisa.

Tem algo que é um pouco mais grave. Por exemplo, você pega a agenda e o paciente diz: "Sabe, no ano passado, quando eu estive na Itália, o pessoal que estava no *lobby* do hotel não prestou atenção em mim". Aí, se vocês quiserem chamar de transferência alguma coisa que aconteceu no ano passado, em outro lugar...

Eu não disse que é fácil. Demora um pouco, mas acontece. Ajuda se vocês puderem ser um pouco arrogantes ou, como dizia Bion, paranoicos. O analista precisa ser um pouco paranoico: "É comigo!". "Opa, o que tem aí? É comigo." "O que está acontecendo? É comigo." E não deixar explícita a transferência. Freud recomendava; ele não fazia interpretações transferenciais até que se estabelecesse uma aliança. Mas pode generalizar enquanto a aliança não estiver estabelecida. "É ruim mesmo quando você fala e as pessoas não prestam atenção; é muito desagradável". O analista, o terapeuta está se incluindo sem ser explícito.

Ontem atendi um rapaz e me lembrei do que temos conversado aqui. "Por que ele está me contando isso?" Ele chegou dizendo que foi demitido, mas que tinha pensado que talvez não fosse durar muito tempo mesmo naquele trabalho...

Esse é um exemplo de como no início muita gente teria dificuldade de perceber que é com a terapeuta. Mas é.

Disse que já estava pensando em sair, só não sabia que ia ser assim tão rápido. Falou que se arrependeu de ter escolhido gastronomia porque é uma área muito difícil para começar a ganhar dinheiro e que se ele continuasse nessa área teria que juntar tostões para viver.

Vai ficando cada vez mais claro que é com a terapeuta, não é?

Falou que independentemente de ganhar pouco gosta de sair e ir a bons restaurantes para comer bem e aprender.

Aí já é direto com a terapeuta.

Eu pensei: "O que é isso? Por que ele está me falando essas coisas?". Ouvi, mas não consegui falar nada, e terminou a sessão. Ele sempre foi de não falar muito.

Eu pensaria: "Por que ele está me falando isso?".

Acho que ele tinha a expectativa de aprender algo, de obter algo... Eu só consegui falar: "Que pena que você saiu antes".

Em um primeiro momento, a minha conjectura seria: "Será que ele quer que eu sinta pena dele? Porque perdeu o emprego, saiu antes do que esperava?". Provavelmente era isso. Mas você não falou "coitadinho, pobrezinho, foi mandado embora". O que você falou acabou servindo como um pouco de alimento psíquico para ele. Ele não comentou que gosta de comer bem? Ele foi lá para comer bem, talvez tenha achado que você estava demorando para dar comida para ele. Não tem alimento melhor que o alimento psicanalítico. Lamentável ele ter saído antes, sobrou uma série de brechas.

Ele ainda me falou que só gosta de comida boa.

Porque ele reconhece que a terapeuta, quando dá comida, dá comida boa para ele. Mas quando ela não dá, ela é má. Não é assim com os bebês? Quando a mãe é boa, ela dá. E quando não dá, ela é má.

Antes disso ele estava em um período em que chegava e ficava calado. Eu também ficava calada. Às vezes, ele ficava mudo a sessão inteira. Eu também ficava quieta e aí ele saía. Em uma dessas sessões, ele falou no final: "Eu realmente não tive vontade de falar".

Eventualmente o terapeuta pode perguntar: "No que você está pensando? Está pensando em alguma coisa?". Se o paciente responder: "Não estou pensando em nada", então já dá para entender que o paciente não quer falar. Vamos seguir?

> 3. *Se existem somente elementos beta que não podem ser tornados inconscientes, não pode ter repressão, supressão ou aprendizagem. Isso dá a impressão de que o paciente é incapaz de discriminar. Não pode deixar de captar cada estímulo sensorial; contudo, tal hipersensibilidade não significa um contato com a realidade.*

> 4. *Os ataques à função alfa, estimulados pelo ódio ou pela inveja, [...]*

O que mais mobiliza a inveja e o ódio no paciente é a percepção da função alfa do analista.

> [...] *destroem a possibilidade de que o paciente estabeleça um contato consciente, quer seja consigo mesmo ou com algum outro como objeto vivo. Por meio do qual se refere a objetos inanimados e também a lugares, quando normalmente deveria referir-se a pessoas. Ainda que as descreva de forma verbal, o paciente vive essas pessoas como presentes em forma material, e não simplesmente representadas por seus nomes. Esse estado contrasta com o animismo com o qual os objetos vivos são revestidos com atributos de morte.*

Fiquei realmente confusa. O que desperta mais ódio e inveja é a percepção da função alfa do analista... ou função alfa do paciente?

O paciente ataca a função alfa do analista e também a sua própria função alfa.

Me lembrei daquela supervisão de Klein; o analista fala que o paciente tinha tentado confundi-lo. Não sei porque lembrei...

Esse supervisionando foi muito íntegro e honesto; me parece até que ele publicou essa supervisão com Melanie Klein. Esse analista queria mostrar para Melanie Klein quanto ele tinha apreendido, quanto ele tinha captado a função da identificação projetiva, mas, quando ele falou "o paciente estava projetando em mim toda a confusão dele", Melanie Klein disse: "Não, meu caro, o paciente não projetou a confusão; você é que estava confuso".

Simplificando um pouco mais: depois que um bebê nasce, possivelmente o primeiro sentimento que ele tem é de inveja. E de quem ele vai sentir inveja? De quem cuida dele. De quem tem capacidade, recursos e condições de cuidar dele. Com o tempo, o bebê percebe que aqueles cuidados são úteis para ele, e então vem a gratidão. No início é inveja e ódio, mas depois o bebê fica grato pelos cuidados que recebe.

O paciente quer ser compreendido, mas, quando isso acontece, ele fica com inveja? Porque outra pessoa consegue entender o que ele não consegue?

Esse é o problema: o paciente quer ser acolhido e entendido, mas quando é acolhido fica com ódio e inveja de quem tem capacidade para acolher, para escutar. Porque ele não tem essa capacidade.

A hipersensibilidade é uma distorção? Significa que não há contato com a realidade? Isso está no finalzinho do item 3.

Vamos recapitular:

> *"Se existem somente elementos beta"*

Quer dizer, elementos não processados pela função alfa, e, portanto, elementos que não têm qualidade psíquica; é tudo objeto. Não são acumuláveis, não servem para sonhar, não servem para pensar, não servem para nada.

> *"esse elementos não podem ser tornados inconscientes, não pode haver repressão"*

Repressão ou recalque, na linguagem de Freud; supressão na linguagem de Melanie Klein, e, de acordo, com Bion, aprendizagem.

"*Isso dá a impressão de que o paciente é incapaz de discriminar.*"

E é verdade, o paciente não discrimina o concreto do abstrato. Não discrimina porque ele não tem abstração... porque ele

"*Não pode deixar de captar cada estímulo sensorial.*"

Como não tem um mundo psíquico, tudo é o mundo concreto; ele é o mais superficial e raso possível, capta o máximo possível, mas só de coisas concretas. Não abstrai nada, não tem nenhuma representação mental daquilo que capta.

Van Gogh é um exemplo de hipersensibilidade?

Não é bem assim, é preciso olhar com mais calma. Vocês leram as cartas dele para o irmão? Van Gogh era um gênio, o maior de todos. De noite vestia um chapéu cheio de velas em cima da aba e ia estudar as sombras, os efeitos da luz. Van Gogh foi o único a fazer isso: pesquisar, estudar. Van Gogh criou.

Mas era doente.

Quem não é? Lendo sua biografia e as cartas que ele escreveu para o irmão, Theo, você vê que Van Gogh era coerente, inteligente, sensato. Se vocês têm curiosidade de saber quem é Van Gogh por Van Gogh, leiam *Cartas a Theo*.[2]

Mas era hipersensível, não é?

---

2   Van Gogh escreveu cartas a seu irmão, Theo, entre julho de 1873 e 1890. É possível ler as cartas originais no *site* do Van Gogh Museum.

Não sei se ele era hipersensível.

Mas Van Gogh foi internado várias vezes.

Mas ele se internava voluntariamente. Estive lá naquele hospital.[3] Fiquei internado ali por um dia.

---

3   Clinique Psychiatrique de la Maison de Santé Saint-Paul. Hospital no sul da França no qual Van Gogh foi internado em 8 de maio de 1889, a seu pedido.

Ser ou não ser bioniano (eis a questão)

Você considera que atender pelo viés bioniano é para todo tipo de paciente? Na minha leitura, serve só para pacientes que já estejam em outro estágio, pacientes que podem reduzir todas as suas questões à sessão com o analista. Não acho que pacientes que ainda não passaram de estágio e que trazem para a sessão somente elementos beta possam ser atendidos de forma bioniana, e por isso é interessante discutir esse tema.

Boa pergunta. Acho que quem está acostumado a trabalhar de um jeito, que continue do modo com o qual está mais familiarizado. A teoria de Bion, a forma como ele trabalha, e como ele sugere trabalhar... Bem, isso vai depender do grau de insatisfação com o trabalho que se está fazendo. Como diz o ditado, "não se mexe em time que está ganhando". E, se você está certo, não vai querer mudar. Estudo há muito tempo, e acho as teorias de Freud, Klein e Winnicott extraordinárias. Se você conhece e sabe como usar, e isso leva um tempo, uns dez anos pelo menos, você começa a ver na prática o que corresponde a essas teorias.

Tanto a abordagem de Freud, quanto a de Klein e a de Winnicott se referem ao conhecido. Conhecendo a teoria, vocês vão encontrar o que eles falam. Einstein diz que a teoria nos norteia a encontrar aquilo que procuramos. Nas teorias de Freud, Klein e Winnicott, é como se você já tivesse uma espécie de roteiro e aplicasse naquilo que o paciente está falando ou expressando, naquilo que já é conhecido. Trabalhei assim muitos anos e me sinto em débito com esses pacientes... Me sinto devedor porque com o tempo fui me dando conta de que o que é conhecido não interessa mais. Essa é uma questão: a análise clássica é a análise do conhecido.

Em uma série de detetives antiga de TV chamada *Columbo*, o sujeito começava a investigação e já sabia quem era o culpado! Na análise clássica é assim: você já sabe. Se a questão é com o Édipo, você procura no material clínico. Se é com a cena primária, é só procurar no material clínico. Mas, lá pelas tantas, você começa a perceber que o que incomoda o paciente é o que ele não sabe, e, portanto, o analista sabe menos ainda. O paciente ainda sabe alguma coisa a respeito dele, mas o terapeuta não sabe nada. Isso requer uma postura mais humilde.

Trabalhando com as teorias de Freud, Klein e Winnicott... eu sei. Eu sei qual é o problema do paciente; ele pode não saber, mas eu sei. Agora, se trabalho com a teoria de Bion... eu não sei. Estou pior do que ele. Porque estou atrás do desconhecido. Do desconhecido do mundo mental do paciente, que é desconhecido para ele e muito mais desconhecido para mim.

Todo paciente que vejo é sempre pela primeira vez. Quando ele chega, vou chamá-lo na sala de espera, e aí existem algumas invariantes; reconheço que é aquela pessoa mesmo que vou atender, lembro o nome, já associo com o nome. Mas isso não é memória, isso é associação. Mas se eu pensar que já sei quem é o paciente que vem... bem, para mim, é melhor eu nem atender. Esse paciente não vai se beneficiar. Se sei quem é o paciente, então estragou tudo. Não é possível que eu saiba!

Em um primeiro momento, isso me parece algo muito duro com o paciente, e se é um paciente que chega deprimido, muito regredido, penso que é difícil seguir por esse viés.

Pois é, é preciso conhecer um pouco mais, ter um pouco mais de experiência. Por exemplo, você fala em regressão. Só pode regredir o que evoluiu; se não, não existe regressão. Se aquilo que você observa está aparentemente regredido, se nunca evoluiu, então não há regressão. O que está acontecendo? Eu não sei. Essa é questão com a análise clássica: o analista já sabe que é regressão. Mas se eu sei que aquilo que não evoluiu não regride, então estou diante de algo desconhecido. Eu não sei do que se trata.

Então, quando Freud se refere à regressão, do que ele está falando?

Freud não percebeu que os aspectos evoluídos do paciente continuavam lá, e que eram os aspectos que nunca tinham evoluído que emergiam. Freud acreditava em regressão. Mesmo com oitenta anos de análise, qualquer um de nós, ao deitar no divã, vai ver emergir aspectos não evoluídos. Aspectos que encontraram uma oportunidade para poder evoluir. Estou sendo claro? É isso o que acho maravilhoso na abordagem de Bion. No divã, a parte adulta da pessoa é casada, tem filhos, trabalha, mas toda essa parte evoluída fica de lado. Aparecem, então, as coisas que nunca evoluíram. "Ah, mas essa pessoa está regredida." Não, ela não está regredida.

Um exemplo que imagino ser regressão, só para ver se estou entendendo bem: uma paciente que atendo tem uma filhinha de 3 anos, e percebo que ela compete com a menina pela atenção do marido. Fica ressentida porque o marido dá muita atenção para a menina, brinca o tempo todo com ela, e a paciente fica muito irritada. Claro que ela não consegue associar a irritação dela a isso. Mas o que ela traz, e a partir de seu relato, percebo quanto ela está irritada por conta da menina. Isso não pode ser regressão? Ela está regredida mentalmente. Tem momentos em que ela fica de igual para igual com a menina. Isso não é regressão?

Se a paciente tivesse evoluído, sim, mas isso não parece possível. Supervisionei um caso: a esposa engravidou. O casal teve muito trabalho, foi a médicos, fez tratamento e, finalmente, ela ficou grávida. O marido está odiando! "Porque agora a minha mulher só quer olhar para a barriga dela! Só quer saber do ultrassom, se o bebê está mexendo..." O paciente regrediu? Não. Isso nunca evoluiu nele.

Então você está falando que não existe uma noção linear da psique? O psiquismo não pode ir para a frente, voltar e se fixar? Para Bion, tem a parte psicótica e a parte não psicótica da personalidade, que podem não evoluir... Então, não tem regressão?

Nessa área que você chama de psicótica, tem de tudo: inveja, ciúmes, rivalidade. E tudo o que não evoluiu vai aparecer na sessão.

Em vez de regressão, esse tipo de comportamento representa o predomínio da parte psicótica da personalidade? Como no exemplo do marido que está odiando a gravidez da mulher?

Mas não é regressão. Algo que o paciente nunca tinha tido a oportunidade de elaborar emergiu: a questão da rivalidade, dos ciúmes.

Essa situação simplesmente apareceu? O fato de a mulher engravidar é que desencadeou isso?

Sim.

Mas então não existe regressão?

Na análise clássica, como o colega de vocês falou, há uma visão linear. Freud fala em desenvolvimento psicossexual da libido, vocês se lembram? Fase oral, anal, fálica... Édipo... E quando se vê em dificuldades, e aqui estou falando da teoria de Freud, o paciente regride para a fase na qual funcionava bem. Não é isso?

Porque me parece regressão. A paciente vinha funcionando adequadamente, mas, depois do nascimento da filha, algumas vezes eu não sei de quem ela está falando, se é dela ou da menina.

Porque há uma parte dela que ainda não evoluiu. É provável que essa paciente nunca, de fato, tenha elaborado esse aspecto.

Nesse caso, tem-se três opções: em uma leitura freudiana, podemos dizer que a paciente não elaborou o Édipo. Em uma leitura kleiniana, podemos utilizar a teoria da identificação projetiva, e, na bioniana, podemos investigar ou observar, por exemplo, a parte psicótica da personalidade. Porque se a paciente não sabe quem é ela e quem é a menina, está indiferenciado; é psicótico.

Há um predomínio dos aspectos psicóticos da personalidade, especificamente quanto à rivalidade e à competição com a filha. Isso é muito comum. Mas se elaborar, trabalhar na análise, vai desaparecer.

Não tenham medo de pensar assim: TUDO que aparecer na sessão é uma expressão da parte psicótica da personalidade. Aquilo que não evoluiu, aquilo que nunca teve chance de se desenvolver e está tendo naquele momento, ali com vocês.

Na teoria de Freud é preciso buscar no inconsciente para trazer à consciência. E na teoria de Bion o que está no inconsciente é aquilo que não foi elaborado?

Para Bion é o contrário de Freud. Estão me acompanhando? O que incomoda o paciente, aquilo que o paciente fala, está no consciente; portanto, não está elaborado. Quando ele elabora, vai para o inconsciente, desaparece; o paciente esquece.

Pode repetir, por favor?

Se alguma coisa não existe em sua mente, não está te incomodando, não é isso? Se você já elaborou, superou, aquilo desapareceu. Alguém vê o namorado olhando para outra e fica muito incomodada. Conscientemente é: "O filho da mãe estava olhando para outra, paquerando outra...". O que vem para a consciência é um aspecto que não foi elaborado. Não seria preciso se incomodar, não é? Porque seria uma infantilidade do namorado, e não da namorada.

O que não foi elaborado, por exemplo, nessa situação?

Se o namorado dá uma de pavão para estimular ciúmes na namorada, o que a namorada tem a ver com isso? Se ela tiver alguma coisa a ver com isso, vai ser um banquete. Mas se perceber que não tem nada a ver com aquilo, esse sujeito vai ter que inventar outra forma de chamar a atenção dela. É como uma criança querendo chamar a atenção da mãe. Quem tem filho sabe, as crianças vivem inventando, se não é uma coisa é outra, se não é outra coisa, é outra ainda...

Mas se afeta a namorada é porque ela também tem alguma coisa não elaborada?

Encontrou eco: a complementaridade.

Você disse que quando elabora vai para o inconsciente. E quando não aparece nada? Não tem um sintoma? Não pode ser que algo esteja no inconsciente e a pessoa não sabe?

Depende do referencial com que você trabalha. No referencial de Freud, Klein e Winnicott há algo conhecido. Na análise clássica você sempre lida com o conhecido. E o que é conhecido e não foi elaborado ou se recalca, ou se reprime, até que surja uma nova oportunidade. O paciente procura análise porque está querendo uma oportunidade para rever aquilo.

Em uma análise contemporânea, estamos diante do desconhecido; é preciso investigar, é mais complexo. É diferente da análise clássica.

Os elementos beta processados pela função alfa levam para o inconsciente o que já foi elaborado. Em pouquíssimas linhas, essa seria a função da barreira de contato?

É que a barreira de contato é formada por algo que já tem qualidade psíquica. Quem tem experiência com paciente muito regredido no sentido freudiano, paciente psicótico, fora da realidade... Vou usar um exemplo clássico: o paciente toma um remédio e dorme a noite inteira. No dia seguinte, vai para a consulta e o médico pergunta como ele está. O paciente responde: "Muito mal, não dormi a noite inteira". E ele sente que não dormiu mesmo. O médico pergunta: "Mas o enfermeiro disse que passou no seu quarto e você estava dormindo". Aí o paciente responde: "Eu, dormindo!? Não preguei o olho a noite inteirinha!". Por que esse paciente acha que não dormiu?

Porque ele não pôde sonhar?

Como ele não teve nenhum sonho, sente que esteve o tempo todo em contato com o mundo exterior. Na verdade, esse paciente estava anestesiado; ele tomou remédio para dormir. Dorme mas não sonha, e se não sonha sente que não tem contato com ele próprio. Classicamente, o paciente é como Freud falou, mas o paciente psicótico, não. Freud recusava-se a atender pacientes psicóticos. Ele atendia, mas dizia que não eram psicóticos.

O paciente que fala que não dormiu a noite toda e também não sonhou sente que perdeu o contato com qualquer experiência psíquica. Tudo é sentido concretamente.

Então esse paciente é incapaz de criar símbolos?

O paciente não tem a representação mental da experiência; ele não forma o ideograma. Pode parecer engraçado: uma paciente estava internada no hospital; ela não era minha paciente, mas quando passei por ela eu a cumprimentei: "Bom dia, como a senhora vai?". Ela me olhou com cara de espanto e falou: "Vou de táxi!". Era uma sexta-feira e provavelmente ela iria passar o fim de semana com a família. Quer dizer, não há abstração, não há elemento alfa; o elemento alfa é uma abstração psíquica, uma abstração mental.

"Vou de táxi" é uma equação simbólica?

Sim, é uma equação simbólica.

É uma equação simbólica, mas não chega ao simbolismo.

Em uma equação simbólica não há símbolos. A equação simbólica é a concretude: "Como a senhora vai"? "Vou de táxi!". A equação simbólica ser refere à experiência concreta e é representada por algo concreto, um elemento beta; diferentemente da abstração, que seria um elemento alfa. Se olho para alguém e, na minha experiência, trata-se de alguém bonito, forte e interessante, tenho uma abstração da experiência. Bion chamou essa abstração de elemento alfa para distingui-la da não abstração. Quando a experiência é concreta, Bion chama de elemento beta. Isto é: não tem abstração, é elemento beta; tem abstração, é elemento alfa.

Equação simbólica e elemento beta são a mesma coisa?

São exatamente a mesma coisa. Equação simbólica quer dizer que não há símbolo.

Você pode dar um exemplo clínico relacionado com a teoria? A função alfa forma os elementos alfa e a barreira de contato separa o consciente do inconsciente.

Vou tentar. Perguntei para aquela senhora na clínica: "Como a senhora vai?". Ela me olhou com surpresa e respondeu: "Vou de táxi!". Para ela, a concretude era óbvia; não havia abstração. Era uma paciente psicótica grave. "Vou de táxi." É concreto, é um elemento beta.

Então não tinha barreira de contato?

Os elementos alfa é que formam a barreira de contato. O conjunto de elementos alfa, de abstrações, forma um tipo de historinha. O conjunto de abstrações é o que se chama de "conjunto de elementos alfa". E é isso que se conhece por "conjunto do sistema de barreiras de contato". Por que "barreira"? Porque separa o consciente do inconsciente. E por que "contato"? Porque mantém o contato entre o consciente e o inconsciente. Separa e mantém o contato.

A abstração é um elemento alfa?

Toda abstração é um elemento alfa. A incapacidade de abstrair forma um elemento beta; é o que vocês mais veem em qualquer exemplo clínico. Na maior parte do tempo, vocês, provavelmente, vão estar em contato com elementos beta. E se não é possível abstrair, tem de evacuar, eliminar.

Podemos ver a barreira de contato como um paradoxo? Ao mesmo tempo que separa o consciente do inconsciente, também promove a relação entre os dois.

Isso mesmo. Imaginem um bebê: não tem consciente nem inconsciente. A mãe é quem interage com ele. Gradativamente, a mãe vai dizendo: "Ah, está com fome", "ah, está sujo". Com o tempo, com a repetição, a mãe nomeia para o bebê a experiência: "Você está com fome". E aquilo que não era nada, era um barulho, um elemento beta, vai adquirindo sentido.

A barreira é o contato com a realidade?

A barreira de contato separa o inconsciente do consciente; portanto, ela é aquilo que permite o contato com a realidade. Se consciente e inconsciente estão misturados, não existe o contato com a realidade.

Quer dizer que quando não existe barreira de contato e só há elementos beta, é psicótico?

Grosseiramente falando, sim. O psicótico não produz a barreira de contato.

Pacientes somáticos também não produzem a barreira de contato?

IK: Eles somatizam porque têm dificuldade de abstrair a experiência. Supõe-se, então, que exista algo responsável por abstrair a experiência; esse algo seria a função alfa.

O psicótico não pode ter um "momento função alfa"?

Olha, dizia um professor quando eu era estudante de psiquiatria em um curso em que todos os estudantes eram psicanalistas: "Psicótico é igual a um relógio parado: pelo menos duas vezes por dia dá a hora certa". O psicótico pode estar prejudicado nessa função, mas mesmo precariamente essa função funciona. Pode estar internado em um hospital psiquiátrico, mas pede comida. Ele abstrai, no mínimo, quando está com fome. Isso é um elemento alfa.

Atendia uma pessoa que interrompeu a análise. Acho que não aguentou... Faltou sistematicamente às sessões por mais de dois meses porque no horário da sessão tinha um desarranjo intestinal. Quer dizer, isso chega literalmente à concretude da coisa. A evacuação era tão violenta que no horário da sessão me ligava para falar que não estava conseguindo sair de casa.

É um exemplo da concretude dos elementos beta. Nesse caso, inclusive, a mente do paciente estava funcionando como intestino. O interessante é que esse é um exemplo clássico: a mente ou o intestino, em vez de funcionar como um aparelho para processar (a mente *tem* a função de processar a experiência), funcionou como um aparelho para expulsar a experiência, e não para transformá-la. No caso desse paciente, tudo se tornou elemento beta e precisou ser expulso.

Ontem atendi uma paciente que já começou a falar antes de se deitar no divã. Era tanta coisa ao mesmo tempo... Então eu perguntei a ela: "O que você está querendo falar comigo?".

E...?

Ela disse: "Nada. Eu só queria só contar para você".

O que estava acontecendo "ali"?

A paciente estava evacuando?

Evacuando elementos beta que não foram transformados pela função alfa em elemento alfa.

Todos os assuntos dessa paciente giram em torno de um mesmo assunto. Eu perguntei para ela: "Quando você diz isso, isso e isso, você não está falando 'disso'?". Ela ficou me olhando com uma cara de "como assim?". Eu continuei: "Isso que você falou, será que não pode ser 'aquilo'?". Ela respondeu: "Não, não era nada mesmo".

Tudo gira em torno de uma mesma questão: ser perfeita na aparência, se sentir bonita. Ela falou de uma série de coisas, falou de várias situações... Eu disse que era importante o que ela estava trazendo e que a questão era com a aparência mesmo. E ela fez uma cara... Quer dizer, eu não fui clara? A questão é: por quanto tempo vai ser assim? Eu quero saber quando essa paciente vai poder falar dessa questão importante?

Posso dar uma resposta, mas não tenho condições de dar com precisão de dias e de horas. Vamos devagar. Imaginem uma criança brincando com blocos de montar. Ela monta uma casinha, uma ponte, um castelo, mas dali a pouco alguém chama ou acontece qualquer coisa e ela fica com raiva, dá um pontapé naquilo e deixa tudo em pedaços. O que se tem então são pedaços de casinha, pedaços de automóvel, pedaços de castelo. Esses "pedaços" são o que chamamos de "objetos bizarros". Não é mais elemento beta porque já foi processado. Anteriormente, já tinha sido criada uma imagem, um conjunto de imagens que formou o castelinho, a ponte, a casinha. Mas a criança despedaçou tudo. Não é mais elemento alfa porque está em pedaços, não é mais elemento beta porque já foi processado. O que se tem agora é um conjunto de "objetos bizarros". Isso cria toda uma linguagem para poder se comunicar.

Porque a ilusão muitas vezes é: o paciente começa a falar. E ele fala, fala, fala, vai passando de um assunto para o outro e tem-se até a impressão de que está havendo uma conversa. Mas se o analista perguntar "o que você quer falar comigo?" e o paciente responder "só queria falar, não é nada", o paciente confirma que não está acontecendo conversa alguma.

E quando acontece isso que aconteceu comigo? Fui fazendo associações e cheguei à questão da importância da aparência. Na minha escuta, a paciente estava falando da importância de sempre estar com uma aparência boa para as pessoas.

E para você, isso é importante? Ela está falando sobre isso com você, não é?

Sim, ela sempre vem superarrumada para a sessão, maquiada, perfumada, cabelo comprido sempre solto, muito bem-vestida, nunca veio sem ser desse jeito.

Você poderia falar isso para ela. Você faz questão que ela chegue arrumada?

Nunca fiz questão disso!

Mas a paciente acha que sim, está preocupada, ela não sabe se você faz questão. Eu aqui estou "alucinando" que ela estava conversando com você, e não com as paredes. A paciente está dizendo que acha que você dá importância para a aparência. Pode até ser verdade, mas aí nós vamos começar a alucinar aqui... Eu posso ter certa evidência quando é comigo; nesse sentido, a gente se protege da loucura.

Sobre a paciente falar da importância de estar sempre bem-arrumada, bem-vestida, eu diria: "De fato, é melhor vir vestida do que vir nua, ou vir de qualquer jeito parecendo uma mendiga, ou coisa parecida". Eu falaria para essa paciente algo do gênero: "Eu escutei o que você me falou". Senão a paciente vai achar que está louca. Ela fala, fala e fala e o terapeuta não percebe que é com ele. O paciente pode sentir que está ficando louco. O paciente fala, fala e fala do que gosta e do que não gosta, e o terapeuta não fala nada. Não é incomum o paciente não voltar mais e o terapeuta não saber porque. Ele estava conversando com quem?

Atendo em uma casa que está em reforma e, por conta disso, precisei atender em outra sala que não é lá muito confortável. Enfim. E um paciente me falou: "Hoje eu vou ter de ir naquele curso; em vez de cadeiras apropriadas, eles colocam a gente em qualquer sala; em vez de oferecerem um material adequado, eles dão aquelas apostilas de quinta". Não tinha como não perceber que o paciente estava falando comigo mesmo!

Em princípio, qualquer paciente que entra na sala, o que quer que fale, seja disfarçado de mãe, de pai, ele está falando com vocês. É claro que nenhum de nós tem a obrigação de fazer interpretações enigmáticas, mas podemos perguntar: "Você está falando do quê? O que está te ocorrendo?"; "Tenho a impressão de que você está falando comigo, mas não sei do que se trata." Não tenham medo.

Mas como arriscar?

Imagine alguém se dar ao trabalho de pegar uma condução ou o automóvel, pegar trânsito, ir até o consultório de vocês, esperar. Para quê? Para conversar com quem?

Você falou que as teorias de Freud, Klein e Bion são fantásticas, mas é inevitável que às vezes surjam questões. Você olha para um paciente e se depara com algo que está relacionado com um trauma. Olha outro e percebe que se trata de uma identificação projetiva ou falso self. *O que dizer quando alguém pergunta: "Qual a sua abordagem?". Porque não sei qual é a minha. Eu achava que era freudiana, mas agora não sei se eu sou kleiniana, bioniana...*

Tenho certeza de que não sou freudiano, nem kleiniano nem bioniano. Porque se eu fosse falar "olha, o que eu faço é bioniano", acho que tenho mais ou menos uma ideia de como eles reagiriam... Como posso colocar o meu nome em uma coisa que você faz?

É como se fosse uma espécie de "plágio"...

Nem plagiar é, porque eu não sei como eles faziam. Uma coisa é o que Freud fazia, outra coisa é o que ele escreveu. Sei disso pela minha experiência com o meu analista, Frank Phillips. Ele escreveu muita coisa, mas como ele fazia, como ele realizava lá comigo, era outra coisa. Uma coisa é a teoria, outra coisa é a vida prática.

Uma vez falei para um professor que eu estava com dúvidas, que não sabia se eu era freudiana ou kleiniana, e ele falou: "Você tem que definir, senão você se torna um balaio de gatos".

Mas quem não é um balaio de gatos? Com a experiência, inconscientemente você vai trabalhando e nem sabe o que está usando. Depois de um tempo, se fizer um esforço, talvez chegue perto da ideia de como está trabalhando.

Atendi uma paciente que a cada minuto falava de um assunto. Tentei fazer uma colocação sobre o que estava acontecendo ali, entre nós duas, e ela virou e falou: "Não é nada disso, porque se eu tiver que falar com você, eu falo na sua cara". O que essa paciente traz para a sessão são só elementos beta, mas quando eu tento ajudar...

Eu diria para essa paciente algo mais ou menos assim: "Olha, essa foi a minha impressão, e se eu estiver errado quem sabe o desenvolvimento talvez possa mostrar que eu estou equivocado, ou se o que eu falei tem algum sentido com o que você falou. Vamos aguardar a evolução". Sem criar confronto. É que ela se sentiu acusada.

Aconteceu uma coisa parecida comigo. Fiz uma interpretação e o paciente imediatamente falou: "Não tem nada a ver isso que você está falando!". Ficou muito irritado, me deixou desconcertada. Depois disso, fiquei com medo de fazer interpretações. Desde esse dia eu penso dez vezes antes de fazer uma interpretação.

Esse é um problema que se criou...

Uma questão que normalmente ocorre é: "Mas por que você está me dizendo isso?". E o paciente responde: "Porque eu quero saber o que eu tenho que fazer, e eu estou dizendo isso para você me dizer o que eu tenho que fazer". Essa é uma resposta muito frequente.

Para esse paciente eu diria algo mais ou menos assim: "Mas em algum momento nós combinamos que você viria aqui e eu seria um consultor? Que eu diria para você o que você tem que fazer?".

Ele me falou: "Mas você não é a terapeuta?". Você é quem tem que saber o que fazer".

"Então você veio falar com a pessoa errada, isso é um equivoco". Eu diria isso, sinceramente.

Eu disse que se ele colocar a responsabilidade em mim, se der certo ou se der errado, ele vai dizer que fui eu quem fez, e não ele. Falei que nós podíamos pensar juntos, mas a decisão de fazer ou não fazer era dele.

De fazer ou de não fazer e de se responsabilizar.

E quando o paciente fala: "Na sessão passada, quando você me falou isso, isso, isso e isso...". Aí eu pergunto: "Mas eu falei isso?!".

Tenho tantas histórias sobre isso. Alguns anos atrás, um paciente me procurou para agradecer por tudo o que eu tinha feito por ele. Eu disse: "Mas eu não fiz nada. Não sei o que fiz por você". Essa pessoa falou que eu o tinha ajudado muito, e que ele tinha chegado onde chegou graças a minha ajuda. Uns dez anos antes, ele havia me procurado para fazer análise e ficou quatro ou cinco anos comigo. Perguntei no que ele achava que eu tinha ajudado. Segundo ele, eu o tinha ajudado por ter falado que ele preferia morrer a se responsabilizar por ele mesmo. Eu não me lembrava de nada, e acho que não falei aquilo. Na época ele devia ter uns 29 ou 30 anos, era relativamente jovem, mas não estudava, não trabalhava e era de uma família muito rica. Isso que eu teria dito para ele, que ele preferia morrer a estudar ou trabalhar, eu não lembro. Não encontrei dentro de mim. Mas ele veio me agradecer porque disse que aquilo foi como um terremoto na vida dele. Não acho que falei, mas como não faço registros...

Cada um escuta as coisas do seu jeito.

O que se fala é uma coisa, já o que o paciente entende... O que eu falei para ele ter entendido aquilo? Esse é o problema. Não sei se ele chegou onde chegou por causa dele ou por minha causa, quer dizer, por algo que eu teria dito, essa é a questão. A gente se envolve tanto, se envolve no sentido do trabalho, que perde a capacidade de julgar. Nesse sentido, a pior pessoa para avaliar um paciente é o analista, o terapeuta. Eu não recomendo. A pior pessoa para avaliar um paciente é o seu analista, talvez a única que não devesse avaliar.

É como um pai ou uma mãe ter de julgar um filho. É evidente que a relação é outra.

É que julgamento envolve valores; os seus valores. E penso que a pior pessoa para fazer um julgamento é o analista, o terapeuta. O valor em questão pode ser algo particular para a vida pessoal dele, não para a dos outros. É muito delicado, eu não recomendaria. Essa é uma área que eu aconselharia evitar. Julgamento sempre vai depender de valores morais. Não convém para o terapeuta se envolver nisso.

Atendo uma paciente psicótica que inventa palavras. Quando ela conversa, usa palavras corretas, mas também usa outras que ela cria. Dá para perceber que ela está tentando passar alguma ideia, às vezes até dá para entender. Mas as palavras que ela usa, ou o que ela fala... Ela inventa mesmo palavras. O que é isso? Não tem nada a ver com representação, não é?

Não.

Ela está tentando se comunicar, mas usa palavras que são nada. Não dá nem para reproduzir o que ela fala. Ela me contou uma vez que teve uma dor de cabeça porque quando foi pentear o cabelo o pente estava sujo e uma bactéria entrou na cabeça dela. Disse que matou a bactéria com um veneno. Na verdade, ela lavou a cabeça com o xampu da mãe e o "veneno" matou a bactéria.

Esta semana recebi um e-mail com um desses vídeos que tem na internet. Nele, uma menina de uns 6 ou 8 meses segurava um livro e fingia que estava lendo: "Blá-blá-blá, e blá-blá-blá...". O pai achava muita graça. Ela queria era arranjar um assunto... Mas aquilo não tem representação mental. É barulho, e só. Não tem representação mental coerente, são pedaços.

Essa paciente que inventa palavras... Ela quebra as palavras, é meio parecido com o gago, mas ela quebra de outro jeito...

Dependendo da forma e da intensidade da quebra, se o analista fizer um esforço, dá até para acompanhar. Tem um artigo muito bonito da Pathernope Bion Talamo[1] sobre isso.

Texto citado

Talamo, P. B. (1997). Os dois lados da cesura. In *Bion em São Paulo: ressonâncias* (M. O. A. E. França, org.). São Paulo: Imprensa Oficial do Estado. (Artigo originalmente publicado em 1996).

---

1   Talamo, 1996.

Memória ≠ lembrança (evolução)[1]

Uma teoria sobre o pensar, O aprender com a experiência, Elementos de psicanálise e *Transformações*: o que o Bion pretende com esses quatro trabalhos? Na minha opinião, ele pretende esgarçar, expandir o ponto; a área que surge entre o estímulo até a ação. Isso se chama pensar. Nesse espaço entre o estímulo e a ação é que surgem os pensamentos. Mas como expandir? Se o paciente diz que tudo está na vizinha, na cunhada, na irmã, no cachorro, na televisão...

Não lembro exatamente onde está isso, mas Bion diz que a análise ajuda a desenvolver essa função.

Bion primeiramente escreveu *Uma teoria sobre o pensar*, mas ele mesmo percebeu que alguns pontos não tinham sido esclarecidos. *O aprender com a experiência* é uma tentativa de ampliar exatamente essa questão: como expandir a área que surge entre o estímulo e a ação? Vocês podem dizer: "Puxa, psicanálise é isso?". É. Psicanálise é isso. Pode ser que mais adiante vocês descubram

---

1 Nesta aula, será lido o capítulo VIII de *Aprendiendo de la experiencia*.

outras coisas, mas por enquanto é isso. A teoria é aparentemente muito simples; como utilizar é uma questão de técnica.

Freud não amplia essa questão, mas também não a deixa tão de lado. Ele escreveu *A interpretação dos sonhos*. Se vocês lembram, um dos aspectos que Freud menciona muito frequentemente é a função do sonho. O sonho serve para que a pessoa continue dormindo. Portanto, tem a função de censura. Se aspectos inadequados passarem do inconsciente para o sonho, a pessoa vai ter um pesadelo e vai acordar. Para que isso não aconteça, "alguma coisa" precisa impedir a passagem de elementos inconvenientes para o sonho, para que o sonhador possa continuar dormindo. Acho que essa é a dica que Freud deu e Bion entendeu.

Por que esses elementos inadequados passam? É um tipo de defesa? É porque o sonhador ainda não pode suportar aquilo?

O que permitiu que os elementos inadequados passassem para o sonho? Novamente, a resposta é: a função alfa fracassou, falhou. Se vocês lembram, a função alfa transforma os elementos beta (que são os aspectos sensoriais da experiência), em elementos alfa. O elemento alfa já é uma representação da experiência. O que real-mente importa é como vocês vão trabalhar isso no consultório, como vão transportar isso para a clínica. Vou dar um exemplo. Um supervisionando, já com certa experiência, trouxe para a su-pervisão o seguinte: ele estava resfriado ao atender uma paciente. Durante a sessão, precisou assoar o nariz algumas vezes. Ele con-tou que, durante a sessão, a paciente dizia estar se sentindo muito sobrecarregada, que desde pequena se sentia responsável por cui-dar dos pais. Contou que a mãe era muito doente e que tinha de cuidar da mãe etc. etc. etc. E o analista entrou no conteúdo: "Ah, puxa... Pois é...". Obviamente, perdeu-se uma sessão. O que vocês pensam desse pequeno exemplo?

Tem algo a ver com transferência?

Ao expressar o seu mal-estar, o analista estimula a paciente a lembrar-se de alguma coisa; é o contrário da transferência de Freud. Ele estimula a paciente a se lembrar de algo que dê sentido para aquilo. É como se a paciente dissesse: "Quando eu era criança, tinha que cuidar da minha mãe. Agora também vou ter que cuidar do terapeuta? Se está doente, por que o filho da mãe não fica em casa, se tratando?". O que essa paciente fez? Ela transformou a experiência emocional. Ela transformou os aspectos sensoriais da experiência, o assoar o nariz, o lenço, os espirros, em elementos alfa. Surgiu, então, uma espécie de "sonho": a lembrança da paciente, de quando ela era criança e cuidava do pai e da mãe. Se vocês pegarem isso; porque basicamente é isso. Atualmente, essa é a técnica da psicanálise. O problema existe e, de certa forma, há como lidar com esse problema, se o paciente for capaz. Mas se para o paciente tudo estiver no outro, ele não tem nada a ver com aquilo. Outro exemplo: o paciente chega e fala: "Porque de tanto o meu filho insistir, comprei a passagem do avião, e a empregada foi embora, a minha mulher ficou brava...". Esse paciente não sabe do que está falando. Como vocês chamariam isso? Essa atividade em que o paciente acha que o terapeuta deveria saber do que ele está falando.

Alucinação.

Alucinação. Esse é um capítulo complicado, porque faz parte da área do *não pensamento*. E se não há pensamento, não há função alfa, não há nada e eu já não sei o que fazer com isso. Mas quando a relação se desenvolve a partir do encontro com o terapeuta e o paciente se lembra de alguma coisa do passado, ele já pôde fazer uso de alguma função alfa do terapeuta por meio da transformação da imagem em uma narrativa para tentar dar sentido ao que está havendo ali. Então existe algo com o que se trabalhar, dá para ficar um pouco mais tranquilo. No primeiro exemplo, Bion chama de sonho o que ocorre com a paciente. A paciente está acordada, está ali com o terapeuta, vai sonhando aquela experiência com o terapeuta e vai lembrando...

Nesse caso, a paciente sonhou a experiência, mas o terapeuta, não, ele não conseguiu sonhar.

Os pacientes são muito pacientes conosco. Eles falam, repetem, trazem de um jeito, trazem de outro, até que o terapeuta "pega". Tem de ter paciência mesmo.

Ontem, quando atendi um paciente, me lembrei de você, porque o splitting não funcionou. Ele está comigo há quase dez anos, é bastante comprometido com a análise, mas está vivendo um momento muito difícil. Como teve um imprevisto no trabalho e não pôde ir à sessão em seu horário normal, me pediu um horário extra. Ofereci para ele um horário em que eu normalmente não trabalho, e ele sabe disso, mas, por tudo o que ele está vivendo, abri uma exceção. Por conta do que estava ocorrendo eu esperava que ele fosse falar sobre o tumulto que está acontecendo na vida dele. Mas o tema da sessão foi gratidão. A sessão inteira ele falou sobre a relação dele com as pessoas e nem sequer tocou no grande problema que ele está vivendo. Foi aí que me lembrei de você: "Por que será que ele está me falando isso?". A gratidão tinha a ver comigo! E eu ali, pensando: "O que será que ele quer me dizer?". No final da sessão, perguntei para ele: "O que será que você estava querendo dizer?". E ele disse: "Era só isso mesmo, era para te agradecer. Está muito difícil, mas eu só precisava disso". Por isso o splitting não funcionou no começo, mas depois "eu voltei".

Por que você acha que não funcionou?

Porque eu fui para fora, para o conteúdo. Só depois voltei.

Inicialmente, penso que não é adequado "ele veio aqui para isso". Você poderia imaginar que esse paciente teria ido ao consultório para outra coisa, mas, ao se encontrar com você, ele é estimulado por um sentimento de gratidão e o resto se torna secundário. Acho que foi isso o que aconteceu.

Isso foi analisado, não se trata mais de "eu acho".

Se isso é verdade, e vamos supor que seja... O paciente vai à sessão. Ao se encontrar com você, ele é estimulado pelo encontro, pela sua presença, e ele vai transformando a experiência com você em elementos alfa. Os elementos alfa vão formando uma barreira, a barreira de contato ou cesura. O paciente vem com algo consciente para conversar com o analista, mas, ao se encontrar com você, ele transforma aquela experiência em imagens e aí surgem outras coisas, consciente e inconsciente. As áreas do consciente e do inconsciente continuam separadas, mas algo do inconsciente dele emerge transformado em gratidão, que é a palavra que ele podia usar "vim aqui para agradecer, eu precisava disso". Isso é gratificante, gratifica muito o trabalho. Mas e quando a função alfa falha? O que acontece? As experiências e os aspectos sensoriais da experiência não são transformados. Permanecem os elementos beta que vão formar não uma barreira de contato, mas uma tela beta. Tela beta que serve apenas para eliminar, para evacuar. É aquele paciente que deita e fala: "Ontem fiz isso, fiz aquilo, encontrei com a minha tia, e o cachorro...". E fala, fala, fala. O terapeuta pode até perguntar para o paciente: "Mas o que você quer falar comigo?". E a resposta é: "Nada, eu só queria desabafar, descarregar um pouco". A tela beta serve para eliminar os elementos beta por meio do mecanismo que Melanie Klein chamou de identificação projetiva. Ou, como diz Freud, eliminar o excesso, o acúmulo de estímulos. Nesse sentido, os estímulos só são atuados. O paciente falando, falando e falando.... É uma atuação. É um *acting out*. A pessoa tem vontade de falar e fala. E vai falando sem pensar se aquilo é realmente assunto de algum interesse; fala porque fala. Não há nada entre o estímulo e a ação. Freud, "Os dois princípios".

E se entre o estímulo e a descarga não há espaço, qual é a saída? Tentar aumentar o espaço que fica entre o estímulo e a ação, tentar expandir essa área por meio de ideias e de pensamentos; isso é Freud, "Formulações...". O que eu estou falando aqui para vocês é exatamente isso. Parece estranho?

Gostaria de voltar ao exemplo do analista gripado e da paciente que se sentia sobrecarregada. Você disse "perdeu-se uma sessão" porque o terapeuta não percebeu a transferência?

Pode chamar de transferência, mas eu não chamaria de transferência. Chamaria de *transformação*. É bom que fique claro para vocês: transferência é memória. Bion não fala em reatualização, reedição de coisas do passado atribuídas ao terapeuta. O que estou sugerindo é o contrário: são coisas do terapeuta que levam o paciente a se lembrar das memórias dele (paciente). É de outra natureza.

O terapeuta não percebeu, mas, se tivesse percebido, o que poderia ter feito?

Talvez eu dissesse alguma coisa mais ou menos assim: "Quando a gente gosta de alguém, a gente cuida dentro, não fora". O paciente não precisa se preocupar; se estou ali é porque estou me sentindo bem, estou sentindo que ainda posso trabalhar, e ele não precisa se preocupar em cuidar de mim.

Você apontaria isso para a paciente?

Sim, claro! Não é essa a função do terapeuta? Porque essa paciente tem, exagerando um pouco, uma compulsão a cuidar.

A paciente vê o terapeuta doente e lembra que na infância ela também se sentia sobrecarregada por ter que cuidar da mãe e do pai. É bom aliviá-la disso. "Se estou aqui é porque me sinto em condições de trabalhar. Mas você pôde perceber algo de você, da sua necessidade de cuidar dos outros em vez de, quem sabe, cuidar de você mesma." Mas isso vai depender de outras associações, de outras informações.

Atendo uma paciente que só fala, fala, fala e me dá muito sono. Não sei como expandir isso.

Isso também é comum. O terapeuta está muito bem trabalhando até que chega um determinado paciente, e aí dá aquele sono. Depois que o paciente vai embora, o sono passa. Vocês têm essa experiência também? Isso diz respeito mais ou menos àquele tipo de situação que citei aqui anteriormente: são pacientes que funcionam não na área do pensamento, mas na área do não pensamento. Isso é muito angustiante. E o terapeuta pode pensar que está tudo bem, tudo tranquilo, que o paciente só está falando, e aí vai relaxando, relaxando... Diante desse tipo de experiência, o que fazer? Porque, nessa situação, somos tomados pelos próprios aspectos psicóticos, pela vontade de sair dali. E é horrível mesmo, precisa ter muito jogo de cintura.

A sensação de que está tudo bem. É bem isso...

Parece que está tudo indo bem, e o analista entra como se tivesse sido mordido por uma mosca tsé-tsé.[2] Uma vez eu falei isso para um paciente, que ele funcionava como uma mosca tsé-tsé me

---

2   Nome dado às moscas da família *Glossinida*e, com origem nas línguas banto da África equatorial, onde ela é comumente encontrada. A picada do inseto provoca sono porque transmite um parasita chamado *Trypanosoma brucei*, um protozoário que provoca a sensação de letargia e prostração.

picando. Comigo eram só cinquenta minutos quatro vezes por semana, mas ele ficava com aquilo o dia inteiro. Imaginem só! Um tempo depois, ele falou que era aquilo mesmo: "Tenho sono 24 horas por dia".

Gostaria de voltar naquela parte em que o paciente chega e fala: "Você sabe do que eu estou falando, não é?". Esse paciente está sonhando?

O paciente que fala que acha que o terapeuta já sabe do que ele está falando não está sonhando nada.

Então ele está alucinando que eu sei do que ele está falando?

No sonho, a pessoa tem dúvida; na alucinação, não.

E quando o paciente pergunta: "Você sabe do que eu estou falando?".

Com sinceridade? Eu digo que não tenho a menor ideia. Digo: "Se mesmo quando você fala eu não sei do que você está falando, quando você não fala, então...".

Aconteceu comigo. A paciente teve um problema, precisou fazer uns exames e estava muito angustiada. Aí ela perguntou: "Você sabe do que eu estou falando, não é?".

Eu diria: "Não tenho a menor ideia".

Mas eu tinha. Eu sabia do que ela estava falando.

Como é que você poderia saber? Se a paciente falou ontem ou na semana passada. Ela poderia estar pensando em outras coisas. Se ela perguntasse: "Lembra que na semana passada eu disse que ia fazer um exame?". Então, sim, mas se o paciente pergunta: "Você sabe do que eu estou falando?", eu digo: "Eu não!".

Mas eu realmente sabia do que ela estava falando. O que eu quero saber é o que está acontecendo na cabeça do paciente quando ele deduz que eu sei, ou me pergunta se eu sei.

Se quando o paciente fala não se sabe do que ele está falando, quando o paciente não fala... Se fosse assim, as associações livres, a psicanálise e a psicoterapia não seriam necessárias. O terapeuta não pode ter memória. Quando um paciente contava um sonho, Freud pedia para ele repetir o sonho:

P.: O senhor entendeu o que eu falei?
F.: Não.
P.: O que o senhor não entendeu?
F.: Nada.
P.: E o que fazemos?
F.: Conte-me novamente o sonho.

O paciente contava o sonho de novo, e aí Freud descobriu uma coisa muito interessante: o paciente nunca contava o sonho da forma como havia feito na primeira vez; sempre contava de outra forma. O paciente acrescentava mais um dado e mais outro... Não era o mesmo sonho.

Se o paciente faz isso, como é que vamos saber sobre a vida mental dele? Quer dizer, o paciente vai trazer outros dados sobre os quais você não estava informado. Dizer que sabe eu acho uma temeridade. "Se você não se incomodar de repetir, se você não se incomodar de contar novamente." Senão o terapeuta entra em um conluio de alucinações e ficam os dois como os maiores do mundo, o bebê e a mamãe, mas não sabem o que se passa com o outro. Eu falaria isso: "Se você não se incomodar e puder falar de novo...". Quando você pede para o paciente contar de novo, ele traz outros dados. Como é que nós podemos saber o que o paciente falou se há dados que nós desconhecemos?

A perspectiva é de dar espaço para o novo?

Para o que está por vir. Se não for um paciente muito comprometido, a história vai trazer outros elementos.

Seria uma espécie de aprimoramento?

O paciente vê por outros ângulos e fala o que não falou, seja sobre o sonho, seja sobre a experiência com a mulher ou no trabalho. É impressionante. Foi isso o que Bion percebeu depois em *Transformações*. Quando achou que já tinha descoberto alguma coisa, ele percebeu que ainda tinha algo mais embaixo. Você sempre vai ver outras coisas que estavam lá e o paciente não falou.

O que o paciente falou, está falado. Acho até uma desonestidade guardar coisas que o paciente fala. Porque são coisas do outro; eu estaria roubando coisas do outro. Se já é ruim guardar as próprias memórias, guardar a memória de outros, então... É entulho. Eu não tenho nada a ver com isso. Não estou falando de lembrança, esse é outro polo. Lembrança é quando você fala alguma coisa e alguém diz "puxa, é mesmo, também estive lá e foi interessante, foi agradável", "fui passear em Salvador, lembrei que estive no Pelourinho etc."; isso é lembrança. Ou, segundo Freud, associação (diferente de reminiscência).

Freud, em um de seus melhores trabalhos, o "Projeto para uma psicologia científica",[3] já falava que os pacientes sofriam de

---

3   Freud, 1895/1950.

reminiscências. Depois, em "Construções em análise", ele fala novamente. Bion pega isso e vai embora.

Todos nós, e por muito tempo, enquanto somos inexperientes, entramos nisso. Não tenham medo de frustrar o paciente. "Não tenho a menor ideia do que você está falando, não lembro... Não guardo coisas que são de outras pessoas".

Escrevi um trabalho no qual relato o caso de um paciente que se transformou em um problema imenso para mim. Ele ameaçou me processar porque não faço anotações. "Como é que um médico não toma nota?!" Queria que eu soubesse de tudo o que ele me falava:

– Você sabe, eu te falei isso.
– Não, eu não sei.
– Mas como não sabe? Isso é irresponsabilidade, eu posso te processar.
– Pode mesmo. Já estou com tantos processos com você que acho melhor nós interrompermos; para mim, já é uma causa imensa.

O médico pode mesmo ser processado por negligência se não tomar nota, se não fizer prontuário. E como eu fiz medicina...

Essa situação que você traz são reminiscências ou lembranças?

A importância disso é justamente vocês discriminarem a barreira de contato. Por isso estou trazendo esse exemplo. Quando o paciente fala de memória, ele está sugerindo que não há barreira de contato, está sugerindo que os elementos beta estão sendo evacuados por meio da identificação projetiva. Quando o paciente traz elementos alfa, ele está falando de lembranças ou associações. Ou, como diz Bion, de evolução. Qual a importância disso? Se vocês detectam que o paciente está falando de memória, ou se é entulho, como vocês chamaram, vocês estão diante de uma pessoa cuja função alfa está falhando, fracassando. O paciente não está processando a experiência e, portanto, não está transformando os elementos beta em imagens, em lembranças. Na ausência de experiências vívidas e reais, ele usa memórias. Quando o paciente transforma a experiência em imagens vivas, em elementos alfa, ele vai dizer que se lembra de alguma coisa, mas são lembranças estimuladas por questões dele.

Lembranças estimuladas pela presença do terapeuta?

Acho que é clinicamente importante que vocês discriminem se o paciente está falando de coisas que estão acontecendo e é tudo entulho ou se ele está falando de coisas que estão acontecendo e que são lembranças. No consultório, o paciente olha uma fotografia, um desenho ou uma revista na sala de espera e vê uma foto de qualquer coisa: do Coliseu, da Torre Eiffel, e diz: "Estive lá, é muito bonito, passei uns dias agradáveis...". Isso é lembrança ou memória?

Lembrança.

Lembranças são feitas normalmente por meio de associações?

Associação é lembrança. A foto na sala de espera é o estímulo que mobilizou aquela lembrança. É diferente do paciente que fala, fala e fala, e "só estou descarregando". Isso são detritos: memória.

Quando você diz "discriminar a barreira de contato"...

"Fui lá ontem, encontrei com a minha cunhada que é uma chata, e ela falou isso, falou aquilo..." Memórias. Elas servem para quê?

Se o paciente, do nada, começa a falar alguma coisa da infância e eu sei que algo deu um start *para ele poder começar a falar da infância...*

Eu pensaria: "Por que ele está me contando isso?". É a mesma coisa falar da infância ou contar um sonho. A ideia de algumas pessoas, quando procuram um terapeuta, um psicanalista, é que os psicanalistas gostam que os pacientes falem da infância e contem sonhos. Não é isso? Os pacientes acham que os terapeutas gostam de sonhos, então eles contam sonhos. Cabe a nós investigar por que o paciente está contando aquilo. Muito bem, ele está contando uma coisa da infância, mas para quê? Com que função? Qual é a finalidade disso? É uma forma de investigar o "X" da questão. Qual a função? O paciente pode contar o que ele quiser, mas para quê? Se tem um "para quê", ele está falando de associações, de lembranças. Agora, se o paciente falar: "Não, só estou falando...". Particularmente, tenho horror a essas histórias, porque a vida só existe no presente, no momento. Antes é passado, está na memória; depois é futuro, ainda não aconteceu. A vida real só pode se dar no presente. Se a paciente fala da infância e diz "estou te contando essas coisas porque acho que meu sofrimento, meus traumas, minhas fobias aconteceram quando eu era pequena; eu era deixada sozinha, e agora eu tenho medo de ficar só", é uma tentativa de ajudar o terapeuta, então nesse caso faz sentido. Essa é a parte do paciente: levar material para o terapeuta poder trabalhar.

Se o paciente conseguir entender isso e fizer associações, é lembrança; mas existem pacientes que falam "nada". É horrível isso.

Quando o paciente fala "nada", existe aí também uma função; isso é que é o pior. Quando o paciente fala "nada", ele está transformando o terapeuta em latrina. Também não é nada, é pior do que nada.

É preciso mostrar isso para o paciente. Se é "nada", para que serve?

Penso que sim, é preciso mostrar isso para o paciente, e da forma que vocês acharem melhor. "Puxa, você gasta tempo e dinheiro para não falar nada." É preciso apresentar o paciente para ele mesmo, mostrar para ele como ele usa as pessoas. É claro que isso não vem isoladamente. "Não tenho amigos, não consigo namorar ninguém, já me casei duas vezes e me abandonaram..." Ninguém suporta ele! "Olha, não sei o que houve lá fora, mas se você trata essas pessoas do jeito que você está me tratando aqui, ninguém vai aguentar você." Pode ser que o paciente se levante e vá embora, mas talvez alguém precise falar isso para ele.

É que não é fácil.

Se alguém falou que era fácil, mentiu para vocês.

Atendo uma paciente no primeiro horário do dia. A minha sensação é a de "ai, meu Deus, lá vem a chata...".

Você até já sabia quem vinha.

Eu até já sabia quem vinha; é péssimo isso.

Péssimo é já saber quem vem.

Porque eu estava fechada na "chata".

Claro.

Até que, finalmente, consegui falar para ela que ela era chata.

E?

Mudou completamente; eu não estava mais com "a chata". Mas não é fácil.

Se o terapeuta tem outras informações, como, por exemplo, a paciente se queixa: "Minha amiga brigou comigo", ou o marido quis se separar, foi embora... Aí então é possível tentar alguma coisa, porque o terapeuta não tem acesso ao "lá fora". Eu diria: "Se você se relaciona com eles como se relaciona comigo, eu entendo por que estão se afastando de você; você é muito chata". A paciente vai entender o porquê, isso ajuda.

Ajuda, mas como é que se diz para um paciente que ele é chato? Isso não é assim tão natural...

Na terapia, sim. Porque, lá fora, o que as pessoas fazem? Simplesmente se afastam. E aí é pior, pois ela fica sem saber por que as pessoas se afastam.

Tem um filme, Um *skinhead* no divã.[4] *Não sei se vocês assistiram... O analista é judeu e o paciente é nazista. A minha memória é péssima, eu assisti faz tempo, então só lembro de algumas cenas...*

Se fosse memória, você estaria falando mal do filme. Esse é outro dado que discrimina, diferencia, memória de lembrança. Memória é para brigar, é uma caixa de ferramentas. É aquele casal: "Porque aquela vez você prometeu que ia me levar...". E aí o outro também abre a caixa de ferramentas: "Mas você disse que ia fazer

---

4   *Tala! Det är så mörkt* (título original em sueco). Filme da diretora sueca Suzanne Osten que fez parte da Mostra Internacional de Cinema de São Paulo de 1992. O filme narra a história de um jovem neonazista que é ferido em uma manifestação e que é socorrido por um psicanalista judeu, que oferece ajuda profissional ao rapaz. O filme propõe uma reflexão sobre a onda neonazista que atingia a Europa nos anos 1990. Infelizmente, em pleno século XXI, o tema ainda é atual.

aquilo..." A qualidade básica da memória é servir de ferramenta para guerrear.

Ressentimentos, mágoas...

Exatamente. Isso é memória. A qualidade principal da memória é ressentimento, mágoa. Lembrança, não; lembrança é de uma qualidade completamente diferente: "Puxa, foi bonito, foi muito bom...".

Chegamos ao ponto que eu queria: a importância de discriminar o paciente que está trazendo memórias, e, portanto, está evacuando elementos beta não processados e denunciando o fracasso da função alfa, do paciente que faz associações, traz lembranças, o que mostra que a função alfa desse paciente está operando. Vamos para a leitura?

CAPÍTULO VIII

1. Agora, transferirei tudo o que tem sido dito acerca do estabelecimento do consciente e do inconsciente e [...]

Como se estabelecem o consciente e o inconsciente? Estão lembrados? Com a barreira de contato: elementos alfa; pequenas imagens, pequenas representações das experiências. O paciente que fala, fala e fala não discrimina entre o consciente e o inconsciente. Portanto, ele não tem a barreira de contato.

Um paciente me disse esta semana: "Eu não sei se isso realmente aconteceu comigo". Ele falava sobre algo que teriam dito para ele, algo do tipo "está vendo, olha o que você fez com o seu pai". Quer dizer, esse paciente não tem barreira de contato? Ele tem noção de culpa, mas não sabe se é algo dele ou se é uma alguma coisa que alguém só falou para ele.

Isso, solto assim, fica difícil, precisa ver o contexto. Em outras palavras, é preciso ver quais são as associações.

Era sobre um evento que ele já relatou algumas vezes anteriormente. Disse que um dia sentiu muita raiva da irmã, pegou a boneca da menina e jogou em um terreno baldio. O pai, quando foi buscar a boneca, se machucou, se cortou em uma lata velha de tinta e ficou muito doente, ficou vários dias no hospital. O paciente conta que se sentiu culpado. Ele diz: "Não sei se foi alguém que me disse isso, eu acho que alguém me falou...". Ele não discrimina. Isso é falta da barreira de contato?

Essa é uma pergunta que mereceria uma aula inteira. Esse paciente está falando de algo muito primitivo. O que eu quero dizer é: o sentimento de culpa é anterior, mas agora o paciente tem um bom fato para articular com o sentimento de culpa dele. Se falaram algo ou não, não faz muita diferença, porque ele se sente culpado por aquilo.

Ele acha que o sentimento de culpa dele tem a ver com aquele fato.

Não é que tenha a ver; ele articula, tem um bom fato para justificar. Senão o paciente ficaria louco. Se sentir culpado e não saber por quê é enlouquecedor. Mas agora ele está se sentindo culpado e sabe o porquê.

Então ele tem contato?

Não sei. Não quero atrapalhar vocês, mas eu pessoalmente não sei.

Ele conta porque acha que essa é uma das vezes em que sentiu muita culpa, mas fica em dúvida se é esse o motivo.

Mas é uma causa, não é? Seria uma teoria de causa e efeito: "Joguei a boneca, fiz meu pai ir buscar, ele ficou doente e eu estou me sentindo culpado; não sei se alguém me falou alguma coisa ou se isso é algo meu".

Você está dizendo que o paciente articula porque encontrou uma situação que justifica a culpa, mas que a culpa é anterior. O que a gente faz com isso, se isso não tem nada a ver com aquilo?

É aquela história: no fundo do poço sempre tem mais poço, ou, o fundo está sempre mais embaixo. Se for possível resolver isso (que não vai se resolver), o paciente vai descobrir outros fatos que vão justificar o sentimento de culpa dele.

Mas onde nós vamos chegar?

Acho que em Adão e Eva. Vocês estão rindo, mas é verdade.

Muitos pacientes têm o desejo de descobrir "a causa de todos os meus problemas". E ficam o tempo todo em busca do fato.

Causa e efeito. Talvez seja esse o aspecto mais significativo da parte psicótica da pessoa. Teorias causais são provenientes da psicose, da parte psicótica da personalidade. Existe o "e"; ele jogou a boneca, o pai se machucou "e" ele está se sentindo culpado. Não quer dizer que uma coisa seja decorrente da outra, isso seria uma parte não psicótica da personalidade. Mas "atirei a boneca, meu pai se cortou, ficou doente e eu me sinto culpado por isso", aí é psicose. O sentimento de culpa é anterior.

Se vocês forem estudar mecânica quântica vão ficar malucos. Porque os efeitos da mecânica quântica são anteriores à causa; e isso é incompreensível. Em psicanálise também é assim.

Quando falo que vamos chegar em Adão e Eva, é verdade. Vou dizer mais para vocês: é a melhor teoria sobre o sentimento de culpa que temos, a teoria de São Paulo de Tarso. Adão e Eva comeram o fruto proibido; comeram o fruto da árvore do conhecimento do bem e do mal e cometeram um pecado. Pecado que, de acordo com a teoria de São Paulo, é absolvido pelo batismo. Mas não adianta nada, porque se a criança joga a boneca, o pai fica doente e ela se sente culpada, quer dizer que a culpa não despareceu.

Outra teoria é a de Freud. A rigor, Freud tem duas teorias que convergem para explicar o sentimento de culpa: uma é a do Édipo, e a outra, a da horda primitiva...

E qual teoria você acha mais adequada?

A de Adão e Eva, do pecado original. Vocês estão achando graça, mas é verdade. Porque é uma invenção, e o mistério permanece. Porque a gente não sabe.

É como se tivéssemos nascido com culpa?

Alguns pesquisadores já relataram casos de bebês recém-nascidos com sentimento de culpa. Como se explica isso?

O ser humano nasceu do pecado, nasceu de uma relação sexual.

Essa é a teoria defendida por São Paulo de Tarso. Já sugeri que vocês leiam "Consciência moral primitiva",[5] do Braga e do Junqueira.[6] Nesse trabalho, eles mostram que o sentimento de culpa está

---

5   Braga & Junqueira, 2009.
6   José Américo Junqueira de Mattos, membro efetivo e analista didata da Sociedade Brasileira de Psicanálise de São Paulo e da Sociedade Brasileira de Psicanálise de Ribeirão Preto; e João Carlos Braga, membro efetivo e analista didata da Sociedade Brasileira de Psicanálise de São Paulo e do Núcleo Psicanalítico de Curitiba.

relacionado com o superego. Fazem a coleta de algumas experiências que mostram que isso é pré-natal, acontece antes mesmo de nascer.

Acho melhor ficarmos com a teoria de São Paulo, de que o batismo absolve o pecado original cometido por Adão e Eva. É evidente que é tudo uma bobagem, mas é melhor ficar com uma coisa misteriosa e pronto. Em outras palavras... Eu não sei. O sentimento de culpa existe, não se sabe de onde ele vem e não existe quem não sinta culpa.

Engraçado você trazer isso... Porque ontem uma paciente falava desse sentimento de culpa e mencionou o mito de Adão e Eva. Ela não sabia por que se sentia culpada, e eu falei para ela: "Você e todo o resto da humanidade".

Mas é interessante a justificativa. "Por terem comido do fruto de conhecimento do bem e do mal..." É uma interdição ao conhecimento. Quer dizer, conhecer é pecaminoso, satisfazer a curiosidade é pecado. E nós? O que estamos fazendo aqui? Estamos pecando; somos todos pecadores. Vamos seguir com o texto? Do início do capítulo.

CAPÍTULO VIII

1. *Agora transferirei tudo o que tem sido dito acerca do estabelecimento do consciente e do inconsciente e de uma barreira entre ambos, uma entidade suposta, que chamo de barreira de contato. Freud usou esse termo para descrever a entidade neurofisiológica posteriormente conhecida como sinapse. De acordo com isto, tenho reformulado meu enunciado de que o homem deve "sonhar" uma experiência emocional*

> *comum tanto se esta ocorre durante o sono ou durante a vigília. Dessa maneira, a função alfa do homem, esteja ele dormindo ou acordado, transforma as impressões sensoriais relacionadas com a experiência emocional em elementos alfa, os quais se aderem.*

"Os quais se aderem" não está correto. Sugiro "os quais se vinculam", "os quais se combinam", "os quais se unem".

> *Formando uma barreira de contato. Essa barreira de contato, desse modo em contínuo processo de formação, marca o ponto de contato e de separação entre os elementos conscientes e inconscientes, e origina a distinção entre eles. A natureza da barreira de contato dependerá da natureza da provisão de elementos alfa e de como estes se relacionam entre si.*

Essa provisão é proporcionada pela função alfa atuando sobre a experiência.

> *Eles podem estar vinculados; podem estar ordenados em sequência para que adquiram a aparência de uma narração (ao menos na forma em que a barreira de contato pode se manifestar em um sonho). Podem estar ordenados logicamente e podem estar ordenados geometricamente.*

Aqui eu acho importante correlacionar com "Os dois princípios". Freud fala justamente disso, de ordenamento, categorização... Qual *a relação entre isso e os sintomas obsessivos? Se os pacientes ficam nisso para não pensar em coisas que os deixam angustiados, ficam ordenando, sequenciando e categorizando como uma forma de não pensar.*

Isso é feito com a finalidade de controlar. Controlar o quê? O que o paciente tenta controlar obsessivamente?

A angústia.

Ele vai categorizando, vai tentando se organizar para poder isolar a violência, a hostilidade, a agressividade dele. Freud era obsessivo, por isso que pôde expor tudo isso. Freud transformou a agressividade; ele usou a obsessão compulsiva para se tornar um colecionador compulsivo. Quando ele se mudou de Viena para Londres, foi preciso alugar quase um trem inteiro para levar tudo o que tinha: objetos, obras de arte, livros... De acordo com Freud, o que havia sobrado de seus livros, porque os nazistas haviam queimado quase todos. "Melhor assim... Antes eles queimavam os judeus, agora estão queimando só os nossos livros."

> *(cont. cap. VIII, item 1) O termo "barreira de contato" acentua o estabelecimento de contato entre consciente e inconsciente e a passagem seletiva de elementos de um a outro. A troca de elementos de consciente a inconsciente, e vice-versa, dependerá da natureza da barreira de contato. Na medida em que os sonhos nos permitem um acesso direto ao estudo da barreira de contato, eles seguem mantendo na psicanálise a posição fundamental que Freud lhes assinalou.*
> *A natureza da transição de consciente a inconsciente e vice-versa, e consequentemente a natureza da barreira de*

contato e os elementos alfa que a compõem, afetam a memória e as características de qualquer tipo de lembrança.

Até aquele momento, Bion ainda não tinha se dado conta da diferença entre lembrança e memória. Quando apresentou para alguns colegas o artigo "Notas sobre memória e desejo" e alguém falou que não tinha entendido nada do que ele estava querendo dizer, Bion percebeu que essa diferença não tinha ficado clara. Depois, ele escreve aquilo que eu tenho, mais ou menos, falado aqui para vocês.

Alguns textos citados e sugestões de leitura

Braga, J. C. & Junqueira de Mattos, J. A. (2009). Consciência moral primitiva: um vislumbre da mente primordial. *Revista Brasileira de Psicanálise*, 43 (3).

Freud, S. (1950). *Projeto para uma psicologia científica.* (Edição Standard Brasileira das Obras Psicológicas Completas de Sigmund Freud, Vol. 1). Rio de Janeiro: Imago. (Texto originalmente publicado em 1895).

Freud, S. (1996). *Construções em análise.* (Edição Standard Brasileira das Obras Psicológicas Completas de Sigmund Freud, Vol. 23). Rio de Janeiro: Imago. (Texto originalmente publicado em 1937)

Sobre a com-fusão[1]

Freud primeiramente descobriu a transferência. No início, ele achou que fosse resistência, e que a transferência seria uma expressão, uma manifestação da resistência à análise. Isso o desanimou. *Como trabalhar?* Mas, em seguida, ele percebeu que, sabendo usar, a transferência seria o aspecto, o instrumento, a ferramenta mais importante para o trabalho do psicanalista. E quando é que a transferência não é resistência?

Quando é positiva e o paciente já confia no analista.

Boa lembrança. A transferência teria então duas qualidades: a positiva e a negativa. Do ponto de vista de natureza, qual a diferença entre as duas? Freud recomendava aguardar e não interpretar antes que a transferência positiva se estabelecesse. Para ele, o importante não era interpretar a transferência positiva e, sim, a negativa. Já para Melanie Klein, a transferência negativa devia ser interpretada desde o início, antes mesmo da primeira sessão, na primeira entrevista. O que seria um exemplo de transferência

---

1   Nesta aula, será lido o capítulo IX de *Aprendiendo de la experiencia*.

positiva? A paciente se apaixonar pelo terapeuta. Isso é resistência, não é? Seja positiva ou negativa, a transferência é sempre resistência.

Mas tanto as teorias de Freud quanto as de Melanie Klein fazem parte do que conhecemos como psicanálise clássica, que usa como ferramenta de trabalho a interpretação transferencial clássica. Imagino que vocês trabalhem fazendo interpretações transferenciais. Alguém pode dar um exemplo?

Uma paciente trouxe para a sessão uma briga que teve com o namorado. Disse que entre eles ficou um mal-estar: "Nunca mais se tocou nesse assunto. Parece que há coisas que não podem ser faladas...". Minha interpretação foi: "E aqui, entre nós duas, há coisas que não estão sendo faladas?".

Este é um exemplo de interpretação transferencial clássica. Não chega a ser uma interpretação profunda, mas é uma interpretação de algo relacional, transferencial.

Atendo um paciente que se queixa de não ter tido na infância uma mãe que o orientasse. A mãe não o educou do jeito que ele acha que deveria ter sido educado. Contou que aprendeu sozinho a andar de bicicleta e que quando foi contar o feito para a mãe, ela não deu a menor bola, continuou a costurar como se ele não tivesse feito nada. Na última sessão, ele chegou dizendo que estava muito chateado comigo. Disse que na sessão anterior tinha me contado várias coisas que ele tinha feito de bom no trabalho, de conquistas que obteve, e eu nem sequer o tinha elogiado. Coloquei da seguinte forma: "Você está esperando de mim exatamente o que esperava que sua mãe fizesse e ela não fez".

Muito bom o seu exemplo. Fica aqui uma dica para vocês: quando não há espaço na mente, quando não há espaço mental para dramatização, o paciente precisa dramatizar fora. E o paciente dramatizar também é transferência. Na dramatização, o paciente está dizendo: "No meu mundo mental eu não tenho espaço para viver esse drama". Dramatizar no espaço externo é uma comunicação.

O que significa isso?

Significa que ele não tem espaço interno.

Para quê?

Para dramatizar os sofrimentos da vida dele. Há pacientes que dramatizam, as crianças dramatizam, contam histórias, criam romances e tragédias das coisas mais simples, mas o paciente traz e vive aquilo como se fosse uma tragédia. Esse paciente está informando que não tem espaço na mente para viver o drama dele. Precisa aproveitar o espaço externo para poder expressar a tragédia que não está conseguindo processar.

A mentira é um tipo de dramatização?

Não, a mentira é uma rivalidade. A mentira é uma crença de que existe algo superior à verdade.

Expressar fora seria um acting?

Acting out ou *acting in*. Nesse exemplo que a colega comenta, trata-se de um *acting in*, a dramatização ocorreu na relação com a terapeuta. "Estou decepcionado porque você não percebeu que falei que estou aprendendo a andar de bicicleta..."

Mesmo que esteja dramatizando, ele sofre muito.

Ele não sofre. Não sofre porque não tem espaço mental para o sofrimento. A dor existe, mas ele não experimenta a dor. Se experimentasse, poderia vivê-la e aquilo se tornaria um assunto natural na vida dele. O que ele vive, eu duvido que outros seres humanos também não vivam.

Mas então o que é? Uma dor de mentira? Porque se ele não vive a dor...

A dor existe, mas ele não experimenta, não sente a dor – dramatiza, põe para fora, não vive internamente a dor. É como uma cena de teatro. Ao encenar a tragédia, o paciente está comunicando "eu não tenho espaço mental para vivenciar essa dor". Vocês estão me acompanhando? Isso é importante porque há uma diferença enorme na forma de trabalhar. É completamente diferente o trabalho com pacientes que encenam a tragédia daquele com pacientes que vão conversar sobre uma tragédia, pacientes que perderam a mãe, um filho ou o marido...

Isso me fez lembrar de uma paciente que perdeu a filha de 15 anos. Ela diz que gosta de ir à terapia porque gosta de chorar e falar da filha. Então ela vai, chora, leva fotos...

Não é fácil... Eu diria até mais: acho que essa é uma experiência "não elaborável".

Mas é diferente. Uma situação é perder um filho e não poder viver a dor da perda; outra é não ter espaço para viver essa dor...

É a mesma coisa. Como não há espaço mental para experimentar a dor, ela não pode viver a dor. A dor fica fora como em uma peça de teatro; o terapeuta vai deduzir que é dor. No teatro, os atores estão sofrendo a dor? Não, estão representando. O espectador é quem alucina e vivencia a dor. E se não alucinar, não vai desfrutar do teatro.

Não vivenciar a dor é uma resistência. O paciente procura a análise ou a terapia porque está sofrendo. Ele procura para poder integrar a dor ao seu mundo mental e dramático. Todos precisam de um espaço dramático mental. Quem não tem, vai atuar, vai representar.

O silêncio é uma forma de transferência?

Depende da função. Na música, existe o silêncio entre as notas. Sem o silêncio haveria um barulho permanente. Em uma conversa com um amigo, com o analista, com o terapeuta, seja com quem for, o silêncio é necessário até para pensar.

Acredito que no primeiro ano vocês tenham estudado a teoria do desenvolvimento psicossexual da libido, de Abraham e Freud. São formas de se relacionar. Forma oral de se relacionar: só pede, não contribui com nada, só quer mamar o tempo todo; está na fase oral. E na fase anal, qual seria a forma de se relacionar? Fase anal não é ânus, não é concreto; é uma forma de funcionar. Alguém pode contribuir com um exemplo de interpretação baseada no erotismo anal?

Tem a ver com controle?

Podemos dividir a fase anal, segundo Freud e Abraham, em: 1) fase anal retentiva, relativa a controle. Aqui, o exemplo clássico é aquele da criança que está aprendendo a fazer cocô no peniquinho. Ela sabe que a mãe está louca para sair, ir ao cinema, passear... Todos estão esperando e a criança diz: "Não, ainda não acabei, falta um pouquinho...". A criança fica "amarrando" para controlar os pais. É uma forma relacional que depois se transforma em outras formas de controle: fazer coleções, controlar o terapeuta, o marido, a mulher, os filhos; e 2) fase anal expulsiva, relativa à expulsão. Tem a ver com as projeções, os ataques anais. Na fase erótica anal, tanto de controle quanto retentiva, a forma de o paciente se relacionar visa o controle ou o ataque; o uso das fezes para atacar. Sempre me lembro de uma música do Chico Buarque em que ele diz: "... pra sujar teu nome...". "Sujar teu nome" é um exemplo de ataque anal. Sujar é anal; sujar com fezes. Alguém pode contribuir com um exemplo de interpretação baseada no erotismo anal de controle ou ataque?

Soube do caso de um marido que descobriu que estava sendo traído pela mulher e postou sobre a traição no Facebook.

"Pra sujar teu nome..." O sentido é o de fase anal expulsiva. E de fase anal retentiva, alguém tem um exemplo? De paciente tentando controlar o terapeuta?

O pagamento das sessões.

Bem lembrado, o pagamento das sessões. O paciente que atrasa ou não paga: "Esqueci o cheque...", "troquei de bolsa...".

O paciente que não vem para a sessão, mas liga.

Não vem e liga, e o terapeuta está lá, esperando. Ou aquele paciente que no quadragésimo quarto minuto da sessão conta que teve um sonho. Não acontece isso com vocês?

Aquele caso do paciente que foi embora porque "fui agressiva" com ele; na segunda-feira, liguei para confirmar o horário e ele disse: " Amanhã vou estar aí". Como se nada tivesse acontecido. Eu costumo deixar a porta do meu consultório fechada, mesmo que não esteja atendendo. Esse paciente chegou uma hora adiantado e ligou avisando que estava na recepção. Perguntou se eu podia atendê-lo às 17h30 em vez de 18h20. Disse que não, que estava esperando um paciente. Dali a pouco, ele liga de novo: "O paciente não chegou, você tem certeza de ele vem? Porque eu não vou esperar". "Então está bom, até quinta-feira", eu respondi. O que mais eu podia dizer...? E ele foi embora mesmo.

Viu que não foi bem-sucedido. E depois, ele voltou?

Voltou, e dessa vez eu pude colocar a questão do ataque, do ódio. O interessante foi que eu falei, falei e ele: "Então você está me dizendo que eu ataco os vínculos?". Quer dizer...

Tenho uma paciente que veio para a análise com a queixa de ser muito estressada e de sempre desenvolver, nos momentos de pico do estresse, alguma doença. Ela já teve gastrite, esofagite, gastroenterite. Agora foi diagnosticada com doença celíaca e síndrome do intestino irritável. Ela é muito magra. Disse que emagreceu demais porque evacua muito. Nós ainda estávamos fazendo o contrato, combinando valores, forma de pagamento etc., quando ela falou: "Posso pagar duas sessões com recibo e duas sem". Eu aceitei. Na sessão seguinte, ela disse que ia me pagar a cada quinze dias. Mas toda vez ela fala: "Ah, esqueci de trazer o cheque. Você pode me dar o número da sua conta?". E eu sempre digo a ela que pode acertar na sessão seguinte. Isso agora me fez pensar nessa questão do controle. Ela está, claramente, me controlando!

E tendo essa síndrome do intestino irritável, essa paciente já justifica plenamente, evacuar tudo o que você falar. A culpa não é dela, o intestino é que é irritável. Fase expulsiva.

Ela foi ao psiquiatra, está tomando medicação.

Essa paciente não retém nada que não a interesse. Você vai ter trabalho, mas vai aprender muito.

Já percebi.

Mas há ainda um outro ponto, outra questão que quero trazer: o que seriam as interpretações baseadas em teorias de improvisação de personalidade? Vocês viram este ano, nas aulas sobre Winnicott, o conceito de falso *self*; improvisação de uma personalidade ou falso *self*. O falso *self* é uma personalidade improvisada, não é natural.

Mas é também uma organização defensiva: o falso self *é uma defesa.*

Desde o início da aula estamos falando de transferência e resistência; o falso *self* é uma resistência. Por mais que uma pessoa faça análise, algo de falso *self* vai sempre permanecer. Somos educados para ter convívio social, isso é falso. Podemos até não ter vontade de falar "bom dia", mas falamos porque somos educados.

Nossos políticos são experts *em falso* self.

Mas aí já é um exagero. Em psicanálise, o problema é o exagero, em qualquer sentido.

No caso do falso self, *se a personalidade improvisada tomar conta, não sobra nada de genuíno. Aí não tem jeito.*

É muito difícil, mas não é impossível. Digo que é difícil porque a pessoa acha que aquele jeito é o jeito que ela deve ser.

Atendo uma paciente que diz que o problema dela é ser muito genuína, espontânea. Diz que não pensa antes de falar, e aí vai soltando tudo o que realmente sente. Isso obviamente cria alguns problemas. Na primeira vez que sai com um rapaz, logo de cara já fala em casamento, filhos... "Ah, você tem olhos verdes, quero ter um filho com você." Como isso se encaixaria nessa teoria?

A paciente está contando isso para você. Ela está falando com a terapeuta. "Olha, você não sabe, tenho um paquera que é muito bonito e eu falei para ele que eu queria ter um filho com ele..." A paciente está falando isso para a terapeuta. E aí? O que isso tem a ver com você? Se não tem nada, porque ela está conversando com você então?

Ela está pedindo a minha ajuda para aprender a se controlar, porque fala sem pensar, evacua o tempo todo.

Imagine conhecer alguém por correspondência e se casar. É mais ou menos isso. Ela quer casar com você por correspondência; não dá. Ela quer que você a conheça pelas histórias que ela relata. Alguém conhece a namorada ou o namorado pelas histórias que eles contam? Como é que se conhece o namorado ou a namorada? Quando se convive. Quer dizer, aquilo que o namorado faz com a namorada, aquilo que a namorada faz com ele, a reação dele ao que ela faz com ele. Enfim, tudo aquilo que os dois aprendem fazendo juntos. Eu diria para essa paciente: "Olha, estou te acompanhando e você está me contando como você se vê lá fora, mas eu prefiro te conhecer 'conhecendo'. Voltando ao ponto: Freud se deu conta de que transferência é resistência e depois descobriu que a ferramenta do analista é a transferência. E com você? Já aconteceu de a paciente falar sem pensar?

Não.

Então não dá para ajudar, pois são relatos.

Falar do jeito que você fala não ficaria persecutório?

Eu me sentiria perseguido; a paciente quer que eu a ajude sem conhecê-la! O que a terapeuta pode fazer, se ela nem sabe se o paquera de olhos verdes existe. Eu nem acho que exista. Agora, dar opinião sobre algo que eu nem acho que exista... "Então ela vai me provar que existe." Como? Levando o paquera para a sessão?!

Você estava falando de falso self, da questão da transferência e resistência. Isso, para mim, ainda está confuso. Gostaria de voltar um pouquinho.

Essa moça que está tentando vender uma imagem para a terapeuta. O que a terapeuta pode fazer com isso? Essa imagem é o falso *self*, por enquanto.

Pelo que entendi, a paciente traz como se lá fora ela agisse de forma muito verdadeira.

Mas a paciente está relatando; trata-se de uma história. A terapeuta não tem como dizer "é um fato, eu estou vendo aqui". Não dá para trabalhar se não for assim. Se vocês querem trabalhar de forma diferente, trabalhem, mas eu não me sentiria à vontade se não fosse comigo.

E como saber quando é com a terapeuta?

Em algum momento, a paciente vai sugerir que tem algo ali na terapia que está sendo útil, algo da relação. Se a paciente fizer alguma menção que está se beneficiando da terapia, eu diria: "Bom, esse é um exemplo de filho com olhos verdes que estamos tendo aqui". Aí, sim, é com a terapeuta.

Mas e se não for só relato?

Mas é um relato. Verdade ou não, é um relato.

O falso self *poderia ser uma defesa contra a loucura. O que é genuíno, se for muito genuíno, estaria mais próximo de uma personalidade psicótica do que neurótica. Porque se ela não tem papas na língua...*

Tudo aquilo que não diz respeito ao que o terapeuta tem acesso não serve nem para terapia nem para análise. Porque fica uma análise baseada em relatos, em histórias, e não em algo que está acontecendo ali, algo da relação. É preciso aguardar que elementos surjam do latente em relação ao terapeuta. O que na relação com o terapeuta está estimulando o que está acontecendo? Aí, sim, é material para análise ou terapia.

Essa questão do falso *self* é importantíssima. Acho bom que vocês a explorem bastante. Não é possível eliminar o falso *self*, pois ele é necessário. É o que foi ensinado. É perigoso ser genuíno, se expor e ficar vulnerável. O falso *self* é uma defesa. Vamos adiante, pessoal.

Nós já conversamos um pouco sobre a confusão associada à identificação projetiva, que ocorre quando a confusão aparece na sessão; o paciente diz que está confuso, mas não se dá conta de que está confuso. O que vocês imaginam quando testemunham isso acontecendo ali, na relação entre vocês e o paciente? O paciente pode ter consciência de que está confuso ou pode simplesmente manifestar confusão: "Ah, eu estava ali, mas não sei bem se era ali". Às vezes é tão sutil que deixamos passar, mas é um sintoma importante.

Atendo uma pessoa que se queixava de nunca ter tido um relacionamento fixo. Mesmo quando namorava, sempre tinha outras. Agora ele já está há algum tempo namorando uma moça e não tem outros relacionamentos.

Ele está contando isso para você?

Sim. Mas agora a namorada foi viajar, e ele tem outra pessoa. Disse que essa situação o aliviou no sentido de que ele não se masturba mais excessivamente. Ele tem compulsão sexual. Quando o metrô está cheio, ele diz que encosta nas mulheres e, às vezes, chega até a gozar.

Tudo isso ele está contando para você.

Sim, está. Nós estamos juntos há algum tempo e ele fala que agora está melhor. Diz que a masturbação e aquela coisa de frequentar site de pornografia acabou. Disse que agora ele transferiu tudo isso para a outra. Para mim, isso é uma confusão, porque ele está fazendo uma confusão ali.

E com o que o paciente está se "com-fundindo"? COM-FU-SÃO. Com quem está ocorrendo a fusão? É para pensar, mesmo. A minha hipótese é a de que a suposta melhora decorra da terapia, e não da outra namorada. Talvez por isso ele não precise mais alucinar tanto; masturbar e alucinar é a mesma coisa. Em uma terapia, o estímulo à reflexão é óbvio: o paciente senta ou deita e o terapeuta escuta o que ele fala. O paciente também escuta; e pensa. No mínimo, há melhora só em função de o paciente falar e refletir em vez de atuar com o corpo, se masturbar, transar. Na terapia, o paciente não tem uma transa concreta, física; na terapia ele vai falar e vai pensar a respeito do que ele está falando. Com isso ele amplia seu espaço mental.

Aparentemente, a história desse paciente é essa: antes, tudo era fora, no metrô, no *site* erótico... Mas agora, graças à ajuda da terapeuta, ele está podendo pensar um pouco. Essa é a minha hipótese.

Então não se trata de uma confusão?

Não dele, aparentemente.

Ficou confuso para mim.

Aí é uma questão sua com o seu terapeuta.

Não sei bem se o exemplo que vou dar se enquadra no que estamos falando. Uma paciente está comigo há mais de um ano; ela se queixava da sogra, do marido, da filha... Nunca estava bem. Às vezes, chorava na sessão, mas não aparecia nada além de queixas. Há uns dois meses ela trouxe para a sessão que o marido quer ter relações sexuais, mas ela não quer. Só mais de um ano depois de começarmos a análise ela trouxe esse assunto. Parece que só agora ela criou um vínculo comigo.

Mesmo com você ela não podia ter um relacionamento. Percebe a diferença? Enquanto ela fala que é com a sogra, com a filha, com o marido, o que se pode fazer? Mas finalmente ela percebeu que a terapeuta não é um muro. Lá pelas tantas, o paciente percebe que o terapeuta não é um muro de lamentações, que ele é alguém com quem se pode conversar. É talvez a única pessoa no planeta com quem se pode conversar. É o conceito de sexualidade que Freud expandiu: sexualidade não como algo físico, carnal. Quando Freud fala em anal, genital, não está só falando fisicamente; ele também está falando metaforicamente. Uma relação genital é uma relação entre duas pessoas adultas; é um relacionamento pessoal entre duas pessoas adultas. É isso o que Freud quer dizer com relacionamento genital. Não quer dizer concretamente pênis e vagina, mas, sim, duas mentes que se relacionam. Leiam atentamente a teoria do desenvolvimento psicossexual da libido que Abraham e Freud escreveram.

Então, no caso dessa paciente, não havia a barreira de contato?

Antes não existia barreira de contato. Mas, no trabalho com o terapeuta, foi se desenvolvendo a função alfa, que processa as experiências e forma os elementos alfa, elementos estes que criam a barreira de contato e separam o consciente do inconsciente. E a paciente, então, pôde conversar com você, pôde se relacionar com você.

Podemos entrar no texto? A confusão revela, denuncia, que está em operação a identificação projetiva. A função da identificação projetiva é criar uma ilusão de não separação: a pessoa fica confusa porque não sabe quem ela é e não sabe quem é o outro.

Mas é diferente quando o paciente relata um sonho, dizendo: "Era eu, mas não era eu".

O paciente está ciente da confusão em que se encontra. Lá pelas tantas, depois de algum tempo, ele vai ficar sabendo que todos os personagens do sonho são ele mesmo. Se o terapeuta não o informar disso, ele vai ficar prejudicado. Todos os personagens do sonho são aspectos da personalidade do paciente.

Quer dizer que o paciente pode sonhar com o filho, com a mãe, com o cachorro e todos esses personagens, na verdade, são ele mesmo?

Sim. Personagens que o paciente utiliza para poder expressar opiniões, ideias e sentimentos; funções de dramatizações mentais. Nós já vimos que o sonhar acontece dormindo e acordado; que o sonhar acontece o tempo todo. Se não há esse espaço, dormindo ou acordada, a pessoa vai dramatizar, vai criar um drama.

Lembro quando morreu a filha de Carlos Drummond de Andrade. Obviamente, por ele ser uma figura importante, todos os telejornais mostraram o enterro. Drummond estava absolutamente impassível, sem drama, sem tragédia. A morte da filha acabou com ele, mas ele não precisou fazer nenhum drama. Ele simplesmente viveu a dor. Sentiu aquilo da forma mais terrível. Drummond tinha um espaço mental imenso para a dramatização. Era nesse espaço que ele criava as suas poesias.

Quando o espaço para o sonhar não existe, o paciente precisa dramatizar fora. Esse é o nosso assunto.

> *Aprendiendo de la experiencia, capítulo IX*
>
> 1. *Um pequeno número de pacientes que foram tratados apresentou, principalmente, sintomas de perturbações em termos de capacidade de ter pensamentos.*

Na capacidade de produzir pensamentos.

> *Ao longo do tratamento, oportunidades de interpretações transferenciais ortodoxas se apresentaram e foram aproveitadas, mas muito frequentemente pacientes não aprendiam nada com elas.*
> *A corrente de associações desconectadas continuavam. As interpretações baseadas nas teorias de erotismo anal, em suas diversar formas.*
> *Teorias sobre a necessidade do paciente de improvisar uma personalidade.*
> *Tomando como base elementos que ele sentia careciam de valor, e, portanto, podia dar-se ao luxo de perder, teorias de splitting, identificação projetiva, defesa diante de ataques etc. só tinham um efeito limitado. Havia sinais de confusão que aprendi a associar com a identificação projetiva. Portanto, supus que eu era o depositário de uma parte de sua personalidade, como sua saúde men-*

tal ou parte não psicótica de sua personalidade. Pouco tempo depois, decidi que era improvável que posteriores interpretações baseadas nessas teorias fossem úteis. Testei a suposição de que eu continha a parte não psicótica de sua personalidade e então comecei a me dar conta de que eu devia estar consciente do que estava acontecendo, na medida em que ele não estava. Eu era (continha) o seu "consciente". Às vezes eu podia visualizar a situação que se desdobrava na análise como uma situação na qual o paciente era um feto com o qual as emoções da mãe se comunicavam, mas para quem os estímulos das emoções, em sua origem, eram desconhecidos.

Em outros momentos, ele parecia ter uma ideia rudimentar do que acontecia, mas nenhuma ideia de como se sentia. Não descreverei aqui as variações desse tema, uma vez que não são substancialmente distintas das descritas por Melanie Klein, Herbert Rosenfeld e outros. O problema que esperava por uma solução, e que agora estou considerando, era determinar que parte da personalidade era essa. A teoria das funções oferecia uma possibilidade de solução desse problema supondo que eu continha funções desconhecidas de sua personalidade. A partir daí, ao examinar a experiência das sessões em busca de pistas que me ajudassem a descobrir o que eram essas funções, supus que eu era a "consciência". A teoria de Freud de que a consciência era um órgão sensorial de qualidade psíquica permitia supor que se efetuava uma separação entre a consciência e a qualidade psíquica. Essa suposição resultou proveitosa, mas só por uma sessão ou duas. Logo, voltei a me encontrar na mes-

> ma situação que antes, ou quase. Todavia, pensava que o problema poderia ser resolvido em termos de teoria de transferência e identificação projetiva, quer dizer, eu poderia supor que os pacientes se sentiam observados por mim e pelas partes de sua personalidade que ele supunha que eu continha.
> À luz das teorias de transferência e das identificações projetivas, o material produzido podia ser considerado como um vínculo entre paciente e analista, e eu podia interpretar de forma restrita em attacks on linking. As interpretações tiveram certo êxito, mas eu não sentia que essas mudanças estavam necessariamente relacionadas ao esclarecimento produzido pelas interpretações. Então me ocorreu que ele estava fazendo o que descrevi anteriormente como "sonhar" os acontecimentos imediatos da análise.

É disso que estamos falando, sobre sonhar os acontecimentos imediatos na sessão, na análise. O que está acontecendo ali na análise

> Quer dizer, impressões sensoriais em elementos alfa. Às vezes, essa ideia parecia esclarecer, mas ela só se tornou dinâmica quando a relacionei com funções alfa defeituosas, quer dizer, quando parecia que aquilo que eu estava testemunhando se tratava de uma incapacidade de sonhar devido à falta de elementos alfa, e, portanto, uma incapacidade de dormir ou estar desperto, de estar consciente ou inconsciente.

É difícil de passar isso, a não ser quando se tem mais experiência, mas é disso que se trata; imagine que alguém telefone e pergunte o que você vai fazer. Você diz: "Ah, não tenho nada planejado". "Então, vamos jantar?" E você responde: "Vamos!". Você vai, mas quando chega lá a pessoa fica contando histórias de outras pessoas; de ex-marido, da amiga, da vizinha, do cachorro. Aí, você volta para casa: "Mas por que ela me convidou? Passou o jantar contando histórias de outras pessoas...". Essa pessoa não era capaz de sonhar a presença do outro ali. "O que eu posso conversar com o outro? O que podemos conversar ou discutir? O que eu posso esperar da presença do outro?" É como alguém que vai ao otorrino e dizer que está com um problema no siso. O que o otorrino vai dizer?

É uma função alfa defeituosa?

É. Na verdade, a pessoa não sabe onde está. Não sabe com quem está. Não sabe para que está com determinada pessoa (que é a confusão). Para que a pessoa se encontra com o terapeuta? Ela poderia dizer: "Olha, conheço um rapaz de olhos claros, muito bonito; mandei dizer para ele que eu gostaria de ter um filho com ele". E o terapeuta diria: "Bom, mas por que você está me contando isso?".

"Por que você está me contando isso?" Essa pergunta seria um convite para a paciente sonhar o que está se passando ali com a terapeuta, para ela falar sobre o que quer com a terapeuta. O que o paciente está querendo conversar? Tudo bem, ele conta histórias, relatos etc. *Mas o que ele quer conversar comigo?*

É esperado que o paciente fale de sua relação com o analista?

Não tem outra coisa para falar. Outra coisa, ele está no lugar errado.

A gente passa por cada situação difícil...

Todos nós passamos por momentos difíceis quando estamos trabalhando com uma situação difícil. O que o paciente está fazendo no consultório por cinquenta minutos? Pagando, gastando o tempo dele, o tempo do terapeuta. Sobre o que ele quer conversar? O paciente narra um fato; mas sobre esse fato... "O que ele quer conversar comigo?"

Isso é interessante. É diferente de quando se pensa em uma proposta analítica em que se faz entrevistas exaustivas para saber sobre a história de infância do paciente, sobre a vida dele, história de tudo sobre o paciente... Pensar na divisão do material entre as entrevistas e o início da terapia... Mas se a terapia já começou! Ou até começou antes, quando a pessoa ligou. Ou começou até mesmo quando a pessoa cogitou a possibilidade de fazer terapia. É deixar as coisas irem surgindo, senão o terapeuta põe a demanda dele, de querer saber objetivamente sobre algo que não é objetivo.

Para mim, em psicanálise, as histórias atrapalham. Entrevistas com mãe, pai etc. me atrapalham muito. O que eu vou fazer com a mãe dessa moça que conta que tem alguém de olhos verdes com quem ela quer ter filhos? Na terapia, talvez seja interessante; talvez essa quantidade de informação possa ser útil para trabalhar terapeuticamente. Em psicanálise, atrapalha. Atrapalha porque preciso saber o que está acontecendo ali, na relação comigo. O que ela quer comigo? Qual é o problema ali, naquele momento?

A maneira de trabalhar difere muito se o paciente vem uma ou duas vezes por semana?

Vai depender muito da experiência de cada um, da experiência de análise, de supervisão. Aprendemos muito com os analistas, com os supervisores.

É muito mais difícil estabelecer o vínculo quando o paciente vem uma vez por semana.

Porque a mente é muito inteligente. Em uma sessão, você quebra algumas defesas e se aproxima um pouco. Termina a sessão e a mente rapidamente se reorganiza mais fortemente ainda, com mais resistência, com mais defesa. Talvez o paciente vá na semana seguinte; talvez ele chegue atrasado; talvez ele não vá. Porque ele está mais re-organizado. Aí, você quebra outra vez, se aproxima de novo e "ah, na semana que vem não vou poder vir". A mente é anterior a nós, e nós nos esquecemos disso. Ela vem com coisas de nossos pais, nossos avós, bisavós... A nossa mente é antiga e muito esperta. O nosso consciente é lento e o nosso inconsciente, velocíssimo. Então, inconscientemente, ela logo se reorganiza e o paciente se fecha. O paciente aparece por três semanas, na quarta semana ele se atrasa, na quinta ele falta, aparece em mais uma sessão ou duas, atrasa na seguinte e, dali a pouco, interrompe a terapia. Eu não sei qual é a experiência de vocês em relação a pacientes que fazem terapia uma vez por semana. Alguém tem paciente por mais de um ano fazendo uma vez por semana?

Não tenho essa experiência com pacientes, mas tenho a minha própria experiência. Fiz terapia uma vez por semana com três terapeutas diferentes por mais de quinze anos, no total, e me ajudou muito. Mas, quando comecei a fazer análise, percebi como as coisas andavam muito mais rápido. E não só pelo número maior de sessões por semana...

Tenho uma paciente que interrompeu a terapia. Quando ela quis retornar, eu disse que só aceitaria se ela viesse no mínimo duas vezes por semana. É uma paciente grave. Ela retornou, mas, passado um tempo, me pediu para voltar a fazer uma vez por semana, e eu disse que não.

São as condições mínimas que você considera necessárias para poder trabalhar com essa paciente. A resistência tem mil máscaras: "É longe". "É caro." "Não tenho tempo."

> *(cont. cap. IX)*
> 2. *Isso poderia explicar por que eu era um "consciente" incapaz de realizar as funções da consciência e ele um "inconsciente" incapaz de realizar as funções da inconsciência. (A fim de simplificar, suponho que essa divisão de funções se mantivesse estacionada, mas, na realidade, não era assim; os papéis eram intercambiáveis.)*
> 3. *Bem, essa situação não corresponde ao marco teórico que sugeri, quer dizer, a teoria de uma barreira de contato que deve sua existência à proliferação de elementos alfa pela função alfa e que cumpre a função de uma membrana que, pela natureza de sua composição e de sua permeabilidade, divide os fenômenos mentais em dois grupos, dos quais um realiza as funções da consciência, e outro, as funções da inconsciência.*
> 4. *Na nova situação, há uma divisão de classes, como suspensa, entre paciente e analista, mas que não oferece resistência à passagem de elementos de uma zona à outra. Essa situação não se presta ao estabelecimento de consciente e inconsciente, e, portanto, pode levar a desenvolvimentos imperfeitos ou anômalos da capacidade de memória e de repressão. A diferença entre os dois estados deriva das diferenças entre uma barreira de contato composta de elemen-*

> *tos alfa e uma composta, se é que essa é a palavra correta, de elementos beta. Não podemos nos esquecer de que estes parecem carecer de uma capacidade de vincular-se entre si. Clinicamente, essa tela de elementos beta se apresenta à observação casual como algo impossível de distinguir de um estado confuso e, em particular, de qualquer dessa classe de estados confusos que lembram sonhos, a saber: [...]*

A tela beta é composta só de elementos beta. Esses elementos beta são usados o tempo todo na identificação projetiva. É o paciente que deita, ou senta, e fica: "O meu tio... A minha mãe... A minha vizinha... O rapaz de olhos azuis...". Ele fala, fala e fala, mas tudo não passa de identificação projetiva. Não há comunicação com o terapeuta. Ou há, mas comunicação por identificação projetiva. E aí vai requerer muito trabalho. Se vocês captarem isso como comunicação, vai dar trabalho, mas, pelo menos, vai ajudar no trabalho de análise.

> *(cont. cap. IX, item 4) 1) Uma produção de frases ou imagens desconectadas que, caso o paciente estivesse dormindo, seriam tomadas, certamente, como provas de que o paciente sonhava; 2) uma produção similar mas expressa de forma tal que sugere que o paciente simula que sonha; 3) uma produção confusa que parece ser prova de alucinação; 4) similar à anterior, mas sugerindo uma alucinação de um sonho; não houve motivo para supor que o paciente sonhava que estava alucinado.*
> *Esses quatro estados estão relacionados ao medo de que a posição depressiva produza um superego assassino e, portanto, a necessidade de ter uma experiência emocional na*

qual isso poderia ocorrer em presença do analista. Clinicamente, a tela de elementos beta a que me refiro guarda uma forte semelhança superficial com quaisquer dessas quatro classes, e seria possível supor que é idêntica a elas.

Esses quatro estados que Bion descreve estão relacionados com o medo de que, na posição depressiva, se produza um superego assassino. Por quê? Porque, nesse momento, o paciente pode estar com três, quatro ou dez sessões por semana, mas neste momento ele interrompe a análise. "Mas ele estava ótimo, estava integrando tudo, estava integrado, articulado, na posição depressiva, considerando os fatos, e interrompeu..." Por quê? Se vocês não se derem conta, vão se atrapalhar, não vão saber o que fazer. Por que no momento que está tão bem o paciente interrompe a análise? Usando a teoria, o que se integra naquele contexto, naquele momento?

A pulsão de morte?

Que aspectos fazem emergir a pulsão de morte? Quais são os aspectos que se integram naquele momento? Está no texto.

O superego assassino.

Sim, o superego assassino. Assim como o ego vai se integrando na posição depressiva, o superego também se integra. E quando há um ataque, o ego se fragmenta e o superego também. Quando o paciente se aproxima da posição depressiva, ele entra em contato com a realidade psíquica. O ego vai se integrando, se articulando; ele associa, reflete, pensa. Mas o superego também associa e integra. E com o superego integrado, vêm os ataques: "Por que fiz isso!? Como é que eu não percebi!? Sou um estúpido, um louco...". Não é incomum que o paciente se suicide quando está muito bem, ou que interrompa a análise.

Quando integra, integra tudo: o ego, o id e o superego. Na posição esquizoparanoide, tudo está fragmentado, mas, na medida em que se vai trabalhando, tudo vai se integrando, inclusive o superego. E aí ele vai ter que se haver com o sentimento de incapacidade de reparação. Esse não é um aspecto importante na posição depressiva? O de reparação? Só que o superego fica: "Você é um estúpido, um louco, agrediu, traiu sua mulher...". Como é que vai consertar?

Quando integra, junta todos os pedaços, ele não suporta as críticas, as acusações do superego. Basta vocês se lembrarem de vocês mesmos. Vocês fazem alguma coisa, brigam com a namorada, com o marido, com um amigo, e depois ficam: "Puxa vida, por que eu fui falar daquele jeito? Por que eu fiz aquilo?". Isso é o superego se integrando e fazendo você sentir que não tem condições de consertar aquilo; de chegar para o amigo e dizer: "Desculpe, falei um monte de besteiras, um monte de bobagem...". O que mais podemos fazer quando falamos coisas que incomodam? Pedir desculpas. Mas, para o superego, isso, pedir desculpas, não é nada. Para o superego você tem que consertar a quebra mental do amigo, do marido, da namorada... E então sente que não vai dar conta. É o famoso "eu não vou dar conta".

Você está dizendo que quando integra o paciente não aguenta?

Quando o paciente está bem, ele não aguenta.

E a alta? Quando você dá alta para o paciente?

Eu não tenho experiência com isso.

Mas e quando você acha que o paciente está apto a seguir o caminho dele?

Eu não sei nem se eu estou apto a seguir o meu caminho. Como é que eu vou saber se a pessoa está apta? Não estou sendo irônico, estou sendo sincero. Se eu não sei nem de mim mesmo... Dar alta... Acho que isso é pretensioso, arrogante e onipotente. Ninguém acaba com a onipotência de ninguém, mas o analista precisa ter uma certa consciência da própria onipotência e tentar administrá-la.

Mas na própria experiência de análise chega um momento em que você se sente mais integrado e quer interromper.

Eu queria interromper todos os dias! Todos os dias, durante trinta anos, eu quis interromper. Todos os dias, e não consegui. Só interrompi porque o meu analista se mudou para a Europa.

Que sorte a sua.

Que sorte do meu analista! A sua pergunta é boa. Eu também fiz a mesma pergunta para o Phillips; ele estava com 85 anos e disse que não tinha experiência com isso. Na minha opinião, é um pouco de pretensão alguém achar que o outro não pode interromper, ou que pode interromper. Eu não sei avaliar outra pessoa. Aliás, acho que o analista é a pior pessoa para avaliar qualquer pessoa. Porque o analista se envolve com o paciente na análise, fica envolvido com as fantasias do paciente. Como vai avaliar uma pessoa com quem está trabalhando por anos? Não dá para julgar. Se julgar, vai ficar completamente comprometido.

A psicoterapia psicanalítica é mais objetiva: existe a queixa e existe o sintoma. Na hora em que o sintoma desaparece ou fica mais suave, a pessoa já pode tocar a vida dela.

Você tem essa experiência?

A questão não é ter experiência em dar alta; a questão é que o próprio paciente, quando se sente melhor, abandona a análise. O próprio paciente se dá a alta.

Eu estava em uma análise que se chama didática, e quando eu estava mais louco do que uma pessoa pode estar, meu analista me disse: "Você está de alta". Eu disse para ele: "Não dá para ficar mais um pouco?". Era julho. "Está bem, vamos ficar até o fim do ano", ele respondeu. Fiquei pior ainda, mais louco ainda, e em dezembro, perguntei "Você vai me soltar desse jeito?". Ele me disse: "Para mim, você está de alta". Em janeiro, comecei a análise com Frank Phillips.

Quer dizer, durante oito anos eu fiz análise quatro vezes por semana com o mesmo analista, e quando eu estava mais louco do que poderia estar, ele me deu alta. Disse que só poderia me ajudar até ali, e que se eu quisesse mais análise, que procurasse outra pessoa, com mais experiência. "Quem você me recomenda?", perguntei. Ele me recomendou o Frank Phillips. Ele foi muito honesto, muito sincero comigo. Mas quando falou em alta...

Notas à margem do trabalho clínico

Introdução

Tenho o hábito de registrar impressões após o trabalho com os analisandos. Não tudo, necessariamente; somente uma ou outra situação que chame a minha atenção. Por exemplo, alguma teoria com a qual eu não tenha experiência, algo estranho, algo desconhecido para posterior investigação etc. Enfim, notas dignas de serem registradas.

Ao surgir o convite para participar deste trabalho, optei por apresentar algumas dessas notas, pois as julgo próximas do meu modo de pensar o trabalho psicanalítico. Fiz uma seleção; algumas delas foram atualizadas e outras foram expandidas para além de seu caráter "taquigráfico". Para fins de publicação, procurei organizá-las de modo a sugerir uma sequência, dando a impressão de alguma ordem. Isso não ocorre necessariamente no mundo mental; contudo, pode tornar a leitura mais interessante.

Estabelecimento de condições

A propósito do estabelecimento de condições, discute-se, em várias sociedades psicanalíticas, a respeito de uma suposta crise da psicanálise.

Sucintamente, a crise tem sido detectada por meio da redução na demanda por psicanálise por parte do analisando em geral e também por parte de candidatos. Isso sugeriria que a diminuição do interesse em psicanálise estaria intimamente associada à crise. As queixas mais recorrentes dizem respeito aos custos das sessões, agravados pelo número delas, de quatro a cinco por semana, bem como à longa duração do processo. Isso tudo parece agravar-se em países mais sensíveis a crises financeiras, como os ditos emergentes.

Para fazer frente a essa suposta crise, várias alternativas têm sido propostas com o intuito de adaptar o método psicanalítico às dificuldades assinaladas, e também para que a psicanálise deixasse de perder terreno para outros métodos de abordagens, como as psicoterapias.

Minha opinião é a de que a crise está nos psicanalistas, e não na psicanálise. Em primeiro lugar, é historicamente sabido que a quantidade de pessoas que se interessam pela experiência psicanalítica a ponto de procurar por análise sempre foi pequena. Episodicamente, observamos aqui ou acolá algumas intensificações na demanda, às vezes por curiosidade, por equívocos, oportunidade profissional etc. Somente a própria investigação psicanalítica poderá estabelecer o que leva as pessoas a procurar pela psicanálise.

O apego às manifestações sensoriais do analisando o leva ao risco de materializar suas queixas, fazendo com que ele perca assim a oportunidade de confrontar os motivos e motivações da procura pela psicanálise com aquilo que está sendo utilizado para justificar as dificuldades, os obstáculos, racionalizando, talvez, o abandono.

Em segundo lugar, quero lembrar que durante as duas Grandes Guerras Mundiais os países europeus envolvidos nelas passaram por uma grave situação econômica e social. A redução da demanda por psicanálise, naquela época, foi considerável. Consequentemente, a situação dos psicanalistas era lamentável. Contudo, a psicanálise experimentou um notável progresso. Basta observar a quantidade e, não menos importante, a qualidade do que foi produzido e publicado nos períodos entre 1914-1918 e 1939-1945 por Freud, Klein e outros. Esses autores ousaram suportar as pressões, inclusive de ordem material, preservando o método em benefício do trabalho. As fronteiras de nossa ignorância foram consideravelmente ampliadas.

A psicanálise, em seus primórdios, era vista como um ramo da medicina, ou seja, um conjunto de teorias e um método desenvolvido por Freud para tratar distúrbios mentais. Atualmente é uma palavra vazia; a investigação psicanalítica da experiência emocional, decorrente do encontro entre analista e analisando, é o que a preenche, dando assim um sentido ao termo.

Alerto para o risco que corremos de transformar o divã em um leito de Procusto,[1] isto é, mutilar o método de trabalho psicanalítico

---

1   Personagem da mitologia grega que mantinha em sua casa uma cama de ferro que oferecia para viajantes se deitarem, e ele os fazia se adequarem ao tamanho da cama. Se os hóspedes fossem muito altos, ele amputava o excesso de comprimento para ajustá-los à cama, e os que tinham estatura pequena eram esticados até atingirem comprimento suficiente. Uma pessoa nunca se ajustava exatamente ao tamanho da cama. Procusto, secretamente, tinha duas camas de tamanhos diferentes. Ele foi capturado pelo herói ateniense Teseu que, em sua última aventura, o prendeu em sua própria cama e cortou-lhe a cabeça e os pés, aplicando-lhe o mesmo martírio que infligia aos seus hóspedes.

para adaptá-lo às aparentes necessidades do analisando, sugeridas pela crise referida anteriormente.

Penso que adaptar o método psicanalítico, quer para atender às queixas do analisando, quer para não perder terreno em relação à proliferação das psicoterapias, causará apenas um desserviço à psicanálise. O que nos cabe é admitir e aceitar a natureza daquilo com que estamos lidando.

Bion se refere, em outro contexto, às pressões que o psicanalista sofre para encarregar-se de outras tarefas que não as psicanalíticas em relação ao analisando. Isolado e vulnerável diante das pressões, ele, o psicanalista, "sofre a tentação de abandonar seu papel e assumir outro que, por mais impróprio que seja para ele, está de acordo com as convenções e preconceitos aceitos pelo grupo. Se faz este último, comprometerá irremediavelmente a psicanálise. O paciente perde seu psicanalista e ganha um auxiliar de valor duvidoso" (1950, p. 59).

Penso que a psicanálise diz respeito à possibilidade de duas pessoas se encontrarem para conversar com a finalidade de um dos dois – o analisando – poder chegar a conhecer um pouco mais acerca de si mesmo. Isso não significa que o analista também não se beneficie do processo psicanalítico e que não possa expandir o conhecimento a respeito de si mesmo. Penso mesmo que isso ocorre frequentemente. Esse processo requer o estabelecimento de condições que possibilitem e tornem exequíveis os encontros e seu propósito. Trata-se dos aspectos formais que regem os encontros, como a combinação de dias, honorários, férias etc. É importante que isso tudo seja conversado, combinado e deixado de lado para que o trabalho, propriamente, possa ser desenvolvido.

A dinâmica da vida, com suas mudanças e constantes transformações, pode fazer com que, de tempos em tempos, sejam necessárias revisões nas condições estabelecidas. O psicanalista precisa estar disponível para discriminar, quando o assunto surge, as diferenças entre possíveis usos que o analisando faz das condições estabelecidas; por exemplo, se ele usa as condições a serviço da resistência ao trabalho analítico, ou se, de outro lado, ele se refere a alguma situação circunstancial dele que pode requerer algum ajuste.

Priorizar os aspectos formais envolvidos na burocracia da relação analista-analisando pode levar a uma banalização dessa relação; consequentemente, isso pode abrir caminho para que as leis do mercado como planos de saúde, convênios médicos etc. possam interferir na relação entre os dois, submetendo-a ao império do cálculo.

O encontro

No início do trabalho, o analisando se apresenta da forma a que está habituado quando procura outros médicos. Provavelmente, não vai demorar para que ele perceba que essa é uma experiência diferente, caracterizando-se por estar sendo observado. Possivelmente, reagirá com desconforto e oposição a essa nova situação; é natural que isso ocorra e constituirá material a ser analisado.

O psicanalista, por sua vez, precisa ter em mente quais são as suas condições mínimas para decidir se pode aceitar ou não essa pessoa para análise. Condições mínimas estas que decorrerão mais da apreensão intuitiva da personalidade do candidato à análise do que da burocracia da relação propriamente dita. Isto é, os elementos psíquicos do candidato que satisfazem os critérios adotados pelo psicanalista para aceitar ou não um candidato à análise.

Sempre que duas pessoas se encontram, ocorre em ambas uma mobilização de impressões, sensações, emoções e fantasias decorrentes do que se pode denominar um choque de personalidades. Isso sempre acontece, mas penso que, provavelmente, somente a psicanálise oferece aos envolvidos condições para conversarem sobre esse encontro e suas consequências.

Supõe-se que o psicanalista esteja familiarizado com essa experiência em decorrência de sua análise pessoal. Isso lhe permitirá maior disponibilidade para escutar e conversar sobre aquilo que o analisando, em decorrência do choque, selecionou e trouxe para a análise.

"Psicanálise" é uma palavra que possui uma respeitável história e tradição; desde que Freud cunhou o termo, ele vem sendo utilizado com os mais variados significados, podendo gerar a ilusão de tratar-se de algo conhecido. Penso que para o psicanalista, em sua atividade clínica, seria recomendável suspender as memórias a respeito de tudo o que ele conhece sobre psicanálise e a respeito do analisando. Poderíamos considerar, como nos lembra Bion, citando Klein, que "psicanálise é um termo sem sentido, mas que está disponível". Bion sugere que psicanálise é "uma palavra à procura de um significado; um pensamento esperando por um pensador, um conceito esperando por um conteúdo".

A responsabilidade pela condução do processo psicanalítico é do psicanalista, e, por isso, é importante que ele desenvolva, em seu processo de formação, uma ideia a respeito do significado e da natureza dessa atividade. Se esta inclui a realidade psíquica desconhecida do analisando, isso, então, exigirá que ele siga algumas regras básicas.

Freud (1912), desde o início, deu-se conta disso e procurou organizar algumas recomendações para o analista iniciante que, em sua opinião, poderiam ser úteis. Dentre as suas várias recomendações distribuídas ao longo de suas obras, destaco duas que contribuem para a apreensão do fenômeno psíquico, bem como ditam a especificidade da experiência analítica. A primeira recomendação é descrita em uma carta a Lou Andréas Salomé, em que ele informa: "Sei que ao escrever tenho de cegar-me artificialmente a fim de focalizar a luz sobre um ponto escuro, renunciando à coesão, à harmonia, à retórica..." (1916). A segunda recomendação foi lida por Freud no V Congresso Psicanalítico Internacional (28 e 29 de setembro de 1918), em Budapeste, com o título sugestivo de "Novos caminhos da terapia analítica". Ele se referia à terapia ativa proposta por Ferenczi, e sugeria uma postura mental para o analista que poderia favorecer a observação, em extensão e profundidade, daquilo que ocorria no processo analítico: "[...] Analytic Treatment should be carried through, as far as is possible, under privation – in a state of abstinence" (1919, p. 161).

Essas recomendações demarcam basicamente uma forma de trabalhar psicanaliticamente. A atmosfera assim constituída pela cegueira do analista e a privação de reasseguramentos para ambos permitem a constituição de um campo favorável à conversa psicanalítica. O clima de trabalho será mantido à medida que a frustração, uma constante na psique humana, for protegida de reasseguramentos. A preservação do foco de trabalho na área do desconhecido do analisando, em uma visão binocular em conjunto com o conhecido que ele expressa, funcionará como pano de fundo contra o qual poderemos observar fenômenos decorrentes do contato do analisando com sua realidade psíquica, incluindo evasões desta.

Quando o analista se encontra com o analisando, ele vai entrando em contato com um campo difuso e confuso de informações. Ele poderá dar-se conta do grau de fragmentação e dispersão do material analítico. O analisando diz alguma coisa, mais adiante faz outra afirmação, eventualmente conta um sonho etc. Talvez alguma associação e o conjunto comecem a apontar para alguma possibilidade. Com um pouco de sorte, pode-se começar a detectar alguma ideia; por exemplo, uma teoria ou crença do analisando a respeito daquilo que ele espera da análise ou do analista. Se a conjectura intuitiva do psicanalista, ao ser apresentada ao analisando, é confirmada por ele, então do caos decorrente do encontro (do choque) emergiu gradativamente uma teoria do analisando.

Em psicanálise, temos a opinião de que conhecer-se um pouco melhor poderá ser útil para o analisando. Supomos que é vantajoso saber com que recursos uma pessoa pode contar e quais limitações é conveniente tolerar e respeitar. Assim, poderá ser benéfica a expansão decorrente do confronto daquilo que ele pensa que é com aquilo que ele e o analista podem chegar a perceber a respeito dele. Enfim, como diz a conhecida inscrição délfica: "conhece-te a ti mesmo", adotada por Sócrates.

No exemplo anterior, temos um analisando que pode se descobrir como um produtor de teorias e, no caso, o tipo de teoria de que ele é capaz de construir. Com mais trabalho, pode-se chegar a descobrir para que servem as teorias por ele produzidas.

Voltando à questão do choque de personalidades: é desejável que o psicanalista, em sua análise pessoal, tenha aprendido bastante a respeito de si mesmo a partir de seus encontros com seu analista. Assim, ele poderá separar aquilo que é dele (resultante do choque) daquilo que é do analisando. Daí a ênfase na análise pessoal do analista nas formações em institutos psicanalíticos.

Casais, famílias e grupos constituem interessantes áreas de estudo, e são uma riquíssima fonte de informações sobre a origem do indivíduo. A psicanálise, entretanto, privilegia o indivíduo, concentrando-se no campo constituído pela dupla analista-analisando. Uma espécie de preconceito a favor do indivíduo. Por outro lado, a observação psicanalítica do indivíduo tem posto em relevo a inacessibilidade da essência da vida psíquica deste. Bion (1965) postula o símbolo "O" para representar a vida psíquica do indivíduo, bem como a sua inacessibilidade. Penso que essa consideração pelo indivíduo por si só justificaria a recomendação de Bion quanto à suspensão de desejos e de memórias por parte do analista em relação ao analisando. Caso contrário, a alteridade deste correria grave risco, o que iria contra os fundamentos da própria psicanálise. Por exemplo: o desejo do analista de que o analisando compreenda o que ele falou, ou de que o analisando funcione desse ou daquele modo etc., seria um desastre. Acompanhar as associações do analisando após a interpretação permite observar o "tratamento" dado a ela pelo paciente. Esse tratamento dado à interpretação é de responsabilidade do analisando, e poderá requerer, por parte do analista, novas formulações.

Freud, nos primeiros anos de sua prática, e com receio de ver a psicanálise desmoralizada, impunha uma condição ao analisando: que ele não mudasse nada em sua vida enquanto estivesse em análise. Se fosse casado, não deveria separar-se ou sair do trabalho etc. Isso, talvez, poderia ter tido alguma utilidade naquela época, mas Freud logo abandonou essa regra. Regras, a meu ver, são úteis para o analista quando se destinam a alcançar um estado de mente que favoreça a observação de fenômenos que surgem no campo constituído por analista e analisando. O analisando vem para a análise do jeito a que está habituado. Compete ao analista, por meio de seu equipamento, colocá-lo diante de outras possibilidades que ele talvez não tenha considerado. Assim, quando for possível, o analisando expressará sua curiosidade a respeito do processo analítico e também sobre quem é o analista. A angústia decorrente dessa experiência o levará a construir teorias (ou crenças) a respeito, como vimos anteriormente.

É importante que o psicanalista aceite que não poderá compreender o analisando da maneira como este acredita que se compreende. Isso, sem dúvida, é impossível. O analista, contudo, sofrerá uma pressão intensa e constante para aceitar aquela possibilidade, formando assim um conluio com o analisando. Poder resistir a essa pressão, além de contribuir para a manutenção da qualidade do campo de trabalho psicanalítico, auxiliará também a preservação da alteridade, evitando reduzir o outro ao mesmo, isto é, identificado com o analista.

Indubitavelmente, a experiência emocional decorrente da separação é dolorosa. Contudo, à medida que for possível ao analisando colocar-se de acordo com essa experiência, ele começará a experimentar o benefício da percepção de uma existência mais plena e de ser ele mesmo. A frustração e o desespero decorrentes da experiência da separação podem ser experimentados como insuportáveis. Faz parte da tarefa analítica contribuir com o analisando para aumentar a sua capacidade de tolerar a dor. Aprender a suportar e aceitar que não é possível estar identificado com o outro contribuirá para seu desenvolvimento individual, aumentando sua tolerância à dor.

A responsabilidade de cada indivíduo é intransferível, e, assim, o analisando é responsável por ele mesmo, desde o início até o fim do trabalho analítico.

Compreender ou não o que o analista informa é responsabilidade única e exclusiva do analisando. O analista, por sua vez, é responsável por si mesmo e também pela condução da tarefa analítica.

Transferência

O conceito de transferência percorreu um longo percurso desde que Freud pôde constatar a existência de fenômenos psíquicos que ocorrem na relação entre o analista e o analisando. Não pretendo descrever aquele percurso que pode ser encontrado em seus livros. Apenas destaco algo para meus objetivos nesta comunicação.

Freud foi estabelecendo o conceito de transferência de acordo com aquilo que podia observar em sua experiência clínica com os pacientes. Deu-se conta, por exemplo, de que aquilo que o analisando não se lembra, ele atua (*acting out*). Portanto, para Freud, a relação transferencial constitui uma atuação. Para Klein, o fenômeno transferencial é simplesmente uma identificação projetiva. Para Bion, esse fenômeno mental classicamente descrito por Freud faz parte do Grupo de Transformações (1965).

A questão quanto à identificação projetiva é que o paciente, provavelmente, imita a si mesmo em sua relação infantil com a mãe ou com o pai, ou com outra pessoa significativa em sua vida. A fantasia embutida nessa experiência é a de que o analista é "alguém" que pensa isso ou aquilo, e sabe como o paciente pensa e sente. Consequentemente, o analisando também conhece o analista. Essa situação pode ser observada e apreciada em uma enorme gama de possibilidades. A finalidade última é unificar as opiniões, de maneira que desapareça a percepção da separação e, no lugar, se constitua uma unicidade.

É fundamental para o analista dar-se conta, com nitidez, das diferenças de opiniões decorrentes dos distintos vértices ocupados por ambos, em relação a todos os assuntos que surgem em decorrência do encontro. A unicidade, fantasia decorrente do desejo do analisando, pode ser considerada uma teoria que ele constrói a respeito de seu relacionamento com o analista. O psicanalista, atento a essas produções, pode, como um espelho, refletir para o analisando, assinalar para ele, pois certamente ele não tem consciência daquelas criações. É inevitável que, ao assinalar algo que lhe parece estar ocorrendo na sala, o analista o faça impregnando com suas próprias transformações.

História

O analisando está angustiado. Ele procurou o analista porque está sofrendo, mas não sabe do que se trata esse sofrimento, isto é, qual a sua origem e a sua natureza.

Após o estabelecimento dos aspectos formais do trabalho, ele vem para a análise. Encontra-se com o analista e se deita no divã. Ou não se deita. Não sabendo por onde começar, ele dá início, em geral, a um relato autobiográfico; algo sobre sua história, procurando rastrear algo que, a seu ver, possa contribuir para esclarecer a origem de seu sofrimento. É assim que acontece na medicina, e é assim que ele supõe que poderá ser ajudado pelo psicanalista.

Freud, em um de seus trabalhos, relata que, ao regressar de uma de suas viagens, observou estátuas e monumentos em homenagem à memória de heróis e personalidades em praças públicas. Pôde, assim, dar-se conta, em analogia aos pacientes que estava analisando, de que estes sofriam de reminiscências.

Penso que essa observação de Freud constitui uma preciosidade para o equipamento de observação e trabalho do psicanalista. É possível, com a atenção requerida para o trabalho analítico, observar o apego do analisando à sua história e o prazer que ele pode extrair disso. O apego a essa fonte de prazer constitui, frequentemente, um obstáculo importante para o desenvolvimento do analisando.

Um exemplo bastante frequente pode ser observado quando um jovem está angustiado e desesperado em razão da interrupção de um relacionamento amoroso. Essa experiência, vivenciada como uma perda irrecuperável e, portanto, trágica, ocupa aparentemente todo o seu espaço mental disponível. Ele (ou ela) só pensa e fala no(a) amado(a) que o(a) abandonou. E só fala sobre isso ou então sobre nada.

Talvez busque isolamento em seu quarto. Com o tempo, pode começar a demonstrar interesse por outras coisas e, eventualmente, passar a sair com outra pessoa. Talvez dê início a uma nova história com essa (outra) pessoa. Isso constitui um possível modelo para a atividade psicanalítica. Possivelmente uma ampliação particularizada da observação de Freud quanto às reminiscências.

O apego à sua história e o prazer dela decorrente são perceptíveis quando se observa a relutância e mesmo a rejeição a sugestões de conversar sobre qualquer coisa que não seja aquele assunto no qual o analisando está entretido.

Com o tempo, o analisando se sentirá aliviado com o benefício que decorre de liberar-se do compromisso com sua história, não precisando mais carregá-la como um fardo onde quer que vá.

Se a análise tem algum objetivo – e eu penso que tem –, é o de proporcionar condições mais favoráveis ao analisando para que ele possa entrar em contato com sua realidade psíquica. Como isso diz respeito a uma vastíssima área do desconhecido do analisando, por maior que seja o número de sessões na semana, constituirá uma perda irrecuperável dedicar atenção a conversas que não se relacionam à observação da realidade psíquica dele.

A situação vivenciada pelos dois, analista e analisando, é tensa, complexa e difícil. Os objetivos do trabalho são os aspectos desconhecidos da realidade mental do analisando, que vão emergindo durante a sessão. Entretanto, essas situações inevitavelmente incompreensíveis e sem coerência constituem um convite ao escape, pois são acompanhadas de angústias insuportáveis. O estímulo para se entreterem com aquilo que é conhecido e compreensível é intenso, e dessa maneira é constituído um clima favorável ao estabelecimento de um conluio. Assim, o tempo passa, os encontros vão se sucedendo, tudo parece ir muito bem... entretanto... nada muda.

Tudo aquilo que o psicanalista conhece sobre o analisando poderá ser útil – caso aquele queira examinar o material em suas horas de folga. Estar com o analisando constitui uma oportunidade única que temos para observar e investigar a respeito de algo dele que nunca havia sido observado antes. Essa manutenção no foco daquilo que é desconhecido sobre o paciente – e para o analista também – mobiliza naquele uma fonte ilimitada de possibilidades que permeará todo o processo enquanto ele perdurar.

A possibilidade de confrontar a própria opinião com aquela oferecida pelo analista dá início a um processo de transformações e mudanças cujas expansões dificilmente se pode acompanhar. Separar-se do próprio ponto de vista para considerar outra opinião frequentemente é vivenciado com muita dor. Essa separação de uma espécie de concha protetora proporcionada pela própria opinião, que é conhecida e confortável, pode proporcionar um sentimento de fragilidade e de vulnerabilidade em relação a tudo aquilo que desconhecemos. O ódio a essa experiência é evidenciado por meio de reações de contrariedade expressas pelo analisando e por meio de emoções e ações observadas e intuídas, relativas ao contato com a realidade mental, decorrente daquilo.

Toda mudança psíquica conduz o indivíduo a uma situação na qual sua postura em relação ao mundo não será mais como antes da mudança; ocorre uma cesura, uma ruptura com o estado de coisas anteriores. E isso é intensamente temido, pois deixa-se um mundo conhecido e vai-se em direção ao desconhecido.

O analisando procura receber reasseguramento do analista do modo como está habituado. O analista, mantendo o vértice psicanalítico, de acordo com as recomendações de Freud, provavelmente fará o analisando sentir-se ameaçado de enlouquecer. A angústia e o medo que surgem nessas circunstâncias são diferentes daqueles que o analisando conhece. Este poderá interromper a análise ou queixar-se sobre como o analista não o está ajudando naquilo que ele sente que necessita de ajuda.

Caso o analisando opte por prosseguir o trabalho, tolerando a privação de reasseguramentos, pode-se abrir uma brecha para o desconhecido, isto é, para a parte da personalidade dele que é desconhecida de ambos, e que constitui o caminho para a única área que é de interesse para o trabalho psicanalítico.

A expansão dessa área é acompanhada de maior liberdade em relação às exigências do mundo concreto, do mundo sensorial. Freud, em suas investigações sobre modelos de funcionamento mental, nos brindou com "Formulações sobre os dois princípios do funcionamento mental" (1911), um de seus trabalhos essenciais e que constitui um dos pilares da psicanálise. Esse trabalho mereceu uma sugestão de Bion, e que parece fazer muito sentido na prática clínica: que o princípio da realidade não substitui, simplesmente, o princípio do prazer, e que ambos parecem conviver, coexistindo e se alternando em suas expressões, formando uma espécie de corrente dupla.

Todas as ciências têm seu objeto de estudo, seu campo de investigação. A psicanálise, não sendo uma ciência, se interessa por aquilo que está aquém ou além do sensorialmente perceptível, pelo não sensorial.

Sandler (1997) nos lembra que a "realidade (e sua apreensão) não é algo que seja amplamente aceito sequer como existindo; por psíquico, também se entendem e subentendem tantas coisas diversas e até contraditórias entre si... O que dizer de um termo como realidade psíquica, introduzido no vocabulário universal... por Freud".

A utilização de mitos na observação psicanalítica

Bion sugere que Freud reconheceu em suas observações que estava diante de um problema para cuja solução seria necessária a utilização do mito edipiano. Daí dizer que, ao encontrar o mito de Édipo, Freud descobriu a psicanálise. Por meio de sua observação da prática clínica, Freud realizou a importância desempenhada pelo mito edípico para o conteúdo das fantasias relacionadas com o desenvolvimento psíquico do indivíduo. No trabalho clínico, é importante a história completa do mito edípico, pois o componente sexual somente faz sentido no contexto global dela. Apoiando-se no trabalho clínico, Bion observa que o mito edípico, além de sua importância quanto ao conteúdo das fantasias, também tem uma participação fundamental no desenvolvimento do aparelho para pensar.

Diferentemente da importância do componente sexual do mito, no qual o significado depende do relato globalmente articulado, os componentes relacionados ao processo do pensar podem surgir isoladamente no material clínico. Uma avaliação detida do material clínico permite o reconhecimento daqueles componentes como característicos daquela personalidade única.

A inacessibilidade da essência do indivíduo-realidade desconhecida, porque é desconhecível, conduz a uma perspectiva na qual a psicanálise constitui uma expressão de "O", sendo esse símbolo utilizado por Bion (1965) para denotar a essência inapreensível da mente humana. Isso constitui uma mudança de vértice, em relação à analise clássica, que privilegia uma postura instintivista.

"O" não pode ser conhecido por meio de investigação. Pode, contudo, ser intuído. Pode ser conjecturado. Isso possibilita o uso dos mitos como instrumento de aproximação da mente com o intuito de poder se aproximar de "O" (Bion, 1992).

Os mitos da torre e cidade de Babel, bem como o do Éden, apresentam vários componentes semelhantes aos do mito edípico. No mito do Éden, a busca do conhecimento, proibida por Deus, é punida com a expulsão do paraíso em decorrência da desobediência. No mito da torre e da cidade de Babel, a busca por conhecimento e integração por meio da construção da cidade e da torre de Babel, também proibidas, é punida por Deus com a impossibilidade de comunicação, em decorrência dos idiomas diferentes falados e assim a cooperação entre os habitantes construtores é impossibilitada.

O analisando vem ao consultório várias vezes por semana, possivelmente há meses ou anos. Frequentemente, poderemos observar que ele vai tentar ser a mesma pessoa (outro mito) das sessões passadas e nos tomar também pelo mesmo analista das sessões passadas. Ele pode dizer, por exemplo: "Você lembra que eu falei isso ou aquilo na sessão passada, ou na semana, ou mês passado?". Mesmo que eu me lembrasse, o que ele está falando situa-se, necessariamente, em um contexto diferente e, portanto, o assunto é outro. Ou ele pode dizer: "Mas há algum tempo, eu já disse que penso dessa ou daquela maneira"; ou, alternativamente: "Você falou que pensava assim sobre tal assunto, em outra sessão". Se ele não é o mesmo nem eu tampouco, nossas opiniões a respeito daqueles assuntos podem ter-se modificado. O fato de que nos encontramos várias vezes na mesma semana há algum tempo pode favorecer seus esforços para tentar nos manter os mesmos. O analista precisa estar atento, pois essa atitude do paciente pode ser utilizada para tentar desviar o foco que o analista está tentando preservar, a saber, sobre o desconhecido dele. Caso o analista conhecesse o analisando, penso que eles nada mais teriam a fazer juntos.

Linguagem

A linguagem empregada no cotidiano para nos referirmos aos aspectos do dia a dia é a mesma que utilizamos para as abstrações, isto é, para nos referirmos àquilo que é intuitivamente apreendido. O analista procura manter o foco analítico voltado para o último aspecto, isto é, para aquilo que está além (ou aquém) do verbalizado pelo analisando. Este, no início, certamente estranhará essa abordagem. Com o tempo, contudo, o analisando vai se dando conta da brecha que a ambiguidade da linguagem proporciona e que é explorada analiticamente.

A questão da responsabilidade pessoal pode ser observada na linguagem utilizada pelo analisando e explorada psicanaliticamente. Por exemplo, algo que é comum e observado frequentemente: quando o analisando atribui ideias, emoções ou desejos a outras pessoas ou ao analista. À medida que o contexto permite, pode-se mostrar ao analisando a responsabilidade dele por aquilo que está atribuindo aos outros.

Alguns anos atrás, mais jovem e inexperiente, recebi uma pessoa para analisar; ele também era relativamente jovem. Era um advogado que exercia a função de promotor público no recém-criado Tribunal de Pequenas Causas.

Em poucas semanas de análise, ele observou que eu não tomava nota daquilo que conversávamos durante as sessões e mostrou-se muito curioso a respeito de seu prontuário. Alguns meses depois, ele fez ameaças de me processar – inicialmente veladas e, gradualmente, mais e mais explícitas e furiosas – por negligência médica.

Além de fazer comentários que, segundo ele, não tinham sentido, eu não tinha registros confiáveis para me apoiar. Ele, então, deu alguns exemplos de fatos que mencionou e aos quais eu não teria dado a devida importância, e que uma simples consulta aos registros poderia contribuir para elucidar os sintomas dele etc. Caso eu me mantivesse na função de psiquiatra, aquilo que ele mencionava fazia muito sentido. De outro lado, a forma como eu trabalhava, inspirado em minhas análises e em minha intuição, não me protegeria das acusações de um promotor de um tribunal de Pequenas, ou, para mim, de Grandes Causas. Enfim, eu estava em apuros.

Senti saudades da época em que trabalhava exercendo a função de médico psiquiatra.

Hoje, à distância no tempo e no espaço, com mais experiência adquirida, percebo que aquele episódio com o promotor público constituía uma situação que indubitavelmente requeria análise, a única coisa que um psicanalista pode fazer, psicanalisar, isto é, oferecer e continuar oferecendo interpretações (opiniões) psicanalíticas daquilo que está ocorrendo na sala, enquanto possível.

As ameaças de me processar, com base no consenso grupal e fundamentos médico-jurídicos, em muitas ocasiões constituíam pressões quase insuportáveis. Finalmente, pude dizer-lhe que eu o considerava um indivíduo único, mesmo ponderando que ele era participante de diversos grupos; e que eu estava procurando focalizar aqueles aspectos desconhecidos de sua personalidade, que indicavam ser ele uma pessoa única. E que, em meu modo de ver, era o que poderia ser, talvez, de alguma ajuda para ele. E que as ameaças grupais por ele invocadas são de fato respeitáveis, mas que no trabalho analítico a opção é privilegiar o foco sobre ele, como indivíduo único. Isso possibilitou longas e proveitosas conversas sobre o paradoxo entre o indivíduo e sua condição como participante de grupos.

Desde muito cedo, em nossas vidas, aprendemos a ser quem devemos ser em detrimento da possibilidade de sermos nós mesmos. Em psicanálise, pensamos que pode ser útil e importante que o indivíduo possa ser apresentado a ele mesmo para, assim, desenvolver uma relação de respeito e consideração por sua personalidade. Isso poderá constituir um aliado com quem ele sempre poderá contar, isto é, ele mesmo. Ousar ser ele mesmo, o que, provavelmente, despertará hostilidade no grupo.

Exageros

Analisando e analista se encontram para a sessão analítica. O analisando se deita e logo em seguida começa algum assunto. Após algumas associações e algumas observações ou assinalamento do psicanalista, algum assunto vai sendo delineado e considerado merecedor de maior atenção. Conversar sobre esse assunto faz com que se ocupe todo o campo investigado. Pode-se pensar no modelo do olhar que se dirige ao objeto. Um olhar excessivamente próximo privilegia a observação dos detalhes em detrimento de uma visão de conjunto. De outro lado, um olhar distante prioriza o conjunto borrando os detalhes, fazendo com que se percam os contornos. Por isso, pode ser útil que o analista, eventualmente, alerte o analisando para a necessidade (socrática) de alcançar a justa distância. Entretanto, mesmo que consiga assim manter uma visão de conjunto, o assunto continuará ocupando todo o espaço.

Isso faz com que seja comum que o analisando fique alarmado com a exagerada importância com que o assunto é revestido. Isso decorre da natureza intrínseca do método de observação psicanalítica. A confrontação entre o mencionado e as transformações efetuadas pelo analisando, que se caracterizam principalmente pelo exagero, podem contribuir para a expansão e para o aprofundamento da área observada.

Os exageros mencionados pelo analisando podem se referir a situações pessoais ou a coisas. Por exemplo: "Foi um passeio superlegal". Ou "A pessoa que me foi apresentada é fantástica, hiperlegal". Supostamente, isso pode ser considerado uma forma de falar, um hábito.

Em outras circunstâncias, o exagero pode ser expresso em relação ao tempo ou ao espaço no qual uma experiência é situada ou relatada. O assunto poderá ser situado no passado ou no futuro e localizado em outros locais que não o consultório. A distância no tempo ou no espaço em que é situada a experiência nos proporciona uma medida da distância em que o assunto foi parar. Para referir-se a essa experiência, compatível com o funcionamento primitivo da personalidade, Bion (1965) utilizou o termo "hipérbole", cuja forma geométrica proporciona um modelo visual para a experiência referida. Por exemplo, um analisando se queixa de que "... há alguns anos viajando com minha esposa, estávamos em Nova York e ela foi hiperinsensível comigo (e aí ele explica os motivos e detalhes, que deixo de lado) e decidi interromper a viagem".

Selecionei deliberadamente esse exemplo porque além de ilustrar a hipérbole, ele também se reveste de uma qualidade inequívoca de queixas. Além de queixas em relação a outras pessoas importantes em seu círculo de relacionamentos, disseminadas nas sessões, ele também se queixa da análise e principalmente do analista. Essas queixas, essencialmente, dizem respeito a uma frieza de minha parte, pois eu não o incentivava em suas iniciativas nem o parabenizava em seus sucessos. Talvez a queixa mais frequente consistisse em que eu nunca lhe dizia se estava ou não tomando as decisões corretas, se ele devia ou não fazer isso ou aquilo. Enfim, eu falhava por não corresponder à expectativa que ele depositava em minha condição de médico psicanalista. Como tal, eu deveria me comportar como uma autoridade nas questões relacionadas com a vida dele.

As queixas do analisando funcionam como balizadores, como sinais geográficos que indicam que aquela é uma área que se constitui em uma fonte de sofrimento. De outro lado, implícitas nas fantasias edípicas, elas contêm fantasias de que uma autoridade competente deverá tomar as medidas necessárias para que aquilo que as origina sejam suprimido ou afastado. Por exemplo, um bebê chora expressando uma espécie de queixa em relação ao que um adulto denominaria fome. A mãe, com os procedimentos adequados, suprime (temporariamente) a fome, protegendo o bebê daquilo que o fazia sofrer. Um menino de 4 ou 5 anos queixa-se à mãe que o irmão e o primo, maiores do que ele, estão batendo nele. A mãe e o pai são de fato uma autoridade na vida daquele menino e, portanto, responsáveis por protegê-lo das fontes que originam sofrimento. Quando esse funcionamento persiste no adulto, isto é, quando persiste o uso de queixas, uma espécie de anacronismo é denunciada; ou melhor, o uso de queixas é sugestivo de que aspectos significativos da personalidade do analisando sofreram uma parada no processo de desenvolvimento. A questão para o adulto parece indicar a busca de alguém, uma autoridade em sua vida, como os pais funcionavam em sua infância, que suprimirá a fonte de sofrimento.

O desconhecido: ordem

Estamos assistindo nesse início de milênio a uma torrente de transformações. Atentados, guerras. Como isso vai se estabilizar, se é que vai, não sabemos. Toda e qualquer aparente organização constitui, na verdade, uma transição nesses processos de transformação.

A conjunção de fatos, frequentemente observada no contexto de atentados e guerras como arbitrariedades e autoritarismos, justifica que nos ocupemos do assunto. As transformações a que assistimos no mundo nos defrontam permanentemente com o desconhecido. Frank Philips (1997) sugere que o desconhecido constitui uma fonte de desordem.

Meu interesse no assunto decorre da experiência com analisandos que apresentam uma espécie de paralisia no processo psicanalítico. Inicialmente, lembram um pré-adolescente no estágio que Freud denominou período de latência. Parecem indiferentes e desinteressados de qualquer possibilidade.

A meticulosidade com que o sr. E. ataca qualquer vinculação em qualquer área em que está participando sugere várias possibilidades. Para a sra. T., qualquer indício de compromisso ou responsabilidade a leva a abandonar imediatamente o que estava considerando, seja um convite para ir ao cinema, seja um passeio. Abandona qualquer curso em que se matricule, pois sente que "não vai dar conta". Ela propôs uma psicanálise sem fixar dias e horários, pois não suportaria ter esse tipo de comprometimento não tendo a certeza de que poderia vir.

O sr. E. casou-se logo depois de terminar a universidade. Pouco tempo depois, separou-se da esposa, demitiu-se do emprego e foi morar com os pais. Após uma ou outra tentativa de trabalho, sentindo que "não ia dar conta", conseguiu atestados médicos e se aposentou. Ambos, o sr. E. e a sra. T., mesmo não se conhecendo, parecem participar de uma confraria cujo objeto de adoração é a não existência, análoga a um culto de morte – isso me remete aos egípcios da Antiguidade.

O Egito foi organizado e unificado aproximadamente entre 3100 a.C e 2900 a.C., e a sua condição de estado semi-independente durou por volta de 3 mil anos, até a sua conquista pelos romanos, em 30 a.C.

Charles Van Doren (1991) atribuiu essa notável duração de três milênios ao seu isolamento geográfico, o que justificava, em parte, a relativa inexistência de confrontos com outras civilizações. Outros impérios também desfrutaram do isolamento, mas não duraram. Os egípcios tinham um importante segredo que não esqueceram por trinta séculos. Odiavam e temiam mudanças, e as evitavam tanto quanto possível. O Estado egípcio, atualmente, pode não ser considerado muito eficiente; contudo, naquela época, ele funcionava. Não se sabe de nenhum povo que tenha aceitado tão completamente a lei que diz: "Se funciona, não tente mudanças". Estabeleceram-se um império e uma economia baseada na agricultura possibilitada pelas inundações anuais do Nilo. Os governantes, juntamente com os governados, estavam firmemente determinados a evitar qualquer forma de progresso. Eles manejaram para progredir notavelmente pouco em três mil anos.

Assim como em todos os antigos impérios, o Egito era organizado sob princípios hierárquicos. No topo da hierarquia estavam os deuses; abaixo deles, a vasta Assembleia dos Mortos. Na base da hierarquia estava a humanidade como um todo, principalmente a compreendida pelos egípcios.

O Faraó ocupava uma posição única e poderosa, situando-se entre a humanidade e os mortos acima dele (e os deuses acima dos mortos). Nessa hierarquia, ele era o único ser individual, o único vínculo entre o mundo dos vivos e o mundo dos espíritos. Ele era temido, adorado e obedecido, não só porque decidia sobre todos os conflitos que surgissem, incluindo a regularidade das inundações do rio Nilo, mas principalmente pela MA'AT, a "ordem social". Naquela sociedade eminentemente tradicional e conservadora, a ordem era a essência.

O antigo Egito, em seu extremo conservadorismo, parecia entreter um caso de amor com a morte. Os homens viviam para morrer e gastavam suas vidas e seu dinheiro preparando-se para a morte. A morte estava em tudo: no ar, na terra, nas águas do Nilo. Essa presença dava a esse povo da antiguidade um certo conforto.

Mudar por mudar é um princípio de mérito duvidoso. Se a vida é aceitável como está, para que mudá-la?

Para a autoridade, a lei é o que há de mais importante para seguir. Qualquer mudança seria para pior. Assim, os egípcios descobriram um segredo de grande valor que possibilitaria manter as autoridades no poder. O estabelecimento daquele modo anacrônico de funcionar era favorecido pelo temor de que as novas formas são desconhecidas e, portanto, indesejáveis. Isso leva à submissão a autoridades supostamente conhecidas e protetoras. Fica assim reforçada a negação de novas possibilidades.

O modelo médico-paciente constitui uma aplicação direta disso que acabo de mencionar, sendo o médico responsável pelo paciente em decorrência da autoridade que lhe foi outorgada. Os analisandos, em geral, acreditam que a análise se justifica caso eles tenham queixas ou reclamações a fazer para o analista; este, por sua vez, escuta e deve tomar providências para aliviar o sofrimento expresso pelas queixas. Penso que isso é natural, à medida que o modelo médico-paciente, com seu objetivo de curas etc., é entretido pelo analisando. Outro exemplo que ilustra meu modo de considerar analiticamente essa questão: um analisando, o sr. E., relata de uma forma um tanto divertida que sua filha caçula (de 5 anos) queixa-se frequentemente que os dois irmãos mais velhos a maltratam, a humilham e que o mais velho frequentemente invade seu quarto à noite. E, em um tom ainda mais divertido, ele acrescenta que ela se queixa com veemência sobre os pais não lhe darem atenção e nem acreditarem em suas queixas. Chamou minha atenção a insensibilidade desse pai para com as queixas da menina, bem como uma certa irresponsabilidade em relação a ela.

Logo depois, o sr. E. queixa-se de forma circunspecta sobre a tortura que constitui para ele as reuniões habituais para o almoço de domingo na casa de seus pais. Participam também desses almoços outros irmãos com os respectivos cônjuges e filhos. Ele desfila um rosário de queixas e críticas aos pais e irmãos; basicamente, queixa-se da atmosfera que se estabelece, impregnada de memórias da infância, em que todos parecem se transportar para aquela época com todas as consequências desastrosas daquilo. Disse-lhe que, a meu ver, estava em jogo uma questão relativa à autoridade. Para a filha de cinco anos, ele e a esposa constituem, de fato, uma autoridade.

Ela, a menina, depende de um adulto para sobreviver. A menina recorre a eles na expectativa de obter algum tipo de ajuda. Agora, quanto às queixas dele, mesmo que eu escute e acredite nele, nada mais posso fazer além de conversar a respeito, pois não sou nenhuma autoridade na vida dele. Quem precisa pensar no que fazer é ele, pois, diferentemente da filha, pode recorrer à autoridade própria e decidir o que acha que é melhor para si. Por exemplo, pensar em outras possibilidades quanto ao relacionamento com a sua família de origem, visto que atualmente ele tem uma nova família constituída. Isso, porém, implica adentrar áreas desconhecidas, que incluem basicamente a infância, na qual impera a relação com os pais e os irmãos daquela época.

Conhecimento

Há uma longa e considerável tradição que associa a aquisição do conhecimento com a tragédia; daí a culpa, ou o sentimento onipotente de culpa, por tê-la provocado.

Em um documentário apresentado pela BBC de Londres, o físico inglês Stephen Hawking relata que na audiência que teve com o Papa João Paulo II, este lhe solicitou que não investigasse a respeito do período que antecedia o Big Bang (teoria da origem do universo). A condição física do cientista possibilitou encobrir sua reação de espanto quanto ao pedido, pois aquilo era justamente ao que estava se dedicando naquela época em suas pesquisas. O conflito gerado entre a deidade que estimula a curiosidade e o indivíduo frequentemente encobre o fato de que os humanos são criaturas, e não criadores. Isso, por sua vez, obscurece e protege da dor, decorrente da responsabilidade do indivíduo inerente a si mesmo e do convívio em grupo.

O analisando L. entra na sala, deita-se no divã e parece estar falando sobre algum assunto sobre o qual eu, supostamente, deveria conhecer. Após informar-lhe de minha ignorância a respeito daquilo que ele está mencionando, ele se mostra indignado pelo que, para ele, constitui uma falha do analista. Em decorrência do estado mental de fusão comigo, ele se mostra incrédulo e indignado. A frustração e o sofrimento são intensos, pois implicam uma percepção de separação e de todo um campo desconhecido que daí decorre.

Há toda uma área não resolvida representada por seus conflitos edípicos em relação à responsabilidade etc. muito dolorosa, e que deixo de lado aqui. Gostaria de focalizar a área de conflito entre o conhecido e o desconhecido para os fins que procuro expor. O estado mental de fusão com o analista permite-lhe navegar por águas conhecidas, procurando manter o analista e a si mesmo constantes, isto é, supostamente conhecidos e imutáveis.

O conhecimento representado pela descoberta da ilusão de fusão confronta o analisando como ser solitário no mundo implícito na unicidade e em termos da responsabilidade decorrente dessa constatação. O encontro com o desconhecido mobiliza o pensar, que, por sua vez, provoca dor. Os sentimentos de ódio e de perseguição em relação ao desconhecido podem ser experimentados como insuportáveis para a dupla. A propósito, Freud (1899) nos informa que as paramnésias preenchem os espaços correspondentes de nossa ignorância.

Mudança catastrófica

Esse tema despertou minha atenção quando pude observar em uma paciente relativamente jovem, de trinta e poucos anos, uma estagnação, uma quase paralisia em todas as áreas que de alguma forma se relacionavam. Parou com os estudos, parou de trabalhar e gradativamente foi interrompendo os esportes, os relacionamentos sociais, os amorosos etc. Praticamente só saía do quarto para as refeições. Procurou análise por insistência da família e de uma amiga de infância, que a visitava com frequência.

Com o passar dos anos, pude observar essas paralisias, em menor escala, em outros analisandos. A impressão imediata era de um impasse analítico. Ao considerar a possibilidade de interrupção da análise, a analisanda, aparentemente assustada, menciona o *Diários da descoberta da América: as quatro viagens e o testamento* de Cristóvão Colombo. Indago a respeito e ela informa que lhe chamou a atenção o ponto em que os marinheiros não enxergavam mais nada nem atrás, nem à frente. Ela prossegue dizendo que prefere continuar a análise, se possível, do jeito que está, pois sente que está sendo útil. Fiquei muito intrigado com a imagem que ela me forneceu: fixada em um ponto, sem nada pela frente e nada atrás. Parecia ancorada na cesura. Neste ponto, em meu diário particular, deixo várias notas de lado que se mostraram improdutivas no transcorrer do trabalho analítico e me detenho em mudança catastrófica, que se mostrou uma hipótese promissora.

O termo catástrofe é derivado do teatro, que nos chega da Grécia Antiga. O coro, ao lado da cena (nos anfiteatros), canta uma estrofe, sugerindo a cena. Ao término dessa cena, o coro canta outra estrofe, propondo a cena seguinte. A mudança de cena indicada pelo coro é a catástrofe.

Samuel Beckett, em uma alusão à catástrofe do teatro grego, escreveu uma peça denominada *Catastrophe*. É uma peça relativamente curta, com quatro personagens: o diretor, sua assistente, o protagonista e Luc, iluminador que fica fora de cena.

Em síntese, trata-se de um ensaio. No palco vazio estão dando os últimos retoques para a cena final. O diretor, a assistente e o protagonista têm algo em comum: a idade e o físico indeterminados. Praticamente toda a cena é dedicada à orientação que o diretor dá à assistente – e a Luc, próximo do final – para o arranjo das coisas no palco, mas de uma maneira especial ao protagonista, para que o efeito desejado seja obtido. Quase no final, o diretor diz: "Nossa catástrofe está pronta" e, logo em seguida, na fala seguinte e última da peça, ele conclui: "Magnífico! Vai ser uma desgraça. Já estou pressentindo". E assim termina a peça.

Beckett e sua obra têm merecido a atenção e a análise de críticos em quase todo o mundo, a ponto de ele atualmente ser considerado a quarta personalidade a ter trabalhos publicados por outros autores.

Meu interesse nessa peça de Beckett decorre da sugestão dele de que sair do imobilismo em que se encontra provavelmente redundará em tragédia. É o pressentimento dele. Sair da situação caótica e assim entrar em contato com a vida, com a realidade psíquica, é vivenciado como um prenúncio de tragédia.

Utilizo o termo "cairótica" oriundo de *Kairos*, do grego: ponto entre o antes e o depois; ponto em que a cronologia é interrompida, determinando o antes e o depois. Rezende (2002), nessa mesma coletânea, nos esclarece mais a respeito dessa cisão.

Bion (1970) introduz o conceito de mudança catastrófica para referir-se a uma conjunção constante de fatos verificáveis em diversos campos, entre os quais os grupos, a mente, a sessão psicanalítica etc.

A conjunção constante observada em qualquer daquelas áreas sugere uma ideia nova. Na sessão analítica, a ideia nova é representada pelo desconhecido do analisando, que emerge e ameaça a desestruturação daquilo que é conhecido e bem estabelecido.

Minha conjectura é a de que, em certas circunstâncias, o analisando ancora no ponto "cairótico", protegendo-se de fazer frente ao apavorante desconhecido, proveniente do passado ou do futuro. Minha experiência é que, na região em que se dá a passagem do *saber-a-respeito-de-si-mesmo*, para SER (*a-si-mesmo*, ser aquilo que é real), encontramos os principais obstáculos ao desenvolvimento da personalidade; mais precisamente, na área constituída pelo encontro entre os processos que conduzem o analisando a ser ele mesmo com a área em que ocorre a mudança catastrófica.

Função alfa

Penso que, assim como eu, todos que praticam a psicanálise ficam felizes quando "descobrem" as teorias psicanalíticas no material clínico observado.

Podemos assim verificar, por exemplo, a genialidade de Freud, quando observamos nosso paciente enredado com questões prazerosas em detrimento da realidade. Ou quando um paciente está ancorado naquele estado de mente que Klein (1946) denominou posição esquizoparanoide, protegendo-se das consequências decorrentes do contato com a realidade psíquica. Isso nos revela a profundidade de seu *insight*.

Penso que algumas hipóteses de Bion se prestam também a serem testadas na clínica, principalmente as de seus primeiros trabalhos. Contudo, considero que suas contribuições constituem, essencialmente, um poderoso instrumento para ampliar a capacidade de intuir em vez de um procedimento a ser seguido. Analisar suas contribuições parece ser como observar peças do instrumento em vez de utilizá-lo naquilo a que foi destinado: ampliar as condições do psicanalista de participar na aventura psicanalítica.

Quanto à função alfa: considero essa hipótese um poderoso instrumento para o trabalho psicanalítico, principalmente quando estamos diante de pacientes comprometidos na área do pensar e do pensamento.

Bion (1962), no trabalho com pacientes psicóticos, observou o material clínico disperso, incoerente e, em geral, fragmentado. Conjecturou a ausência ou a precariedade de uma função, que falha em proporcionar um fato selecionado que poderia introduzir coerência e sentido àquele material. Denominou-a função alfa.

Fatores são os fatos psicanalíticos que podem ser caracterizados com a precisão de uma formulação; a função não é conhecida. Quando uma função é determinada e pode ser formulada, deixa de ser uma função e passa a constituir um fator.

Para evitar o acúmulo de significados que um determinado nome acarretaria, a função alfa foi nomeada com a letra grega. À medida que vão se esclarecendo alguns fatores da função alfa, vai transparecendo que se trata de uma investigação que se ocupa do pensar, do pensamento e do aprender com a experiência emocional. Uma teoria cognitiva no domínio da psicanálise. A função alfa, agindo sobre os componentes da experiência, produz elementos alfa, precursores do pensar inconsciente da vigília, do pensamento onírico. Participam na formação de modelos, sonhos, imagens visuais, auditivas.

Quando a função alfa fracassa, os elementos alfa não são produzidos. As experiências emocionais não podem ser processadas e permanecem como *coisas-em-si-mesmas*; são denominados elementos beta e úteis somente para serem eliminados por meio da identificação projetiva.

A possibilidade da utilização desse conceito poderá se revelar muito útil para aqueles que trabalham com pacientes comprometidos na área do pensamento e do pensar.

Estados mentais

O que é relevante para o processo psicanalítico? Essa questão é essencial para o psicanalista, pois o estado mental propício à observação e apreensão do que é relevante depende do que se considera relevante. Se nos mantivermos de acordo com Freud, isto é, se relevante é tornar consciente o inconsciente, e se onde há id que passe a haver ego, então nossa atenção deve estar disciplinadamente voltada para o desconhecido do paciente.

Quando em atividade, o psicanalista não pode descrever como está funcionando, pois perderia a atenção para o que está sucedendo; depois da sessão, estará submetido a forças que se articulam na busca de compreensão do ocorrido.

Os estados mentais observados, por mais próximos de algum conhecido, não são os mesmos e também nunca se repetem. Por aproximação e necessidade de organização, costumamos enquadrá-los por denominações que nos permitem supor que sabemos do que se trata. Se o paciente continua vindo para as sessões, algumas daquelas constelações mentais parecem constituir um padrão, por suas recorrências mais ou menos regulares, no campo analítico.

Contudo, outras constelações parecem existir sem algo que as amarre, ficando sem sentido e demandando por mais observação e investigação. O psicanalista é pressionado, no decorrer da sessão analítica, a nomear a constelação emergente e, assim, aliviar as angústias que acometem a dupla. Ceder às pressões pode implicar prematuridade; a conjunção nomeada e enterrada pode proporcionar um alívio das pressões, mas aquilo que daria sentido ao padrão incipiente faltará. O excluído continuará banido, ou, como o pai de Hamlet, abandonado e perambulando como um fantasma.

Nomeada a conjunção, incluindo os aspectos provenientes do desconhecido do paciente, teremos uma espécie de registro que funciona como um marco geográfico. Este delimita a fronteira entre as áreas conhecidas e aquelas fora dos marcos, o desconhecido. O conhecido é estabelecido como uma história: tem início, meio e fim. Lembra uma lápide com suas indicações de nome, datas de nascimento e de morte.

Com a ajuda do analisando e com conhecimentos provenientes de outras áreas, podemos construir modelos com os quais, provisoriamente, preenchemos os espaços de nossa ignorância.

Aquilo que é conhecido pelo analista e pelo paciente a respeito deste, conquanto importante, é irrelevante para o prosseguimento do trabalho analítico. Está nomeado e enterrado. Isso me remete a algumas associações com a fascinante tragédia de Sófocles, *Antígona* (1989).

No início, no diálogo entre as duas irmãs, Antígona e Ismênia, esta considera a proibição de Creonte quanto a dar sepultura a Polinice diante do pedido de Antígona para que ela a ajude a enterrar o irmão. Atemorizada, ela lembra os sofrimentos por que tem passado desde que Édipo "morreu esmagado pelo ódio e pelo opróbrio, quando, inteirado dos crimes que praticara, arrancou os olhos com as próprias mãos!". Ela segue lembrando o infortúnio da mãe e dos irmãos, que se dão à morte, reciprocamente. E, então, Antígona pensa na "morte ainda mais terrível que teremos se contrariarmos o decreto e o poder de nossos governantes! Convém não esquecer ainda que somos mulheres e, como tais, não podemos lutar contra os homens; e, também, que estamos submetidas a outros mais poderosos, e que nos é forçoso obedecer a suas ordens, por muito dolorosas que nos sejam. Da minha parte, pedindo a nossos mortos que me perdoem, visto que sou obrigada, obedecerei aos que estão no poder".

Ismênia está atemorizada e é submetida a autoridades, que lhe dizem como deve ser. Está impedida de uma existência própria, destituída de sua autoridade pessoal, contrastando com Antígona, que defende as leis divinas, isto é, mais antigas que as leis da cidade. Um conflito entre as leis divinas e as leis da cidade, expressas por Sófocles, por meio de seus personagens. Diz Antígona: "... quanto a meu irmão, eu o sepultarei! Será um belo fim se eu morrer tendo cumprido esse dever!". E, mais adiante, completa: "... Quanto a ti, se isso te apraz, despreza as leis divinas!". Ismênia argumenta: "Não! Não as desprezo; mas não tenho forças para agir contra as leis da cidade".

Após ser presa pelo guarda que a flagra dando sepultura ao irmão, Antígona responde às indagações de Creonte: "... Sabias que, por uma proclamação, eu havia proibido o que fizestes?". Ela responde: "Sim, eu sabia! Por acaso poderia ignorar se era uma coisa pública?". E Creonte lhe pergunta: "E, apesar disso, tiveste a audácia de desobedecer a essa determinação?". Antígona se mantém em um silêncio prolongado, concorrendo para a impressão causada por sua fala, na qual afronta destemida a cólera do Rei: "Sim, porque não foi Zeus que a promulgou; e a justiça, a deusa que habita com as divindades subterrâneas, jamais estabeleceu tal decreto entre os humanos; nem eu creio que teu édito tenha força bastante para conferir a um mortal o poder de infringir as leis divinas, que nunca foram escritas, mas são irrevogáveis; não existem a partir de ontem ou de hoje; são eternas, sim! E ninguém sabe desde quando vigoram!...".

As falas das irmãs, bem como a tragédia como um todo, permitem várias leituras, que dependerão do vértice ocupado pelo leitor. Trago à baila esse aspecto que me parece proeminente naquilo que caracteriza o estado de mente do investigador. A psicanálise é uma experiência tal que, para o desconhecido emergir e ser apreendido, é necessário que as leis da cidade, isto é, as leis dos homens ou das instituições, sejam postas de lado e prevaleçam as leis divinas, ou seja, as autênticas, do analisando e do analista. Quaisquer autoridades como teorias, regras ou como a psicanálise deve ser praticada, ou não, constituem um obstáculo à autenticidade do processo analítico.

O irmão morto requer um nome e uma sepultura. Apesar das leis dos homens e do medo decorrente, temos a convicção de que nomear o irmão morto, isto é, a constelação que está sendo devorada pelas aves de rapina e pelos cães, permitirá novas possibilidades no desenvolvimento do processo do paciente vir a ser ele mesmo. O nomeado, tornado conhecido, pode ser deixado de lado, e a dupla volta-se novamente para o desconhecido em busca de novas constelações "à procura de um autor que possa nomeá--las". A evolução dependerá, em grande medida, da confiança que cada analista deposita em seus deuses para enfrentar o desafio de ir além das leis da cidade.

Em conjunto com o risco de prematuridade, corre-se também o risco da pós-maturidade. Na tragédia de Sófocles, Creonte arrependeu-se quando já era tarde demais. Ele diz: "... Eu próprio, visto que ordenei a prisão de Antígona, irei libertá-la! Agora, sim, eu creio que é melhor passar a vida obedecendo às leis que regem o mundo!".

Foi muito tarde, pois já havia passado o momento. A oportunidade que se tem em uma sessão analítica é única para se desperdiçar com aquilo que é conhecido.

Vértices, certezas

Considero importante em minha experiência pessoal uma disciplina que permite uma atenção e uma observação dos fatos que ocorrem na sala em termos de vértice psicanalítico. Penso que um deslocamento para outras posições, possibilitado por uma mobilidade mental, para considerar aquilo que está sendo observado de outras posições permitirá uma visão mais ampla daquilo que se está considerando.

A possibilidade de contemplar aquilo que se observa de diferentes pontos de vista permite apreender com significados também diferentes.

Esse modelo nos remete à lenda hindu dos ratos cegos, na qual um animal, um elefante, no caso, invade certo reino. O rei constitui uma comissão formada por sete ratos para examinar o invasor. Mas, como todos no reino, os ratos também são cegos. Cada um deles, postado em uma parte diferente do corpo do elefante, o descreve de acordo com suas impressões. Assim, um descreve a tromba; o outro, o rabo; outro, a cabeça; outro, a pata, e assim por diante. Os relatórios sugerem um caleidoscópio. A soma das informações, entretanto, fornece um quadro mais confiável do animal escrutinado.

Esse modelo de apreensão do objeto psicanalítico nos remete ao princípio da incerteza, de Heisenberg, que libera o psicanalista da sobrecarga representada pela necessidade de certezas.

Interpretação-comunicação

O termo "interpretação" tem uma longa história, cujo significado talvez tenha surgido com grupos muito primitivos na busca de indícios quanto ao humor dos deuses, isto é, se eles eram favoráveis ou não à caça, à busca de alimentos, a vitórias sobre tribos rivais etc.

Existem episódios clássicos sobre o tema, míticos ou não, como o da interpretação dos sonhos do faraó do Egito por José; a leitura de entranhas de pássaros em busca de presságios que indicassem se os deuses estavam ou não favoráveis a determinadas empreitadas; interpretações de sinais e sintomas em medicina; de dados obtidos por meio de técnicas modernas; interpretação de textos etc.

A psicanálise, e com ela a interpretação, surgem com Freud. E para ele, coerentemente, a interpretação está a serviço dos objetivos da psicanálise. Inicialmente, a cura depende de captar o sentido do material manifesto por meio do processo de tradução do mesmo, na busca do conteúdo latente que lhe é subjacente.

Freud sempre se manteve coerente quanto ao modelo em vigor: na vigência da primeira tópica, a "cura" psicanalítica consiste em tornar consciente o inconsciente; na vigência da segunda tópica, não está excluída a primeira, porém o objetivo da "cura" é: ego onde impera o id. Em outras palavras, clinicamente, a cura psicanalítica visa integrar ao todo da personalidade partes excluídas e mantidas pela repressão. Assim, o desenvolvimento do conceito de repressão leva a uma ampliação e ao aprofundamento do campo psicanalítico.

A partir daí, as descobertas de Freud foram tornando insuficientes os conceitos de interpretação e de função da psicanálise. Ele considera que a interpretação reintegra somente alguns aspectos isolados do material exposto pelo paciente.

Em 1917, Freud publica "Construções em análise", desenvolvendo o tema com elegância e demonstrando a necessidade dele. Utiliza nesse trabalho o modelo de reconstrução empregado em arqueologia (1937). Ele articula o material apresentado pelo analisando nas sessões, procurando reconstruir áreas do passado esquecidas pelo paciente. A construção não se refere propriamente aos fatos ocorridos na vida passada do paciente. O importante é que ele terá disponível algo equivalente àquilo que experimentou em seu passado. Agora, em nível consciente, ele talvez possa reintegrar áreas mais extensas de sua personalidade, evoluindo para a cura.

Já nesse campo em expansão, em que os conceitos não mais dão conta daquilo que é observado na clínica, Klein nos brinda com contribuições que encorajam seus seguidores a trabalhar com pacientes psicóticos. A partir do trabalho com crianças e sua técnica de brincar, ela possibilita expansões para outras dimensões. Ao adentrar no campo das psicoses, ela procura preservar o método psicanalítico. Isso exige uma postura mental e uma participação no processo diferentes daquelas até então utilizadas. A qualidade dos vínculos, bem como dos fenômenos transferenciais observados, assim o exigiam.

Onde antes era observada a repressão em pacientes neuróticos, agora ela observa cisão. Logo ela agrupa a essa (cisão) os fenômenos da projeção e da negação.

Rezze (1996), após um breve levantamento de teorias de Freud e Klein, sugere que a palavra "interpretação acha-se sobrecarregada de significados conceituais, perdendo sua especificidade, sem considerar contribuições psicanalíticas de outros autores".

Assim, os conceitos de interpretação e construção ficam menos específicos; dependendo das camadas psíquicas alcançadas, dificilmente o paciente sintoniza uma comunicação com as qualidades de interpretação ou construção.

O campo relacionado à comunicação do analista recebe outras contribuições, como o conceito de contratransferência, isto é, as reações emocionais inconscientes do analista em relação ao paciente. Alguns colegas acreditam que podem usar a contratransferência em seu trabalho com o paciente, enquanto outros – entre os quais me incluo –, por considerá-la de natureza inconsciente, discordam e sugerem, como Freud, que em relação à contratransferência o analista só pode ser auxiliado por outro analista.

Penso que as contribuições de Bion têm ajudado em um campo em expansão como esse, no qual o psicanalista atua. Por exemplo:

1. Ele sugere considerar o "Formulações sobre os dois princípios do funcionamento mental", de Freud, coexistindo e se alternando em suas manifestações.

2. Ele enfatiza o movimento pendular, isto é, a oscilação entre as posições esquizoparanoide e posição depressiva.

3. Ainda quanto às posições, e sem diminuir a importância da posição depressiva, Bion revaloriza a posição esquizoparanoide como essencial ao desenvolvimento mental.

4. Ele ressalta a coexistência das personalidades, ou melhor, dos aspectos psicóticos e não psicóticos da personalidade.

Essas contribuições de Bion expandiram o universo psíquico até então considerado, e têm levado os psicanalistas a rever sua contribuição ou participação no processo psicanalítico. A base que consiste em reintegrar partes excluídas da personalidade se mantém; considera-se também aspectos não evoluídos da personalidade, não necessariamente excluídos, mas que aguardam uma oportunidade de que alguma experiência concreta as traga à luz.

Os "eurekas" obtidos no campo das ciências são, na verdade, uma aproximação (ou mais uma) a algo mais verdadeiro, isto é, algo que dá conta de forma mais abrangente dos fenômenos observados. Assim, as ciências progridem transitando de descobertas para outras descobertas.

No campo psicanalítico não é diferente. Os encontros com o analisando possibilitam aproximações progressivas de algo mais verdadeiro sobre ele. Essas aproximações ocorrem por meio do diálogo com o analisando.

À imprecisão e à diluição dos conceitos que falham para dar conta daquilo que ocorre na clínica, os autores têm preferido denominar sua participação de opinião, versão ou formulação.

A intuição, psicanaliticamente treinada, permite ao psicanalista uma condição mais apropriada para apreender as qualidades psíquicas que ocorrem na sessão, tornando-as disponíveis para análise. Essas qualidades fundamentais se expressam e se expandem por algumas dimensões, e o analisando as manifesta por meio de conversas com o analista.

Sugiro que, no atual estágio, consideremos o conversar com o analisando por meio de qualquer uma das ideias formuladas anteriormente, como a participação do analista, e aguardar que a observação e a experiência possam nos indicar algo mais preciso quanto à participação dele no trabalho analítico.

Bion sugere que a apreensão do objeto psicanalítico por meio das dimensões pelas quais ele se expressa permite ao analista trabalhar com mais segurança em sua tarefa de apresentar o paciente para ele mesmo. O diálogo constituído e o foco mantido pelo psicanalista no desconhecido estabelecem um tipo particular de comunicação que começa com o analista privilegiando a comunicação verbal e que depois se estende, transformando-se em uma espécie de duplicação da linguagem empregada.

O analisando possivelmente se refere aos aspectos factuais e sensoriais de seu cotidiano, ou de sua história. O psicanalista, mantendo o vértice psicanalítico, esquadrinha a área compreendida pelos aspectos não sensoriais daquilo que o analisando comunica, isto é, seu universo psíquico. O psicanalista participa da conversa por meio de indagações, intervenções e formulações, com a finalidade de esclarecer o campo observado. Essa participação se reveste de um caráter de investigação, abrindo possibilidades em vez de qualquer declaração conclusiva.

Na prática, aquilo que o analisando expressa é confrontado com o equipamento mental do psicanalista. Temos um choque entre as personalidades, o qual constitui um campo caótico e infinito de possibilidades; gradativamente, a investigação constituída pelas associações do analisando e a participação do analista possibilitam um estreitamento do campo observado até que algo mais específico seja intuído, o fato selecionado, e que organizará e dará sentido aos vários elementos anteriormente dispersos.

À guisa de ilustração, ofereço um pequeno exemplo, provavelmente familiar, a todos os que praticam psicanálise: o sr. E. entra na sala vestido de maneira não usual e extravagante. Bermudão, camisa colorida e sandálias; fala, deita-se no divã e continua o assunto, entusiasmado. Diz que está muito animado, esteve com X, depois com Y, e que sua vida transcorre de vento em popa. E há em tudo isso uma participação bastante importante do analista, que parece compreendê-lo. Está muito feliz com a análise. Além do óbvio entusiasmo, nada mais percebo do que ele está falando. Comunico isso a ele. Ele prossegue, parece repetir algo que já falou; peço algum esclarecimento; ele parece ficar chocado com o meu pedido; continua hesitando, fazendo pausas, como se quisesse que eu dissesse alguma coisa. Percebo que nada tenho a dizer a não ser o que já falei, e decido aguardar. Ele fica em silêncio e o clima vai ficando tenso. Ele vira de lado, apoiando o cotovelo no divã e a cabeça em sua mão. Recomeça a falar e o tom é de ameaça. Parece esforçar-se para controlar a raiva. Queixa-se de frieza e indiferença dos outros, e diz: "Tenho vontade de pegar o meu revólver e cometer alguma loucura".

Parece ficar um pouco mais tranquilo e se deita no divã; eu continuo sem saber o que ocorre, e decido descrever o que me pareceu ter observado. De início, uma pessoa efusiva tentando me contagiar com sua alegria; diante de minha admissão de ignorância quanto ao que se passa, ele reage com frustração, ódio e ameaças. Nesse momento, percebo uma certa palidez em seu rosto. Ele fala alguma coisa que sugere perplexidade. Diz: "Então é assim". Logo depois, elabora uma teoria de causa e efeito, dizendo algo como: "Então é por isso que as pessoas se afastam de mim". E fica em silêncio.

Em um primeiro movimento, parece poder perceber algo dele próprio, entrar em contato com aspectos que antes, talvez, ele não pudesse. Em seguida, com a teoria de causa e efeito, ele começa um processo de afastamento por meio de autocríticas. Isso se expande na sessão, mas por ora deixo de lado.

Textos citados e sugestões de leitura

Beckett, S. (1982). Catastrophe. In *Collecied Slzorrer Plays*. New York: Grove Press.

Bion, W. R. (1993). *Second thoughts*. London: Karnac. (Obra originalmente publicada em 1959). Edição castelhana: Bion, W. R. (1972). *Volviendo a pensar* (p. 173). Buenos Aires: Hormé. (Obra originalmente publicada em 1950).

Bion, W. R. (1962). A theory of thinking. In *Second thoughts*. London: Karnac. (Obra originalmente publicada em 1959). Edição castelhana: Bion, W. R. (1972). *Volviendo a pensar* (p. 173). Buenos Aires: Hormé. (Obra originalmente publicada em 1950).

Bion, W. R. (1962). *Learning from experiences* (p. 54). London: Heinemann.

Bion, W. R. (1963). *Elements of psychoanalysis*. London: Heinemann. Bion, W. R. (1965). *Transformations* (p. 24; 28-32; 179; l86-189). London: Heinemann.

Bion, W. R. (1970). *Attention and interpretation* (cap. 10, p. 92). London: Tavistock.

Bion, W. R. (1992). *Cogitations* (p. 236). London: Karnac.

Doren, C. V. (1992). *A history of knowledge. Past, present, and future* (p. 4-5). New York: Ballantine Books. (Obra originalmente publicada em 1991).

Freud, S. (1969). *Lembranças encobridoras.* (Edição Standard Brasileira das Obras Psicológicas Completas de Sigmund Freud, Vol. 3). Rio de Janeiro, RJ: Imago. (Obra originalmente publicada em 1899).

Freud, S. (1969). *Formulações sobre os dois princípios do funcionamento mental.* (Edição Standard Brasileira das Obras Psicológicas Completas de Sigmund Freud, Vol. 12). Rio de Janeiro, RJ: Imago. (Obra originalmente publicada em 1911).

Freud, S. (1969). *Recommendations to physicians practicing psychoanalysis.* (Edição Standard Brasileira das Obras Psicológicas Completas de Sigmund Freud, Vol. 12). Rio de Janeiro, RJ: Imago. (Obra originalmente publicada em 1912).

Freud, S. (1969). *Repression.* In *Obras psicológicas completas de Sigmund Freud, v. 14* (p. 169). Edição Standard Brasileira. Rio de Janeiro: Imago. (Obra originalmente publicada em 1915).

Freud, S. (1969). *Premissas e técnicas de interpretação: Sonhos.* (Edição Standard Brasileira das Obras Psicológicas Completas de Sigmund Freud, Vol. 15). Rio de Janeiro, RJ: Imago. (Obra originalmente publicada em 1915/1916).

Freud, S. (1969). *Lines of advance in psychoanalytic therapy.* (Edição Standard Brasileira das Obras Psicológicas Completas de Sigmund Freud, Vol. 17, p. 161). Rio de Janeiro, RJ: Imago. (Obra originalmente publicada em 1919).

Freud, S. (1969). *Constructions in analysis*. (Edição Standard Brasileira das Obras Psicológicas Completas de Sigmund Freud, Vol. 23). Rio de Janeiro, RJ: Imago. (Obra originalmente publicada em 1937).

Freud, S., & Andreas-Salomé, L. (1975). Carta de 25 maio 1916. In *Correspondência completa*. Rio de Janeiro: Imago.

Heimann, P. (1950). On counter transference. *International Journal of Psychoanalysis*, 31, 81-4.

Heisenberg, W. (1988). Física e filosofia. Brasília: Ed. Universidade de Brasília. (Obra originalmente publicada em 1958).

Klein, M. (1976). Los origenes de la transferencia. In *Obras completas de Melanie Klein*, v. 6 (p. 261). Buenos Aires: Paidós--Horme. (Obra originalmente publicada em 1912).

Klein, M. (1981). Notas sobre alguns mecanismos esquizoides. In *Os progressos da psicanálise* (p. 313 e seguintes, 2. ed.). Rio de Janeiro: Mestre Jou. (Obra originalmente publicada em 1946).

Phillips, F. (1997). *Psicanálise do desconhecido*. C. F. Korbivcher, E. Longman & V. B. Pereira, org. e ed.). São Paulo: Editora 34.

Rezze, C. J. (1996). Interpretação: revelação ou criação? *Trabalho apresentado no simpósio "Bion em São Paulo: ressonâncias"*.

Sandler, P. C. (1997). *A apreensão da realidade psíquica*, v. 1 (pp. 23-24). Rio de Janeiro: Imago.

Sófocles. (1989). Antígona. In *A trilogia tebana*. Rio de Janeiro: Jorge Zahar.

Bion, da prática às teorias possíveis: a complementaridade

Fluctuat nec mergitur

Este comunicado constitui um esforço no sentido de deixar claros alguns pontos que, na apresentação da versão anterior, suscitaram dúvidas. Com isso em mente, procurei recorrer a mais material clínico na esperança de iluminar os aspectos obscuros.

Do tema proposto, "Psicanálise: Bion, da prática às teorias possíveis", que considero bastante oportuno, propus para meu trabalho uma pequena alteração, que parece mais coerente com minha experiência: "Bion, da prática às teorias possíveis: a complementaridade".

Os pacientes que nos procuram não necessariamente, ou até raramente, têm alguma ideia da natureza do campo de que se ocupam os psicanalistas. Em geral, procuram o profissional tendo em mente o modelo médico cuja linguagem diz respeito basicamente à dimensão sensorial, isto é, àquilo que se refere intrinsecamente ao físico. Diferentemente desse modelo, os psicanalistas ocupam-se de fenômenos restritos à área que se relaciona ao não sensorial. Contudo, a linguagem utilizada tanto para os fenômenos de uma dimensão quanto da outra é basicamente a mesma. Isso, em si, significa que o psicanalista precisa considerar seriamente esse assunto, pois poderá se deixar enredar pela trama daquilo que sensorialmente possa ser atraente, ou tirar partido da linguagem que é utilizada para a comunicação nas duas dimensões. Além disso, a linguagem tanto pode ser utilizada para comunicar quanto para dissimular.

Se de um lado a mente como um todo pode corresponder à metáfora proposta por Bion, como constituída pela interação entre os diversos personagens das mais variadas idades, desde os somitos, passando por embrião, feto, infância, adulto etc., com as correspondentes linguagens, de outro lado, o psicanalista jamais poderá apreender a personalidade completa do paciente, porque nem ele, psicanalista, em nenhum momento é uma personalidade total. Em decorrência de seu estado mental, o psicanalista, durante o encontro com o paciente, apreenderá a personalidade deste favorecendo a sua emergência como embrião, criança ou adulto em razão da interação, do encontro entre ambos, naquele momento e naquelas circunstâncias. A dualidade observada por Bohr é determinada por seu aparato de observação; de modo análogo, o equipamento de observação do psicanalista, isto é, o seu estado mental, que obviamente nunca é total, impõe a ele a necessidade de considerar um aspecto parcial para a investigação do lado desconhecido do paciente.

Independentemente de seu preparo ou de sua experiência, o psicanalista nunca estará operando com toda a sua capacidade de observação ativa, em um único momento. Em decorrência de seu estado de mente, sua capacidade de observação é necessariamente parcial.

Bohr (1927) estudou basicamente as distintas manifestações da luz como partícula e como onda, e considerou que essa propriedade dual era uma qualidade inerente a toda natureza. Ele observou que a manifestação da natureza é influenciada pelo observador ou pelo equipamento utilizado pelo observador e depende deles, e pode ser apreendida até mesmo de modos incompatíveis e excludentes entre si. A essa possibilidade de a natureza ser apreendida de modo incompatível e mutuamente excludente, Bohr denominou "complementaridade". Intuiu que essa complementaridade se estendia também às manifestações psíquicas.

A natureza existe a despeito de seus observadores; porém, sua expressão e apreensão decorrem da presença ativa do observador. O mesmo pode ser considerado em relação à mente humana, isto é, as expressões somáticas, infantis etc. só se manifestam na interação com o analista. Assim, a complementaridade existe somente no encontro de ambos e em decorrência do encontro e da interação entre analista e analisando.

Penso que se considerarmos um "estado de mente" como uma expressão psíquica que ocorre naquele momento, em decorrência do encontro daquele paciente com aquele analista específico, temos então mais um fator consistente a considerar em relação à recomendação de Bion quanto a memórias e histórias.

Bion refere-se ao fenômeno da complementaridade em 1968, em um seminário conduzido em Buenos Aires. Ele sugere que: "Cedo ou tarde, os psicanalistas terão de enfrentar um problema não solucionado que tem a ver com a luz, como corpúsculos e como onda, aparentemente incompatíveis, mas ambas corretas até o momento".

Penso que o próprio Bion dá início a essa investigação por meio de seus estudos sobre o estado mental por ele denominado "reversão da perspectiva" (1992). Ele dá início, assim, à utilização da complementaridade de Bohr como um modelo para investigar determinados estados de mente que se caracterizam por expressar manifestações duais e aparentemente incompatíveis. Bion descreve o estado de mente por ele observado e utiliza como referência em *Cogitations* o modelo proporcionado por Bohr, denominando aquele estado mental de "reversão da perspectiva". Bion "amarra", por assim dizer, com essa denominação, uma possível conjunção constante para posterior observação, a dele e a de outros colegas.

A transposição mecânica de uma teoria construída para explicar fenômenos observados em outro campo de ciência provavelmente vai gerar mais confusões do que esclarecimentos. A ideia – é assim aqui, deve ser assim lá – não leva em conta a especificidade de cada campo sob investigação. A interdisciplinaridade, recurso fundamental para avançar em um campo de investigação estagnado, consiste em utilizar teorias de outros campos como modelos, na expectativa de que esse uso possa se mostrar produtivo em seu próprio campo.

Tanto Freud quanto Bion serviram-se de várias teorias de outras áreas como modelos que poderiam iluminar e abrir novos caminhos para a compreensão de fenômenos psíquicos observados na relação com seus pacientes. Freud falava em "cirurgia" e "escavações arqueológicas", que, levadas ao pé da letra, soariam absurdas no campo psicanalítico. Da mesma forma, Bion utilizou inúmeras teorias das mais variadas áreas, como biologia, química, física e astrofísica, como modelos para transpor obstáculos em suas investigações.

Na minha experiência, a complementaridade constitui um estado de mente que só é reconhecido pelo psicanalista quando esse reconhecimento ocorre após um longo tempo de análise. Penso que isso é decorrente da natureza limitadora do próprio processo, constituído por aquilo que emerge na relação do analista com seu paciente. Considero ainda que esse pode constituir o fator que faz com que tão poucos casos, ou quase nenhum, sobre reversão da perspectiva sejam publicados na literatura psicanalítica. Bion, ao descrever a "reversão da perspectiva", faz uma espécie de alerta aos colegas, que poderão ou não observar algo que se assemelhe àquilo que ele descreveu. A reversão de perspectiva é um dos lados ou aspectos que constituem a dualidade (nesse caso específico) da complementaridade.

O paciente que tenho em mente, E., é da área PSI. Procurou a análise com o intuito de se "aperfeiçoar" e resolver alguns "probleminhas" que vinham surgindo em sua vida atualmente. Nessa base, iniciamos o trabalho. Ele falava, associava, e eu eventualmente interpretava, ou emitia uma opinião. Ele parecia concordar; em geral, em silêncio, ou, esporadicamente, com alguma associação relacionada a alguma teoria psicanalítica que parecia coerente com o tema abordado. O tempo passava e já estávamos no terceiro ou quarto ano de trabalho. Tudo parecia ir muito bem, a não ser por um detalhe: nada parecia mudar. Entendi ser necessário prestar mais atenção do que habitualmente para tentar observar algo que desse sentido ao que eu pensava estar observando. Chamava a minha atenção o fato de que tudo o que eu dizia ele acatava, sem restrições. Comentei isso com ele, que confirmou, aparentemente um pouco surpreso: "É lógico que eu não tenho dúvidas a respeito do que você fala; afinal, você é o psicanalista, e, se você falou, está falado".

Em outra sessão, ele relatou que, após a reunião, ficou decidido que pacientes com tal e tal perfil seriam encaminhados para ele. Eu não sabia do que se tratava, e perguntei que reunião era aquela de que ele estava falando. E. pareceu muito surpreso, quase chocado; ficou muito tempo em silêncio. Pensei ter cometido alguma heresia e esperei pelo pior, mas, para meu alívio, finalmente ele disse que provavelmente esquecera de me dizer que era espírita e fazia parte de uma congregação que recebia pessoas para tratamento. Pessoas com aquele perfil seriam encaminhadas para ele, pois ele tinha treinamento que o qualificava para recebê-las. Após a descrição de alguém que a Congregação Espírita lhe havia encaminhado (a descrição poderia ser dele mesmo), em outra sessão ele relatou que teve uma discussão com alguém da congregação, pois achava que aquela pessoa poderia se beneficiar mais com a abordagem espírita clássica (?), e não com uma psicoterapia de base analítica. Eu lhe digo que ele parecia estar encontrando dificuldades para conciliar seu treinamento como psicoterapeuta e sua condição religiosa, e novamente experimentei as consequências de um longo silêncio, mas, dessa vez, com um palpite que pareceu se confirmar: finalmente ele quebrou o silêncio para concordar comigo. "É, como sempre você está certo, pois, de fato, estou vivendo um conflito." Contudo, suas associações não eram sugestivas da presença de um conflito.

Em uma outra sessão, entre várias associações e em uma fala muito complicada, pelo menos para mim naquele momento, ele disse que liderado por ele conseguiram, finalmente, "silenciar" J. e excluí-lo do grupo de atendimento. Digo que não estou conseguindo acompanhá-lo e que não sei quem é J. Ele esclarece que J. era um defensor de terapias alternativas, como psicoterapia de base analítica. Assim, diz ele, o grupo poderá se concentrar na "abordagem espírita clássica". Perguntei o que ele faria comigo e com a parte dele que havia me procurado para um trabalho de análise, ou, como ele denominava, terapia alternativa. Novamente me deparei com o silêncio que, dessa vez, não foi tão inesperado. Finalmente, ele reafirmou minha sabedoria: disse que havia progredido bastante no trabalho e que então estava pronto para interromper e seguir caminhando com as próprias pernas. Sentia que já havia recolhido material suficiente com o trabalho que havíamos feito para poder discriminar como trabalhar e seguir por sua própria conta. Agradeceu por tudo e se despediu.

Por meio dessa pequena narrativa, procurei mostrar como a natureza de nossos encontros, em decorrência da especificidade deles, o levou a utilizar em nosso relacionamento a estratégia da "reversão da perspectiva", e, quando me dei conta do que se tratava, já era tarde. Tempos depois, soube por um de seus colegas que ele, apesar de sua formação médica e psiquiátrica, estava se dedicando somente à "abordagem espírita clássica".

Com esse paciente, especificamente, a complementaridade se constituiu, de um lado, pela reversão da perspectiva, por meio da qual o paciente buscou uma "técnica" que melhorasse seu desempenho no método espírita clássico e resolvesse "alguns problemas". Por outro lado, a complementaridade foi constituída por *establishments* internos, em especial os religiosos. Uma dualidade incompatível e complementar.

A experiência com esse paciente, que se estendeu por três ou quatro anos, deixou-me a forte impressão de que ele havia procurado a análise em decorrência de conflitos pessoais que provocavam um grau considerável de sofrimento psíquico. Utilizava a "reversão de perspectiva" (ou revertia a perspectiva) para manter distante a "busca de uma técnica que melhorasse seu desempenho na técnica espírita clássica" e "resolvesse alguns probleminhas" que a ameaça da experiência psicanalítica representava para ele, principalmente quanto aos *establishments* internos. Assim, não lhe restou outra alternativa senão interromper a experiência psicanalítica. Isso me remete à história do almoço com o diabo, para o qual o dito popular afirma que é necessário utilizar um garfo comprido. A impossibilidade de manter indefinidamente a distância o leva à interrupção do almoço. Assim é também o trabalho de psicanálise.

A "reversão da perspectiva", uma expressão da área psicótica da personalidade e administrada pela área não psicótica dela, constitui um dos aspectos da dualidade. Esse estado mental se caracteriza por um acordo aparente entre analista e analisando quanto aos fatos da sessão. De outro lado, há uma discordância silenciosa quanto às premissas determinantes da atividade psicanalítica. Para evitar o sofrimento mental, o paciente procurar transformar em estática o que seria uma atividade dinâmica. A divergência entre analista e analisando não é discutida, ficando confinada a uma área em que não se constitui um conflito.

Em geral, a distinção entre a pausa que ocorre com esse paciente, diante da interpretação do analista, e aquela que ocorre com um paciente neurótico é muito difícil de distinguir. No caso do paciente neurótico, a pausa é utilizada para elaborar, pensar a respeito de algo sobre aquilo que estão conversando, enquanto no primeiro a pausa é utilizada como um meio de elaborar um "ajuste", isto é, adequar a interpretação às suas premissas, mantendo estática uma situação por meio da reversão da perspectiva. Isso contribui para que a dualidade incompatível seja preservada.

Ao observar em um mesmo paciente manifestações psíquicas que constituem uma dualidade aparentemente incompatível (uma das características da "complementaridade" na física), utilizo esse conceito como modelo na tentativa de me aproximar e apreender o significado ou o sentido daquela experiência emocional.

O exemplo exposto na primeira apresentação desta comunicação confronta a complementaridade entre a posse do conhecimento (conhecimento saturado) e a ausência de conhecimento. Um supervisionando descreveu a experiência com sua paciente dando um colorido dramático ao relato. O que quero destacar nesse episódio é que o colega supervisionando diz que, como ele conhecia a paciente, aquela dramatização deveria estar relacionada com o fato de ele ter cancelado as duas sessões anteriores. Ele informa isso para a paciente, que, então, parece se acalmar. Essa reação da paciente parece confirmar aquilo que o colega sabia a respeito dela. Assim, o conhecimento que o psicanalista "tem" a respeito da paciente é utilizado para esclarecer o que estava ocorrendo naquele momento, naquela sessão. A dupla parece sentir que pode escapar de situações em que predominam incertezas e o desconhecido e navegar em águas mais tranquilas, pois passam a se movimentar por áreas conhecidas e seguras. O psicanalista tem uma teoria a respeito de sua paciente e a "aplica" com o intuito de explicar o que se passa ali, naquele momento, com ela. Substitui, desse modo, a experiência emocional desconhecida que está sendo vivenciada pelo par pelo conhecimento que tem a respeito da paciente. Dessa forma, a paciente e a experiência com ela são reduzidas à teoria que o psicanalista detém a seu respeito, anulando a alteridade. Constituindo o conluio, o colega supervisionando e sua paciente não demonstram respeito pela alteridade dela; consequentemente, "produzem" uma complementaridade.

A posse do conhecimento sobre a paciente impede a evolução da experiência emocional que poderia possibilitar ao psicanalista vir-a-conhecer a paciente e que, de outro lado, permitiria que a paciente pudesse vir a ser conhecida por ela mesma.

Apresentei, na primeira versão deste trabalho, um exemplo clínico do próprio Bion publicado em *Elementos de psicanálise*.

Desejo agora apresentar um exemplo publicado em uma supervisão conduzida por Bion denominada S 11 (2008).

O fragmento que quero destacar ocorre quase ao final da supervisão, quando fica praticamente decidido que, provavelmente, o paciente não acredita que a psicanálise ou o psicanalista ou seja lá o que for poderá lhe ser útil. Fica então a questão: por que ele continua frequentando a análise? Bion sugere que, em resumo, ele procuraria trazer à tona o fato de que esse paciente não acredita em psicanálise ou no psicanalista porque ele acha bastante improvável que consiga ajuda. Surge o primeiro problema: como ele consegue, de algum modo, vir às sessões? O que interpretar a esse paciente e, ao mesmo tempo, como manter as chances de chamar a atenção dele para o fato de que é realmente muito difícil para ele ir até o analista sem acreditar que está se enganando ou enganando o psicanalista? Em outras palavras, ele sente que tem de depender de uma mentira...

Ir à análise e não acreditar que ela possa ser útil constituem estados de mente incompatíveis e mutuamente excludentes, o que caracteriza a complementaridade. Contudo, há uma diferença básica entre a luz e os pacientes: a luz continua a existir indiferente aos observadores que denunciaram a sua constituição dual. Os pacientes, em decorrência de suas experiências com seus analistas, podem sentir-se pressionados a resolver o conflito quando internalizado, isto é, quando percebido como dualidade. Alguns pacientes poderão interromper a análise, como fez o paciente E., como uma forma de evadir-se do conflito. Outros poderão aprender a conviver com sua dualidade em suas diferentes expressões relacionais, constituindo uma fonte e um forte estímulo para o desenvolvimento da capacidade de pensar.

Penso que a interpretação proposta por Bion traz um elemento do desconhecido do paciente que estava excluído. Assim, visto em conjunto e de um modo complementar, a sua ida ao consultório sem acreditar que pudesse receber qualquer ajuda, e dependente de uma mentira, adquire, pelo menos naquele momento, algum significado. A esperança é que esse tipo de abordagem permita não a resolução de qualquer problema, mas possibilite ao paciente poder pensar sobre o problema por ele mesmo.

A complementaridade entre aspectos pré e pós-natais

> Entre a vida intrauterina e a infância primitiva, existe muito mais continuidade do que a dramática cesura do nascimento permite acreditar
> Freud (1926).

A analisanda G., que me procura para análise, é uma jovem senhora de aproximadamente 35 anos com funções e aparência de uma executiva. Informa que protelou o quanto pôde, mas que, finalmente, cedeu a pressões externas e internas para que procurasse a análise. Acredita que tem sérias dificuldades para relacionar-se com homens ou mulheres, afetivamente ou profissionalmente. Relata, nas primeiras semanas de análise, suas dificuldades de relacionamento com namorados, ex-namorados e com colegas de trabalho. À medida que o processo evolui, emergem em nossos encontros medos/pânico (como ela os denominava) que, em muitas ocasiões, a impedem de comparecer às sessões, ou surgem até mesmo durante os nossos encontros. Assim, obviamente, esses medos/pânico estavam, em alguma medida, interferindo em seus relacionamentos com outros e, principalmente, com ela mesma.

Contudo, até o momento, esses medos/pânico pareciam não ter relação com algo perceptível, pelo menos para mim. Paradoxalmente, ela se envolve com alguma frequência em situações de grande risco, como arranjar encontros via internet e transar com desconhecidos sem o uso de preservativos. Em geral, essas situações são acompanhadas de explicações em que transparece uma ingenuidade exagerada. Eventualmente, em uma ou outra sessão, a executiva reaparece e parece ignorar completamente a outra pessoa que se envolve em situações tão peculiares. Fala de seus planos de trabalho e de suas dúvidas quanto à consecução deles. Repentinamente, senta-se no divã e me mostra manchas e pequenas vesículas no rosto, aparentando estar apavorada e com medo de ter contraído aids, como lhe dissera uma de suas amigas. Digo-lhe que parece que ela poderia estar correlacionando às escolhas indiscriminadas de companheiros essa possível consequência. Ela parece indignada e diz que o analista não sabe o que é estar apavorado e sozinho. Pareceu-me, naquele momento, muito tentador considerar a fala dela como ataques invejosos ao psicanalista, originalmente ao peito.

No decorrer dos meses seguintes, faz vários exames para aids e, finalmente, parece se tranquilizar em relação ao diagnóstico. Contudo, os medos/pânico continuam, incompreensíveis e sem representação mental. Em outras sessões, parece ressurgir a executiva, cautelosa em seu trabalho e relacionamentos, sugerindo algum aprendizado com a experiência. Em outra sessão, ou até mesmo na seguinte, desaparece novamente a executiva, reaparecendo a criatura que combina encontros via internet e tem relações sexuais com desconhecidos aparentemente ignorando os cuidados mínimos necessários, inclusive negligenciando o uso de preservativos. Ela aparentemente não se dá conta disso; é a sua irmã, ou alguma amiga, que a lembra da necessidade desses cuidados mínimos, e ela parece se surpreender com o que parece ser "muita paranoia das amigas". Fica genuinamente chocada com os alertas e com a sinalização de perigos de se encontrar com desconhecidos dos quais sua irmã e amigas lhe falam. Contrastando com essa aparente ingenuidade, emergem medos intensos, súbitos, aparentemente sem nenhuma conexão. Sugiro que seus medos/pânico podem estar relacionados com a sua negligência, sua exposição a situações potencialmente perigosas. Sua reação sugere uma dificuldade de compreensão incompatível com sua formação universitária e postura quando na função de executiva. Ela reforça essa impressão fazendo uma associação com J., uma pessoa com quem sai eventualmente e que lhe diz nunca saber quem vai encontrar, se o bebê ou a mulher adulta. Ela acha graça, mas não sabe de onde J. tira esse tipo de ideia. Sugiro que, talvez, dos mesmos fatos que a irmã e as amigas observam. Ela reage dizendo: "Mas, Isaias, você não percebe que elas são muito medrosas e tudo o que eu faço elas reprovam?". Pergunto: "E o seu trabalho, elas reprovam?". "Não lembro", ela responde. "O que tem o meu trabalho?" É difícil de descrever a clivagem entre o lado da adulta, que trabalha com competência e responsabilidade, e que parece ignorar o outro lado, aquele irresponsável e ingênuo (sugerindo enorme precariedade) que se envolve em situações tão perigosas.

Dois aspectos despertaram minha atenção após um ou dois anos de análise. Primeiro, uma considerável pobreza quanto à capacidade de fantasiar e/ou imaginar; segundo, a ausência de relato de sonhos. Quando pergunto se eventualmente ela tem sonhos, parece estranhar a pergunta, acha graça, e diz que não, não sonha.

Atualmente, eu e G. temos tido oportunidades de correlacionar suas experiências de medo/terror com circunstâncias em que ela parece experimentar intensa frustração. Por exemplo, há pouco tempo, em uma sessão que parecia transcorrer em um clima aparentemente amistoso, eu lhe informei que teria de interromper o trabalho pois necessitava fazer uma pequena viagem de uma semana. Ela ficou em silêncio por alguns minutos, sentou-se no divã e, visivelmente transtornada, acusou-me de insensibilidade, de estar fazendo um teste com ela; disse que não podia mais confiar em mim. Passou as mãos no rosto e me acusou de ser o responsável pelas manchas e vesículas que estavam surgindo em seu rosto. Pareceu aterrorizada, mostrando-se ambígua – parecia não saber se ia embora ou ficava na sala. Eu lhe disse que se ela ficasse, teríamos uma chance de conversar sobre o que podia estar ocorrendo. Gradativamente, ela parecia se acalmar. Disse que não sabia se teria condições de continuar conversando comigo.

Propositalmente me estendi na descrição de alguns fragmentos clínicos decorrentes dos encontros com G. Além de compor um provável exemplo de dualidade, constituída pelos aspectos pré e pós-natais, ele possibilita também uma reflexão sobre as últimas contribuições de Bion, configurando um possível modelo original de funcionamento mental.

Depois de um certo tempo de análise, entre dois e três anos, a ingenuidade, bem como os medos/pânico súbitos, sugeriam fortemente tratar-se de algo mais profundo, mais "intrínseco", mais inerente à personalidade dela. Chamavam a atenção seus constantes estados de mente confusionais, em que, frequentemente, não sabia se era seu dia de análise ou se o horário estava certo, e nos quais, também com alguma frequência, confundia tudo, dia e horário.

Possivelmente, a inveja e os ataques invejosos ao analista (originalmente ao seio) com possíveis medos persecutórios associados constituem fatores poderosos que participam da função que mobiliza G. Mas não seria a intolerância ao diálogo e ao convívio entre as diferentes partes da personalidade dela, com as linguagens correspondentes, um fator fundamental no modo de funcionar de G.?

Minha opinião é que eu estava focalizando como central aquilo que, na verdade, provavelmente constituía uma manifestação periférica de algo muito mais central e profundo. Penso que eu estava entretido com a ideia da "ingenuidade" como uma manifestação de um estado de mente alucinatório, alimentado por fantasias de onipotência. E os medos súbitos e intensos, relacionados aos ataques invejosos e onipotentes ao psicanalista, ao objeto em particular e à realidade como um todo. As confusões pareciam estar relacionadas com as identificações projetivas maciças no objeto. Minhas opiniões ou interpretações pouco ou nada acrescentavam às considerações de G. Atualmente, penso que eu estava participando de uma experiência na qual emergiam aspectos mais primitivos, talvez pré-natais, como ingenuidade decorrente da destruição da intuição primitiva que a levava a se expor a situações perigosas, assim como medos/pânico decorrentes, talvez, de vestígios de medos talâmicos, provenientes da vida pré-natal. A partir da citação de Freud que mencionei anteriormente, Bion questiona-se a respeito da possibilidade da presença de vestígios de funcionamentos embrionários na personalidade dos humanos.

Bion (1977), em seus últimos trabalhos, começa a considerar a possibilidade da coexistência e da participação de aspectos pré-natais no contexto do funcionamento mental como um todo. Atribui maior importância à presença de manifestações desses aspectos que emergem no encontro psicanalítico.

A conjectura de Bion quanto ao feto dirigir-se na vida pré-natal de modo onipotente e hostil às emoções perturbadoras, isto é, àquilo que constitui as raízes das ideias, emoções e sensações, procurando destruí-las, fragmentando-as e evacuando-as, ilumina fortemente a origem e a natureza dos aspectos que selecionei de G. para expor no fragmento anteriormente descrito. Assim, manifestações aparentemente incompreensíveis que emergem no relacionamento com o analista podem ter a sua origem em fragmentos remanescentes na personalidade oriundos de épocas muito arcaicas, constituindo fenômenos pré-natais.

Algumas manifestações físicas poderiam ser decorrentes de vestígios de temores talâmicos ou subtalâmicos, originários da vida pré-natal; os temores subtalâmicos constituem um exemplo do benefício da hipótese de uma continuidade entre os funcionamentos pré e pós-natais, sugerido por Freud. Considerar os precursores do medo como medos talâmicos pode ser útil para dar sentido a certas manifestações corporais, como vestígios das protoemoções pré-natais.

Essa proposição de Bion quanto a expandir a hipótese da ação de identificação projetiva aos funcionamentos pré-natais, com a tendência a desfazer-se do indesejável bem como das funções embrionárias que possibilitam o contato com os "fatos" (isto é, as experiências), tem várias implicações. Uma delas é a criação de fragmentos que, atravessando a cesura do nascimento, vão conviver entre si e com os aspectos nascidos da personalidade.

Talvez aquilo que na vida pós-natal Freud denominou "consciência", o órgão sensorial responsável pela apreensão das qualidades psíquicas, tenha como precursor essa capacidade rudimentar desempenhada pelas funções embrionárias ou fetais.

Ao descrever em seus últimos trabalhos a impossibilidade de uma coexistência harmônica entre os personagens pré-natais bem como entre estes e os pós-natais, é possível que Bion estivesse propondo um modelo original para descrever o funcionamento mental. Opinião também compartilhada por Elizabeth T. de Bianchedi e colaboradores em um trabalho apresentado na International Centennial Conference (1997).

Estou cada vez mais convicto de que a função da tolerância ou da intolerância à frustração, decorrente do contato com a realidade psíquica, pré ou pós-natal, favorece, ou ao contrário, impede o desenvolvimento da personalidade. Isso não constitui nenhuma novidade, pois no "Formulações sobre os dois princípios do funcionamento mental" Freud já se referia à suspensão da descarga motora para o processo do pensamento em decorrência da atividade de representação. A partir desse texto, Bion sugere a importância da função da intolerância à frustração, que mobiliza uma tensão promovida pelo encontro com o objeto e a função do pensamento no alívio dessa tensão. Bion, contudo, sugere que isso ocorre desde o início, e não secundariamente, com o auxílio da representação, que preenche o espaço entre a necessidade de descarregar a psique de um acréscimo de estímulos e a atividade de descarga propriamente dita. A evolução dependerá da opção do paciente: evadir-se da frustração ou modificá-la, recorrendo ao processo de pensar.

Assim, a intolerância ao convívio e ao diálogo – diferentes linguagens? – entre as distintas partes da personalidade poderia explicar não só os estados de mente confusionais de G., mas também a possibilidade de perder a "intuição embrionária", o que a levaria a envolver-se frequentemente em situações de risco.

"Terror subtalâmico" é como Bion denomina uma protoemoção, um tipo de medo que não tem significado mental; trata-se talvez de um vestígio de aspectos pré-mentais, mobilizados em determinadas circunstâncias. Ele correlaciona esse terror a reações físicas relacionadas com as glândulas suprarrenais e a secreção de adrenalina, levando o paciente a ações de ataque e fuga.

Essas emoções talâmicas ou subtalâmicas estariam localizadas nos extremos infra ou ultrassensorial do espectro (sensorial), além da possibilidade de apreensão sensorial, como vestígios de funcionamentos pré-natais. Assim, não são conscientes nem inconscientes, mas são inacessíveis. E, talvez, correspondam à ideia de Matte-Blanco quanto a algo que não é consciente nem inconsciente.

Com o desenrolar do processo de análise de G., e levando em consideração essas conjecturas originais de Bion, é possível observar "personagens" pré-natais que parecem dispor de qualidades úteis para a sobrevivência e para o desenvolvimento da personalidade, como a intuição do perigo e o contato com a dimensão onírica, capacidades que parecem estar seriamente comprometidas em G. Obviamente, esses "personagens" constituem figuras de retórica, e podem ser apreciados principalmente em *Memórias* (1977), trilogia extraordinária de Bion que constituem seus últimos escritos.

Como modelo de cesura, Bion recorre a Freud quanto à "impressionante cesura do nascimento". Esta pode impressionar, de tal modo que os vestígios do funcionamento pré-natal fiquem obscurecidos por ela. Estados protomentais que conseguem encontrar meios para atravessar a cesura podem se constituir em fonte de originalidade e criatividade. Assim, os aspectos mais primitivos da mente podem coexistir de modo dual e complementar com a personalidade total não necessariamente de modo patológico. Entretanto, esses aspectos pré-mentais (protomente) originalmente não diferenciados do aspecto corporal perduram na personalidade nascida, convivendo com ela ao longo de sua vida. Mas quando em alguma circunstância essa dualidade se desfaz, instala-se, possivelmente, um conflito.

A evacuação do pré-natal, qualquer que seja a forma em que ela se apresente, bem como o primitivo aparelho ou o precursor dele que faça contato com aquele, promovem o estabelecimento de uma cesura; isso faz com que permaneçam em atividade de modo primitivo (arcaico), inacessíveis aos aspectos mais evoluídos da personalidade.

Um equipamento mental precário para pensar é compatível com um bebê pré-natal que não tolera sentir nem a "capacidade para sentir"; desfazendo-se dela, ele se torna incapaz de ter impressões ou sensações. O aprender com a experiência fica comprometido, pois está implícita a dependência da tolerância a esse contato.

Outra implicação do modelo proposto por Bion é que utilizamos termos patológicos como psicose, *borderline*, neurose, entre outros, para nos referirmos a estados de mente que, provavelmente, são vestígios de aspectos mais primitivos e desconhecidos da personalidade; pré-natais, inclusive.

A intolerância dos aspectos pré e pós-natal, dirigida às sensações, percepções, protossentimentos e protopensamentos, em decorrência da turbulência emocional estimulada na personalidade incipiente, nos faz pensar que o que de fato está em jogo é a excessiva intolerância à frustração e à dor decorrentes do contato com a realidade psíquica. Nas circunstâncias em que emerge a turbulência emocional (Bion, 1987), como em geral ocorre diante do desconhecido, principalmente em situações novas, as forças hostis ao crescimento podem se intensificar, como ocorre nas situações descritas por Bion nos mitos da cidade e da torre de Babel e da expulsão do paraíso.

A pressão para que o psicanalista diga ou faça alguma coisa é muito grande, e em alguns momentos torna-se quase insuportável. Por outro lado, o psicanalista não comprometido com ter que dizer ou fazer alguma coisa pode utilizar a alternativa complementar de aguardar "até que os fatos falem por si" (Freud citando Charcot).

Textos citados e sugestões de leitura

Bianchedi, E. T. et al. (1997). Apresentado na International Centennial Conference on the Work of W. R. Bion, organizada pela Sociedade Psicanalítica Italiana – Centro Torinese di Psicoanalisi em Turim.

Bion, W. R. (1968). Seminário apresentado em Buenos Aires.

Bion, W. R. (1977). *Two papers: the grid and caesura.* Rio de Janeiro: Imago.

Bion, W. R. (1977). *Uma memória do futuro.* Rio de Janeiro: Imago.

Bion, W. R. (1987). Emotional turbulence. In *Clinical seminars and four papers.* Oxford: Fleetwood Press.

Bion, W. R. (1992). *Elements of psychoanalysis.* London: Karnac Books.

Bion, W. R. (2008). Supervisão S11. Apresentada na SBPSP e comentada por Isaias Kirschbaum.

Bohr, N. (1927). Princípio da complementaridade. Trabalho apresentado no Encontro de Volta, Como, Itália.

Freud, S. (1996). *Inibição, sintoma e ansiedade.* (Edição Standard Brasileira das Obras Psicológicas Completas de Sigmund Freud, Vol. 20). (Obra originalmente publicada em 1926).

Bion: a teoria psicanalítica como um sumário da experiência

O título que dou a este ensaio tem a finalidade de expressar um tributo a Wilfred Bion. A frase original, "a minha teoria é uma espécie de sumário de minha experiência", de onde extraí o título desta comunicação, reflete aquilo que Bion expressava em seus trabalhos, seminários e conferências. Bion faleceu há 38 anos, em novembro de 1979. Fica aqui a minha homenagem àquele que tanto contribuiu, e tão generosamente, com suas experiências e seus *insights* para o trabalho de todos aqueles que praticam a psicanálise.

I

A atualidade do assunto diz respeito à importância bem como à necessidade do psicanalista de rever ou examinar as teorias que ainda norteiam seu trabalho e aquelas que ele percebe utilizar pouco ou praticamente ter deixado de lado. Devo o estímulo para essas reflexões, em parte, a um colega que, na II Jornada sobre as contribuições de Bion, ocorrida em 2009, me fez uma pergunta interessante: a teoria que eu estava apresentando, "A complementaridade", assim como eu sugeria a respeito de outras teorias, também em algum momento seria descartada?

Entendo que esta comunicação pode ser decomposta em duas partes: a primeira, em que postulo que todas as teorias têm um destino certo, o descarte inexorável; a segunda, em que descrevo algumas teorias que ainda parecem ser úteis em meu trabalho, embora eu não me iluda quanto ao destino de cada uma delas.

Uma primeira complicação que enfrentaremos diz respeito ao mito da neutralidade científica, caso ainda dermos alguma importância a esse postulado norteador das ciências clássicas, principalmente no século XIX e princípio do século XX; nessa época, a influência do positivismo ainda era muito intensa (não significa que essa influência tenha desaparecido de todo).

Para proporcionar uma ideia de meu objetivo, descrevo um pequeno trecho de *Uma memória do futuro* (Bion, 1979, p. 14):

> *Capítulo III*
>
> TRIGÉSIMO SOMITO – *Volte já para o fluido amniótico.*
> A TERMO – *Vá para o sol! Glória! Os campos estão banhados de luz. O luar! Não fique aí cochilando, na cama.*
> TRIGÉSIMO SOMITO – *Fiquem aí, quietinhos, na cama. Teu Rei e tua Terra te querem; fiquem na cama.*

MENINO *(espreguiçando-se com dificuldade)* – O quê? Que sorte danada – ele vai ganhar um C.V. O que você falou? Flanela?
A TERMO – Para de encher! Eu não posso ficar aqui a noite inteira.
MENINO – Senta, Jessica. O luar dorme à beira do rio... Esta terrível repetição é a primeira coisa que eu tenho que aprender.
CIRYL – Sh, sh, você está fazendo muito barulho. Vá dormir.
VINTE E QUATRO ANOS – Por favor, apaguem as luzes e parem de falar já!
SETENTA ANOS – Assim é melhor. Se pudéssemos confiar no seu "já estamos indo dormir".
SETENTA E CINCO ANOS – Infelizmente, elas nunca "vão dormir". Às vezes fica todo mundo falando junto, um perfeito bedlam (hospício).
P.A. – Penso que algum dia seja possível para todos eles ficarem acordados e desenvolver um debate razoavelmente disciplinado.
ROBIN – Eu duvido. Às vezes penso que o que preserva minha saúde mental, é quando a maioria deles está dormindo. Já é muito ruim quando só dois ou três deles ficam falando ao mesmo tempo.
ROLAND – Isso ocorre porque eles falam idiomas diferentes.

Desde os primeiros trabalhos, um novo modelo de funcionamento mental foi ficando mais consistente na obra de Bion. Em seus primeiros trabalhos, esse modelo já estava implícito, mas, em seus últimos trabalhos, principalmente em *On a quotation from Freud*

(1976), *Evidência* (1976), *Cesura* (1975) e na trilogia *Uma memória do Futuro* (1979), esse modelo original de funcionamento mental fica evidente. Ele é caracterizado pela coexistência de todas as etapas vivenciadas pelo indivíduo, desde o embrião, passando pelo feto, prosseguindo com o bebê, infância, adolescência, adulto. Cada etapa do desenvolvimento preserva sua própria linguagem; a inexistência de um núcleo coordenador estável originará, em muitos momentos, uma turbulência mental em decorrência da emergência, no indivíduo, de vários personagens, com seus respectivos idiomas.

O modelo de funcionamento mental anterior, cujo aspecto central é caracterizado pela coexistência de aspectos psicóticos e aspectos não psicóticos da personalidade, é substituído (ou ampliado?) por esse modelo constituído por personagens (fragmentos, dimensões) pré e pós-natais.

"Aspectos psicóticos" e "aspectos não psicóticos" incluem o conceito de "psicótico", que contém uma conotação patológica, ao passo que "fragmentos" ou "personagens" denotam a fragmentação da mente; esses fragmentos que emergem no campo psicanalítico em decorrência do encontro entre psicanalista e paciente são desconhecidos, e merecem ser investigados e nomeados em vez de serem prematuramente rotulados.

Considerando os fragmentos, as várias dimensões da personalidade de natureza pré e pós-natal, como aspectos que emergem do desconhecido do paciente e, portanto, como alvo da investigação psicanalítica, talvez tenhamos de nos confrontar com uma situação inusitada: a teoria mais conhecida de Bion, que diz respeito à diferença da personalidade psicótica da personalidade não psicótica, poderá ser descartada. Talvez tenhamos que considerar que estamos usando o conceito de "psicótico" ou "personalidade psicótica" como um continente para tudo aquilo que desconhecemos, inclusive manifestações que denominamos psicossomáticas ou somatopsicóticas.

Einstein nos informa que é a teoria utilizada (ou nossas preconcepções teóricas) que decidirá o que encontraremos. E o que encontraremos está dentro do espectro de possibilidades daquela teoria. Cada psicanalista, em decorrência da teoria evocada pelo material clínico, vai observar uma determinada realidade, diferente de outros colegas, que estão utilizando diferentes teorias; isso constitui uma observação comum nas conversas em grupo sobre material clínico.

A psicanálise, como nos lembra Bion, é um trabalho que se realiza conscientemente, como qualquer outro, e tendemos a desenvolver preconceitos com o resultado de nossa tarefa. O inconsciente, sem dúvida, é importante; entretanto, quando o psicanalista está trabalhando, aquilo de que ele está consciente é mais importante.

É fundamental que o psicanalista conheça bem um pequeno número de teorias a ponto de tê-las integradas, de modo que não precise preocupar-se em lembrá-las; o material clínico evocará a teoria ou teorias que proporcionem um sentido ao que está ocorrendo. Bion recomenda o uso de modelos por serem mais flexíveis do que as teorias e por proporcionarem um sentido PROVISÓRIO, além de favorecerem o estabelecimento de uma correspondência entre as manifestações do paciente e as teorias psicanalíticas estabelecidas. Na prática, o uso de modelos permite fazer frente a uma grande possibilidade de situações, libertando-nos da necessidade de construir teorias *ad hoc* e de modificar as já ESTABELECIDAS. Usamos os modelos e os descartamos.

Destaco o provisório dos modelos porque parece que experimentamos maior dificuldade para descartarmos teorias estabelecidas, ao passo que a sensação de provisório dos modelos não mobiliza a mesma resistência; penso que isso está implícito na recomendação de Bion quanto ao descarte de modelos.

Outro fator complicador decorre da situação em que o paciente parece trazer para o consultório assuntos que parecem ser os mesmos de sessões anteriores; os assuntos podem parecer os mesmos, mas o contexto e o momento são outros. Cabe, nesse tipo de situação em que o material que emerge se parece com outros, que aparentemente já foram conversados e esclarecidos, considerar a disciplina necessária para discriminar aquilo que já foi visto e conversado daquilo que é novo e desconhecido, mas embalado de modo a parecer que é o mesmo; o paciente, o analista e o assunto estão maquiados para parecer que nada mudou. Caso a questão não seja de apego ao conhecido por resistência ao desconhecido, poderíamos pensar no modelo helicoidal proposto por Bion, em que analista e paciente estariam se encontrando em outra volta da hélice.

Constituiria uma teoria equivocada e uma má prática o analista presumir que o paciente de ontem é o mesmo que está se apresentando hoje.

Bion sugere que o defeito da teoria psicanalítica existente equivale ao do ideograma, quando comparado a uma palavra formada alfabeticamente. O ideograma representa uma ideia, enquanto, com relativamente poucas letras, pode-se formar milhares de palavras. Assim, ele justifica a importância de pesquisar poucos elementos para expressar, por meio de mudanças de combinação, as teorias essenciais ao psicanalista praticante.

Considero essencial termos uma ideia suficientemente clara daquilo em que consiste o nosso ofício. Penso que poderíamos encontrar um consenso quanto à ideia (teoria) de que nossa atividade tem por função cooperar com aqueles que nos procuram para psicanálise, para que se conheçam no sentido do dístico fixado no portão central do templo de Apolo e adotado por Sócrates: "conhece-te a ti mesmo". Considerando a teoria da cesura, o modelo quanto ao trabalho do analista seria o do anfitrião: este recebe seus convidados e os apresenta uns aos outros (T-> K) à medida que emergem nas sessões. Os personagens, os fragmentos, representariam os convidados para a reunião; isso não exclui a possibilidade de o paciente atribuir outros possíveis papéis ao analista. Essa atividade implica, necessariamente, que o psicanalista tenha experiência em sua análise pessoal, e que mais amplamente possível ele saiba reconhecer os seus aspectos fragmentados e que se apresentam dos mais diversos modos. Isso pode constituir um projeto que continua se desenvolvendo, gradativamente, em uma conjunção entre a experiência (no divã) e na prática em seu trabalho como psicanalista. Os fragmentos, considerados em conjunto, proporcionam uma ideia de unidade, ao passo que, se considerarmos a impossibilidade de fusão dos fragmentos, teríamos a diversidade.

Assim, aquilo que emerge na sessão, em decorrência do encontro, não sendo reconhecido pelo analista como dele, permite formular a hipótese de que é algo da personalidade do paciente. Concomitantemente, nossas comunicações (linguagem de êxito) também poderiam disponibilizar para o paciente a percepção de que os fragmentos que emergem são constitutivos de sua personalidade, o que, em geral, é repudiado e, principalmente, temido, pelo receio de sentir-se megalomaníaco, louco.

A cesura é a leitura psicanalítica da pós-modernidade

Estamos sujeitos à crítica da pós-modernidade, que nos coloca a seguinte questão: com a contribuição da psicanálise, que revela a fragmentação do sujeito, os múltiplos personagens ou dimensões que emergem em cada sessão, ainda faria sentido procurar se conhecer? Existiria um "se"? Para quem o psicanalista estaria apresentando o fragmento? Existiria um núcleo estável, como o *ego*, por exemplo, para quem os fragmentos estariam sendo apresentados? Ou o fato de o analisando ser outro (ou não ser mais o mesmo) a cada sessão não seria suficiente para fundamentar a proposição de Bion de suspender as memórias? Outros fragmentos poderão surgir. Poderíamos argumentar que os fragmentos que emergem em decorrência do encontro, apresentados e nomeados, farão parte do acervo mental, disponível para o paciente em sua vida. Em síntese, implicaria o conhecimento proporcionado pelas experiências emocionais mobilizadas pela transcendência das cesuras, entre um fragmento e outro, que emergem em cada sessão. Estou mais levantando dúvidas que me assolam do que sugerindo qualquer nova técnica ou método psicanalítico. Mais adiante vou me estender um pouco mais nessa questão. Entretanto, parece que a teoria da cesura, combinada com a teoria da função alfa, de Bion, coloca a psicanálise em uma posição original, compatibilizando-a com os fundamentos da pós-modernidade. A função alfa seria a responsável por processar o fragmento, dotando-o de qualidades psíquicas, adquirindo, assim, uma representação mental, podendo ser nomeado. Em resumo, o indivíduo pós-moderno talvez procure encontrar sua própria ordem na desordem, ou sua singularidade na pluralidade, mesmo que provisoriamente, pois a vida é imprevisível e o crescimento, abertura.

Penso que o reaparecimento de determinados personagens, ou seus precursores, como sensações, emoções, desde o início da vida, talvez contribua para proporcionar o sentimento de continuidade que todos experimentamos.

As mudanças estruturais observadas nas sociedades modernas no fim do século XX têm provocado transformações, interferindo nas identidades pessoais e abalando a ideia que temos de nós próprios como indivíduos integrados. Segundo Hall (2005, p. 9), instala-se uma crise de identidade, pois o que antes estava centrado e estável não está mais, e isso gera um indivíduo fragmentado. Esse seria o indivíduo pós-moderno: não possuidor de uma identidade essencial ou permanente.

Assim, a fragmentação em si mesma seria o resultado de um balanço entre a sobrevivência psicológica do sujeito (narcisismo), apoiada em princípios e valores próprios mais ou menos estáveis, e a necessidade do convívio social (social-ismo) coerente com as transformações da sociedade e sua pluralidade. Talvez esse balanço também contribua para o sentimento de continuidade que todos experimentamos: invariantes reconhecidas pelo próprio sujeito.

Pessoalmente, tenho utilizado em meu trabalho a teoria da cesura e a teoria da função alfa, bem como as teorias clássicas, que ainda parecem funcionar e que, incorporadas em meu equipamento mental, farão com que todo o meu trabalho, toda a minha escuta, apreensão, elaboração e comunicação, sejam influenciadas por essas teorias, que suportam minha atividade como psicanalista.

Se a psicanálise pode ser considerada como uma resposta ao inapropriado, e, desse conhecimento, emerge a pesquisa da causa do inapropriado (Bion, 1973, p. 4; tradução do autor);[1] e, se estamos de acordo com Bion, isso é sugestivo de que partimos de alguma ideia a respeito do que significa o inapropriado. Penso que constitui um convite para pesquisarmos a relação entre o inapropriado

---

[1] "Psichoanalysis may be regarded as a response to the inappropriate: from that awareness arose the search for the cause."

e o desconhecido, mas isso nos afastaria de nosso foco. Contudo, a ideia (teoria) do inapropriado já seria suficiente para contaminar todo o nosso trabalho. Em português, "inapropriado" tem uma conotação moralista; em inglês, "não apropriado" (*inappropriate*) tem também um sentido de "estranho", "não assimilado"; "não absorvido por ninguém". Minha opinião é que Bion utilizou o termo *inappropriate* referindo-se precisamente ao "desconhecido", àquilo que não preenche nenhuma forma previamente conhecida (definição do *Babylon English Dictionary*).

Considerando a neutralidade científica como um mito, penso que podemos levar em conta a recomendação de Eizirik (2000, p. 718), por sinal bastante cautelosa, de mantermos "uma certa neutralidade possível".

Estou considerando a necessidade de manter certa *neutralidade possível*, apesar de um tanto suspeita, tendo em vista preservar o vértice psicanalítico, isto é, o foco no desconhecido do paciente, e que é, necessariamente, desconhecido para o psicanalista também. Estou também de acordo com a ideia de alcançar alguma neutralidade se esta diz respeito à suspensão de desejos em relação ao paciente e evita entretermos ideias terapêuticas, ideias de cura, ideias explicativas a respeito do paciente que, na melhor das hipóteses, retira nossa atenção para o que está ocorrendo na sala em decorrência do encontro entre analista e analisando. Estou me referindo à atividade psicanalítica, isto é, à função do psicanalista, que existe somente no encontro com o paciente, que ocorre algumas vezes por semana, por cinquenta minutos; seria um desperdício o analista deixar-se arrastar para qualquer outra atividade que o distraísse de ater-se ao que ocorre na sala, naquele período, entretendo-se com desejos depositados no passado, no presente ou no futuro.

Podemos também considerar a busca de neutralidade do analista em relação ao destino que o paciente vai dar à experiência psicanalítica. É de inteira responsabilidade do paciente o que ele vai fazer com a experiência e os desdobramentos de sua análise pessoal, e penso que o analista deveria manter-se neutro e se abster de interferir em qualquer decisão do paciente. Isso pode não corresponder à neutralidade teórica, mas todos nós que praticamos psicanálise devemos levar em conta, penso, uma possível neutralidade prática em relação ao paciente, principalmente em relação às consequências de ordem prática da experiência decorrente do trabalho analítico. A neutralidade científica se relaciona com a teoria, enquanto a neutralidade prática se relaciona com a técnica.

Bion, comentando a respeito de um paciente que declarou ser um ladrão profissional no transcorrer da análise, e respondendo a alguma indagação de um colega da plateia, disse que o ladrão, com a psicanálise, tornou-se um ladrão mais eficiente, talvez com menos culpa.

As recomendações de Freud quanto a mantermos a mente livremente flutuante, abstinência e privação, bem como as de Bion, que me parecem levar ao limite as recomendações de Freud quanto à suspensão de memórias e desejos, inclusive de compreender, precisam ser mantidas no horizonte e levadas em consideração, caso queiramos manter o foco naquilo que é a única área de interesse para a psicanálise, isto é, o desconhecido do analisando (cujos personagens poderão emergir em decorrência do encontro com o psicanalista). Nossas memórias a respeito do paciente estão contaminadas por nossos desejos, e nossos desejos a respeito do paciente, na melhor das hipóteses, o deixarão sobrecarregado com nossas expectativas.

O desejo de compreender o que está ocorrendo no transcorrer da sessão interrompe nossa atenção para as comunicações do paciente e pode nos levar, de um lado, a procurar e/ou encontrar alguma teoria que substitua um estado de mente propício à apreensão daquilo que pode emergir e explicar prematuramente o que estamos observando; de outro lado, o analista precisa estar atento e sensível para não deixar passar a oportunidade de assinalar algo que pode ser importante para a análise do paciente. Em outras palavras, a pós-maturidade pode ser tão ineficiente quanto a prematuridade. Freud destacou no obituário de Charcot o que lhe pareceu uma recomendação importante para psicanalistas praticantes. Dizia Charcot: observar, observar e novamente observar, até que se possa ver algo. Eu complementaria isso com a comunicação que Freud fez em uma carta para Lou Andreas-Salomé, de cegar-se artificialmente (menos luz, menos teoria, mais obscuridade) para favorecer a percepção do que pode vir a surgir.

Eu não sei quais fragmentos (personagens, dimensões) da personalidade do paciente poderão surgir, mas preciso estar receptivo para acolhê-los e aproximá-los ou apresentá-los. O que o paciente fará com isso, é com ele.

Após uma das conferências proferidas por Bion, em São Paulo, um colega perguntou se ele fazia uso de teorias em seu trabalho clínico. Após um breve silêncio, Bion disse que sim, que eventualmente utilizava teorias quando estava muito cansado. Manter o foco no desconhecido requer disciplina e é trabalhoso; a atração para o atalho, isto é, querer saber logo qual teoria explica o que está ocorrendo, é intensa. Penso que Bion estava se referindo à utilização de teorias durante o trabalho clínico como substituto de algum sentido para o que estava emergindo.

Um dos fatores que contribuem para o desenvolvimento da receptividade depende da *capacidade negativa*, uma recomendação de Bion extraída de uma carta de John Keats para os irmãos. Referindo-se a escritores em geral e a Shakespeare em particular, por quem nutria grande admiração, o poeta referia-se à "capacidade negativa" quando um homem consegue permanecer na incerteza, no mistério, na dúvida, sem se irritar de modo algum, buscando fatos ou razões (teorias).

As recomendações de Freud (atenção flutuante, privação, abstinência) e de Bion (suspensão de memórias e desejos) sugerem uma relação psicanalítica na qual os conhecimentos teóricos estão integrados no equipamento do psicanalista, e que são evocados pela fala do analisando. Isso possibilitaria ao analista considerar quais teorias ainda está utilizando. Aquelas que não são mais evocadas estariam sendo deixadas de lado. Essa questão será expandida mais adiante.

Freud já nos alertava para o fato de que:

> *A psicanálise não é um sistema como o são os filosóficos, que partem de alguns conceitos básicos definidos com precisão e procuram apreender com eles todo o universo, após o que já não resta espaço para novos descobrimentos e melhores reflexões. Ao contrário, (a psicanálise) ocupa-se dos fatos de seu campo de trabalho, procura resolver os problemas da observação imediata, segue tateando na experiência sempre inacabada e sempre disposto a corrigir ou variar suas doutrinas. Da mesma forma que na química ou na física, suporta que seus conceitos mais importantes não sejam claros, que suas*

premissas sejam provisórias, e espera do trabalho futuro uma precisão melhor (Freud, 1923, p. 249).

Essa afirmação de Freud implica a necessidade de tratar cientificamente a psicanálise. As premissas são provisórias; contudo, existem, ou seja, há uma teoria que evolui à medida que a pesquisa avança, como ocorreu e vem ocorrendo com a física e a química.

Uma teoria é uma ideia, um conceito provisório, sujeito a ampliações e modificações, e, principalmente no caso da psicanálise, confrontável com a observação clínica.

O método psicanalítico está associado com a revelação da verdade sobre o desconhecido do paciente, podendo ter uma penumbra de associações com religiões ou misticismo, e, assim, influenciar na relação do psicanalista com as teorias psicanalíticas. Além disso, um possível risco na formação do psicanalista decorre das condições em que ele, dispondo de poucas possibilidades de questionamento, tem de ser conduzido a adesões dogmáticas e à transformação das teorias, portanto, em dogmas, e não simplesmente como hipóteses ou conjecturas que procuram explicar ou antecipar fatos supostamente observados.

As teorias são guias para a pesquisa, e têm validade condicionada às suas verificações no trabalho de campo, podendo e devendo ser abandonadas se o trabalho de campo as falsear (Popper, 1992, p. 18). Popper é de opinião que não se pode considerar científica uma teoria para a qual não seja possível imaginar uma experiência falseadora; por exemplo, não é possível imaginar uma experiência que prove a inexistência de Deus; logo, a existência de Deus não pode ser objeto de conhecimento científico.

Pode-se depreender da sugestão de Bion, quanto ao uso de modelos, o fato de que, à medida que transcorre o trabalho psicanalítico, o analista tem a oportunidade de elaborar modelos menos precários, que podem ter diferentes destinos: alguns, mais precários, não reaparecem, pelo contrário, desaparecem; outros modelos podem reaparecer nas mais diversas circunstâncias, com os mesmos e com outros pacientes, podendo aspirar ao *status* de teoria.

Entretanto, nas recomendações de Freud e Bion, estão implícitas as considerações de que todas as teorias são tão provisórias quanto os modelos o são. Por mais que os modelos ou as teorias sejam evocados pelo material clínico, é conveniente que o psicanalista esteja consciente de que são construções provisórias, a serem oportunamente descartadas.

Teorias são descartadas à medida que evidências são acumuladas a partir da experiência clínica, falseando e esvaziando seu poder de explicar os fatos observados.

Com frequência, isso é acompanhado de alguma nova teoria que explica os fatos que a anterior explicava, e também outros fenômenos não apreendidos pela teoria anterior.

Um exemplo no campo da física é a teoria da gravitação universal de Einstein, que substituiu, ou melhor, expandiu a teoria da gravitação de Newton. O mesmo ocorre com a teoria da cesura, que é mais abrangente do que a teoria da diferença das personalidades psicóticas e não psicóticas, ambas de Bion. Portanto, as teorias que dão sustentação ao meu trabalho são concomitantemente todas as que eu conheço, e nenhuma.

O analisando que denominarei A., um empresário, depois de um período de turbulência em sua empresa, explicada por ele como decorrente da crise global, aparenta estar mais tranquilo;

em geral muito angustiado, costuma pedir e praticamente exigir que eu lhe diga o que ele deve fazer. Informa que em decorrência de nossas conversas decidiu realizar reuniões mais frequentes com sua equipe de trabalho, embora seja avesso a reuniões, pois não tem paciência para ficar escutando explicações de seus diretores (financeiro, administrativo, chefe operacional, de vendas e outros); além do quê, ele os havia contratado para que não precisasse se ocupar daquilo. Anteriormente, suas conversas com eles tinham como objetivo fazer com que *eles* tomassem imediatamente as medidas necessárias. Apesar do trabalho que as reuniões estavam lhe dando, achava que estava sendo recompensador. Não sei bem como verbalizar, mas havia um tom em sua voz que sugeria que ele estava fazendo o que lhe parecia ter sido recomendado ou ordenado por mim. Lamenta não ter se contido quando seu financeiro, aterrorizado, sugeriu, quase exigiu, a tomada de medidas imediatas para criar melhores condições de administrar a crise. Falou alguns palavrões em voz alta, aparentemente dirigindo-se ao seu diretor. Falou um pouco da participação dos outros componentes de sua equipe, mas seu estado emocional ficava visivelmente alterado, e ele expressava angústia e irritação quando se referia ao diretor financeiro, o que ocorreu por diversas vezes. Outra reunião havia sido marcada para o dia seguinte, e ele, angustiado, me perguntava o que deveria fazer em relação àquele diretor; fico em silêncio, e ele parece se irritar, dizendo que se eu não lhe dissesse o que fazer, quem poderia lhe dizer? Penso que isso expressa o que me parecia corresponder à experiência emocional, ocorrendo ali, comigo.

Ele admite que, em decorrência de nossas conversas, ele *decidiu* fazer reuniões com sua equipe. Sugiro que poderíamos conversar a respeito do assunto que ele estava propondo, e ele poderia, então, tomar as decisões que achasse mais adequadas. Ele insiste para que eu o oriente sobre como se relacionar com seu financeiro. Minha hipótese era a de que, não podendo pensar, tomava o analista concretamente como um conselheiro, ou alguém que, como uma autoridade, deveria lhe dizer o que e como fazer. Digo-lhe que parece que ele sente que não pode conversar comigo nem com seu financeiro, e, assim, ele parece exigir que eu lhe oriente concretamente sobre o que fazer.

Tendo em mente que estou representando algum fragmento da personalidade dele (via identificação projetiva) e o diretor financeiro do mesmo modo, provavelmente, representa outro fragmento, digo-lhe que ele parecia não considerar a possibilidade de fazer uma reunião comigo e com o seu financeiro neste encontro que estamos tendo aqui, nesta sessão de psicanálise. Ele diz que se pouparia se eu conversasse diretamente com seu financeiro, deixando ele de fora; associa com suas dificuldades de conversar com pessoas que têm um certo tipo de personalidade que ele não sabe caracterizar; ele fala de suas dificuldades de se organizar economica e financeiramente desde que se conhece por gente; que opta por evitar ocupar-se com balanços e com quanto pode gastar e que esse fora um dos motivos que mais provocaram brigas e, talvez, a separação entre ele e sua primeira esposa.

Os desdobramentos dessa aproximação com o que represento e com seu "financeiro" ainda estão em expansão. Parece, contudo, estar percebendo que sua dificuldade de admitir certos aspectos (fragmentos) e sua dificuldade de relacionamento com esses aspectos de sua personalidade, como o aspecto "financeiro", ou a autoridade, representada pelo analista, o deixa em apuros, faz com que se sinta frágil e vulnerável para fazer frente a certos aspectos de sua vida.

Penso que esse extrato de material é o suficiente para meus propósitos. Enquanto escrevo, observo, ou assim penso que ocorre, ao selecionar este material para esta exposição, que estou fortemente influenciado pelas teorias da função alfa e da cesura, de Bion. Segundo Einstein, com essas teorias norteando meu trabalho, esse é o material que eu poderia encontrar, com esse paciente, naquela sessão.

Acredito que precisamos considerar três momentos distintos:

1. *Antes do encontro com o paciente:*

A ideologia que venho construindo desde que nasci ou, talvez, até mesmo antes do nascimento. É constituída de todas as experiências que me ocorreram até o momento. Tive a oportunidade de refletir a respeito de algumas delas. É a bagagem com que me encontro com qualquer pessoa, discriminando respeitosamente os relacionamentos sociais e aqueles que cultivo no exercício de minha profissão. Quando no consultório, para o trabalho analítico, tenho essa bagagem comigo, acrescida de uma disciplina adquirida e desenvolvida em minha formação psicanalítica, constituída de teorias e recomendações, mais o que continuo aprendendo com o trabalho e, principalmente, aprendendo com minha vida.

Se tivermos abertura suficiente, essa ideologia pode ser alvo de reflexões, pessoalmente ou na análise pessoal ou em reuniões com colegas. Portanto, trata-se de algo que pode ser reexaminado frequentemente.

2. *No transcorrer do encontro com o paciente:*

Esse constitui um espaço no qual posso me manter receptivo, de acordo com minhas teorias, para acolher e perceber expressões do desconhecido que emerge do paciente em decorrência do encontro.

O extrato clínico anteriormente apresentado poderia ser descrito como a realização das teorias daquilo que, presumo, tenha ocorrido em decorrência de nosso encontro; o termo *teoria* é acompanhado de uma penumbra de associações e, talvez, seja preferível seguir a sugestão de Bion e utilizar o termo *transformações*, no sentido que ele descreveu em *Transformações* (1965), do capítulo I em diante. É o espaço de utilização de teorias para a percepção do que possivelmente esteja ocorrendo.

Em um primeiro plano, as hipóteses, as teorias que vou construindo no transcorrer das conversas com o analisando e que, eventualmente, formulo para ele, como conjecturas a serem investigadas. Talvez essas hipóteses possam mobilizar novas associações do paciente e, quem sabe, novas conjecturas do psicanalista. Em outro plano, as teorias já reconhecidas por outros psicanalistas que distingo e reconheço.

A experiência decorrente da prática no consultório, onde tenho a oportunidade de testar esses dois grupos de teorias, corresponde à asserção de Bion de que "minha teoria é um sumário de minha experiência".

3. *Após o encontro com o paciente:*

Espaço posterior às sessões destinado a reflexões a respeito delas. Bion criou a Grade, instrumento específico para essa função.

Constitui o espaço para formulação de teorias; eventualmente, posso me dar conta de que estava operando com teorias inadequadas; isso constituiria o ponto da morte intelectual. Seria preciso considerar outras teorias que pudessem dar conta das experiências que estou observando e das quais estou participando.

Penso que Bion recomenda a suspensão de memórias no transcorrer da sessão psicanalítica, tendo em vista alcançar um estado mental propício à apreensão dos fenômenos psíquicos que ocorrem nela por meio das transformações em conhecimento (T -> K). Implícita à recomendação está a possibilidade de reformulação das teorias que estão sendo utilizadas na observação e na participação da experiência.

Bion considera a cesura do nascimento como um modelo para buscar algum sentido nas diversas cesuras que ocorrem em outras situações da vida, mas que constituem obstáculos a serem enfrentados pelo paciente, para poder deslocar-se de um estado mental para outro, no processo de desenvolvimento mental.

O aprender com a experiência emocional inclui o trabalho da passagem de um estado mental para outro: o esforço necessário para mudar de uma postura mental diante de um problema para outra postura diante daquele mesmo problema; do modo de conceber uma questão para outro modo; do esforço para realizar a percepção de um modo infantil de encarar uma situação para um estado mental peculiar a um adulto de encarar aquela mesma questão; da passagem de algo desconhecido de si mesmo para um conhecimento de si mesmo; conhecer a si mesmo (T -> K) e poder vir a ser a si mesmo, aquele fragmento que surge naquele momento (T -> 0), passagem temida em decorrência do sentimento megalomaníaco, de estar enlouquecendo.

Vejo nesse modelo de funcionamento mental a importância da mudança dinâmica e bidirecional, o antes e o depois da cesura, como uma nova ferramenta disponível para o psicanalista em seu ofício. Penso que esse modelo considera que a fonte de desenvolvimento psíquico decorre da possibilidade de o psicanalista favorecer o contato, a aproximação de diferentes estados de mente, para possibilitar um diálogo entre esses aspectos (dimensões, personagens) do paciente; não necessariamente a integração, mas o contato, a coexistência, a consideração pelos dois lados da cesura. Uma das tarefas ou funções do analista é aproximá-las, possibilitando ao paciente estar ciente delas.

Contudo, é conveniente termos em mente que essa é uma teoria, e, como qualquer outra, provisória e candidata a ser descartada quando novas evidências puderem ser incorporadas a ela.

Estou de acordo com Talamo (1992, p. 377) quando ela informa que não deseja implicar que o analista tenha que rastrear em sua escuta algo que confirme a presença de algum tipo de cesura no material trazido pelo analisando. Pelo contrário, ela acha que o analista jamais deveria rastrear nada em particular. O analista deveria, de acordo com ela, ter "uma audição polifônica", de modo a poder ouvir tudo. Entretanto, a ideia de cesura pode emergir na mente do analista, evocada pelo material clínico, e, como um fato selecionado, encontrar-se com algo que está ocorrendo no encontro.

Tendo em vista a expansão do assunto, cito o seguinte fragmento clínico: o paciente R. separou-se há aproximadamente um ano. Ficou muito angustiado e deprimido, expressando indubitável sofrimento psíquico. Essa experiência de separação ocupou vários meses de análise, mas o que quero destacar é que, recentemente, ele deu-se conta de que quando era casado ele podia ter experiências que diferem muito das experiências que ocorrem quando solteiro. A possibilidade de uma visão em conjunto tem permitido uma percepção da relação como solteiro e como casado com ele mesmo, contribuindo para a elaboração tanto de sua separação do solteiro como da separação do casado, além da reativação de outras experiências de separação, desencadeadas inevitavelmente por alguma experiência atual de separação.

Essa possibilidade indica que, se a ideologia subjacente que norteia o trabalho de psicanálise é o desenvolvimento mental, então uma das tarefas da psicanálise constitui a mobilização de recursos que permita transcender as inúmeras cesuras por meio de uma comunicação que atravesse e penetre nas duas direções, separadas pela cesura (solteiro/casado, consciente/inconsciente, mente/corpo, narcisismo/socialismo, vida/morte).

II

> *A minha teoria é uma espécie de sumário de minha experiência.*
> Bion (1970).

Gostaria de continuar por meio de um pequeno trecho de uma sessão com um paciente ao qual já me referi anteriormente. O analisando A., empresário de meia-idade que vem expressando uma angústia crescente em suas últimas sessões. De acordo com ele, sua angústia tem se intensificado em decorrência das últimas crises da economia global. Ele também tem sofrido uma enorme pressão por parte de seus empregados, de todos os escalões. Por meio de algumas reuniões com membros de sua diretoria, ele tem sido informado de que os empregados estão inseguros e temerosos quanto à possibilidade de perderem seus empregos. Temem se tornar inúteis em suas funções e demitidos em decorrência da situação.

Em nosso relacionamento, mais explicitamente, ele diz que sua esposa se queixa por ele pedir a ela que "aperte o cinto", mas que ele mesmo não abre mão das coisas dele, como a análise. De modo jocoso, diz que o analista será o próximo a perder o emprego.

Relata que seus empregados, por meio de seus diretores, o pressionam por certezas e garantias em relação à manutenção de seus empregos. Informa, ainda, como o pressionam para que ele diga como devem proceder, como devem conduzir suas atividades, a fim de controlar e manter suas angústias afastadas quanto ao possível desaparecimento ou morte de suas funções. A., de certa forma, segundo seu relato, constitui um conluio com seus empregados, correspondendo ao papel que dele esperam e funcionando como um verdadeiro ditador.

Ao mesmo tempo, quer se reassegurar de que, mantendo a análise comigo, ele vai preservar as condições necessárias para manter o comando e o controle sobre a situação. Mas as coisas têm de ser do modo como ele acha que têm de ser. As situações decorrentes dos encontros vão ocorrendo com alguma sutileza, e penso que levou algumas semanas até que eu percebesse que estava se estabelecendo um conluio em nosso trabalho, quando ele solicitou algo e ficou evidente para mim a função de manipulação. Fiquei em silêncio e ele passou do pedido à exigência. Penso que pude, então, esclarecer algo do que ocorria, sugerindo que ele parecia acreditar que teria mais benefícios se pudesse manter sob controle, por meio de exigências, a análise, o analista e seus funcionários. E que ele não considerava a possibilidade de desenvolvimento nem na análise (empresa mental), nem em sua empresa, caso corresse o risco de trabalhar e trabalhar, tolerando a ausência de controles e garantias.

Ele ficou muito frustrado e decepcionado comigo e com a psicanálise, e disse que não podia entender uma atividade remunerada que não oferecesse nenhuma garantia. Eu lhe disse que ele tinha aquela opinião, e que parecia não considerar que a própria vida poderia ser desse modo, isto é, sem nenhuma garantia. Ele ficou em silêncio e pareceu pensar a respeito do que conversamos.

Algumas considerações: se considerarmos cada sessão de psicanálise constituindo uma unidade única, que jamais se repetirá, deveríamos ter uma consideração muito especial por cada sessão. Assim, cada sessão psicanalítica não tem história nem futuro; o que é conhecido sobre o paciente ou é falso ou é de pouca ou nenhuma importância. A única área importante da sessão é aquela constituída pelo desconhecido do paciente, que emerge naquele momento, em decorrência do encontro, do choque de personalidades entre analista e paciente. Manter um estado mental focado nessa área exige, sem dúvida, muita disciplina por parte do analista, desenvolvida em sua análise pessoal, a mais ampla e profunda possível, e disciplina quanto às recomendações de Freud e Bion quanto ao estado mental mais favorável para a tarefa psicanalítica. A manutenção dessa disciplina, que inclui a suspensão de memórias e quaisquer desejos, incluindo o de compreender, possibilitará a observação de que cada sessão começa, evolui e termina, sendo completa em si mesma.

As teorias, opiniões ou interpretações formuladas pelo analista adquirem uma qualidade peculiar, pois decorrem da experiência emocional vivenciada no encontro com o paciente, ao contrário de interpretações decorrentes de teorias que explicam o que o analista está observando.

Comentário: quanto às transformações que ocorrem no paciente, não temos como acompanhar, principalmente após as sessões. Contudo, temos acesso às impressões do que parece ter ocorrido na sessão, e que poderão ser objeto de nossas reflexões teóricas. Esse é o momento ou espaço para teorizações. É quando podemos nos dar conta das limitações dos modelos ou teorias que, eventualmente, permitirão a consideração de novos modelos. Podemos observar também a precariedade, a inadequação das teorias, e quais delas ainda estão sendo úteis e quais não mais nos ocorrem.

Bion, a partir de sua experiência e *insights*, faz um alerta que penso ser merecedor de consideração por todos que praticam psicanálise. Em seu exemplar de *The future of an illusion* (1927c) há várias anotações feitas por ele. Há uma passagem que procuro resumir aqui: "Freud, a partir de suas conjecturas sobre a natureza da civilização, constrói teorias sobre as conjecturas. São conjecturas de um homem genial e, por isso, merecem consideração. Contudo, não há o reconhecimento do *status* de conjecturas ou do *status* de teorias sobre conjecturas".

Creio que esta comunicação vai ao encontro da crítica que ele tece quanto à precariedade das teorias psicanalíticas. Bion prossegue:

> *Em física nuclear uma teoria é considerada boa se ela ajuda a construção de uma bomba, que destrói Hiroshima. O pensamento sobre psicanálise impede (não permite) considerar como boa uma teoria que poderia destruir o indivíduo ou o grupo. Ainda assim, nunca haverá um escrutínio científico de teorias analíticas até que essa investigação inclua a apreciação crítica de uma teoria que, por sua própria consistência, poderia levar à destruição da estabilidade mental; por exemplo, uma teoria que incrementasse memória e desejo a um ponto que eles impossibilitassem a sanidade (Bion, 1992, p. 378).*

Penso que todos aqueles que praticam psicanálise, seguindo as sugestões de Freud e Bion anteriormente citadas, compartilharão da opinião de Bion de que cada teoria constitui um *sumário da experiência de cada um* e eu acrescentaria, *até aquele momento* – uma espécie de precipitado de articulações de teorias e experiências de vida. Experiência e prática de psicanálise que, incorporadas à personalidade, subjaz a toda experiência psicanalítica, tingindo toda experiência emocional vivenciada com o paciente e da vida como um todo. Associo com Ulisses, de Homero, que a cada ilha que chega, ao ser questionado sobre quem é, inclui, em sua espécie de autobiografia, as últimas experiências vivenciadas na ilha anterior.

Textos citados e sugestões de leitura

Bion, W. R. (1965). *Transformations.* London: William Heinemann.

Bion, W. R. (1973). *Brasilian lectures.* London: Karnac Books.

Bion, W. R. (1976). Evidence. In F. Bion (ed.). *Clinical seminars and four papers.* ed by Radavian Presa, Reading, England.

Bion, W. R. (1976). On a quotation from Freud. In *Clinical seminars and four papers* (F. Bion, ed.). Produced by Radavian Press, Reading, England.

Bion, W. R. (1984). *Two papers: the grid and caesura.* London: Karnac Books.

Bion, W. R. (1979). The dawn of oblivion. In *A memoir of the future, book 3.* The Roland Harris Educational Trust.

Bion, W. R. (1992). *Cogitations* (F. Bion, ed.). London: Karnac.

Eizirik, C. (2000). Entre a objetividade, a subjetividade e a intersubjetividade: ainda há lugar para a neutralidade analítica? In *Revista Brasileira de Psican*álise, 34(4).

Hall, S. (2005). A identidade em questão. In *A identidade cultural na pós-modernidade*. 10. ed. Rio de Janeiro: DP & A.

Keats, J. (1970). *Letters of John Keats*. Oxford: Oxford University Press.

Popper, R. K. (1992). Sobre o conhecimento. In *Em busca de um mundo melhor*. Lisboa: Fragmentos.

Tálamo, P. B. (1997). Os dois lados da cesura. In *Bion em São Paulo: ressonâncias* (M. O. A. E. F., org.). São Paulo: Imprensa Oficial do Estado.

O sentimento de culpa na cultura atual

Já na correspondência com Fliess (1897), em que menciona o remorso que sentiu após a morte do irmão poucos meses depois de nascido, a ideia de culpa vai adquirir uma grande importância na obra de Freud. A leitura dos estudos sobre a neurose obsessiva, começando com a análise do "Homem dos ratos" (1909) e indo até "O mal-estar na cultura" (1930), nos sugere uma forte impressão de que, para Freud, a culpa é uma invariante nos humanos. É expressa nos mais diferentes modos e é inexpiável.

Com Melanie Klein, realizamos que os ataques reais ou fantasiados, desfechados na posição esquizoparanoide, mobilizam sentimentos persecutórios, e, na posição depressiva, sentimentos de culpa e pressões para reparação. Em minha opinião, a cultura atual está equacionada ao que se denomina de "pós-modernidade".

Eu posso estar redondamente enganado
Eu posso estar correndo pro lado errado

> *Mas a dúvida é o preço da pureza*
> *E é inútil ter certeza*
> *("Infinita Highway", Engenheiros do Hawaii).*

Falar em pós-modernidade implica dividir grosseiramente a história da civilização em três períodos:

a) era pré-moderna;
b) era moderna;
c) era atual, que, na ausência de um nome melhor, convencionou-se denominar "pós".

A era pré-moderna tem início com os primeiros homens e se estende até algum momento do século XIV. Nesse período, a vida estava além do controle dos humanos, só podendo ser explicada em termos sobrenaturais. Dificilmente alguém duvidaria do mundo dos espíritos. Todas as soluções para os problemas dos seres humanos passavam pelos humores de Deus ou deuses.

No final do século XIV, com o Renascimento, inicia-se o que denominamos de modernidade. O Iluminismo contribui efetiva e eficientemente, deslocando Deus e o sobrenatural do centro das atenções. O homem e os esforços humanos, principalmente a razão, passam a ser as figuras centrais. A característica principal da era moderna é a sua inabalável confiança na mente humana. Descartes plantou profundamente na mentalidade ocidental a ideia de que a razão constitui o único e real caminho para o conhecimento. A era moderna parte do pressuposto de que a razão e a ciência trazem todas as soluções para os problemas da humanidade. O lema "Ordem e Progresso", gravado na bandeira brasileira, é emblemático do moderno em seu otimismo na iniciativa humana, fundamentada no triunfo da sensatez e da razão.

Por volta de 1960, passamos a observar os primeiros sinais concretos do que alguns denominam pós-modernidade e outros, modernidade tardia. Movimentos da classe operária, dos universitários e intelectuais em toda a Europa, principalmente na Inglaterra e na França, clamavam por mudanças, motivadas principalmente pela crise de energia, pela teoria da relatividade, pela guerra do Vietnã, pela fome e pela miséria em países do terceiro mundo, bombas nucleares em Nagasaki e Hiroshima. Esse cenário contribuiu para que, lenta e gradualmente, as pessoas realizassem que a razão humana talvez não fosse trazer, como prometera, respostas e soluções para os mais profundos anseios da humanidade.

Trezentos anos sob o império da razão não contribuíram para amenizar problemas de guerra, fome, injustiça social e outros. *Nesse sentido, a razão fracassou. Cientistas sociais, antropólogos e outros grupos independentes vêm buscando alternativas. Uma das dificuldades de definir a pós-modernidade decorre do fato de que definição é um conceito tipicamente moderno, pertencendo à era anterior.*

Sugeri em outro trabalho (Kirschbaum, 2010) que a pós-modernidade nos coloca diante da questão do sujeito que, na modernidade, vivia como tendo uma identidade unificada, integrada e estável. A pós-modernidade nos informa que o sujeito é composto não de uma única, mas de várias identidades, algumas vezes contraditórias ou não resolvidas. Esse processo que produz o sujeito pós-moderno é conceituado como não tendo uma identidade fixa, essencial ou permanente. O sujeito assume identidades diferentes em diferentes momentos, identidades que não são unificadas ao redor de um "eu" coerente. Assim, o fato de o analisando ser outro em cada sessão, ou até mesmo em momentos distintos na mesma sessão, já seria o suficiente para fundamentar a proposição de Bion de suspender as memórias quanto ao que se supõe conhecer a respeito do paciente. E focar naquilo que está ocorrendo ali, naquele momento, na relação entre analista e analisando.

Baseado em minha experiência na prática clínica, sou da opinião de que sentir-se culpado e ancorar-se nesse estado de mente, em qualquer circunstância, tem como fonte alimentadora a onipotência. *Nesse sentido, é um "mau negócio"*. É essencial a possibilidade de criar uma fresta (Cecil, 1997) que possibilite a investigação da emergência daquele sentimento, da personalidade que está experimentando culpa, bem como da personalidade ou instância que está acusando, nessa brecha, nessa cesura.

O analista, funcionando como um anfitrião, recebe os diversos elementos da vida psíquica do analisando como personagens de seu mundo interno, em busca de existência. Na medida em que os acolhe, pode apresentá-los a outros convidados que vão emergindo na sessão. A evolução é desconhecida. Poderão continuar o diálogo ou se afastar, bem como poderá surgir um conflito entre eles, apesar do acolhimento. Ou justamente por causa do acolhimento.

Einstein nos alerta que observamos aquilo que nossas teorias permitem que seja observado. Assim, ao funcionarmos na clínica, no relacionamento com nosso analisando, como anfitriões, recebemos "convidados" e estamos intuitivamente treinados para apresentá-los uns aos outros, integrando o paciente a seu ego. *Entretanto, observamos na sequência, nas associações do paciente, que aquele fragmento, aquela personalidade processada pela função alfa, pode desaparecer ou reaparecer. Outros fragmentos emergem com o desaparecimento dos anteriores. E um ou outro personagem pode reaparecer em outros contextos.*

Na clínica, a observação sistemática me leva a convergir com os pressupostos da pós-modernidade quanto à inexistência de uma instância como o "ego" em decorrência da fragmentação da identidade.

Parece que sentimos que temos uma identidade unificada desde o nascimento até a morte, porque construímos uma cômoda história sobre nós mesmos ou uma confortadora narrativa do eu, assim como fazemos com nossos sonhos, transformando as imagens em uma narrativa "coerente". A identidade completa, estável e coerente é uma fantasia.

Esta introdução prepara o contexto no qual podemos expandir a ideia de culpa ou sentimento de culpa na cultura atual. A psicanálise clássica nos ensina, com Freud, que a culpa é experimentada pelo ego. Freud identifica na clínica a força do sentimento de culpa e reafirma que tudo tem sua origem na relação ambivalente com o pai. No complexo de Édipo estão aglutinados os dois grandes crimes humanos, o parricídio e o incesto, fonte do "obscuro sentimento de culpa" da humanidade, em que a ontogênese repetiria a filogênese. Portanto, para Freud, há uma herança da culpa (Freud, 1915).

Melanie Klein, em síntese, atribui a origem dos sentimentos de culpa aos ataques invejosos do bebê ao seio materno e à hostilidade pela dependência dele. Esta seria experimentada e sofrida pelo ego.

Com Freud e Klein, o ego ou precursores dele experimentam sentimento de culpa e, talvez, remorsos, decorrentes dos ataques acusadores do superego. A cultura atual, impregnada dos pressupostos da pós-modernidade, nos coloca a seguinte questão: se não existe uma instância como ego ou uma identidade essencial estabelecida, quem experimenta a culpa? Ou o sentimento de culpa? Na ausência de um ego, existe um superego? *Quem ou o quê, então, acusa ou ataca o sujeito (criticando-o diretamente ou por alguma limitação, ou por algum desconhecimento)?*

É o que pretendo expor neste comunicado por meio de três fragmentos de material clínico.

I

A paciente R. foi encaminhada por um colega com a informação de que ela está deprimida há aproximadamente dois anos. Ela telefonou, disse que os filhos pediram que ela procurasse tratamento e que um clínico lhe deu meu nome. R. veio para a consulta e perguntou se o clínico falou a respeito dela; também disse que precisava tratar-se com urgência. Eu só poderia iniciar o trabalho no mês seguinte. Ela pareceu frustrada, mas concordou. Combinamos dias e horários. Pareceu-me ansiosa e interessada em começar a análise o mais rapidamente possível. No início do trabalho, R. parecia reticente, parecia ter mudado o discurso. Vinha porque os filhos pediram, praticamente exigiram. Ela não achava necessário.

> *Digo-lhe que considere que venha à análise por sua opção. Seus filhos não podem obrigá-la a vir.*
> *R.: Ontem à noite, depois do jantar, conversando com meus filhos, pareceu-me que as ponderações deles eram sensatas.*
> *Bem, então podemos continuar.*
> *R.: Não há o que fazer, não adianta eu vir aqui, pois não posso me perdoar. Meu esposo estava com problemas cardíacos e eu, na época, concordei que ele se tratasse em São Paulo. Essa falha é imperdoável. Devia ter insistido para que ele fosse se tratar nos Estados Unidos. Até haviam dado o nome de um hospital e de um médico, em uma clínica de lá.*

Parece que você está sendo muito severa com você mesma.

R.: Acho que foi uma decisão errada a minha, concordar com as ponderações dele. Deveria ter insistido para que ele fosse para o exterior.

Não sei se a sua atitude foi errada ou não, pois não tenho condições de julgar. Mas parece que você concordou com as ponderações dele.

R.: Fui forçada por ele e por meus filhos a aceitar aquela decisão. Por mim, ele teria ido para o exterior. O pior é que eu concordei e tive que assinar toda a papelada no hospital, autorizando os procedimentos necessários. Eu não devia ter concordado nem assinado nada.

Parece que você está experimentando dificuldades para admitir a responsabilidade de ter participado, como esposa, de uma decisão que teve aquele desfecho. E prefere sentir-se culpada em vez de se responsabilizar por uma decisão que, no momento, pareceu mais sensata.

R.: Não entendo o que você está falando.

Estou falando do seu medo como esposa e mulher adulta de assumir responsabilidades por suas opções. Inclusive a de fazer análise, invertendo e atribuindo aos filhos a responsabilidade por sua decisão. E concordando, também, com as ponderações deles.

R. expressou inicialmente alguma resistência para assumir a responsabilidade por suas opções. Mas, gradualmente, pareceu estar mais de acordo, pois foi se dando conta de sua negligência nas questões de sua casa (externa e também interna), bem como nas questões legais relacionadas com a partilha do espólio, resultante do falecimento do esposo. Poderia parecer mais cômodo deixar a responsabilidade para os filhos, mas ela, como uma mulher adulta, teria que se haver com as consequências.

Procuro, por meio deste extrato clínico, expor um conflito entre assumir responsabilidades por si mesma, decorrente de uma concepção de responsabilidade distorcida da realidade, e sentir-se culpada. Poder assumir a responsabilidade por si mesma implica uma postura diante da vida e do mundo que inclui trabalho para modificar a realidade naquilo que é possível modificar, ao passo que sentir-se culpado implica uma postura passiva, em que tudo deveria estar pronto e sabido.

A possibilidade de transpor a cesura culpa/responsabilidade implica uma enorme tarefa, e requer trabalho muito árduo. A passagem beneficia o sujeito com o alívio decorrente da transição de uma base onipotente ou de onisciência para outra limitada às opções dele. Essa transição requer um respeito pelo estado mental de ignorância, como uma fonte de conhecimento, isto é, de aprender com a experiência.

A possibilidade de "criar" uma fresta permite um exame que consiste na consideração pela transição da culpa onipotente para a responsabilidade por aquilo que constitui, a meu ver, uma mudança catastrófica. Esta estabelece uma descontinuidade, constituindo uma nova ordem de consideração por aquilo que a dupla está vivenciando. De que maneira isso vai evoluir é um mistério, e exige respeito pelo desconhecido.

O analista, portanto, quando no trabalho analítico, precisa se descolar daquilo que ele supõe conhecer a respeito do paciente para detectar e acolher o desconhecido, o estranho, o não familiar à dupla.

II

O paciente E. está há aproximadamente três anos em análise. Falta com frequência e, quando vem, chega atrasado sistematicamente. Falta por duas sessões e chega atrasado na seguinte. Ele começa aparentemente com um tema novo em nossas conversas. Inicialmente, parece desconfortável, dizendo não saber como colocar o assunto para conversar comigo. Segue falando que tem sido criticado pelos pais e pela esposa por não dispor de tempo para se relacionar com os filhos, dois meninos, de 10 e de 8 anos. Criticam-no por não fazer o que a maioria dos pais faz com os filhos, como praticar esportes, levá-los ao teatro, ao cinema etc. E, o que ele acha horrível, não tem a menor ideia de como eles estão em suas atividades escolares, ou que outras atividades fora da escola eles praticam. Relata um exemplo recente: um dos filhos iria a uma cerimônia para a troca de faixa de algum esporte, e ele não sabia de que esporte se tratava; na verdade, ele nem sabia que o menino praticava aquele esporte. Ficou muito irritado com as acusações e com as críticas. Depois, pensando melhor, deu-se conta de que estava se sentindo culpado.

> E.: *A questão que meus pais e minha esposa não compreendem é que eu não tenho opções. A empresa está com muitas encrencas e cada vez mais solicita a minha presença.*
> I.K.: *Penso que você faz opções. Que eu saiba, ninguém pode fazer opções por você. Talvez você considere as consequências de dar mais atenção aos filhos e, consequentemente, menos à empresa; e daí a sua opção.*
> E.: *(Parecendo um pouco confuso.) É claro que considero as consequências, mas não considero que seja uma opção minha. A empresa, neste momento, necessita mais*

> *de minha presença e eu não tenho como não atender a essa demanda sem correr o risco de... (Ele dá explicações sobre as possíveis consequências de ausentar-se da empresa.)*
>
> *I.K.: Se a opção não é sua, então você não se sente responsável...*
>
> *E.: (Ele interrompe a minha fala.) Você então está dizendo que eu sou irresponsável!?*
>
> *I.K.: Penso que você é responsável tanto por sua atividade profissional em sua empresa como pela sua empresa familiar e por sua "empresa mental", e isso inclui suas faltas e atrasos sistemáticos na análise. Claro que qualquer escolha que você faz tem consequências. Você pode fazer escolhas, mas não pode evitar as consequências.*
>
> *E.: (Parece estar experimentando uma turbulência emocional.) Você pode explicar melhor esse negócio de escolhas e consequências?*
>
> *I.K.: Ao optar como empresário por dar mais atenção à empresa, você sente culpa como pai e esposo, dando menos atenção à sua família.*

O paciente E. e a paciente R. construíram um conceito (*misconception*) a respeito de responsabilidade de tal ordem que eles sentem não poder se responsabilizar pelas escolhas, uma vez que têm que assumir as consequências. Desse modo, eles pensam que podem negar a responsabilidade e as consequências, tal qual Lady MacBeth pensa que "apagando" as provas, ela poderia apagar o crime e as consequências do crime. Uma alternativa aparentemente cômoda, pois ancorar no estado mental de sentimento de culpa dispensa qualquer trabalho que possibilitaria desenvolvimento e, assim, algum alívio para o sofrimento. E ficar batendo *mea culpa, mea maxima culpa* pode, talvez, transformar o sentimento de culpa em uma fonte de prazer, alimentada por onipotência.

A distinção entre os termos culpa ou sentimento de culpa e responsabilidade, bem como seus significados, não é meramente semântica. Diz respeito, basicamente, à possibilidade de aprender ou não com a experiência. A culpa ou sentimento de culpa advém de um sistema que implica o estabelecimento de uma rivalidade moral, que afirma o que é superior ou inferior. Por exemplo, a ignorância é moralmente inferior ao conhecimento. Ser aprovado na escola (passar de ano) é superior a ser reprovado (repetir o ano). A responsabilidade de uma pessoa é limitada a ela mesmo, com uma exceção: os filhos enquanto são menores de idade, caso os pais queiram assumir a responsabilidade de cuidar deles.

No trabalho de análise, desde o início até o final, cada componente da dupla é responsável por si mesmo. Por tudo que pensam, sentem e fazem. Entretanto, a responsabilidade pela condução da análise é do analista. Penso que isso requer que o analista leve em conta as condições mínimas que ele considera necessárias para fazer frente à sua tarefa. Penso que está implícita, também, a responsabilidade do psicanalista quanto ao tipo de relacionamento que ele quer estabelecer com seu analisando.

Procuro mostrar por meio dos exemplos clínicos que a natureza do sentimento de culpa e o personagem que a sofre só podem ser investigados no material que emerge na cesura, decorrente do encontro entre analista e analisando. A utilização do vértice de transformações permite observar as teorias do analisando sobre o analista, sobre a psicanálise e sobre ele mesmo.

Uma área de considerável interesse diz respeito à relação entre pais e filhos. Ninguém sabe, *a priori*, como criar filhos. E, além de tudo, um filho é completamente diferente do outro. Quando os filhos se tornam adultos, talvez os pais tenham aprendido algo a respeito da experiência de ter criado especificamente determinado filho, o que não tem muita relação com a experiência de criar outro filho. O campo aqui é ilimitado, senão infinito. É claro que a experiência de ter criado um filho deixa os pais mais familiarizados com ela. Contudo, a experiência de criar outro filho será completamente diferente. Penso que isso faz parte da experiência de todos os que têm filhos e dos que têm experiência com crianças.

O ponto que quero abordar diz respeito às trocas que ocorrem entre pais e filhos. Os pais cuidam dos filhos e, em troca, vão aprendendo a ser pais. Os filhos "ensinam" os pais a serem pais e, em troca, são cuidados. Ocorre uma troca permanente. Em síntese, no fim do processo, cada um fez aquilo que lhe foi possível, o que soube fazer e o que pôde fazer, e não resta nenhum débito de parte a parte. Entretanto, raramente observam-se pais ou filhos que não sintam culpa uns em relação aos outros. Contribui também para esses sentimentos algo que raramente os pais admitem: que muitas vezes eles sentem que os filhos não correspondem às suas expectativas. Reciprocamente, os filhos sentem que os pais não são o que eles gostariam. Dispomos, assim, de uma poderosa fonte de sentimentos de culpa.

Dou um exemplo de desconsideração pela realidade:

III

O paciente J. vem se queixando há alguns meses de dificuldades financeiras e administrativas em sua empresa. Todas as sugestões dadas por seus auxiliares são rejeitadas, pois implicam modificações de algo estabelecido. Ele quer resolver os problemas da empresa sem alterar aquilo que está constituído. Mas, não mudando nada, nada muda. Ele chega para a sessão visivelmente irritado.

R.: *Estou muito aborrecido, pois meu filho adolescente P. foi reprovado na escola. Acho que não o acompanhei suficientemente durante o ano. Devido a seu desempenho, terá que repetir a mesma série no próximo ano. Critiquei, repreendi e falei que ele é um vagabundo, que não se esforçou durante o ano, e que vou puni-lo, cortando a mesada e a viagem que faria com os amigos.*
I.K.: *E o que ele disse?*
R.: *No início, ele não gostou, mas depois concordou e prometeu que no próximo ano ele vai se esforçar e estudar mais. E eu pensei em acompanhá-lo mais de perto dessa vez.*
I.K.: *Na sua empresa, assim como na relação com o seu filho, se algo não for modificado, talvez nada vá mudar. Parece que seu filho se sente culpado por não ter estudado o suficiente, e você se sente culpado por não ter cobrado mais esforço da parte dele durante o ano. Vocês "sabem" a causa da falha, sentem-se culpados, e, portanto, estão experimentando os efeitos dessas falhas. Estão entretendo a fantasia de que eliminando a causa resolverão os efeitos e o problema. (Destaco a "causa", pois o sistema moral, que implica uma relação de superioridade e inferioridade, é composto de um sistema de causa e efeito).*
R.: *Parece que vim com um problema e vou sair com outros.*

I.K.: Acho que é um bom começo.

Penso que o senso comum parece não distinguir com clareza entre os conceitos de "responsabilidade" e de "culpa" quando algo sai "errado". "Quem é o responsável por isso?" seria sinônimo de "Quem é o culpado por isso?"

Partindo do pressuposto de que culpa implica punição, fica mais claro distingui-la da responsabilidade (embora no meio jurídico haja uma sinonímia pelo conceito de responsabilidade criminal e culpa). Ser responsável por um evento implica dizer que, para tal evento, há alguém que responde por ele, tanto positiva como negativamente. No caso do "positivo", merece elogios. O "negativo" não implica necessariamente punição mas, sim, a análise das consequências. O prejuízo deve ser ressarcido, como prova de responsabilidade.

A punição pela culpa é uma decorrência de um julgamento do grupo mobilizado pela quebra de alguma norma consensual. Implica algo mais que o simples ressarcimento de um prejuízo causado. A punição implica constrangimento psicológico, desvalorização da pessoa, humilhação, perda da liberdade e, na barbárie, até a perda da própria vida.

O ressarcimento decorrente da responsabilidade por algo que saiu "errado", como no caso do *recall* de montadoras de veículos, implica uma certa valorização psicológica, credibilidade e até mesmo algo merecedor de elogios.

A distinção entre culpa e responsabilidade pode ser útil no trabalho clínico como um fato selecionado, permitindo investigar a natureza da transformação efetuada pelo paciente, decorrente do encontro. Não necessariamente a distinção entre os termos, mas, principalmente, a função desses estados de mente, que correspondem à culpa ou à responsabilidade decorrentes do choque emocional que envolve o encontro.

O personagem crítico ou acusador foi originalmente descrito por Freud e nomeado como "superego", fazendo sentido para os problemas apontados pela clínica. É uma instância decorrente de experiências com os objetos primários e que explica os sentimentos de culpa.

Recentemente, em nosso meio, Junqueira e Braga (2010) fizeram um trabalho de pesquisa nos seminários clínicos e teóricos de Bion. Detectaram e descreveram uma instância crítica, primitiva, moralista, não decorrente de experiências e diferente da instância descrita por Freud. Tal instância foi denominada por Bion de "consciência moral primitiva". Algo que não é inconsciente, pois nunca foi consciente; portanto, com uma qualidade pré-natal, ainda não nascida mentalmente.

As observações reafirmam a experiência clínica, que, penso, seja consensual. Cada paciente é único e vários ao mesmo tempo; o analista também. Disso decorre uma complexidade em que um sujeito que sofre transformações e mudanças, o analista, está analisando outro sujeito, o paciente, que também sofre transformações e mudanças. Podemos considerar que o analista, diante da concepção pós-moderna de identidade fragmentada, talvez esteja na sessão com vários pacientes ou personagens. (Lembro de conversas com F. Philips, na época meu analista, em que ele dizia que a sala ficava repleta de pessoas/personagens.) *Isso nos leva a considerar a importância da descontinuidade na vida mental dos seres humanos. Bachelard (2010) faz um interessante estudo sobre a descontinuidade em* A intuição do instante, *confrontando com as ideias de Bérgson sobre continuidade. Entre um instante e outro temos pausas ou cesuras. No nível microscópico, observamos cesuras entre um estado mental e outro.*

Bion, em suas experiências com grupos, percebe a importância de observar o grupo como um indivíduo e, complementarmente, o indivíduo como um grupo. Ele descreve as mudanças catastróficas, sutis ou explícitas, que ocorrem permanentemente nos grupos, determinando nova ordem de funcionamento neles. É uma observação precursora do que, posteriormente, denominará de cesura a partir de uma citação de Freud.

Assim, quando o paciente está experimentando o sentimento de culpa, penso que é preciso investigar, a cada momento, que elemento ou personagem está sentindo culpa, e que elemento ou personagem está se constituindo como uma autoridade que se autonomeia defensora dos valores morais, pós ou pré-natais.

Algo análogo se observa quando se trabalha com grupos. A experiência clínica tem sugerido que os sentimentos são anteriores aos fatos e que estes podem ser arranjados, organizados na mente do indivíduo de modo a explicar ou justificar os sentimentos.

Shakespeare, em *MacBeth*, nos proporciona uma descrição de nosso tema com a sua genialidade sem, no entanto, em nenhum momento, nomeado a coisa em si (Kant, 1997). A natureza da coisa em si é sugerida inclusive nas palavras do médico, quase ao final da cena I, ato V:

> *... a rainha está precisando mais [...] de um padre confessor do que de um médico.*

Penso que a atividade de lavar compulsivamente as mãos, bem como a fala de Lady MacBeth, sugerem que se fosse possível apagar as provas sensoriais do crime, seria possível também apagar o sentimento de culpa, bem como as consequências desse sentimento.

> *Lady MacBeth: Here's the smell of the blood still: all the perfumes of Arabia Will not sweeten this little hand. Oh, oh, oh!*

Penso que o sentimento de culpa constitui uma invariante constitutiva da personalidade dos humanos em todos os tempos e épocas. Os contextos sociais e culturais oferecem condições específicas para que esse sentimento se expresse de forma coerente e compatível com eles.

O encontro entre o psicanalista e o paciente cria uma tempestade emocional decorrente do choque entre personalidades. Utilizando o modelo de Bion para a mente – constituída por camadas como uma cebola –, observa-se, ao transcender a cesura, que algo *análogo* ocorre quando o trabalho analítico permite uma aproximação entre distintos aspectos da personalidade do analisando, isto é, que distintas camadas separadas pela cesura permitem talvez observar uma turbulência emocional.

O foco na fresta, na cesura, durante o encontro permite apreender intuitivamente o sentimento de culpa ou a negação dele. A atenção, não ao sentimento de culpa em si mesmo e seus modos de expressão, mas à função do mesmo na relação, e que emerge na cesura, permite conjecturar alguma função para aquele sentimento, naquele momento. Possibilita ainda configurar outras funções, em outros momentos, dependendo do fragmento, da personagem que emerge. O paciente poderá estar identificado e exercendo a função do acusador ou do culpado, e, dependendo da evolução, de ambos.

O uso do vértice de transformações possibilita a inclusão dos fenômenos do domínio do alucinatório, iluminando a dimensão psíquica da culpa, onipotentemente considerada. E da responsabilidade quanto à dimensão do *ser* e do *vir a ser* a si mesmo.

Legisladores da antiguidade, como Talião e Moisés, providenciaram legislações que caracterizavam crimes, bem como a punição para os culpados. Na Grécia antiga, mais ou menos 600 a.C., os julgados e condenados eram punidos com o exílio. As tragédias gregas são pródigas em destacar o crime praticado pelo herói, a *hubris*, a arrogância em se equiparar a algum deus. Enfim, todos os punidos sabiam em que consistiam seus crimes e, portanto, conheciam a "origem" de sua culpa.

Mais recentemente, há aproximadamente dois mil anos, São Paulo de Tarso assinalou o pecado original decorrente da desobediência à determinação de Deus quanto a comer o fruto do conhecimento do bem e do mal como a origem do sentimento de culpa. Uma espécie de culpa geracional que passa automaticamente de uma geração para a seguinte. Culpa que, na religião católica, seria redimida pelo batismo.

A punição pode proporcionar algum alívio momentâneo para o sentimento de culpa, mas logo vai exigir outra atividade julgada como moralmente errada para justificar seu reaparecimento. Talvez na "pele" de outro personagem.

Textos citados e sugestões de leitura

Bachelard, G. (2010). *A intuição do instante* (A. P. Danesi, trad., 2. ed.). Campinas, São Paulo: Versus Editora.

Bion, W. R. (1977). *A memoir of the future, book two: the past presented* (pp. 163; 168). London: Karnac Books.

Bion, W. R. (1979). Making the best of a bad job. In *Clinical seminars and Other Works*. London: Karnac Books.

Braga, J. C. (abr. 2011). Afinal, o que é experiência emocional em psicanálise? *Trabalho apresentado na jornada Psicanálise: BION 2011 na Sociedade Brasileira de Psicanálise de São Paulo.*

Freud, S. (1976). O futuro de uma ilusão. *(Edição Standard Brasileira das Obras Psicológicas Completas de Sigmund Freud, Vol. 21)*. Rio de Janeiro: Imago. (Obra originalmente publicada em 1927).

Freud, S. (1976). *Reflexões para os tempos de guerra e morte.* (Edição Standard Brasileira das Obras Psicológicas Completas de Sigmund Freud, Vol. 14). Rio de Janeiro: Imago. (Obra originalmente publicada em 1915).

Freud, S. (1974). *O mal-estar na cultura.* (Edição Standard Brasileira das Obras Psicológicas Completas de Sigmund Freud, Vol. 21). Rio de Janeiro: Imago. (Obra originalmente publicada em 1930).

Homero (2011). *Odisseia*. São Paulo: Editora 34.

Kant, I. (1997). *Crítica da razão pura*. Lisboa: Calouste Gulbenkian. (Obra originalmente publicada em 1781).

Kirschbaum, I. (2011). Bion: a teoria psicanalítica como um sumário da experiência. In *Psicanálise: Bion clínica e teoria*. São Paulo: Editora Vetor. (Trabalho originalmente apresentado na SBPSP em 17 de abril de 2010).

Matos, J. A. J., & Braga, J. C. (2010). *Consciência moral primitiva*. Trabalho apresentado na SBPSP.

Reese, J. C. (1997). *A fresta*. Trabalho apresentado em Curitiba, em 14 de novembro de 1997, em comemoração aos 100 anos de W. R. Bion.

Onde estamos? Para onde vamos?[1]

A questão do conhecimento

Eu penso que todas as explicações de todos os diferentes especialistas de todas as diferentes especialidades, inclusive a minha, são racionalizações, isto é, explicações razoáveis – uma varrida no pó (Bion, 2004).

I – Onde estamos?

1 – Penso que "onde estamos?" e "para onde vamos?" são duas questões estritamente relacionadas ao saber psicanalítico e à construção desse saber. De outro lado, a possibilidade de conhecer aspectos da personalidade do analisando que emergem em

---

[1] Apresentado em V Jornada Psicanálise – Bion, em 2012.

decorrência do encontro, por meio de aproximações sucessivas, constitui uma abordagem favorável às reflexões suscitadas pelo tema proposto pela comissão organizadora. Isso diz respeito à prática psicanalítica. É o que pretendo mostrar a seguir.

O vértice que selecionei oferece de imediato uma complexidade considerável, pois assim que um aspecto da personalidade do analisando, mobilizada pelo encontro com o analista, torna-se "conhecido", imediatamente ele passa a ser falso ou irrelevante quanto ao prosseguimento da análise. Portanto, precisa ser deixado de lado para que outras áreas do desconhecido do analisando – e desconhecidas do analista também – possam encontrar um espaço disponível para emergir. O retorno aparente do mesmo assunto pode ser alvo de interesse na medida em que apresenta áreas não saturadas, que retornam na condição de uma preconcepção não saturada. Estaríamos diante de um conhecimento "incompleto" daquele aspecto da personalidade do analisando e passível de expansão por meio da investigação psicanalítica.

2 – Estimulado por alunos e supervisionados, lembro-me com certa alegria dos inícios da formação e também de seu encerramento, quando podia reconhecer (realizar) no material clínico alguma teoria que havia aprendido nos cursos do Instituto. Resistência, identificação projetiva, negação da realidade psíquica, sentimentos persecutórios relacionados a ataques reais ou fantasiados ao objeto etc. Enfim, podia sentir que estava em um caminho adequado e promissor. Cumpre notar que eu estava invertendo a direção da investigação psicanalítica. Mais condizente com o espírito científico é apoiar-se no saber psicanalítico para investigar a relação. Esse "saber" necessita estar incorporado, assimilado pelo psicanalista para manter-se no foco psicanalítico, isto é, estar identificado com "O".

3 – Com a passagem do tempo e a possibilidade de adquirir alguma experiência, e com a reflexão sobre a prática em psicanálise, gradualmente e quase que automaticamente é possível reconhecer e deixar de lado o conhecido saturado e ficar mais receptivo a aspectos oriundos do desconhecido, de áreas desconhecidas do analisando, naturalmente desconhecidas também do analista.

4 – Em *Transformações*, Bion (2004) expande o espectro de observação e atuação do psicanalista, assinalando outras dimensões. Em condições favoráveis, pode-se intuir ou conjecturar a presença de aspectos oriundos dessas dimensões, principalmente por meio de manifestações como turbulência emocional, pavor, medos intensos e aparentemente inexplicáveis, terror, alucinações etc. Enfim, fenômenos que as teorias estabelecidas não explicam.

5 – O analista pode suspeitar, inicialmente, que suas limitações e ignorância o impedem de reconhecer a relação entre as manifestações observadas e suas origens, bem como a natureza delas. Caso resista a recorrer a alguma teoria de plantão, ao confrontar-se com irrupções decorrentes dessas dimensões, não é incomum que se recorra a colegas mais experientes em busca de supervisão ou análise. Ele entretém a ideia de que o mais experiente sabe como observar, e sabe do que se trata. Talvez ele aprenda que o melhor auxiliar de que pode dispor é o analisando, além da própria disciplina analiticamente treinada pelo exercício do saber psicanalítico. A ilusão é pensar que outras pessoas que não o analista e/ou analisando possam saber do que se trata. Penso que é essencial manter a distinção entre: 1) a prática da psicanálise; e 2) a construção do saber psicanalítico.

6 – Estamos transitando na fronteira entre o conhecido do saber psicanalítico e o desconhecido do paciente. E estamos também na expectativa de construir alguma ferramenta (teoria, modelo)

apoiada em conjecturas imaginativas e racionais, derivadas da aplicação do saber psicanalítico, a fim de tentar uma aproximação à coisa em si mesma ("O"), cuja presença está sendo intuída a partir de algumas manifestações.

7 – O estado mental do analista mais propício para apreender as irrupções e a correspondente dimensão só é possível de alcançar por meio da disciplina de suspender memórias, desejos, inclusive de compreender, bem como suspender teorias e certezas. Quem se aventurar, inicialmente poderá experimentar algum desconforto, mas o ganho em acuidade sensorial e intuição se revelará compensador em seu potencial de fomentar abstrações críticas.

II – Para onde vamos?

8 – Penso que a experiência ("O") decorrente do encontro com o analisando requer uma reflexão crítica após as sessões. Essa reflexão leva o psicanalista a elaborar a impressão sobre a experiência vivenciada pela dupla (K). Posteriormente, novas experiências nos levarão a novas reflexões críticas e observações mais acuradas e, consequentemente, possivelmente a formulações mais precisas.

Assim, podemos simbolizar nossa atividade:

$O \to K_1 \to O \to K_2 \to O \to K_3 \to O \to \ldots K_n \ldots$

Supostamente, a qualquer momento, estamos nos movimentando de "O" para "K", de "K" para "O", e assim indefinidamente. Em outras palavras: experimentamos, observamos, conceituamos, suspeitamos em relação aos conceitos; temos mais experiências, mais observações, mais conceitos ampliados e/ou retificados, ou confirmados, ou deletados, e assim por diante. De modo que, por meio do desenvolvimento da capacidade de observar e da intuição suportada pelo saber psicanalítico, obtemos um refinamento de "K" e, assim, idealmente nos aproximamos de "O".

9 – Psicanálise é uma atividade de acumulação de conhecimento própria da modernidade. Nesse sentido, penso que a descrição anterior implica uma não superação em relação à modernidade, isto é: continuamos modernos. Isso poderia ser traduzido para o otimismo radical de que o conhecimento a respeito do paciente é possível por meio de aproximações sucessivas. Assim, a cultura contemporânea ou a visão pós-moderna do mundo constituiria uma espécie de mecanismo de defesa, um "freio", uma desconfiança em relação aos postulados modernistas, às metanarrativas totalizantes (a preocupação de Freud quanto à possível transformação da psicanálise em uma *weltanschauung*), sem, não obstante, eliminar a possibilidade de conhecimento. Caso contrário, a fórmula psicanalítica O → K1 → O → K2 → O ... Kn ... seria absurda, pois "K" nunca seria minimamente confiável. E a própria prática da psicanálise seria impossível por não ser passível de reflexão teórica.

10 – O exposto nos leva a considerar que a resposta à pergunta "para onde vamos?" seja: vamos em direção a um conhecimento maior. Jamais a um conhecimento absoluto, nem isento de incoerências ou contradições, nem isento de retrocessos.

Para que as tarefas de analisar e ser analisado façam sentido, precisamos acreditar que conhecemos alguma coisa que antes de Freud ou Melanie Klein ou Bion não conhecíamos. E também que podemos vir a expandir o tema para além de seus legados. Além disso, "para onde vamos?" é imprevisível em decorrência da descontinuidade promovida pelos saltos provocados pelos trabalhos dos gigantes, que produzem verdadeiros "saltos quânticos" no saber psicanalítico.

Textos citados e sugestões de leitura

Bion, W. R. (1977). *Uma memória do futuro*, 3 vol. Rio de Janeiro: Imago.

Bion, W. R. (2004). *Transformações: do aprendizado ao crescimento* (P. C. Sandler, trad.). Rio de Janeiro: Imago. (Obra originalmente publicada em 1965).

Freud, S. (1974). Conferência XXII: Algumas idéias sobre desenvolvimento e regressão. In *Conferência introdutória sobre psicanálise*, Vol. 16. . Rio de Janeiro: Imago. (Obra originalmente publicada em 1916-1917).

Freud, S. (1976). Conferência XXXV: A questão de uma Weltanschauung. In *Conferência introdutória sobre psicanálise*, Vol. 22. Rio de Janeiro: Imago. (Obra originalmente publicada em 1933).